中国人民银行上海总部
重点研究课题汇编 2016

主编 张 新

责任编辑：石　　坚
责任校对：张志文
责任印制：张也男

图书在版编目（CIP）数据

中国人民银行上海总部重点研究课题汇编2016（Zhongguo Renmin Yinhang Shanghai Zongbu Zhongdian Yanjiu Keti Huibian 2016）/张新主编．—北京：中国金融出版社，2017.9

ISBN 978 – 7 – 5049 – 9135 – 5

Ⅰ.①中… Ⅱ.①张… Ⅲ.①金融—研究报告—中国—2016 Ⅳ.①F832

中国版本图书馆CIP数据核字（2017）第193721号

出版　中国金融出版社
发行
社址　北京市丰台区益泽路2号
市场开发部　（010）63266347，63805472，63439533（传真）
网 上 书 店　http://www.chinafph.com
　　　　　　（010）63286832，63365686（传真）
读者服务部　（010）66070833，62568380
邮编　100071
经销　新华书店
印刷　北京市松源印刷有限公司
尺寸　169毫米×239毫米
印张　22.5
字数　436千
版次　2017年9月第1版
印次　2017年9月第1次印刷
定价　48.00元
ISBN 978 – 7 – 5049 – 9135 – 5
如出现印装错误本社负责调换　联系电话（010）63263947

前　　言

2016年是我国全面建成小康社会决胜阶段的开局之年，在党中央、国务院供给侧结构性改革的引领下，中国经济出现了许多积极变化，金融领域运行总体平稳有序，对实体经济的支持力度不断加大。但与此同时，经济结构性矛盾依然突出，经济金融稳定运行的基础还不牢固，热点城市高房价与部分三、四线城市高库存并存，企业杠杆率高企，金融市场波动加大，银行不良贷款持续增加，部分金融创新脱离监管视野，整个市场的流动性偏于宽松。

在此背景下，2016年，人民银行根据党中央和国务院的战略部署，实施了稳健中性的货币政策，更加强调保持流动性的松紧适度，更加强调寓改革于调控之中，更加强调价格型调节和传导，同时完善宏观审慎政策框架，大力推动金融市场发展和金融基础设施建设，把防控金融风险放到了更加重要的位置，下决心处置了一批风险点。

新的形势和工作任务对人民银行上海总部提出了更高的要求。上海作为国际金融中心，金融市场和金融机构集聚，既是我国货币政策操作的窗口，也可能是金融风险汇集的风口，做好上海金融工作，直接关系中国金融大局，非常重要，但也非常具有挑战性。一方面，新现象、新概念、新问题层出不穷，许多金融创新复杂多变，而且缺乏透明度，互联网金融就是一个典型的例证。另一方面，国际国内联动日益增强，美联储进入加息周期后，对中国的金融市场和货币政策的牵制作用十分明显，人民币汇率稳定一度承受了巨大压力，此外，在经济增长方式尚未得到彻底改变的情况下，信贷扩张的冲动仍然较强，部分金融机构对人民银行的流动性供给依赖较大，在这种情况下，稳健中性的货币政策如何在收紧流动性的同时保持金融稳定，并且避免对实体经济造成不必要的冲击，难度非常大。

新的挑战和要求也为我们的各项工作和研究指明了方向。在过去的一年里，人民银行上海总部在总行党委的领导下，更加重视调查研究，把它作为确保各项工作科学性和可行性的必要前提。工作的要求就是研究的要求，工作的重点就是研究的重点，工作和研究的结合更加紧密，研究成果也更具可操作性和指向性，不仅为上海总部的有关决策，也为总行的决策提供了有力的支持。

与前几年相比，2016年度中国人民银行上海总部重点研究课题的特点更加突出。一是突出对金融创新和金融风险问题的研究。2016年有7个课题是关于这方面的，这是近年来比较少见的，如"互联网金融统计监测框架研究""新常态下反洗钱监测分析方法研究"等，对化解当前的互联网金融风险和打击洗钱犯罪具有较强的指导意义。二是突出国际国内联动。这是总行赋予上海总部的工作重点，也是上海总部研究的传统优势。如"金融支持'一带一路'战略：基于上海国际金融中心建设的视角""货币国际化对汇率形成机制的影响研究"等。三是突出研究课题的前沿性。如"数字货币""金融消费者权益"等问题，也是目前国际学术界研究的尖端领域。

"路漫漫其修远兮，吾将上下而求索"。人民银行上海总部的业务工作在与时俱进，不断提高，研究成果也不断涌现，成绩斐然。我们希望，本书的出版能够在一个更广的范围内，对更多的读者的日常工作、投资决策等有更大的帮助。当然，囿于能力和时间有限，难免有错误和遗漏，我们期待读者的批评指正，以促进人民银行金融理论和政策研究工作的长足发展。

目　　录

货币政策篇

主要发达经济体中央银行公开市场操作框架及比较研究
…………………………………………………… 公开市场操作部（ 3 ）
货币市场基准利率运行研究
…………………………………………………… 金融市场管理部（ 30 ）
自然利率估测与研究
…………………………………………………… 调查统计研究部（ 50 ）
利率市场化改革中利率调节机制研究
…………………………………………………… 调查统计研究部（ 62 ）
政策利率、市场利率和贷款利率传导机制研究
…………………………………………………… 调查统计研究部（ 77 ）
新常态下中国经济潜在增长率预测模型研究
…………………………………………………… 调查统计研究部（ 93 ）

金融创新与金融稳定篇

金融监管体制改革法律制度研究
…………………………………………………… 综合管理部（131）
借鉴国际经验完善我国存款保险费率模式
…………………………………………………… 金融稳定部（153）
互联网金融统计监测框架研究
…………………………………………………… 调查统计研究部（168）
数字货币的发展与前景研究
…………………………………………………… 金融服务一部（210）
提升消费者金融素养问题研究
…………………………………………………… 金融消费权益保护部（227）

基于博弈论和混合策略模型的我国银行业"风险为本"反洗钱研究
....内审部（246）

新常态下反洗钱监测分析方法研究
....反洗钱监测分析中心（266）

金融开放篇

金融支持"一带一路"战略：基于上海国际金融中心建设的视角
....国际部（281）

A股视角下跨境资金流动的影响与管理研究
....外汇管理部（307）

货币国际化对汇率形成机制的影响研究
....跨境人民币业务部（330）

货币政策篇

主要发达经济体中央银行公开市场操作框架及比较研究

中国人民银行上海总部公开市场操作部课题组

课题组组长：潘 钧
课题组成员：杨明奇 高 英 徐越雄 王惟德 许 萍
陈 娜 李 思

摘 要

英格兰银行、欧洲中央银行、美联储（纽约联储）、日本银行和澳大利亚储备银行是目前发达经济体中央银行当中对全球金融市场具有较大影响力和较高市场声誉的中央银行。这些中央银行在流动性管理及公开市场操作方面也是各有特点，比如英格兰银行、美联储的历史相对较长，有更强的市场声誉，在公开市场操作方面的经验更加丰富，欧洲中央银行作为欧元区建立后的产物，其面对更加复杂和多元化的市场环境，也有机会采取更加先进的操作制度与理念，日本银行面对国内经济长期低迷的环境和刺激经济的任务，在操作手段上相对更加灵活，澳大利亚储备银行面对澳元作为商品货币和零存款准备金制度等特殊情况，公开市场操作也具有其特色。

本文主要对这些发达经济体中央银行近年来公开市场操作框架的历史沿革和变化进行总结，并结合其特点进行比较研究。本文主要分为以下六个部分：一是英格兰银行的公开市场操作框架。本部分主要介绍了英格兰银行2006年前后公开市场操作制度框架的历史沿革，及目前英格兰银行公开市场操作的主要工具等。二是欧洲中央银行的公开市场操作框架。主要介绍了欧洲中央银行公开市场操作方式、公开市场操作工具、公开市场操作程序、公开市场操作招标方式、公开市场操作交易对手管理等。三是美联储的公开市场操作框架。包括美联储公开市场操作的历史沿革和美联储公开市场操作种类，其中美联储公开市场操作种类分为临时性操作与永久性操作两大类。四是日本银行的公开市场操作框架。主要介绍了日本银行市场操作框架的历史沿革和主要市场操作工具。五是澳大利亚储备银行的公开市场操作框架。包括澳大利亚储备银行的货币政策框架、澳大利亚储备银行市场操作框架、澳大利亚储备银行市场操作的流程。六是主要发达国家中央银行公开市场操作框架的比较。主要比较的结论如下：第一，均在相当长的一段时间内以利率等价格指标为操作目标，但近年来操作上一度转向或开始兼顾数量目标。第二，利率走廊制度正在逐步成为中央银行流动性管理制度的主流模式，公开市场操作是构成利率走廊制度的核心框架之一。第三，随着流动性管理制度框架的逐步完善，部分中央银行的公开市场操作频率相对较早时期有所降低。第四，流动性测算结果和公开市场操作的计划一般向市场公开，危机后中央银行对日常流动性测算的重视有所下降。

一、英格兰银行的公开市场操作框架

1. 2006年以前英格兰银行的公开市场操作框架

英格兰银行目前的公开市场操作框架相对其2006年以前的框架已经发生了较大变化。1997年以前，英格兰银行主要在票据贴现市场与参与贴现的银行开展市场操作，以此来影响商业银行的流动性和货币市场利率。1997年后，英格兰银行对其公开市场操作框架进行了完善，1997~2006年，其公开市场操作框架如下：如果预测市场流动性不足，一般在每日9：45和14：30开展两次公开市场操作向市场提供资金，主要开展期限为两周的证券回购，回购利率为官方利率。英格兰银行在回购操作中购入的证券主要包括债券（包括金边债券）、英国政府的非英镑可流通债券、英镑国库券、英格兰银行的欧元票据和欧元现钞、合格的银行票据、合格的地方政府票据、欧洲经济区国家中央政府、中央银行和主要国际机构发行的英镑计价证券及可用于欧洲中央银行货币政策操作的欧元计价证券。另外，如果市场在14：30的操作之后仍有流动性短缺，英格兰银行会发布剩余短缺预报，并进行隔夜回购招标，隔夜回购的利率通常是官方利率加上100个基点。如果市场在之前的三轮操作之后仍然存在流动性短缺，为防止清算银行在英格兰银行的结算账户出现负头寸，英格兰银行允许清算银行在16：20~16：30提出隔夜回购申请。如果预测当天出现流动性过剩，且当预测的过剩流动性超过了最低限度时，一般在9：45和14：30分别进行两次招标，开展正回购交易；当预测的过剩流动性在最低限度以内，则仅在14：30进行单场招标。同时，英格兰银行在9：45和14：30的两轮公开市场操作间隔期间也提供买断票据的选择，可接受的票据包括：英镑国库券、合格的银行票据、合格的地方政府票据。如果市场在14：30的操作之后仍有流动性过剩，英格兰银行则提供隔夜存款业务，隔夜存款的利率一般是官方利率减去100个基点。

2. 2006~2009年英格兰银行的公开市场操作框架

2006年，英格兰银行对其流动性管理框架进行了重大变革：一是英格兰银行将原来的零准备金制度改为要求缴存一定的准备金，并建立了平均法准备金制度。在这一制度下，银行和住房互助协会（SMF参与者）根据自身的流动性管理需求，对其在英格兰银行的准备金账户平均余额设定目标（该目标可以根据需要按月调整），并在维持期（MP）内将平均准备金余额保持在目标水平上下1% 的幅度内，在该幅度内，这些准备金可以按照 MPC 每月设定的 Bank Note 获得利息。二是增加了可以直接参加公开市场操作的金融机构数量。在 2006 年之前，可以直接参加公开市场操作的机构数量相对较少，英格兰银行进一步增加了参加公开市场操作的金融机构类型与数量。三是公开市场操作目标从 1997 年以来的 Official Repo Rate 调整为 Bank Rate。① 英格兰银行在 MP 内均以 MPC 确定的 Bank Rate 开展公开市场操作。四是建立利率走廊制度和使用常备借贷便利工具。2006 年对流动性管理框架的改革重要内容之一是通过常备贷款便利（Standing Lending Facilities）和存款便利（Standing Deposit Facilities）为市场利率波动设立上限和下限。2008 年，英格兰银行进一步创设了贴现窗口便利（Discount Window Facility，DWF），并将原来的常备便利工作改为操作性常备便利（Operational Standing Facilities，OSFs）。OSFs 的推出和利率走廊制度的建立，使银行日内流动性平衡的工具不再单纯依赖于英格兰银行每日进行的公开市场操作，SMF 参与者在每周进行的公开市场操作之外，可以使用 OSFs 等工具来调整自身的准备金水平，从而减少了对公开市场操作的依赖，也为英格兰银行公开市场操作降低频率提供了条件。

对应在流动性框架方面的改革，从 2006 年 5 月到 2009 年 8 月，英格兰银行进一步完善了其公开市场操作工具体系，以向市场提供充足的资金满足市场参与者的总体需求目标。英格兰银行的公开市场操作工具包括短期回购 OMO（Open Market Operations，公开市场操作）、微调性 OMO、长期回购 OMO 和隔夜购买债券等。

（1）短期回购 OMO（Short–term repo OMO）。通常情况下，英格兰银行每周四开展短期回购 OMO，期限为一周，以 MPC 公布的 Bank Rate 计价，实行 T+0 结算。通常情况下，MPC 在周四发布调整利率的公告，英格兰银行在当天 12：15 根据 MPC 的利率公告进行当周的短期回购 OMO。如果 MPC 在周四没有利率调整公告，英格兰银行在当天 10：00 进行当周的短期回购 OMO。在短期回购 OMO 中，单个交易对手方的最高报价规模不得超过操作总规模的 40%。如果由于英格兰银行预测失误导致短期回购 OMO 提供的准备金过多或者过少，英格兰银行可以在 MP 内调整其他 OMO 工具的拟操作规模，比如调整 MP 最后一天开展的微调性 OMO。

（2）MP 末的微调性公开市场操作（Fine–tuning OMO）。英格兰银行通常会在 MP 的最后一天（一般是周三）开展隔夜期限的微调性 OMO，尽量满足银

---

① 这里的 Bank Rate 不同于早期的 Bank Rate，这里的是指英格兰银行向商业银行的存款准备金提供支持的利率。

行体系对于基础货币的净需求，该需求已经将准备金账户持有者为实现目标准备金水平的需求包括在内。操作通常在10:00进行，以MPC公布的Bank Rate计价。当英格兰银行融出资金时，通常开展逆回购，当英格兰银行回笼资金时，通常采用卖出金边债券的DBV① 正回购操作。同样，操作中，单个交易对手方的最高报价规模不得超过操作总规模的40%。但是如果本次微调性OMO的总规模低于公开市场操作规程规定的最低限度，则可以忽略40%的上限规定。

（3）提供较长期限融资的长期回购OMO（Long - term repo OMO）。英格兰银行通常在每个月中旬选择一个周二，在10:00开展OMO。回购期限有3个月、6个月、9个月和12个月，到期日尽量与将来的OMO的结算日保持一致。OMO实行T+1结算。开展OMO的交易对手方分别向英格兰银行进行价格投标，投标成功的交易对手方分别根据自己的投标利率计价。同样，单个交易对手方的最高报价总规模不得超过操作总规模的40%，对于各期限回购的报价金额则没有限制。

（4）隔夜购买债券（Outright Purchases of Bonds）。英格兰银行还通过定期购买金边债券为市场提供长期流动性。在这种情况下，英格兰银行倾向于购买高品质的外币面值债券，从而可以给固定利率本币市场注入资金。

3. 2009年到目前的公开市场操作框架

2009年3月5日，为应对金融危机，英格兰银行启动资产购买计划，即量化宽松政策（QE）。QE的目的是通过大规模的资产购买来提振货币供应量，进而推动名义需求达到与英格兰银行政策目标一致的水平。在该政策下，MPC将准备金规模以及Bank Rate直接作为货币政策目标。该阶段英格兰银行的货币政策操作目标主要涉及两个方面，一是使市场利率保持在与Bank Rate一致的水平，二是根据MPC的决定购买资产（量化宽松，QE）。这一阶段英格兰银行使用了包括操作性常备便利（OSFs）、指数化长期回购（ILTR）、贴现窗口便利（DWF）、金边债券资产购买便利（Asset Purchase Facility：Gilts）、贷款再融资计划（Funding for Lending Scheme, FLS）和应急性定期回购便利（Contingent Term Repo Facility, CTRF）等工具。但在目前阶段，由于市场流动性相对充裕，英格兰银行仅需要进行指数化长期回购（ILTR）和应急性定期回购便利（CTRF）两项公开市场操作，其中CTRF也已暂停使用。

（1）指数化长期回购（Indexed Long - term Repo, ILTR）。ILTR的操作对象是有流动性需求的银行、住房互助协会以及经纪商，操作频率是每月一次，期限通常是6个月。ILTR利率和Bank Rate挂钩②，参与者投标时，提交借款规模、抵押品

---

① DBV全称是"Delivery By Value"，是通过CREST（Certificateless Registry for Electronic Share Transfer，英国的中央证券存管结算电子系统）开展的交易。

② 英格兰银行可以因此降低其市场风险敞口，对手方则无须考虑英格兰银行未来的利率走势。

及与 Bank Rate 的利差报价，拍卖的价格机制使用"统一价格"形式，最后所有成功的投标者均支付该"统一价格"。ILTR 的对手方可以使用三类抵押品：A 级抵押品，包括高质量、高流动性的主权证券；B 级抵押品，包括高质量、流动性较好的抵押品，如其他主权债券、国际机构债券、抵押贷款和公司债券；C 级抵押品，包括流动性较低的证券、公司自身发行的证券以及贷款投资组合。在 ILTR 操作中，如果参与者使用 A 级和 B 级抵押品，英格兰银行积极支持其提前交付抵押品；如果使用 C 级抵押品，所有的抵押品必须在操作前交付。

（2）应急性定期回购便利（Contingent Term Repo Facility，CTRF）。① CTRF 是一个应急性的公开市场操作工具。当实际发生或预期发生整个市场范围的异常流动性压力时，英格兰银行可以开展 CTRF，向银行、建房互助协会和经纪商提供额外的流动性，合格抵押品包括 A、B、C 三类。参与者投标时，提交借款规模、抵押品及对指标利率的利差，拍卖的价格机制使用"统一价格"形式，最后所有成功的投标者均支付该"统一价格"。

表1　　英格兰银行货币市场操作工具②总览（2015 年 9 月）

	操作常备便利（Operational Standing Facilities，OSFs）	指数化长期回购（Indexed Long-term Repo，ILTRs）	贴现窗口便利（Discount Window Facility，DWF）	资产购买便利：金边债券（Asset Purchase Facility：Gilts）	贷款再融资计划（Funding for Lending Scheme，FLS）扩充③
主要目的④	实施货币政策提供双向流动性保障以应对摩擦性支付危机	保障流动性	双向流动性保障	执行货币政策	鼓励银行向实体经济提供信贷
对手方资格	合格的负债报告者（Eligible Liability Reporters）；指定的投资公司和英国市场的中央对手方（CCPs）	合格的负债报告者（Eligible Liability Reporters）和指定的投资公司	合格的负债报告者（Eligible Liability Reporters）；指定的投资公司和英国市场的中央对手方（CCPs）	竞争性参与者：做市商或 OMO 参与者中购买 Gilts 的机构 非竞争性参与者：《金融服务于市场法案（FSMA）》授权的公司	已有的贴现窗口便利（DWF）的参与机构

---

① 从 2015 年 9 月的操作工具总览看，已经暂停使用。
② 目前不采用的操作工具有：短期公开市场操作、购买金边债券的公开市场操作、应急性定期回购便利、针对公司债的资产购买便利。
③ FLS 扩充在 2016 年 1 月停止申请。
④ 中央银行的货币政策与旨在维护金融稳定的市场操作是密切相关的。保障流动性不仅有助于金融稳定，还可以减少市场机构对中央银行流动性的突发性大规模波动，因此也有利于货币政策的有效实施。

续表

	操作常备便利（Operational Standing Facilities, OSFs）	指数化长期回购（Indexed Long-term Repo, ILTRs）	贴现窗口便利（Discount Window Facility, DWF）	资产购买便利：金边债券（Asset Purchase Facility: Gilts）	贷款再融资计划（Funding for Lending Scheme, FLS）扩充
市场机构可融入标的	存款便利：n/a 贷款便利：现金	现金	金边债券①	n/a	国库券②
合格抵押品	存款便利：n/a 贷款便利：A等级	A等级、B等级、C等级	A等级、B等级、C等级	n/a	A等级、B等级、C等级
可供买卖的合格证券	n/a	n/a	n/a	Market Notice规定的传统金边债券	n/a
是否影响准备金余额	存款便利：减少准备金 贷款便利：增加准备金	有：增加准备金	无影响	有：增加准备金	无影响
价格或费用	根据英格兰银行的规定	通过拍卖确定其与基准利率的统一价差③	费用取决于融入规模和提供的抵押品	由可变利率拍卖确定的有差别的价格	统一费率0.25%
期限	隔夜	6个月	30天④	买入的金边债券的剩余期限大于3年	4年
操作频率	每日开展，全天可操作⑤	一般每月1次	每日开展，全天可操作	周一、周二、周三，具体看货币政策委员会的购买指令	每日开展,12:00前

① 少数情况下，英格兰银行会根据需要通过DWF借出现金，这意味着增加市场准备金供给。
② 通过FLS融出的国库券的期限是9个月，国库券快到期时，机构将其还给中央银行并换取新的国库券。
③ 统一价差方式拍卖的定价机制是每个成功的投标人支付最低可接受价差，也就是在买入操作时，所有资产以最高可接受价差被买入。
④ 除中央对手方之外，DWF的期限一般是5天。有时候中央银行也会对DWF成员提供其他期限的DWF操作。
⑤ OSFs和DWF每日都全天可操作，仅受相关结算系统关闭时间的限制。

	操作常备便利（Operational Standing Facilities, OSFs）	指数化长期回购（Indexed Long-term Repo, ILTRs）	贴现窗口便利（Discount Window Facility, DWF）	资产购买便利：金边债券（Asset Purchase Facility: Gilts）	贷款再融资计划（Funding for Lending Scheme, FLS）扩充
数据何时公布	维持期内的每日平均规模在维持期结束后3周公布	操作当日公布	滞后5个季度公布	操作当日公布	每季公布计划使用和国库券借出相关数据
最小报价金额	n/a	500万英镑	n/a	500万英镑	100万英镑
最小增量报价金额	n/a	100万英镑	n/a	100万英镑	10万英镑
结算日安排	T+0	T+2	T+0	T+1	T+0

二、欧洲中央银行的公开市场操作框架

欧洲中央银行公开市场操作运作体系与欧洲中央银行运行架构及其货币政策决策执行体系相一致，均是"联合决策、分散执行"的模式。其中，行长理事会决定欧元区的公开市场操作决策，执行委员会负责相关的执行工作。一般情况下，具体操作主要通过欧元区内的各国中央银行（NCB）来实施，欧元区金融机构（交易对手）一般情况下仅在NCB开设账户，并与其本国中央银行发生交易。公开市场操作是欧洲中央银行最重要的货币政策工具之一，在决定利率走势、传达货币政策信号、调节货币市场流动性方面扮演着最为重要的角色。通过公开市场操作，欧洲中央银行基本达到控制市场利率水平和进行银行体系流动性管理的作用，在非特殊时期，其中的主要再融资操作和长期再融资操作可以提供银行体系日常所需75%和25%左右的流动性。

从1999年欧洲中央银行正式承担货币政策制定职责到2008年9月，欧洲中央银行使用的市场操作工具始终保持了较高的稳定性，基本是运用常规性7天（2003年前为两周）的主要再融资操作（Main Refinancing Operation）、3个月的长期再融资操作（Longer-term Refinancing Operation）和微调操作（Fine-tuning Operation）来管理金融体系流动性，很少使用非常规工具。但是从2008年10月首次采用非常规货币政策工具补充流动性后，欧洲中央银行便一再创新非常规工具，不断扩大非常规工具规模，大幅延长非常规工具的期限，购买债券的种类已从国债扩展到资产支持证券和担保债券，购买范围扩大到投资级的成员

国政府机构债券和欧盟机构发行的债券，同时，作为非常规情况下采用的主要再融资固定利率全额分配的招标方式被持续反复使用，购买债券的数量从2009年7月的2300万欧元扩展到目前的9652.22亿欧元，长期再融资的期限已由最初3个月延长到3年，2016年3月10日欧洲中央银行再度宣布将推出4个新的4年期定向长期再融资（Targeted LTRO）项目，非常规政策工具大范围、大规模和长期使用的常规化趋势凸显。

1. 欧洲中央银行公开市场操作方式

目前，欧洲中央银行公开市场操作主要包括以下五种操作方式和五类操作工具（见表2）。

表2　　　　　　　　欧洲中央银行公开市场操作类型

公开市场操作	交易种类		操作期限	操作频率	操作程序
	释放流动性	回笼流动性			
主要再融资操作	回购		1周	每周1次	标准程序
长期再融资操作	回购		3个月	每月1次	标准程序
微调操作	回购 换汇	回购 吸收定期存款 换汇	不定期	不定期	快速程序 双边程序
	直接交易	直接交易		不定期	双边程序
结构性操作	回购	发行债务凭证（央票）			标准程序
	直接交易	直接交易		不定期	双边程序
定向长期再融资	再贷款		不确定	目前共8次	标准程序

其中，主要再融资操作（Main Refinancing Operation，MRO）是欧洲中央银行最为重要的公开市场操作方式，其目的在于提供流动性、引导政策利率和传达政策意图。主要再融资操作每周执行1次，一般在每周二执行，操作期限一般为1周。长期再融资操作（Longer - term Refinancing Operation，LTRO）为市场提供长期流动性支持。长期再融资操作同样由各成员国中央银行具体实施，但频率为每月1次，一般在每月最后一个星期三执行，操作期限则为3个月，通常使用浮动利率招标方式。微调操作（Fine - tuning Operation）是对主要再融资操作的补充，在微调操作下，欧洲中央银行可以使用各类工具，比如回购、换汇、吸收存款或者直接交易，为市场投放或回笼流动性。与主要再融资和长期再融资操作相比，微调操作的频率和期限都不固定，并且操作方式为双边程序或快速程序。结构性操作（Structural Operation）主要是发行或直接购买各类债券。结构性操作频率也不固定，通常使用标准程序或双边程序进行。定向长期再融资是长期再融资的加强版，主要是为了更直接地将流动性注入实体经济。定向的含义是指家庭

和非金融企业可以通过长期再融资获得流动性。此操作的目的是鼓励商业银行向家庭和非金融企业发放贷款。定向长期再融资操作使用标准程序，且其发行利率为在前次主要再融资发行利率的基础上加上 10 个基点，在每次操作 24 个月后，交易对手可选择向中央银行偿还借款。

2. 欧洲中央银行公开市场操作工具

从具体操作工具来看，欧洲中央银行主要使用以下五种公开市场操作工具：

回购交易（Reverse Transaction）是欧洲中央银行在公开市场操作中最重要的操作方式。在回购协议下，欧洲中央银行通过购买（出售）交易性或者非交易性合格资产向市场投放（回笼）流动性，并在到期时进行反向操作。与我国类似，欧洲中央银行的回购交易同样可分为质押式回购和买断式回购两类，利息则以 360 天的单利计算。

直接交易（Outright Transaction）是欧洲中央银行直接与合格交易对手联系，并进行资产买卖用来调控流动性的公开市场操作工具。

发行债务凭证（Issurance of ECB Debt Certificates）是欧洲中央银行准备向市场回笼流动性的操作手段。通常欧洲中央银行没有提前设定发行计划，因而发行频率不固定。同时，债务凭证以折价发行，期限一般在 12 个月以内。

外汇互换（Foreign Exchange Swaps）仅在微调操作中被使用，在每次交易中，各成员国中央银行同合格交易对手确定各币种的即期汇率和远期汇率的点差，并按市场默认交易方式进行外汇兑换。

收取定期存款（Collection of Fixed – term Deposits）也是回笼流动性的操作工具，各成员国中央银行可通过收取合格交易对手的定期存款来执行。存于各成员国中央银行的定期存款将以 360 天的固定单利计算，交易没有质押物。

3. 欧洲中央银行公开市场操作程序

在公开市场操作程序上，欧洲中央银行可采取标准程序（Standard Tender）、快速程序（Quick Tender）及双边程序三种程序。在标准流程下，欧洲中央银行在交易日前一天 15：30 左右向市场公开招标。在随后的半小时内，各国中央银行通过该国网络和通讯社宣布招标，或可以直接联系个别交易对手。在交易日当天 9：30 之前，交易对手应当着手准备并将标单传送至各国中央银行。在固定利率投标中，交易对手方必须申明在固定利率下的交易数量。在浮动利率投标中，交易对手可以进行 10 次投标（利率/价格互换）。各国中央银行再在 10：00 之前将所集标单传送至欧洲中央银行。在随后的 1 小时 15 分内，欧洲中央银行执行理事会将按程序决标，并在 11：20 宣布投标结果。在 11：45 前，交易对手可以确认投标结果，并在交易后的 T + 1 日完成交割程序。在快速程序下，欧洲中央银行操作程序与标准程序完全相同，只是在执行速度上更为迅速，交易对手范围大幅缩小。而双边程序则允许欧洲中央银行主动联系交易对手，或者通过交易所或经纪商联系交易对手进行双边招标。

4. 欧洲中央银行公开市场操作招标方式

在公开市场操作的招标方式上,欧洲中央银行可以采取固定利率招标和浮动利率招标两种方式,其中固定利率招标由欧洲中央银行提前公布操作利率,随后各交易对手根据公布的操作利率递交其交易量。欧洲中央银行将所有投标交易量加总,如果所有的报价交易量超过了预设交易量,那么将按比例对所有的报价人进行分配(欧洲中央银行也可以对所有报价人进行平均分配)。而在浮动利率招标中,交易方可进行10次报价,每次报价自行设定交易利率和交易量。在一个投放(回笼)流动性的浮动利率招标中,各投标结果将由高(低)至低(高)排列,中央银行逐一满足其交易申请,直到所预设的流动性都投放(回笼)完毕。如果所有投标的交易数量仍然未能满足所安排的流动性数量,那么多余部分将以边际利率"按比例"分配至所有投标人。最终结果四舍五入至个位数(对于发行债务凭证,最终结果四舍五入至万欧元)。同时,对于浮动利率投标,欧洲中央银行也可以使用单一利率中标(荷兰式)或者多利率中标(美国式)。

5. 欧洲中央银行公开市场操作交易对手管理

在交易对手管理上,欧洲中央银行允许凡是满足欧洲中央银行基本要求的金融机构,都可以参与欧洲中央银行的公开市场操作。如果某一机构在欧元区内各个国家均有分支,那么各分支可以互相独立地向所在地的成员国中央银行进行公开市场的对手交易。对于外汇互换,欧洲中央银行主要依据审慎性原则和效率两方面标准挑选合格的交易对手。对于其他基于快速程序和双边程序的公开市场操作,各成员国中央银行可从已满足标准程序要求的合格交易对手中,根据各机构对货币市场业务的灵活性和交易部门的报价能力,选取合格的交易对手。

三、美国联邦储备银行公开市场操作

美联储在公开市场运行机制的选择上,实行决策与操作相分离的运行模式(这一点与欧洲中央银行有一定的共同点,欧洲中央银行只负责公开市场的决策,而具体操作由各欧元区成员国中央银行负责实施)。其中,联邦公开市场委员会(FOMC)负责公开市场操作目标的制定,纽约联邦储备银行(FRBNY)的市场部负责公开市场业务的具体操作及操作目标的实现,其公开市场交易产生的投资体现在联邦储备系统公开市场操作账户(System Open Market Account,SOMA)投资组合中,该账户组成结构和规模变化反映了美联储进行公开市场操作的结果。SOMA账户中包括美联储在国内和国外的投资组合,即美国国债和联邦机构证券投资组合、外汇投资组合以及货币互换安排。其中,国内投资组合资产大部分是由美联储直接持有的美国国债和联邦机构证券(永久性公开市场操作)构成的。美联储还可以通过回购协议购买政府证券(临时性公开市场操作），少数情况下美联储还会通过逆回购协议来发行证券（临时性公开市场操作）。在 2008 年全球金融危机之前，SOMA 账户不断扩张，而在 2008 年全球金融危机期间，账户中持有的大部分美国国债被出售或赎回，用以抵消各种流动性便利带来的信贷扩张对准备金的影响。

1. 美联储公开市场操作的历史沿革

美联储在成立初期并没有被赋予调整准备金的权力，12 家联邦储备银行独立进行以盈利为目的的公开市场操作。尽管各联邦储备银行已经开始运用债券买卖以及回购（RPs）等手段，但此时的公开市场操作仅作为一种政府收入来源，而没有发挥调节准备金、调控货币和信贷的作用。在 20 世纪 20 年代初的经济大萧条后，美联储于 1923 年创建了公开市场投资委员会（OMIC），来协调联邦储备体系的全部公开市场操作。但直到 20 世纪 50 年代，美联储依然很少运用公开市场操作工具，因为美联储曾长期配合财政部保持固定低利率水平以满足战争筹款。伴随朝鲜战争的爆发，物价迅速上升，1951 年《财政部与联邦储备体系协议》的签署终结了美联储维持固定国债利率的义务，获得制定利率政策的权利。此后，公开市场操作（OMO）逐渐纳入美联储货币政策的基本操作工具，而将贴现率和法定准备金率等工具作为货币政策操作的辅助工具。美国现代准备金市场随之于 20 世纪 60 年代开始发展起来。

传统的公开市场操作主要是美联储通过公开市场操作来调节准备金余额的供给，维持联邦基金利率在目标利率附近。而到 2011 年之后，美国国内公开市场操作主要是调整美联储资产负债表的规模和组成，并主要由纽约联储的交易专柜来开展大规模的永久性公开市场操作。这表明美联储公开市场操作由传统的货币政策转向资产负债表政策，调整的目的是支持经济增长，营造更宽松的金融环境。

2. 美联储公开市场操作种类

为明确其对市场的可能影响和更好地引导市场预期，美联储将其公开市场操作主要分为两类。

（1）临时性操作（Temporary）。其目的是临时性影响联储体系的资产规模和每日的联邦基金交易，管理短期利率波动，一般不会改变一段时期内货币政策的立场。比如，纽约联储在临时性操作中一般会声明，临时性操作是一项审慎的事先计划，其操作对市场利率和储备的可得性不产生实质性影响，总操作交易量与超额储备相比将是非常小的，交易也以市场利率进行。同时，这些操作不代表联储货币政策立场的改变，也不应由此得出未来货币政策立场改变时机的变化。

从历史来看，美联储通过纽约联储公开市场操作进行的临时性操作包括正回购（RPs）与逆回购（RRPs）等①，期限上可分为定期（历史上期限最长可至90个交易日）与隔夜，招标方式上主要采取可变利率招标。正回购是指纽约联储交易专柜事先买入某种证券，同时约定在未来某一时点将此债券卖出。逆回购是指纽约联储出售债券，并约定在未来某一时点将此债券买回。

纽约联储公开市场操作进行的正回购和逆回购期限上可分为定期（期限可最长可至65个交易日）与隔夜，招标方式上主要采取可变利率招标。2008年全球金融危机前，纽约联储就一直使用可变利率回购与逆回购工具进行操作。2008年3～12月，纽约联储为应对危机推出了单期定期回购操作（Single‐Tranche Term Repurchase Agreements），主要运用定期可变利率招标（多重价格招标）正回购进行操作，其期限一般为28天，目的是减轻金融市场压力并促进信贷流向住房和商业领域。2008年9月至12月末，纽约联储也使用了部分定期可变利率招标逆回购操作。2009年，纽约联储停止了所有常规正回购操作，但在2009年9月后，纽约联储宣布从12月起正式开始一系列小规模（Small Value）可变利率招标定期逆回购操作测试，其目的是为未来大规模操作作准备，其交易对手限定为一级交易商。2010年8月，纽约联储将小规模定期逆回购操作交易的抵押品范围进一步扩展到所有合格的抵押品，同时在原一级交易商基础上扩展了部分合格交易对手。在2010年10月后，纽约联储又多次对逆回购交易对手范围进行了调整与扩展，增加了合格交易对手范围。2012年8月，纽约联储还测试了两次针对一级交易商的小价值正回购，这是自2008年12月后第一次操作正回购。此后到2013年9月前，纽约联储多次进行可变利率的小价值正回购与逆回购操作测试，其中逆回购操作针对所有合格交易对手，正回购仅针对一级交易商。大规模隔夜固定利率逆回购操作测试工作开始于2013年9月，从2013年9月23日开始，纽约联储从原来可变利率逆回购操作变为隔夜固定利率全额供给逆回购操作，第一阶段计划从2013年9月到2014年1月。

---

① 1996年起，纽联储使用MSP（Matched Sale‐purchase Agreement）作为提供流动性的逆回购工具，但使用不频繁。如1998年，最初的两次MSP用于吸收1月14日左右临时性储备盈余，剩余的MSP主要用于吸收5月缴税期出现的临时性储备盈余。1999年，由于联储更倾向于买断操作后保持流动性缺口并用正回购进行弥补，因此MSP使用频率有所下降。2002年12月13日起，MSP正式被逆回购（Reverse Repurchase Agreements，RRPs）取代，二者主要区别在于，在记账方法上，MSPs记为买断式逆回购，而RRPs记为质押式逆回购。在美国金融市场上，RRPs使用更为广泛，因此联储采用RRPs是为了更好地贴近市场标准做法，从而提高市场参与度和降低操作成本。初期联储使用隔夜逆回购主要用于应对意外的短期储备资金盈余。金融危机后，纽联储交易专柜开始提高逆回购操作频率、发展三方逆回购、扩大逆回购抵押品范围，并将交易对手方从一级交易商扩展到更广泛的参与者，从而更好地回收流动性并为市场提供充足的抵押品资产。美联储于2013年推出了隔夜固定利率逆回购操作（Fixed‐rate Full‐allotment Overnight Reverse Repo），由于目标利率经常跌破利率下限，这一固定利率工具有利于引导市场预期，为更广泛的交易对手方尤其是非银行金融机构提供稳定的无风险隔夜利率。目前该操作一般在每日12:45～13:15进行，若逆回购利率、数量或操作时间等出现变更，纽联储网站上会提前一天发布公告。

（2）永久性操作（Permanent）。永久性操作的目标是通过买断或卖断证券的方式增加或减少和改变联储公开市场账户（SOMA）持有资产的构成和规模，一般带有明确的政策立场变化信息宣示，其操作对象包括国债、政府机构债和政府机构按揭支持债券（MBS）等，历次 QE 使用的操作方式均为大规模资产买断方式，买断式操作在 SOMA 账户组合中占比最大。

以国债的永久公开市场操作为例，所有的购买操作都是在纽约联储的自主交易系统中完成的。操作的交易对手方可以在系统中提交所有目标债券的要价，以拍卖的形式成交。在每次操作之前，公开市场交易窗口都会贴出一张公告，标明想买的债券，到期时间范围，以及成交奖励。纽约联储官网上的拍卖窗口关闭后，交易结果会在三分钟内发布出来，包括每种债券具体的成交数量。所有的交易对手方会同时收到成交奖励通知。每月底，公开市场交易窗口会发布每一次操作的统计结果，包括每种债券的加权平均成交价，最高成交价和以最高价成交的百分比数量等。

纽约联储的公开市场交易窗口会根据交易对手方的不同报价来决定哪些单可以成交。判断的标准有两个，一是看在拍卖快关闭的时候，交易对手方的报价与市场价格的相近程度，二是依据它们自己的收益率曲线模型，这个模型会计算债券的理论价值。这些判断标准使公开市场交易窗口更多地购买它们认为价值被市场低估的债券，例如非指标债券。

3. 美联储公开市场操作的一般规则

为了避免扰乱市场流动性以及市场资产的过度集中，纽约联储的公开市场交易窗口制定了一系列限制措施来规范其购买行为。首先，公开市场交易窗口会将某些债券排除在购买计划外，如果它们认为购买之后会对市场功能造成不利影响。具体来说，它们不会购买那些在回购市场中具有珍稀的附加价值的债券，这些债券往往很容易被送进国债期货合约、本金与利息分开交易的记名国债以及预发行债券。每次操作之前，公开市场交易窗口都会指出那些不在交易范围的债券。其次，公开市场交易窗口一直在限制任何单一债券的持有量。在这项规定下，对任何一个债券的累计持有量不得超过其总供给量的 70%。当持有量达到 30% 的时候，它们就会分阶段进行限制（见表 2）。随着购买计划的逐步推进，一些发行时间比较久的债券占总供给的比例就越来越高，这个规定的约束力也就变得越强。

同临时性操作的对象范围更宽泛且不固定不同，永久性公开市场操作的交易对手一般限制为一级交易商，纽约联储建立了国债一级交易制度，只有一部分合格的金融机构才能成为纽约联储国债买卖的交易对手，并且纽约联储会根据其参与公开市场操作的情况对一级交易商名单进行适当的微调。纽约联储的一级交易商主要是一些证券机构，如一些大型商业银行下属的证券公司，如 JP 摩根证券公司、摩根士丹利、汇丰证券、巴克莱资本等，到 2016 年 10 月，纽约联储的一级交易商合计有 23 家。另外，纽约联储也建立了 TOC（Treasury Operations Counterparty）制度，可能临时性地引入除一级交易商之外的所谓二级交易商。以 2013 年 2 月宣布 TOC 项目为例，整个项目持续一年，目的是扩充公开市场交易渠道，并且在一级交易商之外寻找合适的交易对手方，来增大纽约联储在执行货币政策时的市场操作容量以及操作弹性。在这个计划下，4 家交易对手方被选中。这 4 家交易对手方都至少参与了一次公开市场操作，并且提供了与它们自身规模相匹配的报价。

四、日本银行市场操作制度的框架

日本银行的市场操作包括日元操作和外汇操作两部分，其中，本币市场操作自 1962 年开始，并由日本银行金融市场局负责具体的操作工作。自市场操作制度建立之日起，日本银行的市场操作在制度上规定是每日进行，但由于受多方面因素影响，可能会出现没有操作或操作相对较少的情况。日本银行市场操作框架的历史沿革见表 3。

表 3　　　　　　　　日本银行市场操作框架的历史沿革

年	月	日本银行市场操作框架的历史沿革
1962	11	实施贷款限额适用制度，开始实行债券公开市场操作（附卖出条件的买入）
1966	1	开始对短资公司进行日本银行持有的所有的政府短期证券（FB）的公开市场操作
	2	开始进行债券的无条件市场操作
1969	7	开始进行附卖出条件国债和债券的短期买入
	9	中央银行基准利率开始以年率表示（与此相伴随市场上的各种利率也都以年率来表示）
1971	8	实施卖出票据制度
1972	6	开始实行票据公开市场操作
1978	6	以招投标的方式进行国债的公开市场操作
	12	开始实行通用招标，复数价格的方式进行国债买入操作
1979	5	发表国债的公开市场操作随机化
1981	5	日本银行重新开始所有政府债券（FB）的市场操作
1986	1	开始进行政府短期债券的期现买卖操作（回购交易）
1987	12	开始进行长期国债的期现买卖操作
1988	11	纠正短期金融市场的运营方式（引进短期票据操作，无担保同业拆借的长期化）

续表

年	月	日本银行市场操作框架的历史沿革
1989	1	开始贴现国债（TB）期现买卖
	5	期现方式的 CP 操作开始
1990	12	纠正短期金融市场的运营方式（扩大票据操作的对象，直接交易，同业资金拆借自由化）
1991	1	开始以招标方式进行票据操作
	7	废除窗口指导（对商业银行贷款的限制）
1995	3	明确定位短期市场利率的诱导为重要的金融政策运营手段
	9	再开 CD 的市场操作
	11	再开 CP 的市场操作
1996	1	废除对 9 家商业银行的贷款限制（信用红线）
1999	2	实施零利率政策
	3	开始以公司债为担保买入票据操作
	4	政府短期证券（FB）公开招投标开始
	4	整合 TB 和 FB，开始进行短期国债的市场操作
	11	开始进行不附加反向操作条件的短期国债的买卖操作
2000	8	解除零利率政策
2001	2	决定引进贷款补充制度（3 月开始）
	3	作为金融市场调节的主要目标从无担保的同业拆借利率变为在日本银行的活期存款数量（所谓量的缓和）
	7	开始进行总行和分行的票据买入操作
	12	开始日本银行的网上银行（电子贷款）交易
2002	10	决定买入金融机构持有的股票（11 月开始，买入时间至 2003 年 9 月，其后延长至 2004 年 9 月末）
	11	开始对国债为对象的新的期现方式，进行公开市场操作
2003	7	开始买入资产担保证券（买入时间至 2006 年 3 月）
2004	4	决定引进国债的补充供给制度（5 月开始）
2006	3	金融市场的调节目标从活期存款总额向无担保隔夜拆借利率变更，而且促使利率在零附近推移，决定推行这一新的金融市场调节方针
	6	为了实现作为资金的主要供给手段的票据买入操作无纸化，引进共通担保资金供给操作（票据买入操作废止）

续表

年	月	日本银行市场操作框架的历史沿革
2008	9	为了应对短期金融市场美元筹措的压力,同美联储缔结美元互换协议,美元资金供给操作开始(2010年2月结束)
	11	根据补充活期存款制度开始计息
2009	1	开始进行给企业融资的特别操作(2010年10月结束)
		开始买入CP(2009年12月结束)
	2	关于买入长期国债,区分残存期限分别买入操作
		再次买入金融机构持有的股票(截至2010年4月)
	3	开始买入公司债(2009年12月结束)
	12	为了促使长期利率降低,进一步强化金融缓和,开始进行共通担保的固定利率的资金供给操作
2010	3	通过以固定利率的方式共通担保,资金供给操作开始,增加资金供给促使长期利率下降;强化这种操作方式
	5	决定引进促进成长基础的市场操作
	11	决定买入ETF和J-REIT
2011	4	决定进行支援受灾地区金融机构的资金操作
	11	美元短期利率的下降,签订了多种货币的互换协议
2012	12	为了促使商业银行的贷款决定导入资金供给操作
2013	4	实行量和质的宽松政策
2014	11	追加缓和每年增加基础货币60兆~80兆日元
2016	2	引进负利率政策

　　日本银行的本币市场操作工具相对丰富,大致可以分为以下几类:一是共通担保资金供给操作,共通担保操作为1年以内(2016年变更为10年以内)的、以已经存入日本银行的存款为担保提供的资金出借操作,可采取可变利率和固定利率两种招标方式。二是资产买入操作方式,这包括短期国债的买卖,国债的买入,CP的买入,企业债买入,ETF及J-REIT买入等操作。三是流动性补充供给操作,如国债补充供给操作和补充贷款制度。四是回购方式,包括国债回购操作(正逆回购)和CP买入返售操作(卖出回购)。五是向金融机构贷款,主要是贷款支持基金。六是日中(Intraday)流动性提供,如日中清算账户透支工具。七是其他方式,如卖出票据操作等,详见表4。

表4　　　　　　　　　日本银行市场操作种类一览

操作的种类	操作的方式
共通担保资金供给操作	以已经存入日本银行的存款担保为背书,提供资金出借操作
短期国债买卖操作	以短期国债招投标的方式买入或卖出,进行回收资金或投放资金的操作
CP买入操作	日本银行对符合担保条件的CP进行先买入(附卖回条件),进行融资
买入国债	对附息国债通过招投标进行买入操作,以提供资金
公司债买入操作	为使金融调节更加平准化,通过招投标买入公司债,提供市场资金
买入指数联动型的投资信托受益权(ETF及J-REIT)等	为了使金融调节更顺畅,实施指数联动型的投资信托受益权和不动产投资受益权等的买入操作
给受灾地区的金融机构提供资金操作	以东日本大地震受灾地区的金融机构为对象,通过实施合适的金融调节,日本银行以固定利率的方式在额度范围内给金融机构提供贷款资金操作
国债补充供给	日本银行将自己持有的国债短期卖给市场(形式上是回购式卖出)
补充贷款制度	日本银行接受金融机构等的借款申请,在提供担保的范围内,原则上以基准利率贷出,第二个营业日为还款期限。日本银行提供被动式的资金供给
国债回购操作(正逆回购)	以招标方式对国债进行买入返售(卖出回购),以提供资金(吸收资金),买入返售期限一般在1年以内,卖出回购期限一般在3个月以内
CP买入返售操作(卖出回购)	通过买入带返售条件的CP(卖出带回购条件的CP)向市场提供资金(吸收资金)
贷款支持基金	为了物价稳定,经济发展和缓和政策的渗透,日本银行在自己的资产负债表上创设了该基金,为民间金融机构已合格资产为担保提供融资操作
日中清算账户透支	在每日日中透支发生时提供无利息但有担保的资金支持
卖出票据操作	日本银行以招投标的方式卖出承兑汇票,进行回收资金的操作

五、澳大利亚储备银行公开市场操作

1. 澳大利亚储备银行的货币政策框架

澳大利亚储备银行(以下简称澳储银行)目前的货币政策框架形成于20世纪90年代。澳大利亚于20世纪80年代中后期先后完成了利率市场化和汇率自由浮动;随后分别于1988年和1999年取消了强制准备金存款制度和不可偿付(Non-callable)存款要求,实行零准备金制度。在此基础上,澳储银行于20世纪90年代初确立了通货膨胀目标制,并明确将银行间隔夜无担保利率,即现金利率(Cash Rate)作为主要操作目标。澳储银行通过公布现金利率来表达货币政策立场,同时依靠国内市场操作(Domestic Market Operations)使实际现金利率向目标现金利率靠拢,进而实现货币政策的操作目标,再通过利率对经济活动的影响达到控制通胀的目标。在此传导过程中,澳储银行通过国内市场操作直接调节存款类机构转账结算账户①余额,使每日银行体系流动性达到基本供求平衡;同时,以目标现金利率减去25个基点向转账结算账户余额付息,并以目标现金利率增加25个基点设立隔夜常备信贷便利,从而形成利率走廊,最终结合对维护目标现金利率的坚定立场来确保实际现金利率始终较为接近目标现金利率。

2. 澳储银行的市场操作框架

自20世纪60年代开始,澳储银行就将公开市场操作视为重要的货币政策工具。但由于当时政府债券二级市场不发达以及参与机构混乱等原因,公开市场操作一度异常艰难。随着澳大利亚于20世纪80年代相继实现利率和汇率市场化,以公开市场操作为主体的国内市场操作开始真正成为主要货币政策工具。此后,虽然澳储银行公开市场操作的规模根据国际经济金融环境和国内金融体系发展而不断变化,但由于澳储银行总体货币政策操作框架没有再发生大的变化,于20世纪80年代末至90年代初所建立的公开市场操作总体框架和流程也基本没有变化。例如,每日公布流动性预测结果;每日开展操作,并在必要时增加操作;以回购为主要操作工具;对手方涵盖大额支付系统所有成员等要素都从20世纪90年代初一直沿用至今。

澳储银行的市场化操作(Market Operations)包括国内市场操作和国际市场操作。其中,国内市场操作主要包括公开市场操作、常备信贷便利以及已承诺流动性便利②(The Committed Liquidity Facility);国际市场操作主要是通过外汇掉期等工具满足政府等澳储银行客户的外汇需求和协助国内流动性管理③。在国内市场操作中,公开市场操作是最主要的操作,保持了较高的操作频率,基本每日操作,具体操作工具以回购为主,有少量现券交易,操作对象广泛,期限较为灵活;常备信贷便利被视为公开市场操作的补充,主要是不同期限和利率特征的回购交易④,协助转账结算账户持有机构更好地保持充足的转账结算余额。

---

① 转账结算(Exchange Settlement, ES)账户是澳大利亚授权存款机构(Authorised Deposit - taking Institutions, ADIs)在澳储银行开立的、用于银行间每日结算的专用账户,其账户余额相当于我国的超额准备金额。

② 自2015年开始,澳大利亚的授权存款机构(ADIs)需要满足巴塞尔Ⅲ的流动性覆盖率(LCR)及高质量流动性资产(HQLA)要求,转账结算账户余额是除政府债券和类政府债券之外唯一合格的高质量流动性资产。因此,该监管要求会对转账结算账户余额和银行体系流动性产生直接影响。为此,澳储银行于2010年批准设立工具,允许部分ADIs可以获得一定额度的流动性支持承诺专门用于满足上述要求。

③ 此外,还包括澳储银行认为必要时针对澳元汇率的外汇干预。

④ 具体包括"开放(Open)"回购(没有明确到期日、利率为目标现金利率、规模占80%左右)、日间回购(期限为日内、无须支付利息、规模占20%左右)和隔夜回购(期限为1天、利率为目标现金利率增加25个基点、市场机构很少使用)。

根据操作的时间期限安排，澳储银行的公开市场操作又可以分为两类：一是日常操作。澳储银行每日开展公开市场操作。每日早上，澳储银行会基于对当日流动性的预测确定操作意图，并根据需要安排1~3轮操作①。具体而言，澳储银行每天都会通过在电子新闻服务商（路透和彭博）的网页发布公开市场操作信息。9：30澳储银行会公布第一轮操作意图，具体包括当日流动性预测，即前一日的转账结算账户日末总余额及其相关调整项目金额②，以及第一轮操作的要素，即操作方向、工具、规模、期限等。每天17：10公布是否安排第二轮操作以及相关操作要素。此外，在极少情况下，澳储银行会宣布在晚上安排第三轮操作。二是长期（Long-dated）公开市场操作和到期前买入政府证券。为满足市场机构对中长期流动性的需求，澳储银行于2004年开始开展长期操作，即以现券交易方式买卖剩余期限超过18个月的证券。相关操作信息主要通过一个电子交易平台（Yieldbroker DEBTS）发布，合格对手方也仅限于在该交易平台有交易席位的澳储银行信息与交易系统（RITS）③成员。此外，澳储银行为对冲自身持有政府债券集中到期对银行体系流动性的不利影响，还会在这些政府债券到期前向市场买入对应期限和规模的债券，即开展到期前买入政府证券操作。

3. 澳储银行市场操作的流程

从操作流程来看，对于每日开展的公开市场操作，一是回购交易的期限。在第一轮操作中，澳储银行一般在90天内指定1~3个期限，2009年以来平均期限在25天左右；第二轮操作会考虑尽量避免操作对银行间隔夜现金市场的干扰，一般在7天以内。二是合格对手方。总体而言，所有澳储银行信息与交易系统（RITS）成员（目前有171家机构，其中88家在澳储银行拥有ES账户）都可以参与公开市场操作（由于结算时间相关原因，下午和晚上公开市场操作只有银行类成员可以参与）。三是合格证券。满足基本条件的澳大利亚政府或地方政府的中央借款当局（Central Borrowing Authorities）发行的证券均可用于公开市场操作回购以及现券交易，这部分债券的占比在70%左右；其他主体发行的证券则需要经过澳储银行的批准同意才能被接受。四是合格报价（Approach）。参与公开市场操作的合格机构必须在规定时间内通过拨打电话发送报价信息，在澳储银行规定的信息接收截止时间之前，参与机构可以更改相关信息。同时，澳储银行对报价的最小规模、证券剩余期限、折扣率等都有明确具体的要求。五是操作结果公布。澳储银行一般在45分钟内电话通知中标机构，并通过路透彭博等电子

---

① 不过，如果澳储银行预测当日银行体系适度，也可能不安排公开市场操作。
② 对前一日转账结算账户日末余额的调整项目主要是转账结算账户持有机构前一日尚未结算的直连（Direct Entry，DE）交易净额、前一日常备信贷便利下开放回购交易及其他影响因素可能导致的变动金额。
③ 澳储银行信息与交易系统（the Reserve Bank Information and Transfer System，RITS）是澳大利亚的大额支付系统，按照实施全额结算方式完成银行及其他授权机构之间的支付义务。

信息服务商和官网发布除中标机构身份外的主要信息。如回购操作中，发布的信息包括不同期限的操作规模、加权平均利率、接受的最低利率（Cut – off Rate）等。

六、主要发达国家中央银行公开市场操作框架的比较

1. 均在相当长一段时间内以利率等价格指标为操作目标，但近年来在操作上一度转向或开始兼顾数量目标

在2001年之前的一段时间内，主要发达国家中央银行公开市场操作的操作目标均为短期利率。如英格兰银行，其在20世纪70年代至20世纪90年代以设定的最小贷款利率（Minimum Lending Rate，MLR）为操作目标，在此之前是银行贷款利率，1997年开始为其规定的官方回购利率（Official Repo Rate），2006年以后进一步调整为中央银行利率（Bank Rate），直到2009年QE政策推出后开始兼顾数量目标。又如欧洲中央银行，从其实际操作来看，基本是以短期利率为操作目标。再如美联储，美联储的公开市场操作目标在2008年全球金融危机之前的一段时间内都是以联邦基金利率为操作目标。澳大利亚储备银行于20世纪90年代初确立了通货膨胀目标制和明确将银行间隔夜无担保利率，即现金利率（Cash Rate）作为主要操作目标。日本银行在2001年以前的市场操作目标始终是无担保隔夜拆借利率。

但自2001年日本银行首先推出数量宽松货币政策后，尤其是在2008年全球金融危机之后，主要发达国家公开市场操作在以短期利率为目标的同时，逐步转向数量目标或者逐步兼顾利率与数量两个目标。其中，最早采取数量目标的是日本银行。日本银行操作目标的变化过程较为复杂，2000年至2006年3月，日本银行最早推出量化宽松政策，日本货币政策委员会决定更改金融市场调节的主要操作目标为数量目标，将无担保隔夜拆借利率改为金融机构存放在日本银行的活期存款账户余额。但在2006年4月至2010年9月，日本银行停止了量化宽松政策，货币政策委员会决定更改金融市场调节的主要操作目标，将金融机构存放在日本银行的活期存款账户余额改为无担保隔夜拆借利率，并一直到日本银行实施综合性金融宽松时期（2010年10月至2013年3月）之前。2010年实施综合性金融宽松政策后，日本银行的操作目标再次回到数量指标。2013年4月开始，日本实施QQE政策（量化与质化金融宽松时期），在其后的两年时间内，日本银行的市场操作目标更改为将基础货币长期国债以及ETF的持有额增加一倍，并将买入长期国债的平均持有剩余期限延长一倍以上。2016年9月，日本银行决定进一步强化金融宽松政策，宣布实施新的"包含长短期利率操作的量化质化宽松"政策框架，在此框架下，日本银行决定同时兼顾数量与价格指标作为市场操作目标，其中，在继续扩大货币基础的同时，确定短期利率操作目标为

-0.1%，长期利率目标为维持 10 年期国债利率在 10% 左右。

英格兰银行、欧洲中央银行和美联储则主要受 2008 年全球金融危机后零利率环境的挑战，逐步采取了量化操作目标与手段来弥补原来短期利率目标的不足。2009 年 3 月 5 日，英格兰银行启动资产购买计划，并明确其公开市场操作的目标就是根据货币政策委员会（MPC）的决定购买资产（量化宽松，QE）。QE 的目的是通过大规模的资产购买来提振货币供应量，进而推动名义需求达到与英格兰银行政策目标一致的水平。正是从这一天开始，英格兰银行的货币政策委员会（MPC）将准备金规模以及 Bank Rate 直接作为货币政策目标，即同时兼顾数量与价格目标。与英格兰银行明确公开追求 QE 目标有所不同的是，2008 年全球金融危机后，欧洲中央银行并没有明确公开地提出 QE 的目标，但实际上其操作目标已经转向了数量宽松，尤其是操作工具更加丰富，推出了很多临时性的操作工具向市场提供充足的流动性，受到欧元区经济低迷的影响，目前欧洲中央银行的数量宽松政策仍未退出，其货币政策操作目标实际上也同时兼顾价格与数量目标。美联储的公开市场操作历史比较长，其公开市场操作目标也经历了"价格目标→数量目标→价格目标→价格与数量目标兼顾"的两次转变。一是 20 世纪 70 年代后，美联储逐步转向货币主义的单一规则，把制定货币供应量增速作为对经济进行宏观调控的重要手段，但在 1993 年后，美联储放弃了货币供应量作为中介目标的政策，开始实施基于泰勒规则的利率决策模式，公开市场操作的操作目标转向联邦基金利率。二是在 2008 年全球金融危机后，美联储开始重新重视数量目标，并采取了数量宽松的政策，公开市场操作的目标同时兼顾联邦基金利率和货币供应量。但在 2014 年，随着美国经济在危机后逐步复苏，美联储也公开宣布在当年 10 月结束资产购买计划，意味着实施了 6 年的数量宽松政策退出。在数量宽松政策退出后，纽约联储的货币政策操作目标将再次回归到价格目标。

2. 利率走廊制度正在逐步成为中央银行流动性管理制度的主流模式，公开市场操作是构成利率走廊制度的核心框架之一

近年来，欧美发达国家中央银行流动性管理制度的一个重大变革是利率走廊制度①及基于利率走廊的楼板制度（Floor System）的逐步建立。利率走廊制度可以具有不同的实施方式，但基本的特征有两个：一是有政策性的利率上下限，一般通过常备存款便利+贷款便利制度，或者超额存款准备金付息制度+贴现窗口制度等来实现，中央银行提供的贷款便利或贴现窗口利率成为利率上限，而存款便利和超额存款准备金利率则成为利率下限；二是一般有一个处于利率上下限之

---

① 狭义的或者说标准的常备借贷便利制度指的就是利率走廊（Corridor/Channel System），在 1994 年由加拿大银行引入。

间的短期利率操作目标（如果这个目标正好是利率下限，则成为楼板制度），这个目标一般由中央银行公开制定，并通过传统的公开市场操作工具来实现。相比较而言，欧洲中央银行、英格兰银行和澳大利亚储备银行建立了相对标准的利率走廊制度，美联储和日本银行则仍然以公开市场操作作为流动性管理的主要框架，但也具有了一定的利率走廊特征。

欧洲中央银行较早地建立了较为完善的利率走廊制度，为了使欧元区的存款性机构能够更好地进行隔夜流动性的调节，向商业银行提供常备窗口便利。欧洲中央银行的常备窗口便利包括了边际放款便利（Marginal Lending Facility）和存款便利（Deposit Facility）两类。两种便利的操作利率形成了欧元区的利率走廊，存款便利的利率为走廊下限，边际放款便利的利率则为走廊上限，而利率走廊的中间则是通过公开市场操作形成的主要再融资利率。在欧元区，常备借贷便利的利率成为市场重要的参考利率水平。欧洲中央银行同时建立了最低存款准备金制度，要求商业银行持有隔夜存款、定期存款、通知存款等按照不同比例缴纳存款准备金，商业银行必须在所在国的中央银行开立账户，并把存款余额维持在法定标准之上，否则将受到罚款、罚息等处罚。英格兰银行也在近年来建立完善了利率走廊制度。英格兰银行在 2006 年对流动性管理框架改革的重要内容之一是建立了流动性保险制度框架（Liquidity Insurance），这一框架的核心工具就是通过常备贷款便利（Standing Lending Facilities）和存款便利（Standing Deposit Facilities）为市场利率波动设立上限和下限。2008 年，英格兰银行进一步创设了贴现窗口便利（Discount Window Facility，DWF），并将原来的常备便利改为操作性常备便利（Operational Standing Facilities，OSFs）。同时，英格兰银行在 2006 年对其零存款准备金制度进行了完善，将原来的零准备金制度改为统一要求缴存一定的准备金，并建立了平均法准备金制度，2009 年，英格兰银行进一步对其存款准备金制度进行了改革，宣布自 2009 年 3 月 5 日起，英格兰银行将对所有准备金账户的余额按照 Bank Rate 支付利息。与欧洲中央银行等不同，由于英国货币市场对流动性缺乏需求，英格兰银行必须维持一个低利率，于是在 2009 年 3 月 5 日将 Bank Rate 下调到 0.5% 的水平，于是英国的 Bank Rate 不再处于利率走廊的中间，而居于利率走廊的下轨，这一制度也被称为楼板制度（Floor System）。澳储银行在 1998 年开始在大额支付系统实行全额实施结算方式过程中，创设了日间回购作为新的常备信贷便利工具，同时在 2013 年对延时净额结算的直连（DE）交易实行不连续全额实施结算方式过程中，创设了开放回购作为新的常备信贷便利工具，二者都旨在确保银行的转账结算账户余额不出现大的波动或透支，同时通过公开市场操作的配合，实现利率走廊的功能。

美联储和日本银行流动性管理虽然仍然以公开市场操作为核心，但也具有一定的利率走廊特征。由于美联储的贴现窗口带有惩罚性利率，实践中并不能成为金融机构的流动性管理工具。但在 2003 年，美联储对贴现窗口进行了重大改革，将贴现窗口区分为一级信贷、二级信贷、季节性信贷和紧急性信贷等。其中，明确只有监管评级（CAMELS，外资银行分支机构适用 SOCA 标准）为一级、二级、三级且资本充足或良好的机构才能申请一级信贷，同时在 2008 年全球金融危机后，根据《多德—弗兰克法案》要求，美国开始采取滞后两年且按季度的方式公布中央银行相关再融资情况的做法（详细披露机构名称和借款金额），从而有效降低了贴现窗口一级信贷的污点问题，充分发挥其对隔夜等短期利率的管理功能，发挥了类似其他欧美国家贷款便利工具和利率走廊上限的功能。另外，在 2008 年全球金融危机后，美联储开始对超额存款准备金支付利息，这一利率在某种程度上具有利率走廊下限的特征。日本银行于 2001 年 2 月把补充性贷款便利（Complementary Lending Facility）作为常设的贴现工具，这一工具的利率成为利率走廊的利率上限。由于日本银行并没有创设专门的存款便利制度，对存款准备金也不支付利息，因而其流动性管理制度实际上仍然以公开市场操作为核心，但已经具备了一定的利率走廊特征。

3. 伴随危机后的流动性过剩和流动性管理制度框架的逐步完善，部分中央银行的公开市场操作频率相对较早时期有所降低

伴随危机后的流动性过剩和流动性管理制度框架的逐步完善，与危机之前及更早时期相比，在危机中及危机后，部分国家（包括英格兰银行、欧洲中央银行与日本银行）的公开市场操作频率有所降低。如在相对较早时期，英格兰银行和欧洲中央银行的公开市场频率均是每日进行，但在危机后，随着市场趋于稳定和存款准备金制度、利率走廊制度的完善，两家中央银行公开市场操作的工具均变得更为简单，在操作频率上也相对较低，尤其是英格兰银行的操作频率更低。在欧洲中央银行目前的公开市场操作工具中，MRO 是欧洲中央银行最为重要的公开市场操作方式，但其操作每周一次，一般在每周二执行，操作期限一般为 1 周，而长期再融资（LTRO）操作频率更低，为每月一次，一般在每月最后一个星期三执行，操作期限则为 3 个月，通常使用浮动利率招标方式，定向长期再融资（TLTRO）是长期再融资的加强版，操作频率也非常低。英格兰银行情况类似，2006 ~ 2009 年，英格兰银行公开市场操作工具包括短期回购 OMO、微调性 OMO、长期回购 OMO 和隔夜购买债券等。但在现阶段，英格兰银行仅进行指数化长期回购（ILTR）和应急性定期回购便利（CTRF）两项公开市场操作，其中 CTRF 也已暂停使用，指数化长期回购操作频率是每月一次，期限通常是 6 个月。而应急性定期回购便利更是一个应急性的公开市场操作工具，只有当实际发生或预期发生整个市场范围的异常流动性压力时，英格兰银行才会开展。日本银行的情况与之类似，日本银行的市场操作制度自建立之日起，它的市场操作就是每日进行的，但近年来，尤其是在采取零利率政策后，如在 QE 政策及 QQE

政策期间，日本银行的市场操作频率也大为降低。

一般认为，公开市场操作的频率与政策目标和公开市场操作的制度框架、工具等相关。以日本银行为例，其操作频率的变化与以下几个因素相关：一是操作目标的变化。在早期以利率为目标的传统政策框架下，其操作目标是隔夜利率，因而需要通过积极的操作来影响市场利率水平，其操作的工具与频率都相对要多，但在采取零利率政策，尤其是在采取 QE 政策及 QQE 政策期间，由于流动性过剩，导致市场利率已经接近为零，因而使用市场操作对利率进行引导的必要性降低，相对而言，这一时期的市场操作频率大为降低。同时，在传统政策框架下，日本银行必须对目标利率进行相对准确的引导，因而只有通过频率相对高的市场操作才能更加准确地引导市场利率趋向目标利率水平，而在非常规政策框架下，对利率目标准确性的要求相对不高，因而也就减少了操作的必要性。二是操作工具的期限长短。日本银行的市场操作分为两类：一类是短期市场操作，这是日本银行传统性市场操作，主要目标是影响短期利率；另一类是长期市场操作，这种操作主要目标是对长期资产收益率等产生影响。相对而言，短期市场操作的频率需要更高一些，但随着 QE 及 QQE 政策的使用，日本银行主要通过实施长期市场操作影响经济，这种操作方式在一定程度上减少了短期操作的频率。三是其他操作工具的安排。中央银行流动性管理框架的完善也是影响公开市场操作的重要因素，如日本银行的存款准备金制度采取的平均法考核，在 2001 年建立了补充性贷款便利（Complementary Lending Facility），并在 2008 年推出了补充性存款便利（Complementary Deposit Facility），在这一更加完善的流动性管理框架下，市场对中央银行公开市场操作的依赖程度相对减轻，从而减少了市场操作频率。

4. 流动性测算结果和公开市场操作计划一般向市场公开，危机后中央银行对日常流动性测算的重视有所下降

在传统以价格为目标的操作框架下，中央银行流动性的管理和公开市场操作均需要对日常流动性进行测算，尤其是对现金、国库存款、外汇等自发性因素（Autonomous Factors）导致的流动性波动需要进行测算，来合理管理市场流动性，以实现中央银行操作目标。不仅如此，这些流动性测算的结果除了为中央银行自己的操作提供依据外，还会同中央银行的公开市场操作计划一起向市场公开，促进市场能够更好地对中央银行操作进行理解和加强自身的流动性管理，从而维护短期市场利率的稳定。

英格兰银行每天都公布其持有准备金的总规模。在早期开展短期回购 OMO（一般是周四）的早晨以及开展微调性隔夜 OMO（一般是周三）的早晨，英格兰银行会发布对银行体系的流动性预测报告，包括银行体系流动性需求（总的目标准备金规模加上各银行轧差加总得出的银行体系的净流动性需求），并公布短期回购 OMO 的规模。同时，英格兰银行每年发布次年全年的公开市场操作日

程表、次年债券购买 OMO 的预期总规模。每个季度初期公布下一个季度拟开展的债券购买 OMO 的规模和根据需求修正该年度债券购买 OMO 的剩余总规模。英格兰银行还提前一周发布债券购买 OMO 的公告和长期回购 OMO 的公告，内容包括操作的规模和将要购买的债券以及不同期限回购的具体金额的具体信息。欧洲中央银行认为主要再融资操作所释放的流动性应刚好满足想要达到的短期利率水平所需要的流动性，因此，欧洲中央银行在执行主要再融资操作之前，要对市场的流动性情况进行预测分析。金融机构体系日常流动性需求主要来自于最低存款准备金要求和自发性因素，自发性因素包括了欧洲中央银行无法直接控制的流通中现金和财政存款的变化，所以欧洲中央银行主要预测分析这两个因素的变化，并在其网站上公布平均每天的自发性影响因素预测值。在公告日，欧洲中央银行会对自发性因素发布一个初值，初值时间范围为操作日至该次主要再融资操作的到期日。但在招标日，欧洲中央银行会再次发布一个修改值。同时，欧洲中央银行还根据每周公布的财务报告中各类证券投资组合数量变化情况和自发性因素预测值计算每日的净自发性流动性影响因素（Net Liquidity Effect From Autonomous Factors and MonPol Portfolios）的数量，同时公布每日的流动性状况及各组成部分。

　　美联储在以联邦基金利率为操作目标的公开市场业务中，也需要对自发性因素进行测算。自发性因素为联储资产负债表上除联储可以直接控制部分之外的资产和负债，联储可以直接控制部分包括公开市场操作、贴现窗口以及准备金要求。自发性因素的变化带来联储储备资金供给的变化，从而产生公开市场操作需求，来对冲这些变化。影响联储每日储备供给的4个主要因素分别为流通中现金、财政余额、境外中央银行类机构隔夜回购池（Foreign RP Pool）[1]、联储应收未收款（Federal Reserve Float）[2]，联储使用日均变化来衡量这些因素的波动性，这些因素变化主要由临时性操作来对冲，预测误差会影响临时性操作的效果。在2008年全球金融危机之前，联储一般在每月中期发布当月中期到下月中期预计进行的购买总规模、各次操作的价格和规模等。在量化宽松政策实施期间，在国债买断式操作方面，联储在每月最后一天发布下个月计划进行的操作表，列出了总体买卖规模、计划进行操作的日期、期限以及每次操作的大致规模；同一天，联储还会公布当月已经完成的操作的相关价格信息。在 MBS 买断式操作方面，联储每月第 8 个工作日公布当月中期至下月中期的购买计划；联储每周公布一次

---

　　[1]　境外中央银行类机构隔夜回购池，为纽联储向其境外中央银行和国际组织客户提供的隔夜投资便利，该数据并未直接在联储的资产负债表上公布，但属于影响储备供给的因素。
　　[2]　联储应收未收款是指尚未到达融入银行账上，但融入和融出银行同时计入账户的款项，在支付完成后该款项在融出行账户上消失，该款项在两个银行上同时出现会造成货币供给临时性高估。

已完成的相关操作，覆盖 MBS 品种、期限、利率等主要信息，更详细的操作信息按月公布。

日本银行也及时对外公布流动性的测算结果与市场操作计划，如一般在每日 18:00 左右在网站公布其第二天的《在日本银行的活期存款账户余额和市场操作》，即日本银行对第二天活期存款账户相关项目的预测与计划，具体包括：一是现金变化金额；二是财政存款变化；三是资金余缺金额；四是日本银行的贷款与市场操作部分，包括各类买断性操作与回购操作的数量；五是活期存款账户余额的净变化量；六是基础货币量，包括在按累计计算和每日平均法计算的维持期内法定准备金要求。在每日 6:00，日本银行还会对当天市场操作结束后的流动性报告《在日本银行的活期存款账户余额和市场操作》，这是当天操作结束后活期存款账户和实际市场操作情况的统计，主要项目与前一天的预测报告相同，在预测报告中第五项活期存款账户余额将会变化，但只是对总金额的预测，而在实际操作结束后，活期存款余额变化包括法定准备金与超额准备金实际变化的明细。而这还只是对当天实际操作情况的初步总结报告，详细精确的实际操作相关数据报告将在第二天 10:00 发布，详细报告包括操作前一天的预测数据和操作当天的初步数据，并与最后的数据进行对比。

与其他中央银行类似，澳储银行每日公开市场操作是基于对当日和未来一段时间银行体系流动性（System Cash）的科学预测。澳储银行将影响银行体系流动性的外生（Exogenous）因素分为政府系统现金头寸（Government System Cash Position）和其他波动。其中，影响政府系统现金头寸的因素包括政府税收收入、政府支出和发行国债，税收收入受集中缴税期的影响而波动较大，政府支出的波动总体平滑，发行国债可能引起的波动主要是集中到期；其他波动主要包括外汇买卖和货币发行。在实际预测中，澳储银行首先是尽可能多地获取信息。例如，为尽可能准确地预测政府系统现金头寸，澳储银行与联邦政府很多部门和代理机构保持广泛联系，以获取其收入和支持的时间表和规模，并通过澳大利亚政府预算和分析历史数据来获取长期信息。其次是区分不同交易的结算方式，即对应于小额交易的"延时净额结算"和对应于大额交易的"实时全额结算"对银行体系流动性的影响是不一样的。最后是针对可能的意外因素要有有效应对方案。在实际预测流动性过程中，存在很多难以预测的因素，有时这些因素的影响可能较大。对此，澳储银行会根据其对银行体系流动性的不同影响方式和程度采取相应的操作。例如，对于实时结算的大额税收征缴，澳储银行会通过在当天下午开展第二轮公开市场操作，及时向银行体系注入流动性。

2008 年全球金融危机后，欧美国家中央银行对短期流动性测算的依赖程度一度有所下降，这主要有以下两方面原因：一是主要欧美国家中央银行的操作目标一度转向数量目标或同时对数量与价格目标的兼顾，并采取数量宽松的政策，因而整个货币市场环境处于相对宽松的状态，金融市场普遍流动性相对过剩，基本上市场和中央银行均无须对短期流动性的数量过多关注。如2008年全球金融危机后，美联储对预测准备金供给的重视程度大大降低。二是随着存款准备金制度、利率走廊制度的进一步完善，尤其是存款准备金平均法的使用，具有自动稳定器功能的利率走廊制度的建立，市场对短期流动性的波动也远没有以前敏感，短期流动性的波动对市场产生的冲击也因为制度框架的完善而大大减轻。但从总体来看，流动性预测尤其是对自发性因素的预测对于金融市场和中央银行的公开市场操作仍然非常重要。

参考文献

［1］赵婷. 欧央行货币政策目标、策略及工具研究［J］. 南方金融, 2009（3）.

［2］朱睿, 宋谷予. 国外央行公开市场操作实践及思考［J］. 债券, 2014（1）.

［3］朱沛, 贾秋彤. 英格兰银行公开市场操作改革［J］. 中国货币市场, 2005（12）.

［4］塞尔文科尼什. 澳大利亚中央银行的发展与演变［M］. 北京：中国金融出版社, 2010.

［5］Annual Open Market Operation Report（1996—2013）, www.federalreserve.gov.

［6］Ayuso, J. and R. Repullo. A Model of the Open Market Operations of the European Central Bank［R］. Cepr Discussion Papers, 2000, 113（490）: 883 - 902.

［7］BIS Working Paper: The main features of the monetary policy frameworks of the Bank of Japan, the Federal Reserve and the Euro System, www.bis.org.

［8］Eisenschmidt, J. et al.. Bidding Behaviour in the ECB's Main Refinancing Operation During the Financial Crisis［R］. ECB Working Paper Series, 2009, No.1052.

［9］The Bank of England's Sterling Monetary Framework, www.bankofengland.co.uk, 2014 - 11.

［10］www.newyorkfed.org.

［11］www.bankofengland.co.uk.

［12］www.ecb,europa.eu.

［13］www.boj.or.jp.

［14］www.rba.gov.au.

货币市场基准利率运行研究
——SHIBOR 十周年回顾

中国人民银行上海总部金融市场管理部课题组

课题组组长：荣艺华

课题组成员：曾梓梁　王雯珠　王　莹

摘　要

党的十八届三中全会以来，市场化改革全面推开，金融作为现代经济的核心，金融体系和金融市场的市场化程度是全面深化改革成败的重要内容。其中，培育短期利率基准是利率市场化的核心，在金融市场和利率体系市场化改革中处于关键地位。为此，2007年中国人民银行推出上海银行间同业拆放利率（SHIBOR），SHIBOR至今已正式运行十周年，初步确立了货币市场基准利率的地位。伴随管制利率的全面放开，市场化基准利率的作用更加凸显，研究十年来SHIBOR基准利率的运行效率，对于夯实其金融市场基准利率地位、提高货币政策调控和市场运行效率，配合金融改革深化具有重要意义。

本文在上述现实背景下，通过理论与实证相结合、国内与国际经验相比较的方式，分析借鉴了美国联邦基准利率、LIBOR等国际成熟金融市场基准利率形成机制、基准利率运行中积累的经验教训、各国监管部门在LIBOR操纵案暴露后所采取的改革完善措施，为SHIBOR基准利率建设提供经验基础。全面梳理了SHIBOR报价流程和报价行报价影响因素，分析了SHIBOR报价在金融机构产品定价中的运用情况，以及SHIBOR报价与实际成交的联动关系。我们认为，近年来，在人民银行及各市场参与主体的共同努力下，SHIBOR报价的形成机制正在不断完善，市场交易基础正在不断夯实，SHIBOR报价在金融产品中的运用范围正不断扩大。相比LIBOR等国际金融市场基准利率，SHIBOR拥有真实、完整的交易数据为报价提供支撑和检验，拥有严谨的考核体系提高报价可交易性并降低可操纵性，拥有考核激励机制助力SHIBOR报价的推广和创新运用。但同时，也存在报价发布时间较早影响了报价的信息覆盖面；SHIBOR报价在信贷等零售产品中渗透率低，社会普及度和接受度不高；同业借贷业务形态多样，交易数据不完全透明，影响SHIBOR报价的交易基础；衍生品市场发展较慢，制约SHIBOR

报价辐射范围等问题。

对此,我们提出:一是要继续完善报价机制,减小 SHIBOR 报价与实际成交的偏离度;二是要进一步发展货币市场,引导同业业务线上化,提高市场透明度,促进中长端货币市场发展,改革同业拆借市场的管理,活跃交易,提升市场广度与深度等方面,夯实 SHIBOR 形成的基础;三是要完善政策利率传导机制,扩大对企业客户、个人客户相关金融产品中的应用,扩大 SHIBOR 的辐射面,真正发挥 SHIBOR 在金融市场定价中的基准作用。

货币市场是金融市场的重要组成部分,作为高流动性的短期债务工具交易市场,在支持流动性管理、传导货币政策、支持经济发展方面发挥着举足轻重的作用。金融市场的关键在于定价。从国际经验来看,成熟的金融市场都需要一个定价基准,也就是基准利率,一般是货币市场的短期基准利率。短期基准利率在金融市场和利率体系中处于关键地位,不仅是金融产品定价的基准,还是货币政策操作的中介目标。

我国于 2007 年推出 SHIBOR(上海银行间同业拆放利率),并着力培育其成为金融市场的基准利率。十年来,在人民银行及各市场参与主体的共同努力下,SHIBOR 总体运行平稳,其作为货币市场基准利率的地位已逐步确立,较好地反映了资金成本、市场供求和政策变化预期。但相比国际成熟市场,SHIBOR 的作用范围依然有限,在国际市场中的认可度和权威性还有待提高。因此,在 SHIBOR 运行十周年的时候,有必要研究这期间的运行效率,并进一步借鉴 LIBOR 的经验教训,来完善 SHIBOR 基准利率的建设,推进利率市场化。

一、利率市场化条件下短期基准利率的重要性

基准利率是在整个利率体系中起主导作用的利率,即在整个金融市场和利率体系中处于关键地位、起决定性作用的利率。市场经济体系完善的标志是价格在资源配置中起基础性作用;其在金融领域的表现是,中央银行及其对货币价格的调节在宏观经济体系中居于核心地位。20 世纪 70 年代以来,大多数发展中国家和新兴市场经济国家的中央银行,进行了一系列金融改革,目的是建立以基准利率为中心、利用国内货币市场金融操作来管理经济的宏观金融管理框架。我国经过 20 多年"从计划向市场"渐进转轨,利率市场化已经初步完成,目前在货币政策方面已步入从"数量型"向"价格型"转轨的最后攻坚阶段。根据成熟市场经济国家的经验,要实现这一目标,需要依托对金融市场具有支配性影响的货币市场基准利率。

(一) 基准利率在金融市场定价中的重要意义

金融市场的核心是定价问题。如果定价的基准不合理，那么将会产生极大的问题。基准利率是金融市场上具有普遍参照作用的利率，其他利率水平或金融资产价格均可根据这一基准利率水平来确定。在利率市场化条件下，融资者衡量融资成本，投资者计算投资收益，客观上都要求有一个普遍公认的基准利率作为参考。所以，基准利率是利率市场化形成机制的核心。例如，LIBOR作为全球最重要的基准利率之一，成为数百万亿美元金融市场交易的基础，影响着大量的个人消费贷款、房屋抵押贷款、债券、大宗商品、互换和期货合约以及其他衍生品的交易定价。

随着我国利率市场化进程的不断推进，存贷款利率的全面放开，金融机构的自主定价权和客户的自主选择权进一步扩大，货币政策的传导和金融市场秩序的维护更多的是依靠市场机制，这对金融机构的定价能力提出了更高的要求。市场主体需要一个稳健的定价基准。我国在探索建立货币市场利率基准方面做了诸多探索，逐步培育了货币市场交易基础和金融机构的自主定价水平，从而建设以中央银行政策利率为基础，以货币市场利率为中介，由市场供求决定金融机构存贷款利率的市场利率体系和利率形成机制。作为货币市场的基准利率，SHIBOR既是我国金融市场基准利率体系的重要组成部分，又是我国推进利率市场化的一项重要金融基础设施。SHIBOR为金融产品定价提供市场基准，使金融机构对资产负债的定价模式更多地转向以市场利率为基准，逐步降低对存贷款基准利率的依赖程度，形成科学合理、分层有序、公开透明的利率体系。另外，短期基准利率的形成促使金融机构加强内部管理和风险控制，提高商业银行的定价能力，完善资产负债定价机制，对促进金融市场发展具有重要意义。

(二) 基准利率是中央银行实施货币政策调控的重要手段

中央银行可以通过各种间接调控手段，如三大货币政策工具控制或影响基准利率；基准利率的变化将导致货币市场利率、商业银行存贷款利率、资本市场利率以及证券市场的各种收益率的改变，而这些市场利率的变化将引起收入的再分配，影响到工商企业的利润和投资者的收益，进而影响他们的经济行为，如改变他们的储蓄、消费和投资倾向，改变他们对各种层次的货币或金融资产的需求和偏好，使其向着有利于货币政策最终目标实现的方向发展。因此，在全面开放的利率体制下，基准利率是连接中央银行政策行为与微观经济主体和金融市场行为的纽带，是间接调控方式下传导政策旨意的关键媒体。可见，适当选择和培育基准利率是成功推行利率全面市场化改革的重要举措。

不论是发达国家还是发展中国家，在利率市场化时期都加强了对利率体系的监管，其手段就是通过控制或影响基准利率来调节整个利率体系，因而基准利率的选择就尤其重要了。

（三）短期基准利率是货币政策效果的重要观察指标

由于货币政策最终目标的显现需要一定时间，因此，在货币政策具体操作中，中央银行一般还需确定中介目标作为观察指标，方便以对这一指标的观察为依据，根据形势发展需要及时对政策行为进行评估和调整。根据各国金融市场发展程度的不同，中央银行的货币政策中介目标一般有数量目标和价格目标两大类。前者一般由货币量、信贷总额和银行储备来承担，后者则由利率和汇率来承担。但最为常用的数量目标一般是货币量，而价格目标是利率。

在成熟的市场经济中，普遍以短期基准利率作为货币政策的观测指标。主要原因是随着经济和金融市场的发展，在金融创新的推动下，经济主体持有财富的方式和运用财富的模式日益多样化，大量流动性极强、对经济影响巨大的财富形式难以被包括在货币统计中，这使数量目标在实际操作中的效力不断下降。但是无论出现如何新颖、如何多样的财富形式，都不可能不受收益率（一般意义上的利率）的引导。由于同时作为实体经济和虚拟经济的双重参与者，即便是主要为货币市场产品标价的利率，也会通过经济主体资产配置和消费行为的调整对实体经济产生巨大影响。经济活动的所有重要信息，都会在市场利率的变动中得到准确反映；反过来，经济活动也会因此而受到市场利率的影响。因而，IMF的全球大样本案例研究表明：随着市场化的深入，以货币市场为基础、以利率调控为中心的货币政策模式，已越来越多地被发达国家和发展中国家所采用。由于在多层次金融市场中一般存在多种市场利率，为在保证效率的情况下使操作简便易行，中央银行一般会寻找一种能够对其他市场利率产生支配性影响的基准利率作为中介目标。随着市场经济体系的不断成熟和完善，市场基准利率越来越成为货币政策的中间目标。

二、货币市场基准利率建设的国际经验与借鉴

综观成熟货币市场的基准利率，主要分为以美国联邦基金利率为代表的交易利率和以LIBOR为代表的报价利率两类。其中，以报价利率为主流。

（一）国际主要基准利率建设经验

美国联邦基金利率是指美国联邦基金市场的隔夜拆借利率，是商业银行及其他金融机构在联邦基金市场上相互拆借资金所形成的市场利率，它是美国货币市场乃至整个金融市场的基准利率。美联储公开市场委员会设定联邦基金利率目标，并通过公开市场操作改变市场上的货币供应量，使金融机构在相互借贷时的

实际利率向目标利率靠拢，并随着联邦基金供求状况的变动在目标水平上进行小范围波动。联邦基金利率的变动能够敏感地反映金融机构之间资金的余缺，从而影响到整个金融行业的利率水平，如各种存款、贷款，乃至信用卡欠款的利率，并将同业拆借市场的资金余缺传递给工商企业，改变个人和机构的经济行为，进而影响消费、投资和国民经济，成为货币政策重要的操作目标和操作工具。联邦基金利率期限结构单一，有利于货币政策当局聚焦重点、精准调节，同时，也基于美国金融市场的高效和深度融合，为监管当局、金融机构、零售客户间架起了信息沟通的桥梁、利率传导的纽带，使货币市场短期利率能迅速作用并影响整个金融行业的利率水平。

伦敦银行同业拆借利率（LIBOR）是目前国际上最重要和最常用的利率基准。自1986年1月1日实施以来，LIBOR由英国银行家协会选定的16家银行每天对美元、欧元、日元、加元、澳元、英镑和瑞士法郎7种币种，从隔夜到1年15个期限的借款成本进行估价。报价行通过向其交易对手询价、综合考虑内部各部门利益平衡及全行产品策略，从而确定该行对各个期限、货币种类的、基于信用的无担保拆借期望利率报价。报价经过计算处理后，通过汤森路透于每日11：30对外发布。LIBOR作为一种报价利率，不携带风险溢价、客户关系等各种交易条件的扰动，能够比较充分地反映资金市场的供求状况和资金价格，实际上被看做主要金融机构对货币市场风险的整体反应，包含了这些最高信用等级机构对货币政策的期望，以及对交易对手、流动性和其他风险的风险收益要求。

以银行间同业拆借利率报价作为利率基准的还有欧洲银行间同业拆借利率（EURIBOR）、新加坡同业拆借利率（SIBOR）、香港同业拆借利率（HIBOR）、台湾同业拆借利率（TaIBOR）等，其报价机制大都与LIBOR相似，因此，上述利率基准在国际上被统称为IBOR。相比美国联邦基准利率为代表的以成交利率形成的基准利率，IBOR基准利率通过报价行逐日估价，拥有更丰富的报价期限品种，更完整的利率曲线，同时，也能通过报价方式，解决国际市场上同业拆借场外交易方式下交易数据不透明的问题，也缓解了同业拆借交易期限结构不平衡所带来的部分期限成交利率代表性不足或成交数据缺失等问题，保证各期限基准利率的连续性。

从巴塞尔金融稳定委员会发布的资料可以看到，国际上以IBOR报价在包括信贷产品在内的金融工具上的应用已非常广泛，产品包括贷款、结构化产品、货币市场工具和固定收益产品等（见表1）。在很多利率衍生品中被广泛参考，例如掉期、期权和远期合约中。此外，FSB市场参与者小组估计60%～90%的利率场外衍生品与LIBOR、EURIBOR或TIBOR相关。其中，柜台交易市场中高于90%的利率期货和期权参考同业拆借利率。

表1　　　　　　　主要金融市场参考 IBOR 的金融产品

贷款	商业贷款	农业贷款
存款	银团贷款	学生贷款
	浮动利率银行贷款	信用卡贷款
	定期贷款产品	房屋净值贷款
	杠杆贷款	联邦住房贷款预付款
	企业间贷款	
结构性产品	资产抵押证券	贷款抵押债券
	抵押贷款证券	抵押贷款债券
	商业抵押担保证券	混合及合成产品
短期货币市场	非居民机构存款	商业票据
	定期存款	中期票据
	活期存款	证券借款
	货币市场存款	存单
	活期存款产品	
债券	企业债券	优先票据
	拍卖标的证券	资本租赁
	佣金单	贸易融资
	进出口银行债券	FA 抵押票据
	保障性住房债券	直接融资协议
	信托优先证券	商业租赁
	资产担保债券	基于集团公司的 I/C 核算的利率计算
	偿付能力标准Ⅱ负债参考利率定义	货市市场、贷款和衍生产品的定价核算
	次级债券	资产管理托管的基准
	流动性贷款	惩罚性贴现利率

资料来源：FSB。

（二）国际主要基准利率分析

从国际主要金融市场选取的货币市场利率基准情况来看，报价利率依然是主流。但从多年实践来看，报价利率机制也暴露出诸多不足。

一是报价可交易性不足。报价利率最突出的劣势在于其与实际成交价格之间存在差异，例如 LIBOR 作为报价利率不能直接交易，但同时又存在大量以 LIBOR 作为基准利率的交易合约。在报价时，报价行被要求提供主观认定的、可能的借入成本（而非已形成的借入成本），并假定在具有相当主观弹性的、"适当的"市场规模下给出,这使报价利率从源头就与实际利率脱节。一旦多数报价行具有了共同利益导向,同时产生了一个定价偏离于市场均衡水平但是有利于其自身利益的动机,形成统一的报价水平以操纵市场就变得相对简单了。虽然现行定价机制设计中也考虑到报价行出价偏离市场成交水平的情况,并设立了修正机制、披露机制和淘汰机制,但这种报价机制背后天然形成了报价行对基准利率的垄断权。

二是报价客观性和盈利性的冲突。开始于2010年底的调查显示,包括巴克莱银行、摩根大通、花旗银行、德意志银行、苏格兰皇家银行在内的全球诸多主要金融机构都不同程度地卷入了对LIBOR或其他基准利率的操纵之中。以巴克莱银行为例,根据FSA和CFTC(美国商品期货交易委员会)的调查结果及其他相关报道,2005~2009年,巴克莱银行为其衍生品头寸虚报LIBOR和EURIBOR报价,共向LIBOR和EURIBOR报价员请求更改利率257次。操纵丑闻的频现反映出报价机制存在着严重的利益冲突问题。一方面,基准利率报价与自营业务和交易业务存在利益冲突。在巴克莱的操纵案中可以清楚地看到,报价行在全球利率衍生品中持有大额头寸,这些衍生品有相当大一部分是以LIBOR为基准的。在外部约束缺失的环境下,报价行难免会为了自己的利益最大化而不时出现操纵LIBOR定价的行为。另一方面,LIBOR的报价也体现了报价行的流动性情况,在改革之前,所有报价行的价格都会在当日随LIBOR最终价一起对外公布,所以当某一报价行的报价显著高于其他报价行时,市场自然对其流动性发出质疑,进而影响报价行的市场声誉。因此在特殊时期,报价行会出于维护流动性声誉的考虑,故意压低报价。操纵丑闻爆发后,LIBOR报价行的报价被要求在三个月后公开,这样将降低报价行粉饰信用情况的动机,减少合谋操纵的机会。但如果基准利率的报价机构是营利性机构,仍不可避免会受到利益的驱动操纵利率。

三是报价机制不透明。一方面,参与报价的主体非常有限,数量上通常不超过20家。很有可能的情况是IBOR定价所需的信息来源于一个规模非常小的现货借贷市场,而利用IBOR的利率衍生工具等产品市场却异常庞大,这使定价基础十分薄弱。另一方面,报价行的报价过程并非完全透明。IBOR报价基于各报价行"合理"的资金需求规模预期,但使用者并不能清楚地了解到决定IBOR报价形成的实际交易量究竟是何种"合理"规模。此外,LIBOR操纵丑闻爆发后,报价行的报价由随LIBOR同时公布变更为三个月后再公开,这种做法虽然能够在一定程度上降低报价行的信用粉饰动机,但也使报价信息更加不透明。

(三)国际主要基准利率发展趋势

在LIBOR操纵丑闻爆出后,各国监管部门都对基准利率形成机制进行了反思并执行了相应的改革。改革内容主要从报价的可交易性、报价数据透明度、降低可操纵性、流动性应急手段、防范利益冲突等方面予以改进。

在完善监管框架方面，英国政府将 LIBOR 的管理权从英国银行家协会转交给 ICE 基准管理有限公司，受金融行为监管局的批准与授权，负责 ICE LIBOR、ICE 掉期利率、LBMA 黄金价格的管理，同时，建立了一个参与者包括美联储、瑞士国家银行和英格兰银行的 LIBOR 监管委员会，以保障 LIBOR 报价管理机构的严谨和透明。新加坡也成立了新加坡银行业协会基准管理有限公司，专门负责基准的管理和运营，专设监督小组负责监督基准管理机构，保证其公平性和独立性，并颁布《行为准则》加强制度保障。

在完善定价机制方面，英国和新加坡各自对 LIBOR 和 SIBOR 的报价品种进行了削减，取消了缺少真实交易的报价品种，使报价更加集中于常用的、交易规模较大的利率种类。英国颁布《LIBOR 行为准则》，采取新的检测技术和技巧，提高基准利率定价过程的透明度。此外，针对市场极端情况，英国、新加坡等地区制定了应急处理的后备机制，通过广泛的市场询价、专家预判或市场调查获得替代价格，缓解市场紧张时期的流动性定价的困难。

在降低可操纵性方面，LIBOR 改革方案（见表2）要求报价行建立有效的内部控制机制，建立以"合格人员"为核心的监管框架，要求 FSA 对涉及 LIBOR 报价、计算和发布等环节的关键机构和人员进行备案管理，要求报价行对于 LIBOR 的报价员建立规范，明确其个人职责，建立层级报告机制；在银行内部、银行间及市场其他机构之间设置防止利益冲突的防火墙，以保证报价员不受外部利益干扰。此外，还要求与 LIBOR 报价相关的文件都应当被保存；每年进行内部审计和定期合规检查；每隔 2~3 年进行外部审计，如果 LIBOR 监管委员会认为报价行表现不佳，可立即要求对其进行外部审计等。

经过一系列的改革，同业拆借利率基准的可控性、代表性、公允性和参考性有了明显的改善，监管部门预防、化解市场风险的能力有所提升，在一定程度上重塑了监管部门在国际金融市场产品定价中的地位和作用。

表2　　　　　　　　　英国政府提出的 10 项 LIBOR 改革措施

改革领域	主要改革措施
监管方式	1. 监管部门立法加强对 LIBOR 报价活动及日常管理的监督，对任何试图操纵 LIBOR 的行为予以刑事处罚
机构改革	2. 英国银行业协会应将 LIBOR 管理权转交新的管理机构，新机构由独立的委员会选出 3. 新机构负责管理 LIBOR，以确保 LIBOR 的透明、公正、公平
报价规则	4. 新机构应重新制定报价机制，主要内容包括基于实际交易利率的报价原则、对报价行的系统及内控要求、对报价行交易数据进行记录、定期外部审计 5. 报价行应根据实际交易利率制定、修正报价

续表

改革领域	主要改革措施
近期措施	6. 取消部分币种与期限 LIBOR 报价，使报价更加集中于常用的、交易规模较大的利率种类
	7. 各报价行提交的报价应在 3 个月后公开，以降低报价行粉饰信用情况的动机，减少合谋操纵的机会
	8. 政府应赋予英国金融服务监管局强制要求银行提供报价的权力
	9. 所有的市场参与者应该充分考虑 LIBOR 是否能满足其需求，并在相关合同中制定应急处理措施
国际合作	10. 英国、欧洲以及国际监管机构应协调制定全球基准利率的标准

资料来源：英国金融服务监管局。

三、SHIBOR 基准利率建设回顾及运行情况评估

（一）SHIBOR 建设不断推进，机制不断完善

SHIBOR（上海银行间同业拆放利率）是中国人民银行在借鉴伦敦 LIBOR 的基础上，培育的中国金融市场短期基准利率。自 2007 年设立以来，人民银行不断完善 SHIBOR 相关制度，通过改进报价规则，完善考评体系，夯实交易基础，推广定价运用与创新、推进境内外市场双向融合等方式，不断推动 SHIBOR 基准性建设。近年来，SHIBOR 凭借我国特有的平台优势和制度推动，在国际、国内金融市场中的认可度不断提升。

1. 改进报价制度，提升引导作用

2007 年 1 月 4 日，SHIBOR 正式推出。由 18 家信用等级较高的银行自主报出人民币同业拆出利率，经剔除最高、最低各 4 家报价后，对剩余报价进行算术平均计算，最终得出每一期限品种的 SHIBOR 价格。推出伊始，SHIBOR 涵盖了从隔夜至 1 年的 11 个期限品种，由人民银行授权全国银行间同业拆借中心于每日 11∶30 公布。SHIBOR 的推出，为货币市场提供了一条完整的基准利率曲线。

十年来，人民银行 SHIBOR 工作小组不断加强 SHIBOR 报价的自律机制建设，推进和完善 SHIBOR 的形成和引导机制，深化利率市场化改革。2013 年 9 月，在人民银行指导下，成立了市场利率定价自律机制。该机制由金融机构组成，负责在符合国家有关利率管理规定的前提下，制定市场定价工作指引及相关业务规则，制定评估标准并开展评估，制定 SHIBOR 等市场基准利率报价规则并进行监督，监督金融产品定价情况，组织协调工作小组推进涉及市场基准利率培育的产品创新等，接受人民银行的监督管理。市场利率定价自律机制在人民银行与金融机构间架起了一座桥梁，在不断完善 SHIBOR 报价机制，监督评估机构报

价行为，推广定价基准应用，维护市场规范健康发展等方面起到了积极作用。

在市场利率定价自律机制推动下，2014年8月，SHIBOR报价时间从原先的11：30调整至9：30，同时，SHIBOR报价品种由原先的11种简化至包括隔夜、1周、2周、1个月、3个月、6个月、9个月及1年，共8个期限品种。发布时间的提前，增强了SHIBOR对货币市场交易的引导作用，降低了早盘少数异常交易对整个市场交易利率水平的干扰，也逐步培育并强化了报价机构的市场研究和定价预判能力，增强了SHIBOR的独立性。同时，还提高SHIBOR对其他金融产品的定价指导，在推广定价基准使用、便利业务开展等方面有明显推动作用。报价品种简化至交易中的8个关键期，使报价期限更具代表性，从而提高了报价的准确性和有效性。

2. 科学建立评估机制，提高报价有效性

为健全市场利率定价自律机制，提高金融机构自主定价能力，完善市场供求决定的利率形成机制，市场利率定价自律机制在人民银行指导下，制定了《金融机构合格审慎评估实施办法》，每年一次根据财务约束、定价能力、定价行为和定价影响四个方面共15项指标对成员单位进行评估。自律机制对于金融机构定价的组织管理、决策执行、信息披露等定性指标，以及定价偏离度、在各金融子市场的定价影响力等定量指标进行综合考量，排名确定自律机制核心成员和基础成员，各成员相应地履行各自的报价职责，来促进价格发现，维护定价秩序。

通过评估体系的实施，首先，金融机构内部定价管理的流程逐步规范，不仅降低了定价过程中的内部操作风险，也保证了SHIBOR报价的独立性；其次，报价行报价的交易性得到保障，促使SHIBOR更能反映高信用等级银行业金融机构的利率水平；再次，保证了报价行具有较强的市场代表性和影响力，在提高报价权威性的同时，也顺畅了利率传导机制；最后，加大了金融机构产品创新的动力，推动基于SHIBOR定价金融产品的活跃度，进一步发挥SHIBOR的基准作用和价格引导功能。

3. 完善基础设施，夯实交易基础

相比境外货币市场多采用场外分散交易方式，中国的货币市场具有成熟有形的组织架构。我国于1996年建立了统一的银行间货币市场实时交易平台，即全国银行间同业拆借中心，进行数据集中采集管理，保障了交易数据的完整统一。目前，银行间市场的参与主体包括各类存款类金融机构、非银行金融机构、金融机构管理的非法人产品、境外中央银行、境外商业机构等十八类交易主体，机构数量已达15000余家。同业拆借、债券回购、同业存单、利率衍生品等一系列金融产品均已实现了全程线上交易，在降低操作风险、提高结算效率、完备交易数据、便利金融监管等方面具有重要意义。

近年来，人民银行也在不断推动货币市场交易品种的丰富和交易数据的统一，为进一步夯实SHIBOR报价提供了真实的交易基础。针对我国货币市场以7

天期以内的超短期交易为主的期限结构，人民银行于 2013 年推出同业存单，近年来发展迅速，已逐渐成为 3 个月到 1 年中期市场资金交易的主流品种，有效填补了回购和拆借市场中长期限交易量小带来的缺陷，提供了 SHIBOR 中长端报价的微观交易基础。2005~2015 年，银行间货币市场交易规模从 17 万亿元增长至 522 万亿元，累计增长了 30 倍，年均增长率为 40.67%。同业存单推出三年来，余额更是扩张迅速，2015 年各类机构累计发行同业存单 5.3 万亿元，同比增长近 9 倍。真实有效的交易数据为 SHIBOR 报价的形成提供了坚实的交易基础，为培育、建立完善的基准利率体系提供了必要保障。

此外，人民银行近年来一直在推动 SHIBOR 报价与市场成交利率曲线之间的相互促进与融合，先后授权全国银行间同业拆借中心发布了银行间回购定盘利率和存款类机构间利率债质押回购利率等交易利率指标。丰富的成交利率指标体系一方面有助于 SHIBOR 报价行分析、判断货币市场的流动性水平，科学、合理地提供报价，提高报价的准确性；另一方面，有助于金融监管部门通过银行间回购定盘利率所反映的市场成交利率中枢，存款类机构间利率债质押回购利率所反映的基础融资成本等指标所表现出的市场成交现状，多维度地分析、检验 SHIBOR 报价的有效性，为进一步有针对性地完善 SHIBOR 报价形成机制，为夯实短期利率基准的形成提供实证基础。

4. 加强境内外市场融合，推动 SHIBOR 定价权建设

2009 年跨境人民币贸易结算试点工作开展以来，跨境贸易结算政策陆续落地，跨境人民币清算机制建设有序推进。作为配套措施，人民银行先后允许境外中央银行、境外人民币清算银行等市场主体先后进入境内银行间市场，开展人民币投融资及流动性管理业务。截至 2016 年末，银行间货币市场境外交易主体已近 50 家。银行间货币市场作为境内外金融机构沟通、交易的重要桥梁，将境内外的交易信息进行融合、联动，促进了境外机构熟悉境内利率政策，关注 SHIBOR 价格波动，并指导境外机构的人民币定价。经过多年的培育，SHIBOR 定价已在境外人民币产品中广泛应用，包括境外人民币债券、人民币存单在内的多种利率产品均实现了与 SHIBOR 挂钩。随着银行间货币市场对外开放，一个统一的境内外银行间人民币资金融通市场已颇具雏形，将继续在促进境内外人民币市场联动的同时，推动 SHIBOR 国际定价权建设不断向前。

（二）SHIBOR 在金融市场应用范围不断扩大，使用程度不断提高

SHIBOR 自 2007 年正式运行以来，其作为货币市场利率基准的作用持续得到发挥，市场影响力逐渐增强，在金融市场的应用范围不断扩大，已经成为金融市场上重要的指标性利率和金融机构的内外部定价基准，在债券发行和同业产品定价中的使用程度更是不断提高。

1. 债券发行

以 SHIBOR 为定价参考的债券发行量逐步扩大，SHIBOR 在债券发行定价中的参考价值不断增强。从 SHIBOR 浮息产品看，基于 SHIBOR 的浮息债在全部浮息债中的比例逐年提高（仅在 2014 年大幅下降，之后有明显回升，见表3）。2015 年共发行 SHIBOR 浮息债 159 只，总发行量为 478.2 亿元，占浮息债发行总量的 14.4%。2016 年以来，浮息产品发行量明显扩大，截至 12 月 26 日，共发行 SHIBOR 浮息债 171 只，总发行量为 1478.7 亿元，占浮息债发行总量的 41.4%，占比首次超过了定期存款利率浮息债，且较上年高出 27 个百分点。此外，还有一些固息企业债，采用 SHIBOR 加利差的方式定价。

表3　　　　　　　　　　SHIBOR 浮息债发行情况

年份	发行期数（只）	期数比重（%）	发行总额（亿元）	金额比重（%）
2009	8	20.51	708.00	18.31
2010	24	21.05	448.30	10.51
2011	15	19.48	1302.80	26.55
2012	5	10.20	425.03	10.81
2013	32	45.71	1770.00	50.04
2014	2	1.72	80.00	3.75
2015	59	22.26	478.20	14.42
2016	171	54.11	1478.70	41.39

资料来源：Wind。

注：2016 年数据截至 2016 年 12 月 26 日；"期数比重"和"金额比重"均为占全部浮息债的比重。

2. 同业产品

调研显示，SHIBOR 已经成为金融机构同业业务的资产负债项目主要的定价基准，包括同业拆借、同业存款、同业借款、同业代付、买入返售和同业投资等。原因有：（1）SHIBOR 已经成为市场公认的市场利率指标，且与其挂钩的金融产品较为丰富，能够客观反映各期限的资金供求关系情况；（2）商业银行资金业务的内部资金转移定价主要以 SHIBOR 为基准来构建资金收益率曲线，因此经营机构对外报价也主要以 SHIBOR 为基准，便于衡量资产负债利差。

在各类同业业务中，同业拆借业务上 SHIBOR 发挥的基准性最强。主要是因为 SHIBOR 报价团成员均为同业拆借市场中最主要、最活跃的金融机构，在实际交易中有较强的定价主导权，且报价自律机制对报价的可交易性有相关要求，因此，SHIBOR 报价在同业拆借交易中价格匹配度最高。

此外，同业存单市场上 SHIBOR 利率应用普遍，同业存单发行交易全部参照 SHIBOR 定价。从发行规模看，同业存单市场近年来快速扩容，2016 年 1~11 月，同业存单发行总额近 12 万亿元，发行规模及发行只数均较上年同期大幅增长。前三个季度，银行间市场陆续发行同业存单 11827 只，发行总量为 9.67 万亿元，二级市场交易总量为 48.56 万亿元。从发行利率看，同业存单发行利率与中长端 SHIBOR 的相关性进一步提高。3 个月期限同业存单发行利率与 SHIBOR 报价点差均值相比上年仍收窄了 20%。6 个月期限同业存单发行利率与相应期限的 SHIBOR 报价点差缩小更为明显，由均值 24 个基点收窄至 12 个基点。中长端 SHIBOR 与同业存单发行利率的相关性增强说明了中长端 SHIBOR 对市场变动的敏感程度有所增强。

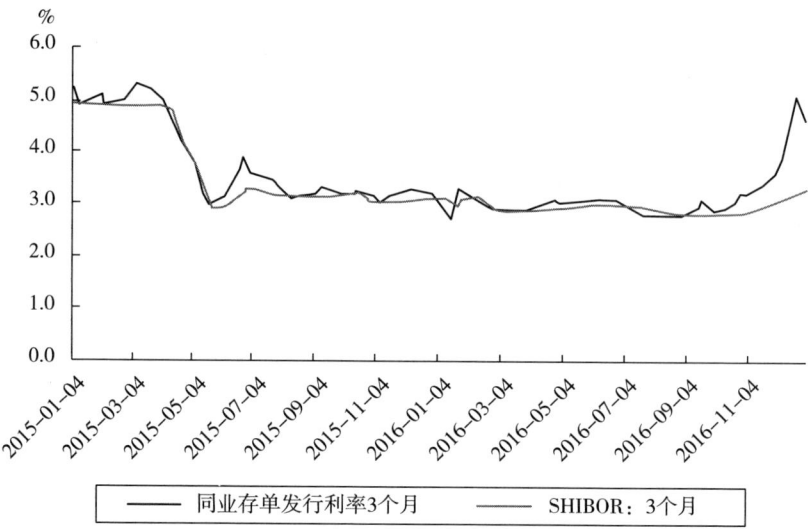

资料来源：中国外汇交易中心。

图 1 3 个月 SHIBOR 与 3 个月同业存单发行利率比较

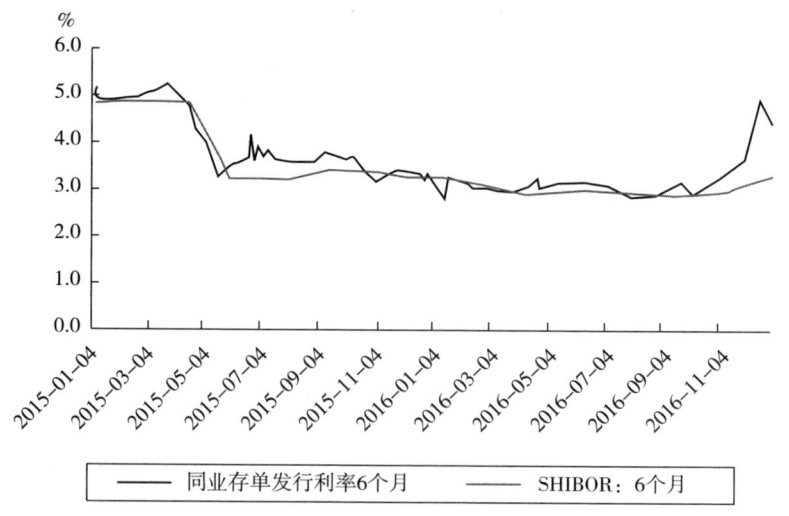

资料来源：中国外汇交易中心。

图 2 6 个月 SHIBOR 与 6 个月同业存单发行利率比较

(三) SHIBOR 在实际运用中存在的瓶颈

1. 波动性较大

SHIBOR 报价与市场利率有较强的相关性，如果市场波动较大，会造成报价的波动，影响其稳定性。从近两年 SHIBOR 报价的情况来看，尤其以 2015 年的波动性更为突出，2016 年各品种的波动幅度均有下降。2015 年，报价波动最大的品种是 2 周，最高与最低报价极差为 359 个基点；1 个月报价次之，极差为 336 个基点；隔夜和 1 周报价极差分别为 261 个基点和 296 个基点。

SHIBOR 报价的波动性会影响客户端的接受度，我国的企业和个人金融市场化的理念不强，管理利率风险的能力较弱，存在接受固定利率的路径依赖。从客户端来讲，更愿意接受一个相对稳定的利率指标作为基准。

但是从金融市场的角度来讲，金融机构普遍反映 SHIBOR 与市场波动的关联性还有待加强，以增强对市场利率的指引作用。在市场资金面趋紧时，SHIBOR 对资金稀缺的反应相对滞后，价格提高程度不足，在货币市场波动较大的情况下，有合格押品的质押式回购市场利率大幅高于以信用为保证的拆借利率，使 SHIBOR 报价不尽合理。

2. 报价与市场实际成交的相关性有所减弱

运行十年间，SHIBOR 报价与实际成交利率走势的相关程度呈先升后降的趋势，2016 年下降明显（见表 4、表 5）。如图 3、图 4 所示，2015 年，SHIBOR 报价与实际成交利率走势的拟合度相当高，市场成交利率基本跟随报价，这与 2015 年货币市场流动性宽松、利率整体下行的背景有关，由于市场上资金的可得性很高，且利率总体水平走低，因此，金融机构交易中所加的点差就较小，使实际成交利率走势与 SHIBOR 报价高度一致。而 2016 年，国际、国内的经济金融形势更为多变，对货币市场的扰动因素增加，使实际成交利率波幅增大。

主要因素包括：一是在美元升值、加息背景下，人民币兑美元汇率波幅加大，人民币跨境流动的速度与范围不断扩大，对境内货币市场流动性的稳定性形成干扰；二是在人民银行建立宏观审慎评估体系背景下，商业银行对非银行金融机构的风险资产占用有所提高，商业银行在向非银机构融出资金时，会根据自身广义信贷规模空间适当议价，由于非银机构融资成本显著上升，推升了市场整体的利率水平。此外，非银机构由于季末关键时点的流动性压力，防范融资下降带来的流动性风险，会适当降低资产久期，导致市场中长期资金可得性变差。但在这样的交易背景下，SHIBOR 报价团成员本着维护 SHIBOR 报价稳定性，促进市场价格稳健的考虑，报价相对较低，因此，报价与实际成交利率的相关性就明显下降了。

表 4   SHIBOR 报价与同业拆借利率相关系数

年份	O/N	1W	2W	1M	3M	1Y
2007	0.999	0.954	0.933	0.828	0.791	0.942
2008	0.995	0.894	0.944	0.840	0.808	0.809
2009	1.000	0.988	0.973	0.829	0.349	0.454
2010	1.000	0.996	0.991	0.976	0.858	0.677
2011	1.000	0.998	0.991	0.940	0.764	0.474
2012	1.000	0.995	0.990	0.927	0.671	0.136
2013	0.999	0.995	0.982	0.968	0.790	0.434
2014	0.998	0.970	0.983	0.821	0.398	0.406
2015	0.999	0.990	0.993	0.976	0.814	0.869
2016	0.985	0.648	0.397	0.388	0.366	0.111

资料来源：全国银行间同业拆借中心。

表 5   SHIBOR 报价与债券质押式回购相关系数

年份	O/N	1W	2W	1M	3M	1Y
2007	0.999	0.997	0.996	0.978	0.778	0.921
2008	0.999	0.995	0.985	0.855	0.632	0.472
2009	1.000	0.999	0.996	0.935	0.744	0.744
2010	1.000	0.994	0.997	0.981	0.945	0.943
2011	1.000	0.999	0.996	0.983	0.767	0.332
2012	1.000	0.997	0.996	0.991	0.801	0.315
2013	0.992	0.997	0.990	0.987	0.892	0.343
2014	0.993	0.982	0.979	0.927	0.562	0.033
2015	0.998	0.995	0.990	0.969	0.955	0.631
2016	0.890	0.580	0.256	0.363	0.530	-0.173

资料来源：全国银行间同业拆借中心。

3. 线下交易数据不透明，弱化 SHIBOR 引导功能

目前，我国金融机构间的资金借贷市场存在多种交易形式，如同业拆借、同业借款、结算性同业存款等，相关管理规定、制度规范、交易流程、运行机制、交易运作平台尚不统一，其中，同业拆借市场实现了线上交易，但同业存款、同业借款市场均采用线下交易模式，交易透明度不高，很容易产生不具备参与同业拆借市场会员资格的机构主体，在线下通过拆出资金等方式间接参与同业拆借市场，存在一定的规避监管的市场空间，也影响了 SHIBOR 报价基础的完整性和 SHIBOR 报价在金融机构产品定价中的引导作用。但从业务实质来说，上述三种

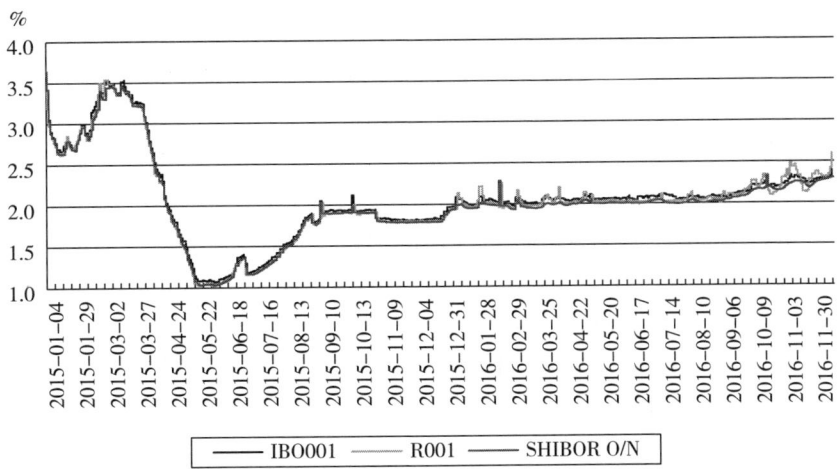

图3 隔夜 SHIBOR 报价与货币市场成交利率

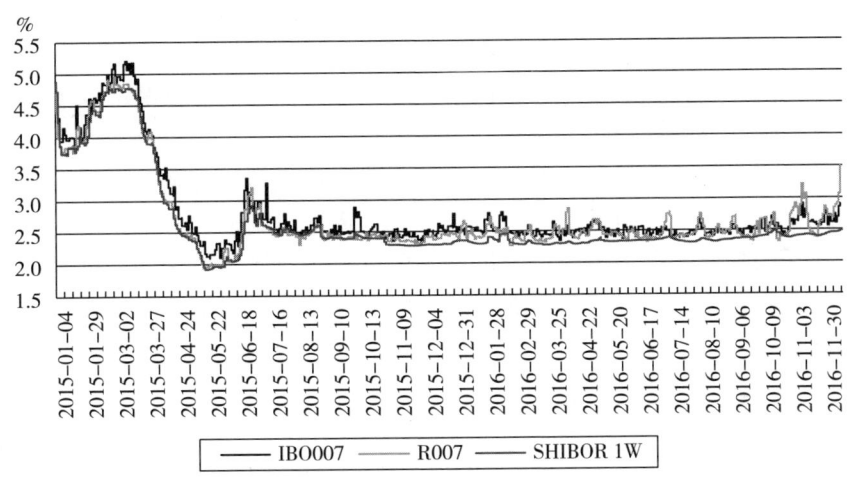

图4 一周 SHIBOR 报价与货币市场成交利率

业务均是金融机构间以信用为基础的资金借贷行为,需要予以规范统一。也正因为如此,从目前货币市场的交易情况来看,金融机构选择银行间债券回购交易开展流动性管理的规模远大于选择同业拆借交易。

4. 报价辐射范围依然有限,在客户端的使用较弱

国际上以 LIBOR 报价为定价基准的金融产品非常丰富,不仅包括金融机构间的各项批发性金融市场业务产品,也包括对零售客户的各类信贷产品,还包括各种利率衍生品,几乎渗透到了金融市场的各个领域。而目前,SHIBOR 报价只在金融机构同业业务中担当重要的定价基准角色,在与企业客户、个人客户相关金融产品

中的应用基本处于空白，影响力也有限，没能发挥基准利率的功能和作用。金融机构在零售端更多参考存贷款基准利率或 LPR，主要是因为 SHIBOR 的认知和认可度目前还局限于金融同业之中，而社会公众仍然更关注中央银行所制定的存贷款基准利率。此外，我国的存贷款产品主要以固定利率为主，因此，在以相对稳定的存贷款基准利率为基准下开展的产品定价更受客户的认可和接受。但是我们也发现，在跨境业务定价中，SHIBOR 报价的使用率和接受度较高，这与境外金融市场的市场化程度更高，对市场基准利率使用的认可度和普及度更高有关。

我们调研了一家大型商业银行，分析 SHIBOR 报价在其金融产品定价中的占比情况。结果显示：该行在 2016 年前十个月新发生的企业贷款中，有 56% 是参照 LPR 定价，其余 44% 是参照贷款基准利率定价，并有逐渐向参照 LPR 定价转移的趋势；在新发生的存款业务中，客户存款全部参照存款基准利率执行，同业存款全部参照 SHIBOR 报价进行定价；在市场化程度较高的产品方面，资产业务包括票据贴现、部分贸易融资、同业存出及非银贷款等，新发生的以 SHIBOR 定价的资产业务占全部新增资产业务的 55%；负债业务包括同业存款、同业拆入、表内外理财等，新发生的以 SHIBOR 定价的同业存款负债业务占全部新增负债业务的 42%。可见，我国商业银行在对客户的信贷业务中，使用市场化基准利率的占比还较低，尤其是存款业务，还是以中央银行制定的存款基准利率为主要参考，这与国际成熟市场的定价体系有较大差距。

但是，相比同业产品定价而言，金融机构对普通客户的金融产品价格对实体经济的影响更直接、更明显，这也是货币政策传导机制中的一个重要环节。基于金融市场基准利率，可以考虑根据市场发展以及客户接受的程度，按照先企业客户、后个人客户，以及先票据贴现、后一般贷款等操作原则逐步打通 SHIBOR 在客户市场中的应用，进一步凸显 SHIBOR 基准利率的重要地位。

四、政策建议

（一）继续完善报价机制

1. 加强报价商培育

一是进一步培育报价行队伍，扩大报价行数量，使 SHIBOR 报价代表性更强。

二是进一步细化报价行报价机制要求，推动报价程序标准化和规范化，防范报价行道德风险和操作风险。建立应急报价机制，在市场极端情况出现时，以质押式回购等真实交易价格作为应急机制，保证 SHIBOR 的基准性。

2. 探索 SHIBOR 的构成

可以考虑探讨综合拆借利率与质押式回购利率以及同业存单一、二级市场利率的可行性，通过模型构建确定它们之间的关系，待成熟以后对报价行进行指引。这将形成报价的一般规则，并增强了货币政策的透明度。

3. 减小 SHIBOR 报价与实际成交的偏离度

部分实施报价行点击成交，履行报价成交义务，充分发挥报价行在同业拆借市场中做市和价格发现的作用。迫使报价行加快对债券和外汇市场等资金价格变化的反应速度，这样才能使自身报出的价格既能如实客观地反映市场资金状况，又能充分体现自身的头寸情况和交易需求。

（二）发展货币市场，夯实 SHIBOR 形成基础

1. 引导同业业务线上化，增强价格透明度

目前存在大量的线下的同业业务（主要是同业存款和同业借款），因为其价格不透明而给货币市场定价带来较大的干扰。应当采取措施引导其到线上进行交易。第一，重新对同业拆借进行定义，应当将金融行业内部、金融机构之间，期限在 1 年以内（含 1 年），以信用为基础，通过货币借贷方式进行的无担保资金融通行为纳入拆借范畴。第二，放松同业拆借的管制，消除线下业务发展的"无限额"和"不透明"的红利，鼓励开展线上交易。第三，建立交易报告库制度。金融机构通过线下开展业务的，必须将交易信息向人民银行报告。通过建立交易报告库，可以将线上线下统一监测起来，同时也能起到引导线下业务转移到线上。第四，继续强化市场信息披露管理，提高市场透明度，维护 SHIBOR 运行的基础环境。

2. 维护中长端货币市场的发展，为报价提供参考

一是通过公开市场操作引导金融机构合理调整期限结构，适当提升中长端货币市场工具的操作，调整负债的期限结构。二是通过线下业务线上化，把中长端的线下交易转移到线上，夯实中长端的交易基础。原本 1 个月及以上的线下同业业务，可以通过同业拆借的法律框架开展。三是继续培育同业存单市场的发展，为 3 个月及以上的货币市场交易提供连续、稳定的参照。

3. 进一步改革同业拆借市场，提升市场的广度和深度

市场的广度和深度对于交易的基础非常重要，应当进一步调整同业拆借市场的管理政策。

一是在取消行政审批的基础上，进一步扩大市场主体的范围，进一步优化货币市场的主体结构，优化货币市场同质化的现状。近年来，成立了一些新型的金融机构。这些金融机构是对原有金融体系的补充，也是市场金融服务需求的自发选择，有较强的生命力。比如消费金融公司、民营银行、村镇银行。这些金融机构相对而言资本实力和经营规模较小，本身具有较强的流动性管理需求，是同业拆借市场潜在的参与者。在新的政策框架下，应将上述机构纳入同业拆借市场。

待时机成熟时，可以参照债券市场的做法，引入特殊目的载体（SPV）进入同业拆借市场。

二是推进同业拆借市场对外开放。一方面是根据境外人民币清算行的总体安排，为清算行进入同业拆借市场开展业务做好相关工作，进一步提升境外清算行在银行间市场的拆借规模、交易活跃度、交易对手范围。另一方面，要从人民币国际化的角度和本外币一体化的思路出发，着手考虑境外金融机构进入我国同业拆借市场的政策储备。

三是进一步放宽对拆借限额和期限的限制，将同业拆借交易的规模和期限交由市场主体根据自身的流动性状况和市场实际来决定。这将提高金融机构的自由度，有利于促进同业拆借市场交易规模的增长，提高同业拆借市场在货币市场中的比重。在期限管理方面，非银行金融机构的拆借最长期限从7天以内延长到1年以内，与商业银行适用同样的期限政策。促进这些机构更多、更好地使用同业拆借市场，活跃交易。

（三）扩大 SHIBOR 的使用范围

1. 完善政策利率传导机制

放松数量型指标管制，建立有效价格传导机制。通过不同期限的逆回购操作品种调节市场流动性，进一步发挥利率的传导作用。可以影响其他金融资产的价格水平。在操作工具的选择上，应尽量运用价格手段，使大多数工具能够与 SHIBOR 挂钩，逐步确立 SHIBOR 在利率体系中的基础作用。

2. 扩大对企业客户、个人客户相关金融产品中的应用

目前，存贷款以人民银行公布的基准利率为基础进行定价，并逐步扩大 LPR 的应用。下一阶段，应将 LPR 与 SHIBOR 挂钩，逐步引导企业和个人适应 SHIBOR。同时，也可以考虑推出以 SHIBOR 为基础的贴现利率改革。

参考文献

[1] 黄达. 中国金融百科全书 [M]. 北京：经济管理出版社，1990.

[2] 成思危. 培育与监管：设计中国的货币市场 [M]. 北京：经济科学出版社，2002.

[3] 中国人民银行货币政策司. 货币市场知识读本 [M]. 北京：中国经济出版社，2003.

[4] 解川波，尹志超. 利率市场化与利率风险管理 [M]. 成都：西南财经大学出版社，2006.

[5] 李格平. 金融市场化改革中的货币市场 [M]. 北京：社会科学文献出版社，2008.

[6] 纪志宏，雷曜．金融基准——LIBOR改革引发的全球博弈［M］．北京：机械工业出版社，2015．

[7] 马骏，纪敏．新货币政策框架下的利率传导机制［M］．北京：中国金融出版社，2016．

[8] 李良松．中国价格型货币政策调控研究——基于发达经济体货币政策的思考［M］．北京：中国金融出版社，2016．

[9] 李社环．适应我国利率全面市场化的基准利率的研究［J］．财经研究，2001（4）．

[10] 吕江林，汪洋．我国转轨现阶段货币调控基准利率的选择［J］．武汉金融，2004（4）．

[11] 戴国强，梁福涛．中国金融市场基准利率选择的经验分析［J］．世界经济，2006（4）．

[12] 郭建伟．SHIBOR与利率市场化［J］．中国货币市场，2007（7）．

[13] 鲁政委．基准利率体系完善与货币政策操作模式转变：国际经验［J］．中国货币市场，2008（7）．

[14] 易纲．中国改革开放三十年的利率市场化进程［J］．金融研究，2009（1）．

[15] 张友先，董芳菲．浅谈利率市场化条件下我国基准利率的选择［J］．国际金融，2011（5）．

[16] 张晓慧．全面提升SHIBOR货币市场基准利率地位［J］．中国金融，2011（12）．

[17] 王江渝．我国基准利率的建设与完善［J］．中国金融，2013（2）．

[18] 朱微亮．央行基准利率确定的几个问题［J］．中国金融，2014（12）．

[19] 中国人民银行年报2015。

[20] Green. S. Making monetary policy work in China: A Report from the money market front line. Stanford Center for International Development Working Paper, 2005: 245.

[21] Laurens, Bernard. Monetary Policy Implementation at Different Stages of Market Development［J］. International Monetary Fund, 2005.

自然利率估测与研究

中国人民银行上海总部调查统计研究部课题组

课题组组长：王振营
课题组成员：董建萍　王　晴　刘惠娜　范春奕

摘　要

回顾中国利率市场化改革的进程，主要分为银行间同业拆借利率和债券利率的市场化；贷款利率、贴现利率的市场化；存款利率的市场化三个阶段。当前利率市场化的推进已经走到了最后阶段，即存款利率市场化的放开。随着利率市场化的推进，货币政策的调控方式也在逐步转向，从传统的数量型政策为主逐步过渡到价格型政策为主。自然利率是价格型货币调控政策中的一个重要变量，与实体经济的目标变量之间有着密切的联系。合理估计自然利率有利于为中央银行制定货币政策，评估货币政策提供借鉴。

本文采用 Laubach 和 Williams（2003）的新凯恩斯模型，估计了 2001~2015 年中国的自然利率，发现在此期间，自然利率保持在 7%~8%，目前的实际利率低于自然利率，因此将刺激经济总产出，拉升通货膨胀率。在这段时间内，以 GDP 平减指数衡量的通货膨胀率一直处于较高的水平。2007 年后，自然利率开始下降，2009 年，随着大规模经济刺激计划的推出，自然利率的下降延缓，但趋势并没有改变。到 2015 年，自然利率一直处于缓慢下降的过程中，同时，经济增速也步入了换挡期。

根据 Mydal 对自然利率的三重定义和经济均衡条件的阐述，与资本收益率相符的自然利率是经济均衡最核心的条件。因此，本文估计了资本的边际收益率，鉴于数据的可能性，对资本边际收益率仅估计到了 2015 年。估计结果显示：随着资本配置有效性的增加和资本的积累，资本的边际回报率逐渐下降。虽然国内的资本边际回报率较 20 世纪 90 年代的资本边际回报率已有较大降幅，但是仍然保持在 10% 以上。换言之，在经历了多年的高速增长之后，经济增速放缓，但仍能保持较快增速。

一、研究背景

（一）利率市场化进程

截至 2015 年底，利率市场化进程基本接近尾声。自 1993 年确立利率市场化改革的基本设想后，中国利率市场化改革已走过了 20 多年。1996 年 6 月 1 日，人民银行放开了银行间同业拆借利率，此举被视为利率市场化的突破口。1997 年 6 月，银行间债券回购利率放开。1998 年 8 月，国家开发银行在银行间债券市场首次进行了市场化发债，1999 年 10 月，国债发行也开始采用市场招标形式，从而实现了银行间市场利率、国债和政策性金融债发行利率的市场化。1998 年、1999 年，人民银行连续三次扩大金融机构贷款利率浮动区间，并要求各金融机构建立贷款内部定价和授权制度。同年，人民银行改革了贴现利率生成机制，贴现利率和转贴现利率在再贴现利率的基础上加点生成，在不超过同期贷款利率（含浮动）的前提下由商业银行自定。

1999 年 10 月，人民银行批准中资商业银行法人对中资保险公司法人试办由双方协商确定利率的大额定期存款，进行了存款利率改革的初步尝试。2003 年 11 月，商业银行、农村信用社可以开办邮政储蓄协议存款（起存金额为 3000 万元，期限降为 3 年以上）。2000 年，放开外币贷款利率与 300 万美元以上的大额外币存款利率。2002 年，统一中、外资金融机构外币利率管理政策。2003 年，放开部分外币小额存款利率管理。2004 年，完全放开金融机构人民币贷款利率上限。2006 年 8 月，扩大商业性个人住房贷款的利率浮动范围，浮动范围扩大至基准利率的 0.85 倍。2012 年，存款利率浮动区间的上限调整为基准利率的 1.1 倍。2013 年 7 月，进一步推进利率市场化改革，自 2013 年 7 月 20 日起，全面放开金融机构贷款利率管制。2014 年，存款利率浮动区间的上限调整至基准利率的 1.2 倍。自 2015 年 3 月 1 日起，下调金融机构一年期存贷款基准利率各 0.25 个百分点，同时将存款利率浮动区间上限扩大至 1.3 倍。5 月 10 日起，下调金融机构一年期存贷款基准利率各 0.25 个百分点，将存款利率浮动区间上限扩大至 1.5 倍。10 月 24 日起，对商业银行和农村合作金融机构等不再设置存款利率浮动上限，并抓紧完善利率市场化的形成和调控机制，加强中央银行对利率体系的调控和监督指导，提高货币政策传导效率。这也标志着利率市场化进程已基本进入尾声。

（二）"利率锚"的提出

回顾中国利率市场化改革的进程，主要分为银行间同业拆借利率和债券利率的市场化，贷款利率、贴现利率的市场化，存款利率的市场化三个阶段。当前利率市场化的推进已经到了最后阶段，即存款利率市场化的放开。随着利率市场化的推进，货币政策的调控方式也在逐步转向，从传统的数量型政策为主逐步过渡到价格型政策为主。中央经济工作会议指出，货币政策要营造利率正常化的市场环境。而在现代信用货币制度和中央银行体制下，利率市场化改革实际包括两个维度：一是利率形成方式市场化，即利率的品种、期限以及水平不再由货币当局直接决定，而是由金融资产供需双方依据金融市场变动状况自行决定；二是利率调控方式的市场化，即中央银行对利率体系的调控，不再通过行政规定，而是通过调整自身的资产负债表、调节基准利率进而调控整个市场利率水平。在利率管制基本放开的条件下，构建市场化的利率调控方式，在价格型货币政策调控框架下，货币政策的功能是为市场利率提供一个短期"锚"或目标利率，中央银行政策利率的宣布和相关操作，就是确定和实现这个"利率锚"或基准的过程。近年来到未来的一个时期，我国金融市场稳定面临的内外冲击因素增多，流动性供给预期的稳定性下降，原有的货币供应量和汇率等名义锚的功能趋于弱化，因此需要尽快确立我国的中央银行政策利率以锚定预期与引导预期。自然利率是货币政策行为中的一个重要变量，与实体经济的目标变量之间有着密切的联系。合理估计自然利率有利于为中央银行制定货币政策，评估货币政策提供借鉴。

二、自然利率

（一）概念的提出

Kunt Wieksell（1898）在《利息与价格》中首次提出了自然利率的概念，"贷款中有某种利率，它与商品价格的关系是中立的，既不会使之上涨，也不会使之下跌。这与如果不使用货币，一切借贷以实物资本形态进行的供求关系所决定的利率必然相同。我们把这个称为资本自然利率的现时价值"。Lindahl 在 Wieksell 的基础上对"自然利率"这一概念做了修正和进一步研究，他指出按照 Wieksell 货币理论的内容，"它"指的是放款利率，而且是一种使储蓄供求平衡并达到物价稳定的放款利率。依照 Wieksell 的论述，自然利率实际上就是利润率，与 Keynes 提出的"资本边际效能"大体上是一致的，但自然利率的概念本身更加容易让人产生误解，因为"它"看上去也可以指代货币价值不变下的利率，因此 Lindahl 认为 Keynes 的提法更加恰当。Myrdal 认为 Wieksell 提出的自然利率，实际上是没有消费而是被储蓄起来的部分物品在作为生产要素投入生产后的报酬，因此 Myrdal 认为可以用"实际资本的收益率"这个概念来代替自然利率，自然利率应等于实际资本的边际技术生产率。从微观经济学的角度来看，当资本的利息超过其边际生产率，企业家就不会借入资本，低于这一生产率，企业家则会增加资本借入，只有在利息与资本的边际技术生产率相等时才能达到均衡状态。Myrdal（1939）将自然利率的定义划分为三个层次：第一层次，自然利率是相当于实物资本边际生产力的利率；第二层次，自然利率是借贷资本供求一致时所形成的利率；第三层次，自然利率是使货币保持中立，商品的一般价格水平保持稳定的利率。Keynes继承了Wicksell的自然利率理论，但他将自然利率理论又向前推进了一步，指出按照自然利率的定义，它与总储蓄有关，那么显然也与收入有关，因为储蓄是收入的一部分，而就业水平是决定国民收入的一个重要因素，因此自然利率的水平必然与就业水平相关。在诸多自然利率水平下，只有充分就业时的自然利率才是一个经济体系最应达到的利率水平。

随着主要发达国家利率市场化改革后货币政策转向利率调控，"均衡实际利率"即"自然利率"的问题开始得到广泛注意。特别是，Woodford以新凯恩斯主义为基础，提出并倡导New Wicksell框架，均衡（实际）利率就是在经济不存在价格黏性的情况下，均衡状态时的实际利率。当现实的市场实际利率等于均衡利率时，实际产出等于潜在产出，经济符合稳定增长路径，投资等于储蓄，中央银行实现一般物价稳定目标。

（二）估计方法

随着宏观经济理论的发展，自然利率已经成为一个重要的宏观经济变量，特别是在现在的真实经济周期理论和DSGE模型中得到了广泛运用，因此虽然自然利率是一个不可观测变量，但对它的定量估计也是诸多学者研究探索的内容。

自然利率的定量估计方法主要分为三类：第一类是利用来自市场利率期间结构的信息估计自然利率。虽然这种方法不需要太多的前提假设，但却由于不能对引起自然利率变动的因素进行分析而无法保证估计的准确性。第二类是基于大规模宏观经济模型的方法，例如Bomfim（1997）采用的美国经济MPS模型。这种方法系统地考虑了导致自然利率变动的因素，但是这些模型大都由复杂而庞大的方程式系统组成，模型所依赖的前提假设繁多。第三类是基于小规模经济系统的方法，主要代表为英国学者Neiss和Nelson（2001）提出的基于微观基础的动态一般均衡模型及美国学者Laubach和Williams（2003）所采用的基于历史数据的新凯恩斯动态模型。新凯恩斯动态模型方法采用Kalman滤波方法对模型进行估计，不但考虑了自然利率发生变化的可能性，而且可以防止对产出的短期波动产生过度反应，因而在美国、日本和欧洲一些国家得到广泛的应用。本文将采用Laubach和Williams的模型，借助Kalman滤波方法来估算中国在2000~2015年的自然利率。

在短期中，自然利率是对应潜在产出水平下的实际短期利率，而自然力量、潜在产出以及潜在增长率均为不可观测变量，因此选用状态空间方法对这些不可观测变量进行联合估计。在Laubach和Williams（2003）模型中，产出由式（1）

给出：

$$y_t - y_{p,t} = A_y(L)(y_{t-1} - y_{p,t-1}) + A_r(L)(R_{t-1} - R_{p,t}) + e_{y,t} \quad (1)$$

其中，$y_{p,t}$ 表示潜在产出，R_t 表示短期实际利率，$R_{p,t}$ 表示自然利率。$y_{p,t}$ 和 $R_{p,t}$ 都属于不可观测变量。$A_y(L)$ 和 $A_r(L)$ 表示滞后算子。

通货膨胀率表示如下：

$$\pi_t - \pi_{m,t} = B_p(L)(\pi_{t-1} - \pi_{m,t-1}) + B_y(L)(y_{t-1} - y_{p,t-1}) + B_x(L)x_t + e_{\pi,t} \quad (2)$$

其中，π_t 表示通货膨胀率，$\pi_{m,t}$ 表示通胀目标。

假设潜在产出为：

$$y_{p,t} = y_{p,t-1} + 0.25g_{t-1} + e_{yp,t} \quad (3)$$

其中，g_t 表示潜在增长率，假设 g_t 遵循以下规律：

$$g_t = g_0[1 - \rho_g(1)] + \rho_g(L)g_{t-1} + e_{g,t} \quad (4)$$

其中，$\rho_g(L)$ 表示滞后算子，g_0 可以看做 GDP 的长期增长率。自然利率表示如下：

$$R_{p,t} = \gamma g_{t-1} + z_{t-1} \quad (5)$$

其中，γ 通常是一个接近于 1 的值，z_{t-1} 可以看做一个需求冲击，由式（6）定义：

$$z_t = \rho_z(L)z_{t-1} + e_{z,t} \quad (6)$$

变量 g_t 和 z_t 都属于不可观测变量，式（1）~式（6）构成了一个状态空间模型，式（1）和式（2）可看做量测方程，式（3）~式（6）可看做状态方程。

短期来看，自然利率由其长期均衡值和需求冲击两部分构成；长期来看，技术变迁和劳动人口的变化会改变潜在增长率，从而导致自然利率长期均衡值发生变化。另外，虽然短期内可以忽略潜在产出的变化，但由于财政政策等因素会导致需求的变化，引起 IS 曲线的移动，从而使自然利率偏离长期均衡值。也就是说，不仅可以通过技术创新等手段提高潜在增长率对自然利率产生的影响，也可以通过需求刺激政策影响自然利率。

（三）数据选取

考虑到数据的可得性，本文选用 2001~2015 年的季度样本数据对上述状态空间模型进行了估计。

通货膨胀率：本文选取 GDP 平减指数（GDP Deflator）作为衡量通货膨胀率的指标。GDP 平减指数又称 GDP 缩减指数，是指没有剔除物价变动前的 GDP（现价 GDP）增长与剔除物价变动后的 GDP，即不变价 GDP（Constant - price GDP）或实质 GDP 增长之商（也可以是名义 GDP 与真实 GDP 之比）。该指数也用来计算 GDP 的组成部分，如个人消费开支。它的计算基础比 CPI 更广泛，涉及全部商品和服务，除消费外，还包括生产资料和资本、进出口商品和劳务等。

因此，这一指数能够更加准确地反映一般物价水平的走向，是对价格水平最宏观的测量。国家统计局定期公布每季度 GDP 平减指数累计同比数据。本文根据每季度当季产出和每季度 GDP 平减指数累计同比数据换算得出当季同比 GDP 平减指数，同时假设 2% 为目标通货膨胀率。

利率：本文选用银行间 7 天同业拆借利率来作为名义利率。目前同业拆借市场规模和完善程度相对较高，7 天交易品种是同业拆借市场中交易量占比最大的品种，至少可以反映货币市场上的资金供求情况和资金价格均衡水平。利率开放后，中央银行通常仅调整短端利率目标进行利率调控，选取银行间 7 天同业拆借利率作为利率指标估计符合金融市场和利率调控的要求。已知名义利率和通货膨胀率数据，可计算得出实际利率。

产出：本文选用国家统计局公布的不变价季度 GDP 来衡量产出，再通过季节调整，消除季节影响因素。

（四）估计结果

首先，采用 H—P 滤波法对对数化后的产出指标进行处理，得到潜在产出，由此可以计算得出产出缺口。从产出缺口来看，2001 年第三季度至 2006 年第四季度，实际产出低于潜在产出。其中，尤其是 2001 年第三季度至 2003 年第三季度，产出缺口逐渐扩大，以 GDP 平减指数衡量的通货膨胀率处于低位运行的状态。2003 年第三季度后，通胀逐渐复苏，产出缺口减小。2007 年第一季度，通货膨胀率升至高位，产出缺口转正。2009 年第一季度，产出缺口再次下行，通货膨胀率也跌至低位。随着大规模经济刺激计划的推出，2009～2012 年，产出扩张，实际产出高于潜在产出，通货膨胀率上行。步入 2014 年后，通货膨胀率下滑，经济增速换挡，实际产出低于潜在产出，产出缺口扩大。2015 年，通货膨胀率转负，经济出现了通缩的情况。

通过对各项指标进行对数化处理，并进行 ADF 平稳性检验，检验结果指出了状态空间模型对变量的要求，即上述状态空间模型不存在伪回归问题。通过 eViews9.5 对上述数据和模型进行处理，得到以下结果：

由于本文选取的通货膨胀率指标为 GDP 平减指数，GDP 平减指数衡量的通货膨胀率不仅包括一般居民消费品，还包括生产资料和资本。其衡量的通货膨胀率与 CPI（居民消费价格指数）指标衡量的有明显的不同。仅从数值上来看，在经济过热时，国内的 GDP 平减指数显著高于 CPI，在经济增速放缓时，由于价格的传导存在时滞，并且会受到经济中结构性因素的影响，CPI 衡量的最终消费品价格变动存在一定滞后。在邓创等、叶斌等的研究中，其估计的自然利率基本都在零附近波动。本文选取的通货膨胀率指标较高，因此，计算出的自然利率也显著高于以上几位学者的研究结果。考虑到我国改革开放 30 多年来，年均经济增

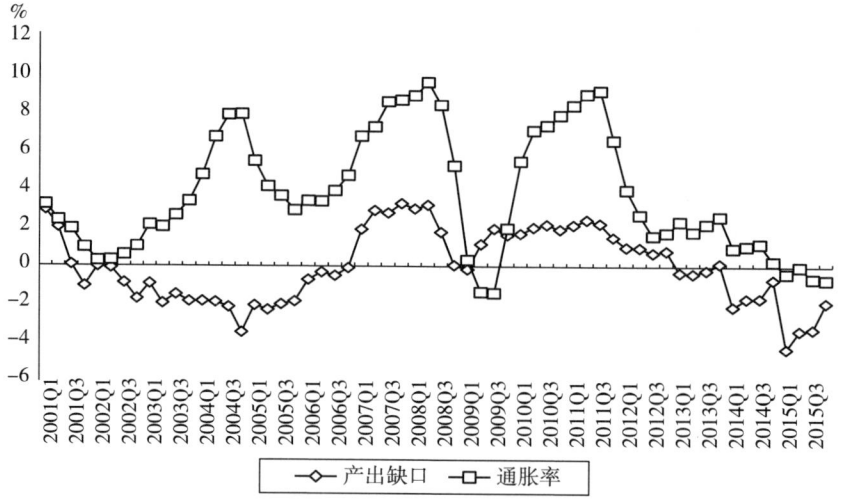

图 1　产出缺口与通货膨胀率

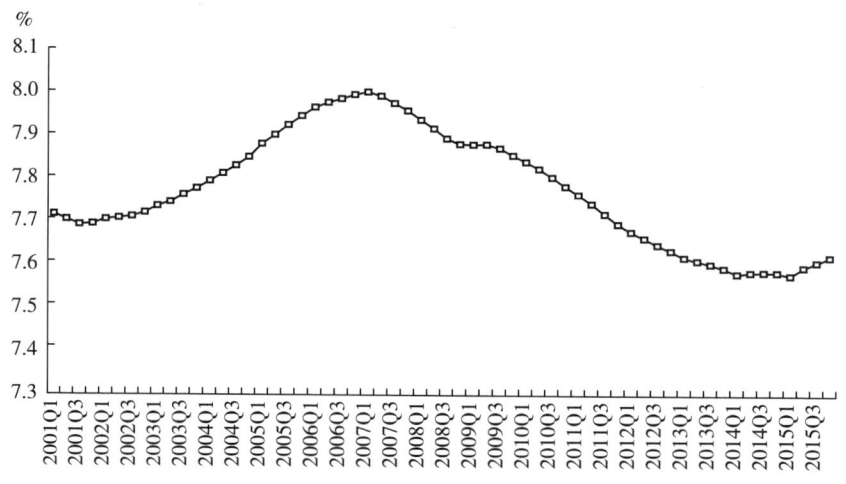

图 2　自然利率的估计结果

速接近 10%，支撑这一经济增速的资本回报率显然是较高的，因此，自然利率处于较高水平有其合理之处。但由于本文采用的通货膨胀率指标——GDP 平减指数波动较大，也对模型计算结果的稳健性产生了不利影响。

总体而言，同自然利率相比，实际利率水平是偏低的。从定义来看，当实际利率低于自然利率时，产出扩张，通货膨胀率上升，这与在这十余年期间，中国经历了较高的通货膨胀的客观事实是相符的。从计算结果来看，2001~2007 年，自然利率处于上行通道，符合当时经济快速增长的大背景。2007 年后，自然利率开始降低，随着 2008 年经济刺激计划的推出，自然利率下降的幅度减小，但下降的趋势并没有改变，2014 年，自然利率的水平相较于高点时有了较大回落，同时，经济增速也面临着换挡期的问题。

本文选取的通货膨胀率指标为 GDP 平减指数，相较于 CPI，GDP 平减指数波动较大，而且政府并不存在以通货膨胀率为目标的长期调控目标。因此，套用新凯恩斯模型估计出的自然利率值的稳健性存疑。根据 Mydal 对自然利率的三重定义和经济均衡条件的阐述，与资本收益率相符时，自然利率和经济均衡是最核心的条件。因此，下文从另一个角度——资本边际回报率出发，估计资本的边际回报率，并与自然利率相比较，检验上述自然利率估计的参考价值。

三、另一个角度——资本边际回报率

（一）资本边际回报率

利率内生于实体经济的变化，利率的本质来源于借贷市场的收益。根据 Wicksell 对自然利率的定义，自然利率是相当于实物资本边际生产力的利率。凯恩斯在《就业、利息和货币通论》中对自然利率的决定进行了明确解释。他认为自然利率并非由贷款的利息决定，而是由资本的利润率决定。在实体经济中，只要人们对于就业市场和社会的心理预期不变，那么就只存在一个资本积累率，即资本增加额与原始资本的比率，这个资本积累率被称为资本边际效率，也即资本回报率。在借贷市场上，人们愿意为借入一单位资本所支付的利息即为该资本能够获得的收益。因此自然利率内生于经济，与经济体中存在多少货币量或货币价值无关，而与资本回报率相关。货币利率在短期内偏离自然利率仅仅会引起价格的变化，例如当货币利率低于自然利率时，会发生通货膨胀。因此经济均衡和价格稳定的货币利率应该以自然利率为基准上下波动，如果波动趋势较为一致，我们就可以认为此时人为制定的政策利率是较为合意的。

利率的本质是实体经济的回报率，因此，估计资本的边际回报率能从另一个角度发现自然利率。估计资本回报率主要有两种方法，第一种是从微观数据出发，估计企业的资本回报率，比较典型的方法一般以会计盈余或市场价值为基础；第二种是在宏观层面展开，以学者所估计得到的资本存量为基础来计算。白重恩和张琼估计了 1978~2013 年中国的总体资本回报率，并且基于中国省际面板数据，回归识别了资本回报率变动的相关影响因素。龚六堂在估计我国各省份的生产函数的基础上，给出了各省份资本存量和劳动的边际回报率，并讨论了各省份之间的生产要素配置的有效性问题。Chow 和 Li 研究了 1952~2010 年中国的经济增长，以 Cobb-Douglas 生产函数，计算了资本和劳动的边际生产率。本文借鉴 Chow 和 Li 的方法，以 Cobb-Douglas 生产函数为基础，估计资本的边际生产率。根据 Cobb – Douglas 生产函数，总产出可由下式给出：

$$\ln(gdp_t) = \alpha_0 + \alpha_1 \ln(K_t) + \alpha_2 \ln(L_t)$$

在假设规模报酬不变的情况下，$\alpha_1 + \alpha_2 = 1$。资本的边际回报率 r_t 可以表示为：$r_t = \alpha_1 gdp_t / K_t$，劳动的边际生产率可表示为：$w_t = \alpha_2 gdp_t / L_t$。

（二）数据选取

由于1992年以及前期的从业人员合计数和2015年的固定资本形成额不可得，本文仅估计了1993~2014年的资本边际生产率。

国内学者对资本存量做了大量研究，张军采用永续盘存法估计了1952~2000年中国各省市的资本存量。单豪杰在比较已有研究的基础上，以固定资本形成额作为每年的新增投资数据，采用永续盘存法估计了1952~2006年全国和省际的资本存量。在单豪杰的研究成果上，本文补齐了2007~2014年的固定资本存量数据，按照单豪杰在研究中采用的折旧率10.63%计算，将全国资本存量数据扩充至2014年，并选取其中1993~2014年的数据用做 Cobb – Douglas 生产函数中资本存量数据。劳动力数据来源于1994~2015年的《中国统计年鉴》中的从业人员合计数。总产出数据来源于1994~2015年的《中国统计年鉴》中的GDP指标。

表1　　　　　　　　　　　数据总览

年份	劳动力（万人）	资本存量 （亿元，1993年价格水平）	GDP （亿元，1993年价格水平）
1993	66373	13313.79	35333.9
1994	67199	15696.97	42615.3
1995	67947	17863.16	48469.04
1996	68850	19792.37	51588.2
1997	69600	21019.51	52368.68
1998	69957	23121.44	51919.26
1999	71394	24809.33	51267.66
2000	72085	27215.82	52324.88
2001	73025	30236.78	53399.04
2002	73740	34863	53710.99
2003	74432	41800.73	55113.69
2004	75200	47903.66	58923.56
2005	75825	55973.49	61239.14
2006	74978	64246.84	63557.36
2007	75321	71355.06	68388.98

续表

年份	劳动力（万人）	资本存量 （亿元，1993年价格水平）	GDP （亿元，1993年价格水平）
2008	75564	80737.35	73721.84
2009	75828	101190.9	73284.42
2010	76105	114466.2	78182.84
2011	76420	126132	84284.65
2012	76704	139842.4	85841.06
2013	76977	155256.5	87391.8
2014	77253	162488.8	91127.62

（三）计算结果

对上述数据进行对数化处理，采用 eViews9.5 对 Cobb – Douglas 生产函数进行估计，得出以下结果：

表2　　　　　Cobb – Douglas 生产函数的估计结果

变量名	值	T统计量	p
α_1	0.260464	14.65762	0
α_2	0.739536		
R^2	0.941009		

将估计出的 α_1 值代入 $r_t = \alpha_1 gdp_t / K_t$ 计算，可得出历年资本边际回报率。

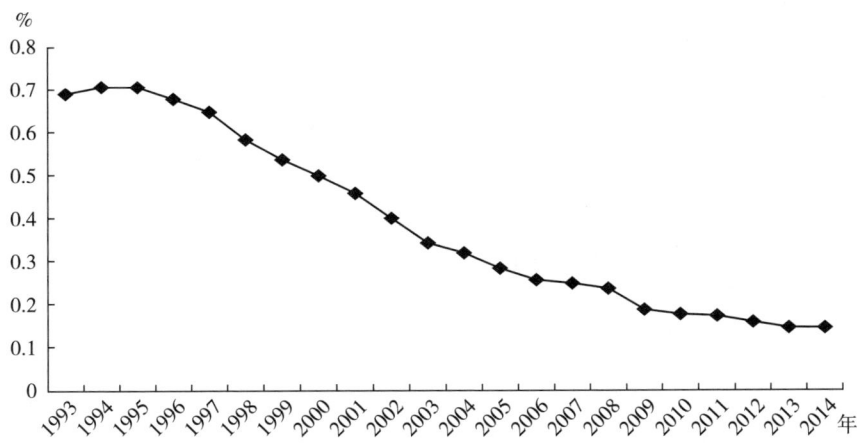

图3　1993~2014年资本边际回报率

从资本的边际回报率估计结果看，自1993年以来，资本的边际回报率总体上处于下行通道，这与龚六堂的估计结果是相似的。随着资本配置有效性的增加和资本的积累，资本的边际回报率逐渐下降，同时，经济的自然利率也应逐步下行。在 2006 年之前，资本边际回报率下降速度较快，在 2007 年之后，边际回报率下降趋势开始放缓。2009 年的资本边际回报率较前一年下降了 4.92%，降幅较大。根据白重恩的研究成果，投资率大幅攀升和政府规模持续扩大会对资本回报率造成负面影响。因此可以判断，2009 年的降幅可能是由于当时大规模经济刺激计划引起的。无论是从本文的计算结果还是从龚六堂的研究结果来看，虽然国内的资本边际回报率较 20 世纪 90 年代的资本边际回报率已有较大降幅，但是仍然保持在 10% 以上。自然利率在零附近波动，同资本边际回报率保持在 10% 以上的结论相矛盾，因此，可以判断自然利率在零附近波动的结果并不可靠。相对而言，自然利率在 7%~8% 的结论更贴合实际情况。

需要说明的是，上述估计采用的资本存量是基于固定资本形成额的数据，假设折旧率为 10.63% 计算得出，其准确性受到数据和假设的制约。

四、小结

（一）主要结论

本文采用 Laubach 和 Williams（2003）的新凯恩斯模型，估计了 2001~2015 年中国的自然利率，发现在此期间，自然利率保持在 7%~8%，目前的实际利率低于自然利率，因此将刺激经济总产出，拉升通货膨胀率。在这段时间内，以 GDP 平减指数衡量的通货膨胀率一直处于较高的水平。2007 年后，自然利率开始下降，2009 年，随着大规模经济刺激计划的推出，自然利率的下降延缓，但趋势并没有改变。到 2015 年，自然利率一直处于缓慢下降的过程中，同时，经济增速也步入了换挡期。

根据 Mydal 对自然利率的三重定义和经济均衡条件的阐述，与资本收益率相符的自然利率是经济均衡的最核心条件。因此，本文估计了资本的边际收益率，鉴于数据的可能性，对资本边际收益率仅估计到了 2015 年。估计结果显示：随着资本配置有效性的增加和资本的积累，资本的边际回报率逐渐下降。虽然国内的资本边际回报率较 20 世纪 90 年代的资本边际回报率已有较大降幅，但是仍然保持在 10% 以上。换言之，在经历了多年的高速增长之后，经济增速放缓，但仍能保持较快增速。

（二）不足之处

由于中国长期存在利率管制和金融压抑，虽然早在 2000 年前后就基本放开了货币市场利率并于 2013 年放开贷款利率，但由于中央银行仍未放弃存贷款基准利率政策工具，利率双轨制下的存款利率上限管制人为压低了金融市场和贷款利率，因而以市场短端利率为研究对象，仅依据自然利率部分经济均衡特征所构建的经济模型方法的估计结果并不稳健可靠。

中国的物价波动较大，不存在明显且一致的"通胀中枢值"，再加上人民银行并未明确宣布长期通胀目标值，因此，中国尚未有长期锚定的通货膨胀率。根据泰勒规则，既然政府长期锚定的通货膨胀率目标值无法确定，那么采用计量手段进行拟合，预期通胀的不一致性和不稳定性会带来较大的估计误差。

现有的模型是基于已完成利率市场化的欧美经济体的特征构建的，并不完全适用于中国的具体情况。将国内的经济和结构特征纳入现有的模型中，将使估计模型和估计结果更符合中国经济的特征，这也是今后的研究方向之一。

参考文献

[1] 纪敏，牛慕鸿，陈得文. 中国货币政策回顾与展望 [J]. 中国金融，2016（2）：29-31.

[2] 李子秦. 自然利率学说的发展及在中国的运用 [D]. 新疆大学，2015.

[3] 李宏瑾，苏乃芳. 自然利率估算方法文献综述 [J]. 国际金融研究，2016（6）：24-35.

[4] 邓创，石柱鲜. 泰勒规则与我国货币政策反应函数——基于潜在产出、自然利率与均衡汇率的研究 [J]. 当代财经，2011（1）：64-73.

[5] 叶斌，潘淑娟. 我国自然利率及其货币政策意义——基于1998~2012年季度数据的实证分析 [J]. 新金融，2013（1）：14-19.

[6] 白重恩，张琼. 中国的资本回报率及其影响因素分析 [J]. 世界经济，2014（10）：3-30.

[7] 张军，吴桂英，张吉鹏. 中国省际物质资本存量估算：1952~2000 [J]. 经济研究，2004（10）：35-44.

[8] 单豪杰. 中国资本存量K的再估算：1952~2006年 [J]. 数量经济技术经济研究，2008（10）：17-31.

[9] 龚六堂，谢丹阳. 我国省份之间的要素流动和边际生产率的差异分析 [J]. 经济研究，2004（1）：45-53.

[10] 邵宇，池光胜. 泰勒规则在中国的适用性研究 [J]. 新金融，2015（6）：20-23.

[11] Williams, T. L., Measuring the Natural Rate of Interest. Review of Economics and Statistics, 2003, 85（4）：1063-1070.

[12] Chow, G. C. A. L., China's Economic Growth：1952~2010. Economics Development and Cultural Change, 2002. Vol. 51（No. 1）.

利率市场化改革中利率调节机制研究

中国人民银行上海总部调查统计研究部课题组

课题组组长：叶　芳
课题组成员：施　恬　张若雪　马　克　雷宗怀　王　瑶

摘　要

我国利率市场化改革正深入推进，构建符合我国市场环境和货币政策调控要求的目标利率体系，并以此为基础完善利率调节机制，是实现货币政策操作框架由数量型向价格型转变的关键一步，也是利率市场化改革的一个重要方面。本文在系统梳理我国利率体系和利率调节机制现状的基础上，研究了英格兰银行、欧洲中央银行、美国联邦储备委员会等发达经济体在确立目标利率体系和运行利率调节机制方面的主要做法，总结了相关经验，提出了构建完善我国利率调节机制的相关建议。

本文研究发现，发达经济体的目标利率体系和利率调节机制有政策利率具有公信力、基准利率能灵敏反映资金市场供求状况、目标利率能形成稳定预期且多为短期利率、利率调节与准备金政策相互配合等几个主要特点。我国利率体系仍为双轨制，并将向完整、统一的利率决定结构逐渐过渡，本文认为，构建我国目标利率体系，完善利率调节机制应注重以下几方面：一是目标利率体系由基准利率和政策利率共同构成，将利率走廊机制作为构建利率调节机制的选择之一；二是通过综合运用多种货币政策工具，逐步确定利率走廊的上下限，并稳定市场预期；三是将利率调节机制与准备金政策相配合；四是加强金融基础设施建设并完善利率期限结构。

一、引言

人民银行宣布自 2015 年 10 月 24 日起"对商业银行和农村合作金融机构等不再设置存款利率浮动上限"。在取消贷款利率浮动下限、建立市场利率自律定价机制、正式运行贷款基础利率集中报价和发布机制等一系列改革政策落地之后，存款利率上限的取消标志着我国利率管制的基本放开，利率市场化改革取得重要进展。需要指出的是，利率市场化改革是一个庞大的系统工程，除了取消利率浮动的限制，还包括健全利率传导机制，培育市场主体自主定价能力等多方面内容，形成市场目标利率体系并以此为基础建立利率调节机制是其中关键一项。正如人民银行在 2015 年 10 月 24 日利率调整的新闻稿中所指出的，"我国利率市场化开启了新的阶段，核心是要建立健全与市场相适应的利率形成和调控机制，提高中央银行调控市场利率的有效性。具体而言，就是要构建和完善中央银行政策利率调控体系，以此引导和调控整个市场利率"。

中国人民银行行长周小川曾在 2011 年明确指出，"随着社会主义市场经济体制的不断完善和利率市场化改革的稳步推进，金融宏观调控从偏重运用数量型工具向更多运用价格型工具转变。人民银行不断加强利率工具的使用，根据宏观经济和物价走势的变化，及时调整存贷款基准利率以影响金融机构存贷款利率水平，发挥利率杠杆调节总需求的重要作用"。这表明中国的货币政策逐渐向价格型为主数量型为辅的货币政策工具转轨的基本方向。进行利率市场化改革，完善利率调节机制是建设中央银行价格型调控体系的一个重要环节。

当前正值我国利率市场化改革向纵深推进的时间窗口，本文力图在我国利率市场化进程不断推进的背景下，系统梳理我国利率体系、利率调节机制的现状与问题，充分借鉴国外发达国家利率市场化时期的利率调控经验，为我国在利率市场化进程中的利率调节机制构建提供政策建议。本文余下部分安排如下：第二部分论证我国基准利率体系与利率调控机制现状和问题；第三部分对其他国家利率市场化进程中的利率调节机制进行分析；第四部分在对国内外相关经验系统梳理的基础上，为我国推进利率市场化、完善利率调控机制提供政策建议。

二、我国基准利率体系和利率调控机制现状和问题

我国目前的金融宏观调控和利率体系可以用两个"双轨"来概括：一是利率体系上市场化基准利率和政策利率并存；二是货币政策框架上价格型和数量型调控模式并存，同时强调完善宏观审慎政策框架。这两者背后的逻辑是共通和一致的，就是价格型手段和必要的数量型手段共同作用并相互依存。本节论证也将围绕利率体系与利率调节机制中的"双轨制"展开。首先，参考易纲（2009）的观点，本文按照市场基准利率体系和政策利率体系对我国利率体系进行分析；其次，根据各国利率调控实践，本文从公开市场操作调控模式、利率走廊调控模式以及中长期利率调控对我国利率调节机制进行分析，并对我国利率体系、利率调节机制存在的现状和发展方向进行评价。

（一）中国利率体系

双轨制是我国利率体系运行的典型特征，利率体系中市场化基准利率和政策利率并存，市场利率体系又存在着信贷市场与货币市场独立定价并相互隔离的特征，从而存在着众多利率指标，并且部分利率已具备成为目标利率的潜在条件。

1. 市场基准利率体系

市场基准利率是客观反映金融市场的资金供求关系，为金融资产定价提供参照的一种利率。成为基准的利率应该能够及时反映资金的供求状况，走势相对稳定，受非系统性因素的干扰较小，并可作为其他市场利率和金融产品的定价参考，在市场上衡量融资成本与收益客观上都需要发挥基准利率的参考作用。在信贷市场和资金市场没有完全打通，市场主体的利率敏感性尚未完全建立时，为了保证市场的平稳运行，应该在信贷市场和资金市场确立各自的基准利率指标。

在信贷市场上，贷款利率已经放开一段时间，在存款利率上限放开后，信贷利率管制告一段落，需要培育新的市场基准利率。但是以银行为主体的市场参与主体培育自主定价，特别是存款定价的能力还需要一个过程。人民银行之前公布的存贷款基准利率将在一段时间内持续发挥作用，作为金融机构存贷款定价的重要参考。

利率市场化的过渡期结束后，中央银行将不再发布人民币存贷款的基准利率，但是金融机构，特别是商业银行利率敏感性和自主定价能力仍有待培育，为了防止恶性竞争，维护市场秩序，需要在借贷市场上发挥大型银行资产和负债定价的引领作用，保持市场竞争主体间信息沟通的顺畅，在借贷双方间形成合理的价格预期，维护合理定价。2013 年 10 月，正式运行的贷款基础利率（Loan Prime Rate，LPR）集中运行和发布机制正是在信贷市场建立定价基准的积极探索。LPR 的集中报价和发布机制是在报价行自主报出本行贷款基础利率的基础上，剔除最高、最低各一家报价后，指定发布人对其余报价进行加权平均计算，形成报价行的贷款基础利率报价平均利率并于每个工作日对外公布。目前报价期限品种主要集中在一年期贷款利率，报价行主要包括国有商业银行和部分股份制银行。LPR 是商业银行对其最优质客户执行的贷款利率，可真实地反映信贷市场的资金价格，其他贷款利率可在此基础上加减点生成。LPR 作为信贷市场的基准利率，将不仅向市场参与主体传递贷款定价信息，还能够通过"以贷定存"，培育金融机构自主核算资金成本、确定存款利率的能力，使存贷款利率定价更加市场化。

在货币市场上，利率走势已基本由市场决定。上海银行间同业拆放利率（SHIBOR）、银行间同业拆借利率、银行间债券质押式回购利率等几种利率独立运行自成轨迹，具有较大的覆盖面和影响力。其中，SHIBOR 由报价行报价形成，回购利率和拆借利率则反映市场成交价格。一般而言，作为货币市场基准利率，需具备三种属性：一是基础性。基准利率的变动是引起市场上其他利率变动的潜在因素。二是稳定性。除去一些异常因素，基准利率应发挥"利率锚"的稳定作用，避免大幅波动。三是传导性。在价格型调控模式下，中央银行通过公开市场操作等方式调节市场的流动性，基准利率作为中央银行货币政策的操作目标，其走势应该能够灵敏地反映市场流动性的变动情况。

为此，我们选取银行间同业拆借加权利率（CHIBOR）、银行间回购加权利率（REPOR）和上海银行间同业拆放利率（SHIBOR）三种利率的隔夜期限，时间序列为2012年1月至2016年10月，共1204个交易日的数据开展实证分析，结论如下：

表1 各利率之间的相关关系

利率品种	CHIBOR	SHIBOR	REPOR
CHIBOR	1	0.999	0.997
SHIBOR	0.999	1	0.997
REPOR	0.997	0.997	1

数据来源：Eviews6软件。

作为市场化程度较高的利率，CHIBOR、REPOR和SHIBOR的走势非常接近，三种利率之间高度相关，表明具备较好的基础性。三种货币市场利率走势基本能反映出市场流动性供求状况。从近三年的走势看，除了在2011年1月和6月、2012年1月和2013年6月等几个时间点（2013年"钱荒"时，三种利率均在6月20日飙升到极值，隔夜期限的SHIBOR为13.44%，CHIBOR为13.84%，分别高于REPOR当日值1.7个和2.09个百分点），由于市场流动性趋紧导致了货币市场利率飙升外，CHIBOR、REPOR、SHIBOR走势基本保持了平稳，未出现持续性的大幅波动，表明基本能够发挥"利率锚"的作用。

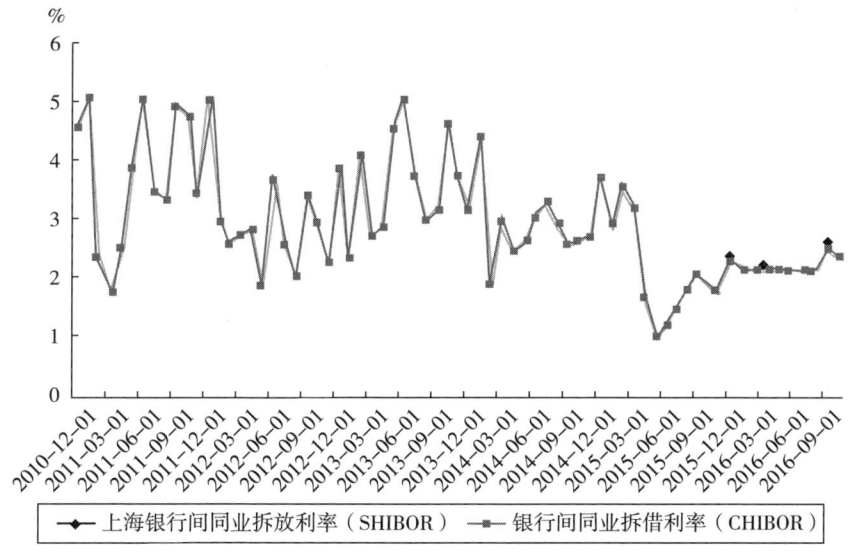

资料来源：Wind数据库。

图1 货币市场利率走势

货币市场利率走势与货币政策操作呈现一定的相关性。对人民银行货币净投放量（货币投放量与货币回笼量的净值）与三种货币市场利率相关性的分析以周为时间单位，选取2012年1月至2016年11月货币投放（货币投放净值为正数）和货币回笼（货币投放净值为负数）规模各排名前5的共10个交易周数据，将货币净投放情况与三种利率走势进行比对发现，当人民银行进行货币投放时，有4个交易周货币市场利率呈现了明显的下降，市场对中央银行货币政策操作反应迅速，另有一周货币市场利率上升；当人民银行进行货币回笼时，货币市场利率走势出现一定分化，在回笼量最大的5个交易周里，有3周利率是上升的，另外两周则是下降。表明在市场流动性宽裕，人民银行回收流动性时，利率传导有些滞后，市场利率的货币政策敏感性仍需培育。

综合结论。本文实证分析结果显示，CHIBOR、REPOR和SHIBOR具备了作为基准利率的基本条件。SHIBOR作为报价利率在市场运行和产品定价中的有效应用仍需时间检验。现阶段市场质押式回购交易规模远大于同业拆解交易规模。REPOR市场份额远高于没有抵押的CHIBOR，交易更活跃，市场接受度较高，最接近无风险利率，因此以真实交易价格为基础有抵押的REPOR比较适合在现阶段作为市场基准利率指标。

在市场发展到一定阶段，信贷市场和资金市场的定价基准应趋于一致，正在不断优化发展中的SHIBOR可成为定价基准的理想选择。SHIBOR是由全国银行间同业拆借中心在每个交易日根据信用等级较高的18家报价行自主报出的人民币同业拆出利率，剔除最高、最低各4家报价，对其余报价进行算术平均计算后得出各期限品种，并对外公布。对商业银行来说，SHIBOR与自身内部转移定价、零售业务和批发业务都具有一定相关性，可作为理顺价格体系、对相关产品实现统一定价的理想基准指标。SHIBOR自2007年诞生以来，在市场化产品定价中得到了广泛应用。针对2012年LIBOR丑闻所暴露出利率报价形成机制由于缺乏实际交易支持而容易人为操纵的内在缺陷，近年来人民银行对SHIBOR形成机制进行了不断完善，采取了扩大报价行规模、强化报价行内控制度、加强第三方对报价行的监督管理等措施，积极加以优化改进。随着SHIBOR培育的逐步深化，市场接受度不断提高，与市场利率走势更加契合的SHIBOR应作为信贷市场和资金市场产品定价的基准利率，成为完整、统一的市场利率决定结构的基础。

2. 政策利率体系

政策利率是货币当局为引导市场参与主体价格预期，传递货币政策意图和实现宏观调控目标而主动调控的一种利率。政策利率必须具备政策传导性，能够作为货币政策的传导中介和调控基础。

目前，人民银行参与调控且能够对市场预期和流动性产生影响的主要是一些货币政策工具利率，主要包括：再贷款利率、再贴现利率、借贷便利利率、公开市场操作（主要包括正回购、逆回购和发行央票）利率、存款准备金利率。其中，再贷款主要包括信贷政策支持再贷款和补充抵押贷款（Pledged Supplementary Lending），主要用于支持符合人民银行信贷政策导向的行业和领域；再贴现是商业银行持有已贴现但尚未到期的汇票到中央银行进行融资的行为，作为货币政策工具具有一定的被动操作性；公开市场操作利率能够反映市场资金供求和预期变化，对市场利率具有一定的引导和调节能力，但操作不具有连续性，无法形成平滑的收益率曲线；因此上述几种利率对市场参与者没有普遍适用性和指导性，不具备成为政策利率的基础。目前，法定存款准备金利率是 1.62%，超额存款准备金利率是 0.72%，对缴纳准备金的机构来说，超额存款准备金的缴纳金额可以根据自身流动性安排进行调整，资金收益的高低将对缴存规模带来直接影响。

自 2013 年始，人民银行创设了借贷便利工具，主要包括常备借贷便利（Standing Lending Facility，SLF）和中期借贷便利（Medium – term Lending Facility，MLF），作为人民银行正常的流动性供给渠道，借贷便利的主要功能是满足金融机构大额流动性需求，操作对象主要为政策性银行和全国性商业银行。常备借贷便利的主要期限为隔夜、7 天、14 天和一个月，中期借贷便利主要期限为三个月。借贷便利为流动性紧张的金融机构提供了风险缓释的手段，短期借贷便利利率的高低直接决定了流动性补偿的成本。

（二）中国利率调节机制

在我国利率市场化完成之后，中央银行会更多地以市场化手段来调控作为货币政策操作目标的货币市场短期利率，并影响中长期利率。现阶段，我国中央银行对利率的调控手段仍以公开市场操作为主，并不断完善利率走廊操作机制。

1. 短期利率调控

自 20 世纪 90 年代以来，以短期利率（主要指银行间隔夜拆借利率）为目标、通过间接手段（主要是公开市场操作）对其进行调控，已经成为发达国家中央银行货币政策调控的主导模式。中央银行公开市场操作影响货币市场短期利率的操作原理可以简单描述为：中央银行在公开市场上进行货币与债券或央票之间的互换，通过这种操作能够改变银行体系的超额准备金和库存现金，进而改变货币市场的流动性和资金供求，最后影响货币市场短期利率。通过公开市场操作，中央银行既可以通过正回购达到减少银行体系中准备金的目的，也可以通过逆回购操作达到增加银行体系中的准备金供给的目的。

中国人民银行从 1998 年开始建立公开市场业务一级交易商制度，选择了一批能够承担大额债券交易的商业银行作为公开市场业务的交易对象。近年来，公开市场业务一级交易商制度不断完善，先后建立了一级交易商考评调整机制、信息报告制度等相关管理制度，一级交易商的机构类别也从商业银行扩展至证券公司等其他金融机构。

从交易品种看，中国人民银行公开市场业务债券交易主要包括回购交易、现券交易和发行中央银行票据。其中，回购交易分为正回购和逆回购两种，正回购为中国人民银行向一级交易商卖出有价证券，并约定在未来特定日期买回有价证券的交易行为，正回购为中央银行从市场收回流动性的操作，正回购到期则为中央银行向市场投放流动性的操作；逆回购为中国人民银行向一级交易商购买有价证券，并约定在未来特定日期将有价证券卖给一级交易商的交易行为，逆回购为中央银行向市场上投放流动性的操作，逆回购到期则为中央银行从市场收回流动性的操作。现券交易分为现券买断和现券卖断两种，前者为中央银行直接从二级市场买入债券，一次性地投放基础货币；后者为中央银行直接卖出持有债券，一次性地回笼基础货币。中央银行票据是中国人民银行发行的短期债券，中央银行通过发行中央银行票据可以回笼基础货币，中央银行票据到期则体现为投放基础货币。

根据货币调控需要，近年来中国人民银行不断开展公开市场业务工具创新。2013 年 1 月，立足现有货币政策操作框架并借鉴国际经验，中国人民银行创设了"短期流动性调节工具"（Short–term Liquidity Operations，SLO），作为公开市场常规操作的必要补充，在银行体系流动性出现临时性波动时相机使用。这一工具的及时创设，既有利于中央银行有效调节市场短期资金供给，熨平突发性、临时性因素导致的市场资金供求大幅波动，促进金融市场平稳运行，也有助于稳定市场预期和防范金融风险。

2. 中长期利率调控

在利率传导机制通常情况下，中央银行只需调控基准利率，而让金融机构和市场自行决定与实体经济关联度更高的中长期利率水平。但在经济危机期间，利率传导机制出现梗阻，中央银行维持极低基础利率的调控方式，并不能有效拉低中长期利率水平。对此，一些中央银行开始探索更有效的中长期利率调控方式，扭曲操作和量化宽松（QE）便是其中的代表。扭曲操作是指卖出较短期限的国债，买入较长期限的国债，以此来压低长期国债利率，进而推低与之挂钩的中长期贷款利率。扭曲操作并非新生事物，早在 1961 年，美联储就曾进行过类似实践，并在 2011 年 9 月再次启用这一手段。不过，在短暂实施后，美联储迅速转向了刺激力度更大的第四轮 QE。

在中国，再贷款和再贴现是人民银行用以支持商业银行信贷投放的重要工具。理论上说，再贷款和再贴现利率构成了银行贷款利率的上限，其操作规模和价格的变化，会对银行贷款行为产生直接的影响。不过，在过去的实践中，人民银行主要将再贷款作为风险化解和支持落后产业、地区发展的工具，对其中长期利率引导功能并未充分发掘。人民银行在再贷款和再贴现基础上，创设了抵押补充贷款工具（PSL），以合格资产作抵押，向商业银行提供再贷款。与现有的再贷款相比，引入抵押机制，可以让再贷款成为更常规和覆盖范围更广的操作工具，更好地发挥再贷款利率对银行中长期利率的引导功能，由此可进一步完善利率调控机制。

三、主要国家银行利率调节机制的演进

英格兰银行、欧洲中央银行和美国联邦储备委员会作为世界上主要发达经济体的中央银行，在构建目标利率体系和利率调节机制方面，积累了丰富的经验。

（一）英格兰银行

自 2006 年起，英格兰银行（Bank of England，BOE）对货币政策框架进行了重大调整，执行自愿准备金制度，金融机构自主确定准备金水平的目标区间，提存期间平均准备金额如波动在目标区间内，则 BOE 按照货币政策委员会制定的政策利率（Official Bank Rate）水平对金融机构付息，反之则予以罚款。除此之外，超额准备金不会自动获得利息，但如果金融机构使用 BOE 的存款便利工具存放超额准备金，则会以低于政策利率一定基点的利率获得利息。在这段时间内，贷款便利工具和存款便利工具的利率水平形成了 BOE 利率走廊调节机制的上限和下限，最大宽度曾达到 200 个基点。

2009 年，BOE 调控目标转变为保证短期市场利率与基准利率一致，同时开展大规模资产购买计划，暂停了自愿准备金制度转而执行准备金利率下限支持制度。对所有准备金账户余额按照政策利率付息，以确保金融机构不会对其他金融机构以低于政策利率的价格出借超额准备金，存款便利工具与准备金系统的参与者自此变得无关。同时，BOE 的政策利率调整为 0.5%，贷款便利工具高于政策利率 25 个基点，存款便利工具的利率降低为 0，利率走廊区间收窄且变为非对称。贷款便利工具利率形成了走廊上限，为金融机构拆入资金的最高成本。英国的利率调节机制经历了一个由对称的显性利率走廊调节机制转变为非对称隐性调节的过程。

BOE 实行的是基准利率和政策利率合一的单一目标利率体系，中央银行在执行货币政策的过程中确定"利率锚"。BOE 货币政策委员会定期召开会议，在对大量经济数据信息进行分析的基础上，对当前的政策利率水平进行研究讨论，由货币政策委员会成员投票表决确定是否需要对利率进行调整，并及时对外公布相关决议。决议定期公布，在货币市场参与者、银行和普通民众间能够形成较为公开、透明且一致的利率预期，保证了市场利率水平的基本稳定。近年来，英国货币市场隔夜期限的银行间同业拆放利率（Sterling Overnight Index Average）与

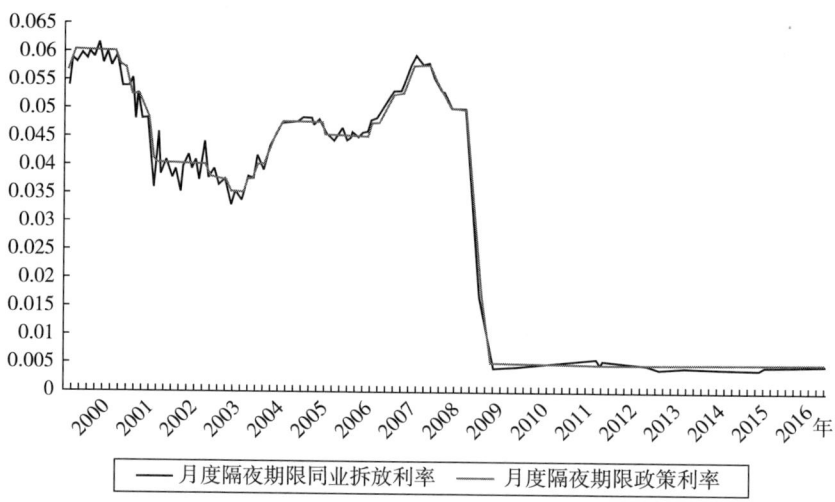

资料来源：英格兰银行网站。

图2 英国隔夜期限的同业拆放利率与政策利率走势

政策利率（Official Bank Rate）的走势非常相近，说明BOE货币政策意图通过政策利率及时有效地传导至资金市场，利率调节机制运行较为成功。

（二）欧洲中央银行

欧洲中央银行（European Central Bank，ECB）的政策利率体系由再融资操作利率（Main Refinancing Operations，MRO）、边际贷款便利利率（Marginal Lending Facility Rate）——欧洲中央银行向金融机构提供有抵押流动性支持的利率和存款便利利率（Deposit Facility Rate）——欧洲中央银行吸纳金融机构存款的利率组成，MRO为政策利率的水平中枢。此外，欧元区隔夜借款平均利率（Euro Overnight Index Average，EONIA）构成货币市场的基准利率。EONIA是欧元区内指定银行欧元隔夜拆借利率的交易量加权值，反映了欧元区银行存款批发业务行情。

当市场上出现大量资金盈余，EONIA走低时，ECB以低于MRO一定基点的存款便利利率吸收金融机构存款以回笼资金，反之，当市场上出现资金短缺，EONIA高企时，就以高于MRO一定基点的边际贷款便利利率将资金贷给金融机构，以平抑市场资金价格。利率走廊调节保障了资金市场的利率水平在合意区间内运行。ECB作为管理超主权货币的中央银行，政策利率和基准利率体系相互独立互为参照，利率调控采用对称的利率走廊机制。自2000年以来，利率走廊的最大宽度为200个基点，2008年欧债危机后逐渐收窄，近两年来稳定在50个基点的窄幅区间，隔夜期限的EONIA始终在利率走廊的上下限范围内波动。

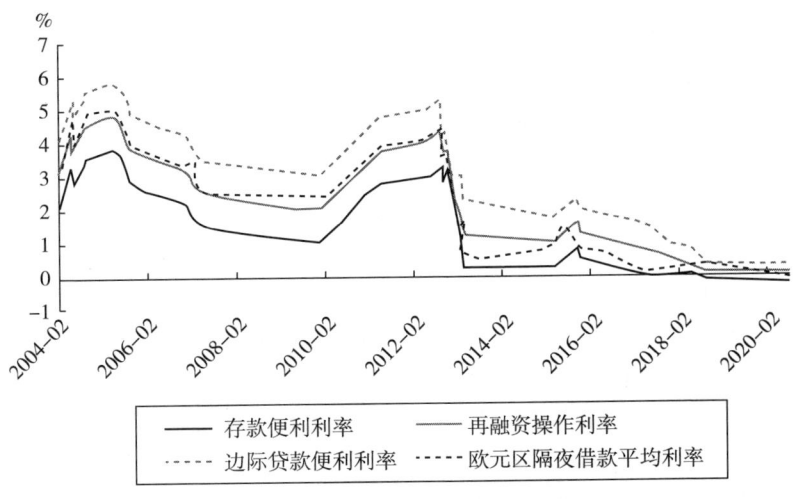

资料来源：欧洲中央银行网站。

图3 欧洲隔夜期限的拆借利率与利率走廊走势

ECB确定政策利率水平的主要依据是一个量化目标和两个分析支柱。一个量化目标是指中长期通货膨胀率，两个分析支柱是指经济分析和货币分析，经济分析主要作用在于确认和识别各种驱动经济波动的冲击，货币分析则是为了了解中长期价格变化趋势，ECB通常是运用两种分析方法进行综合判断，从而确立利率走廊的合理边界。

（三）美国联邦储备委员会

1980年，美国国会通过了《解除存款机构放松管制与货币管理法案》，开启了利率市场化改革的进程。在分阶段逐步取消Q条例对定期存款和储蓄存款的利率限制后，改革在1986年最终完成。在美国市场化的利率体系中，美国联邦储备委员会（Federal Reserve Board，FED）将联邦基金利率（Federal Funds Rate）也就是美国同业拆借市场利率（主要是隔夜拆借利率）作为基准利率进行调节，在货币政策传导过程中发挥"利率锚"的作用。FED通过运用货币政策工具，维持联邦基金利率在合意的调控区间内波动。

1. 目标利率水平

FED将泰勒规则（Taylor Rule）视为设定联邦基金利率水平一个较为科学的标准。泰勒规则认为，联邦基金利率应该等于通货膨胀率加上一个"均衡"的实际联邦基金利率再加上两个缺口的加权平均：一是通货膨胀缺口，即当前的通货膨胀率减去目标通货膨胀率；二是产出缺口，即实际GDP与潜在充分就业水平下的GDP估计值的百分率偏差。用公式表示为：

联邦基金利率指标 = 通货膨胀率 + 均衡实际联邦基金利率 + 1/2（通货膨胀缺口）+ 1/2（产出缺口）

在泰勒规则中，如果通货膨胀率上升1个百分点，联邦基金利率指标就会提高1.5个百分点，幅度超过通货膨胀率的变动幅度，这就是泰勒定理（Taylor Principle）。联邦基金利率的变动幅度应该超过通货膨胀率的上升幅度，否则实际利率将会随着通货膨胀率的上升而下降，从而引发危机。泰勒定理已逐渐发展为FED制定货币政策的一个重要规则。

2. 利率调节机制

FED曾非正式地制定过利率走廊，利率调节机制经历了一个反复的过程。金融危机前，FED采取的是单一公开市场操作模式，制定联邦基金利率目标后通过在公开市场买卖政府债券来调节准备金供求量，将联邦基金交易的有效利率维持在目标水平，该模式中准备金利率通常为0。金融危机后，FED开始对准备金付息，最初将联邦基金利率目标定位1%，0.75%的准备金利率就成为了利率走廊下限。后来为了应对衰退，FED将联邦基金利率目标和准备金利率均下调到0~0.25%①，这使走廊机制无法维系。自2009年以来，联邦基金有效利率水平始终维持在0.1%左右，低于准备金利率水平，利率倒挂导致FED超额准备金规模大幅上升，银行对联邦基金隔夜拆借需求下降，联邦基金市场交易萎缩。美国的利率政策与准备金规模相分离，联邦基金有效利率与准备金余额之间相关性不再显著。近年来，联邦基金利率模式始终处于目标区间，得以维系的原因之一在于目标利率处于低位而且超额准备金规模较大，银行体系流动性充裕。

总体而言，FED执行的是单一利率调节机制，选取一个市场利率作为政策基准，根据经济基本面的情况运用泰勒规则确定合理的基准水平。在资金市场上形成稳定预期后，运用政策工具进行调节从而保证市场利率走势变化能够与利率调控目标基本一致。

（四）总结与分析

综观三个主要发达经济体的目标利率体系和利率调节机制，具有以下几个主要特点。

1. 选取具有公信力的指标作为政策利率，能灵敏地反映资金市场供求状况的指标作为基准利率，共同构成目标利率体系，政策利率及时传导中央银行货币政策意图和利率调控目标，基准利率准确反映资金成本和价格走势，目标利率体系的确立对于顺畅运行利率调节机制至关重要。

---

① 2015年12月16日，FED宣布将联邦基金利率上调0.25个百分点至0.25%~0.5%的目标区间，同时将超额存款准备金利率提高至0.5%，准备金与联邦基金利差未发生变化。

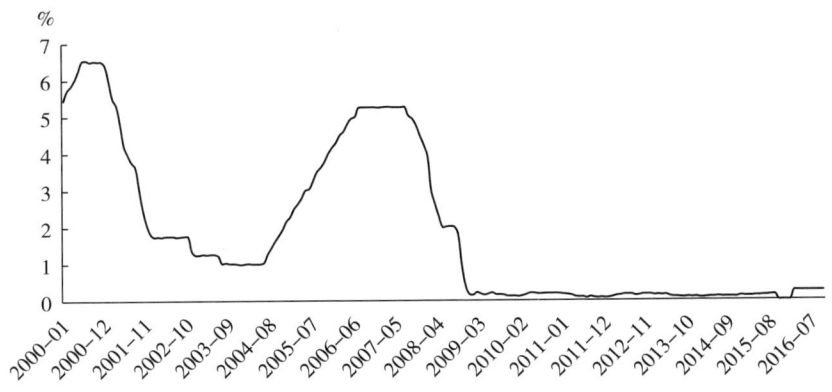

资料来源：美联储网站。

图 4　联邦基金有效利率走势

2. 目标利率主要为短期利率。政策利率和基准利率的期限以隔夜为主。发达经济体拥有完整的市场收益率曲线且信贷市场和资金市场的传导较为顺畅，短期资金市场的价格变化会影响长期资金价格和信贷市场利率走势，进而对整个实体经济产生影响。长期利率作为中介指标，体现资金价格的长期趋势，与货币政策目标的实现更加相关。

3. 形成稳定的利率预期。不论是 BOE 不对称的隐性利率调节、ECB 对称的显性利率走廊机制还是 FED 政策利率和基准利率合一的单一利率调节机制，能够成功运行的关键均是在市场上形成稳定预期。BOE 定期公布政策利率水平，ECB 相对稳定的利率走廊上下限以及 FED 运用公开透明的规则确定基准利率水平，在公众及市场参与者中对市场利率水平及波动区间形成了合理预期。这样将极大程度地降低中央银行货币政策的调控成本，防范潜在的超预期冲击，有效控制利率波幅。

4. 利率政策与准备金政策相配合。ECB 主要是运用存贷款便利工具对金融机构的超额储备进行调节，控制市场流动性并调控市场利率水平，利率与流动性作为货币政策操作的主要抓手，相互协调，共同为实现调控目标服务。BOE 和 FED 也曾先后通过对准备金利率进行设置以达到调节市场流动性的目的，虽然金融危机后利率的调整使准备金政策和流动性政策相关性减弱，但一旦经济金融环境恢复常态，利率政策与准备金政策相配合依然将是货币政策操作的一种可行模式。

四、构建完善我国利率调节机制的设想

随着我国利率市场化改革的纵深推进，利率双轨制向完整、统一的利率决定

结构逐渐过渡,与之相适应,目标利率指标体系也要经历一个从分层次、分市场发展为单一体系的过程。结合本文的研究结论,并借鉴国际经验,我们认为,我国目标利率体系将可由如下指标组成,如图5所示。

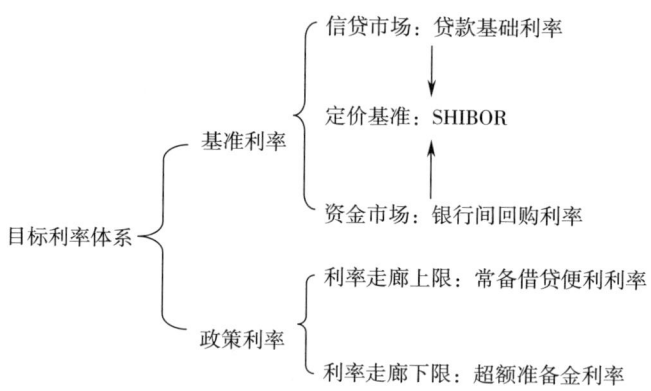

图5 目标利率体系结构

构建我国目标利率体系,完善利率调节机制应关注以下几点。

1. 我国金融改革正步入深水区,面临着资本项目开放、金融创新等因素带来的流动性冲击,为了在利率市场化改革过程中有效防范流动性风险,降低利率波动,保持市场稳定,本研究将利率走廊机制作为完善我国利率调节机制的理性选择之一。

国际上,利率调节机制主要有两种:一种是以ECB为代表的利率走廊机制,另一种是以FED为代表的联邦基金利率机制。相对于联邦基金利率机制,利率走廊主要在以下几个方面具有优势:一是联邦基金利率机制需要公布一个确定的利率水平点,而利率走廊机制允许中央银行在政策利率设定方面有更多灵活性。二是利率走廊机制允许政策利率在一个较大的区间波动,需要较少的中央银行公开市场操作,在合理引导市场预期的同时减少了货币政策操作成本。三是利率走廊机制允许流动性政策与利率政策相对独立,金融危机后,很多实行利率走廊机制国家的中央银行利用扩大中央银行资产负债表的方式向市场注入大量流动性,同时保持了政策利率的相对稳定。利率走廊机制具备政策灵活性、操作简便性和流动性管理独立性等特点。

中央银行政策利率、走廊上限和走廊下限共同构成了利率走廊的政策利率体系。理论上,走廊上限是市场利率波动的上限,通常是中央银行向金融机构拆出资金的利率,走廊下限是市场利率波动的下限,通常是金融机构将资金存放于中央银行的备付金利率。从我国现有的政策利率体系看,超额准备金利率作为利率走廊下限,反映了金融机构拆出资金的最低收益,不论从理论上还是操作中都具备可行性。近年来,人民银行创设的常备借贷便利利率,作为金融机构短期内拆入资金的最大成本,理论上应作为利率走廊上限。常备借贷便利利率和备付金利率作为与货币市场紧密联系的中央银行政策工具价格,具备作为政策利率的先天条件。现阶段,利率走廊的中心水平指标利率在我国面临缺位,可以效仿 FED 将政策利率与基准利率合一的构建思路,在市场运行过程中加以引导,将市场基准利率作为政策利率的参照,金融产品的定价集中以基准利率作为参照。

2. 利率走廊机制能否成功运行的关键是形成稳定的利率预期,市场参与各方对利率变动的上下边界有着清晰的判断,并以此指导自己的定价行为。常备借贷便利和超额准备金利率要在市场运行中发挥利率走廊上下限的作用,需要逐步扩大自身的影响力和应用范围。从实际操作情况看,由于常备借贷便利设立于市场流动性较为宽裕的时间窗口,触发上限的情况较少出现,在运用时效性和调控效果方面有待强化。如何改进常备借贷便利的抵押品制度和操作要求,根据货币政策调控意图和市场流动性变化及需求状况对常备借贷便利进行合理定价,从而在市场参与者中形成利率上限的应有概念,通过逐步形成该政策工具的市场认同度,在实际操作中确立事实上的走廊上限,仍需不断摸索。此外,人民银行可借鉴 BOE 的成功经验,通过定期发布对宏观经济形势、外部经济环境、价格及利率走势等相关情况的研判分析,给市场主体提供更多信息作为理性定价决策的依据,稳固利率走势预期,约束盲目定价行为。

3. 准备金政策与利率政策相配合是利率调节机制的一项重要补充。长期以来,我国超额准备金利率维持在 0.72%,与隔夜期限的货币市场利率差距较大,利率走廊下限的兜底作用未能充分显现。在金融危机期间,BOE 和 FED 都曾经通过对准备金利率进行调整来调节市场流动性,较好地实现了货币政策调控目标。当市场环境发生变化时,在保证利率走廊合理宽度的基础上,人民银行应该积极发挥政策利率的调节和示范作用,对超额准备金利率水平进行动态调整,在释放或回收流动性的同时提高市场主体对利率走廊下限的敏感性,加强调控信息的传导,提高货币政策的调控效率。

4. 我国利率调节机制的构建并非一蹴而就,完成情况取决于金融市场发展、基础设施建设和市场主体的财务约束及利率敏感度等条件的配合程度。借鉴发达国家的实践经验,一个成熟的利率走廊机制,重要的基础条件是利率走廊的中心点应该与利率市场化后的均衡利率接近,走廊上限和下限的设置应在市场上形成合理预期,在考虑货币政策调控成本后给予流动性腾挪的空间,避免市场的大幅波动。目标利率、利率走廊上下限水平需要中央银行根据通货膨胀率、经济增长速度等目标选择综合确定,并在市场运行过程中不断调整完善。

5. 应进一步完善利率期限结构,形成完整的收益率曲线。利率市场化后,我国利率传导路径将发生显著变化,中央银行将主要运用价格型工具作用于短期目标利率,进而通过收益率曲线影响中长期市场利率的走势,逐步传导至银行体系、资本市场和实体经济。这就要求市场具有足够的深度且各个市场之间有较强的联动性,期限结构完整。近年来,同业存单和大额存单的发行交易,进一步拓宽了3个月以上中长端SHIBOR的报价基础;2015年10月以来,财政部按周滚动发行3个月国债,也促进国债收益率曲线更趋健全,我国中长端收益率曲线正在不断完善的过程中,市场主体的利率敏感性不断加强。完整的利率期限结构和市场收益率曲线作为利率调节机制发挥作用的基础条件,今后应注重在市场发展的过程中逐步加以培育。

参考文献

[1] 巴曙松,尚航飞. 利率走廊调控模式演进、实践及启示[J]. 现代经济探讨, 2015.

[2] 牛慕鸿,张黎娜,张翔,宋雪涛,马骏. 利率走廊、利率稳定性和调控成本[C]. 中国人民银行工作论文, 2015.

[3] Bowman, David, Etienne Gagnon, and Mike Leahy. Interest on Excess Reserve as a Monetary Policy Instrument: The Experience of Foreign Central Banks. International Finance discussion Papers, No. 996, Board of Governors of the Federal Reserve System, 2010.

[4] Ulrich Bindseil. Monetary Policy Implementation: Theory, Past, and Present [M]. Oxford University Press, 2005.

[5] Bernanke Ben S. Communication and Monetary Policy [Z]. Speech at the National Economists Club Annual Dinner, Herbert Stein Memorial Lecture, Washington, D. C. 2013.

[6] Garcia - Herrero Alicia and Girardin Eric. China's Monetary Policy Communication: Money Markets not only Listen, They also understand [R]. HKIMR Working Paper, 2013.

政策利率、市场利率和贷款利率传导机制研究

中国人民银行上海总部调查统计研究部课题组

课题组组长：金艳平

课题组成员：王家辉 蒋一乐 王慧娟

摘 要

利率市场化接近完成，为我国货币政策调控机制从数量型向价格型转变创造了有利的基础条件。虽然当前我国并没有明确的政策利率，但中央银行利率向市场利率的传导较为顺畅，市场利率（货币市场利率、债券收益率）向贷款利率的传导受多种因素影响，存在一定梗阻，但基本上也较为顺畅。建立完善我国货币政策价格型调控框架具备了基础条件，下一步我国需要明确货币政策调控目标，建立更加完善的债券收益率曲线，推动贷款利率更加市场化、更加富有弹性，形成完善的货币政策价格型调控框架。

一、导言

随着我国利率市场化进程的不断推进，我国货币政策调控正在由数量型调控向价格型调控和数量型调控并重转变。当前，我国货币政策价格型调控的重要性和受关注度不断上升。但是，我们也看到，我国中央银行的政策利率向金融市场利率和金融机构贷款利率传导得并不顺畅，这种不顺畅制约了完善的货币政策价格型调控框架的形成。在现代经济金融环境下，成熟市场经济体的货币政策调控以价格型调控为主。因此，深入分析我国货币政策价格型传导中存在的问题，建立完善的货币政策价格型调控框架，提升我国货币政策价格型传导的有效性，具有十分重要的意义。

货币政策传导机制是指中央银行运用货币政策工具影响中介目标，进而最终实现既定目标的传导途径和作用机理。货币政策传导途径分为货币渠道和信贷渠道，其中，货币渠道包括利率渠道、汇率渠道、资产价格渠道，信贷渠道包括银行信贷渠道、资产负债表渠道。由于利率渠道是利率市场化国家最主要的货币政策传导途径，因此，对于货币政策传导，西方经典理论和国内外研究主要着眼于

利率变化如何影响实体经济中的投资和产出，相对而言忽视了政策利率如何传导至其他金融市场利率。其根本原因在于，这些发达经济体大都有高度发达的金融市场，政策约束与扭曲较少，不同市场之间关联性很强，政策利率和各个金融市场利率之间的联动非常灵敏，因此政策利率向金融市场利率之间的传导成为"自然成立"的基本假设，而不是西方学者研究的重点。但是政策利率向其他利率传导的有效性在中国并非自动成立。因此，我国向以政策利率为中介目标的新货币政策框架转型过程中所面临的首要挑战，不是利率向实体经济的传导问题，而是政策利率向其他利率（存贷款利率和债券收益率）的传导问题。[1]

事实上，对于发达经济体，政策利率向市场利率的传导、市场利率在各个金融市场之间的联动在特定情况下也会出现问题。例如，2004年6月至2006年6月，美联储连续17次上调联邦基金目标利率，推动美国短期国债收益率持续上升，而美国中长期国债收益率却没有相应地大幅上升，其中，长期国债收益率在2006年下半年联储停止升息后，甚至出现下降。又如，2008~2009年，全球金融危机发生后，即使美联储通过扭曲操作有效降低了长期债券利率，但银行体系的贷款利率也未随之显著下降。

经济金融环境是不断发展变化的，无论是外部环境还是内部环境，都是随着时代的变革而发生变化，我们的货币政策调控框架也需要随着经济金融环境的变化而不断优化完善。为此，我们将深入分析货币政策利率传导在中国的实践及面临的约束条件，针对中国实际，借鉴国际经验，提出完善我国货币政策价格型调控框架的政策建议。

二、利率市场化与利率传导机制

利率传导过程具体分为三段：一是短期政策利率到货币市场利率；二是货币市场利率到中长期国债收益率；三是中长期国债收益率到中长期贷款利率。从中央银行短期政策利率到最终影响市场主体投资消费行为的中长期贷款利率，这一传导过程包含了流动性溢价、期限溢价和风险溢价的影响和作用。

利率市场化是利率有效传导的重要基础条件。但是，前者并不是后者的充分条件，一定程度上甚至是后者的结果。利率传导的有效性还受到其他条件的制约。

（一）利率市场化与利率传导机制的有效性

一方面，利率市场化是利率传导机制有效性的重要前提条件。利率市场化意味着微观主体资金交易和借贷的价格——利率，是在中央银行政策利率的引导

---

[1] 马骏，王红林. 政策利率传导机制的理论模型 [J]. 金融研究，2014（12）.

下，由市场供求决定，这一过程实际上就是利率的传导。因此，利率市场化是利率传导的微观基础。

另一方面，利率市场化也是利率传导机制能够有效发挥作用的结果。当利率传导不畅时，中央银行的政策意图无法顺利传导到金融市场、金融活动和实体经济等领域，中央银行只能通过行政手段确定具体的微观利率水平，这就是利率管制。当中央银行评估利率传导已经较为顺畅有效时，它就会放开利率管制，推动利率市场化。因此，利率市场化也是利率传导机制能够有效发挥作用的结果。

（二）影响利率传导机制有效性的因素

2013 年 7 月 20 日，我国贷款利率全面放开。2015 年 10 月 23 日，我国存款利率全面放开。至此，我国利率管制基本取消，货币市场利率、存贷款利率全部由市场主体确定。但是，我们看到，利率管制的取消并不意味着利率传导必然顺畅，我国利率传导依然面临一些梗阻。例如，2015 年 9 月，银行间市场质押式回购月加权平均利率为 2.01%，比当年 6 月高 0.60 个百分点，而 2015 年 9 月，非金融企业及其他部门贷款加权平均利率为 5.70%，比当年 6 月低了 0.35 个百分点[1]。

各国实践表明，影响利率传导的长期因素包括经济结构、融资结构、经济周期、金融市场发展水平等，短期因素包括信用利差、风险偏好、汇率波动、国际资本流动等。经济结构较为单一的经济体，与经济结构较为多样化的经济体，在利率的敏感性上存在较大差异。融资结构多样化、金融市场发达的经济体，利率的传导更为顺畅。同一经济体，在经济周期的不同阶段，其市场主体对利率调控的敏感性也会有所不同，比如在经济扩张期、通胀水平较高的时期，利率调控的效果更显著，而在经济低迷时期、通货紧缩时期，利率调控效果较差。信用利差、风险偏好，反映了一段时间市场资金面的松紧情况，市场主体对风险的看法，这些都会影响利率传导的有效性。对于开放的经济体而言，利率的传导必然受到汇率波动、国际资本流动等因素的影响，特别是在当前国际经济金融一体化程度越来越深的情况下，汇率波动、国际资本流动对一国国内资金宽松程度、利率水平、利率预期的影响都越来越大。当然这种短期因素的影响都是双向的，即利率的变动反过来也会影响信用利差、风险偏好、汇率波动、国际资本流动。

最新的研究表明，监管因素对利率传导也有显著影响。比如，国内外学者研究表明，资本充足率要求、存款准备金率过高、贷存比限制、贷款规模限制等都不同程度地扭曲和弱化了利率传导[2]。

---

[1] 中国人民银行货币政策分析小组：《中国货币政策执行报告（2015 年第三季度）》，2015 – 11 – 06.
[2] 马骏，施康，王红林，王立升. 利率传导机制的动态研究［J］. 金融研究，2016（1）.

这表明，利率市场化的完成，并不意味着利率传导必然顺畅。但一个经济体的利率市场化程度越高，意味着其经济结构、融资结构更加多样化、更加健康，意味着其微观主体行为更加理性，对利率更敏感，这些都更有利于利率传导的顺畅。

三、中国利率传导机制的实践

（一）利率市场化的稳步推进为货币政策利率传导提供基础条件

中国经济的市场化推动了利率的市场化。改革开放推动中国经济从计划经济向有计划的商品经济，再向社会主义市场经济的转变；市场在资源配置中的作用，也从基础性作用变成决定性作用。1996年我国建立银行间同业拆借市场，1997年建立银行间债券市场。经过近二十年的发展，我国货币市场不断完善，市场主体不断丰富，交易品种不断增加，交易规模不断扩张，市场基础设施不断完善，货币市场形成的基准利率发挥了越来越大的影响力，成为货币政策利率传导的关键环节。

当前，我国的利率体系包括三大块：法定利率、市场利率和零售利率。（1）法定利率是指中央银行确定的、体现政府意向的利率，如中央银行对商业银行的存款准备金利率、再贷款利率和再贴现利率，中央银行确定的商业银行对客户的基准存贷款利率（金融机构法定基准存款、贷款利率）等。（2）市场利率是指金融市场上根据资金供求关系形成的同业利率，如银行间同业拆借利率、债券回购利率、债券收益率、票据转贴现利率等。（3）零售利率是指商业银行对客户存贷款、票据贴现等的实际利率。

在我国，无论是货币政策数量型调控还是价格型调控，利率传导都是重要环节。货币政策数量型调控，通过对银行体系流动性的调控，影响银行信贷供给，在这个过程中，信贷价格（贷款利率）也会受到影响，相关政策意图也会传导下去。货币政策价格型调控，是通过政策利率水平和结构的直接调整，影响货币市场基准利率、债券市场收益率等金融市场价格，再影响到信贷市场的贷款利率。利率市场化的稳步推进，意味着价格信号的传导更加顺畅。

（二）关于指标政策利率的选择，关于国债收益率曲线的完善，关于贷款基础利率的作用

利率市场化后的中央银行货币政策利率调控框架包括三部分内容。一是确定中央银行货币政策操作目标（指标政策利率），引导和调控市场利率。二是各类金融市场以货币市场基准利率和国债收益率曲线为基准进行利率定价。三是通过利率传导机制，指标政策利率传导至货币市场、债券市场、信贷市场等各类金融

市场,最终影响实体经济。

1. 关于指标政策利率的选择

在指标政策利率的选取上,需要考虑一些基本条件,比如可由中央银行控制(或者中央银行直接设定)、对市场基准利率具有较强引导作用(与市场基准利率关联性较强)、波动较小(具有一定稳定性)。

从各国实践看,主要有两类利率被选定为中央银行指标政策利率。一是中央银行对金融机构的再贷款、再贴现、回购、逆回购利率,如美联储的贴现率、欧洲中央银行的主要再融资利率、日本银行的贴现率、印度储备银行的回购利率与逆回购利率、俄罗斯中央银行的再融资利率与再贴现利率。二是金融机构之间的拆借利率,如美联储的联邦基金利率、日本银行的隔夜拆借利率、加拿大银行隔夜借款利率、巴西中央银行的 Selic 利率、韩国中央银行的隔夜拆借利率。也有国家将市场上金融机构报价形成的利率作为利率调控目标,如瑞士中央银行以三个月 LIBOR 目标区间作为指标利率调控目标。

当前,我国中央银行法定利率较多,包括法定存款准备金利率、超额存款准备金利率、各期限再贷款利率、再贴现利率、金融机构存贷款法定基准利率,以及创新货币政策工具——常备借贷便利、中期借贷便利、抵押补充贷款等货币政策工具利率;等等。这些利率虽然是中央银行确定的官方利率,但都不能被称为用于货币政策利率调控的指标政策利率。我们需要构建类似于美联储联邦基金目标利率、欧洲中央银行主要再融资利率、日本银行隔夜拆借利率的中央银行指标政策利率。

从我国的情况看,法定存款准备金利率、超额存款准备金利率、再贷款利率、再贴现利率等,与货币市场利率的关联性较低,对货币市场基准利率的引导作用较弱,都不适合作为指标政策利率。金融机构法定存贷款基准利率对实体经济影响明显、直接,但随着利率市场化的完成,中央银行将不再公布这类利率,因此它们也不可能作为未来利率调控的指标政策利率。创新货币政策工具——常备借贷便利、中期借贷便利、抵押补充贷款等作为当前我国银行体系主要的流动性调节工具,其利率对市场具有一定的引导作用,但这类工具的使用具有阶段性特征,是否能成为中央银行经常性货币政策工具尚存在疑问。综合以上因素,考虑到中央银行使用最频繁的货币政策工具是公开市场操作,曾经的中央银行票据发行利率、正回购利率,当前的逆回购利率,都是对货币市场引导作用较强的利率。在当前中央银行票据逐渐退出市场的情况下,回购利率(以及逆回购利率)是中央银行指标政策利率的较适合选项。较多的学者研究认为货币市场回购利率、上海银行间同业拆借报价利率(SHIBOR)作为货币市场基准利率,可以作为中央银行指标政策利率。这些利率确实有较多优势,但考虑到其波动性太高(主要是因为中国经济的稳定性有待提高,包括资本市场在内的其他金融市场的波动性较高，并容易传染到这两大利率），中央银行对其的控制力个别时点较弱，因此，这些利率的基准作用需要进一步培育，其基准作用的发挥需要进一步观察。

我们倾向于认为，将公开市场回购利率、逆回购利率作为货币政策指标政策利率，并定期发布，是较好的选择。公开市场回购利率、逆回购利率的优势在于，中央银行能够直接控制，不会受到干扰，与货币市场其他利率关联性较强，能够将中央银行政策意图传导到金融市场，具有可控的稳定性。

2. 关于国债收益率曲线的完善

当前，我国已经形成了具有一定广度、深度和弹性的国债市场，国债品种日益丰富，国债期限结构日趋合理，国债交易方式日益多样化，国债现货、期货市场相互联动，国债收益率曲线趋于完善，其对其他金融市场产品的定价基准作用日益显现。

从国际经验看，完善的国债收益率曲线，是各类信用风险不同、期限不同的金融产品的定价基准，国债收益率曲线的形状及其变动包含了多方面信息，可以用于经济分析、经济预测。比如，设定合理的信用利差，不同信用风险的产品可以得到市场化定价；中长期国债收益率是中长期信贷较好的定价基准；国债收益率曲线扁平化、倒挂，预示着未来经济会走向衰退的可能性较大。

在我国，一旦中央银行不再公布金融机构存贷款法定基准利率，金融机构的存贷款利率就需要通过参考国债收益率曲线来确定，尤其是中长期存贷款利率（短期存贷款利率可以直接参考货币市场利率），需要参考中长期国债收益率确定。此时，完善的国债收益率曲线就会成为金融机构产品定价的中枢，其重要性不言而喻。但由于中长期债券发行、交易在很多时候都不够活跃，这就需要建立债券市场做市商制度。

3. 关于贷款基础利率的作用

从国际经验看，许多成熟的市场经济国家都有对贷款利率具有指导作用的最优贷款利率，并通过最优贷款利率为零售市场的贷款定价。

2013年7月20日，我国贷款利率全面放开，不再设定浮动限制。借鉴国际上最优贷款利率的经验，我国于2013年10月推出贷款基础利率集中报价和发布机制。贷款基础利率是商业银行对其最优质客户执行的贷款利率，其他贷款利率可在此基础上加减点生成。目前，我国贷款基础利率报价团由9家系统重要性程度高、市场影响力大、综合实力强的商业银行组成，这些银行已经建立起内部收益率曲线和内部转移定价机制，具有较强的自主定价能力。全国银行间同业拆借中心作为贷款基础利率的制定发布人，每个交易日根据各报价行报价，剔除最高、最低各1家报价，对其余报价进行加权平均计算后，得出贷款基础利率报价平均利率，并于11：30对外发布。

贷款基础利率集中报价和发布机制运行接近 3 年。目前来看，其发挥的作用有限。贷款基础利率报价在运行初期具有一定的波动性，反映了市场供求情况，然而自 2015 年 3 月 1 日起，其与中央银行发布的金融机构 1 年以内（含 1 年）法定贷款基准利率高度一致，固定相差 0.05 个百分点，似乎不再受市场供求等因素影响，其对实际贷款利率的定价指导作用也有所弱化。这反映出商业银行对中央银行制定的金融机构存贷款法定基准利率的依赖程度较高。

（三）各层次利率的关联性分析

在理想的货币政策利率型调控框架下，各个市场的利率（政策利率、贷款利率、存款利率和债券收益率）互相正向联动。换句话说，任何一个市场利率的上升（或下降），都会对其他市场利率有上升（或下降）的影响，只是上升（或下降）程度取决于不同市场的特点和其他因素。

中央银行是货币市场的直接参与者，其公开市场操作等货币政策工具能够将指标政策利率直接传导至货币市场利率。一般来说，中央银行指标政策利率对货币市场利率的传导是不存在问题的。在现实中，我们可能观察到货币市场利率、债券市场收益率的变化幅度大于政策利率的调整幅度的情况。这主要是由于其他一些因素在同时发生变化并影响了货币市场利率、债券市场收益率。例如，由于市场主体风险偏好发生变化，或者国际资本流动突然改变对本国市场的投资，导致本国货币市场、债券市场价格的波动。

货币市场利率、债券市场收益率对零售市场存贷款利率的影响是我们关注的重点，即货币市场利率、债券市场收益率与零售市场存贷款利率的关联性是我们关注的重点。这里我们将主要考察货币市场利率与银行理财收益率、信贷市场利率之间的关联性，债券市场收益率与信贷市场利率之间的关联性。

1. 银行理财市场收益率与货币市场利率具有一定关联性

相比于银行存款利率，银行理财产品收益率更加市场化。由于银行理财产品主要投资债券及货币市场工具（2015 年末理财产品投资债券及货币市场工具的比重占全部投资的 51%，加上投向现金及银行存款的资产，占比高达 73.4%①），因此，从理论上看，银行理财产品收益率与货币市场利率应该具有较强的关联性。从简单的相关性分析来看，2013 年 7 月②至 2016 年 9 月，同业拆借月加权平均利率与银行理财新发产品平均预期收益率的相关系数为 0.63，质押式回购月加权平均利率与银行理财新发产品平均预期收益率的相关系数为 0.62。这表明货币市场利率对银行理财产品收益率具有一定传导。从波动性看，

---

① 中央国债登记结算有限责任公司：《中国银行业理财市场年度报告（2015 年）》，2016。
② 分析样本从 2013 年 7 月开始，是为了避开 2013 年 6 月货币市场利率的异常波动。

银行理财新发产品预期收益率的波动性明显低于货币市场利率的波动性。这表明银行理财产品收益率走势具有一定的黏性,反映了银行理财投资的多元化平滑了其收益率的波动,也反映了商业银行在理财产品定价上趋向于维护其相对稳定,以增加对客户的吸引力。

2. 货币市场利率与短期债券收益率相关度较高,与中长期国债收益率相关度较弱

在货币市场利率向债券市场收益率的传导过程中,不可避免地出现了一些信息损失。从图1可以看出,货币市场利率较为精确地传导到了短期国债收益率,2014年1月至2016年9月银行间市场质押式回购利率与1年期国债到期收益率之间的相关系数达到0.82;在传导至中长期国债收益率的过程中,一些短期性、临时性因素的影响被弱化,因而中长期国债收益率波动性下降,两者相关性下降,质押式回购加权平均利率与10年期国债到期收益率之间的相关系数下降至0.57。

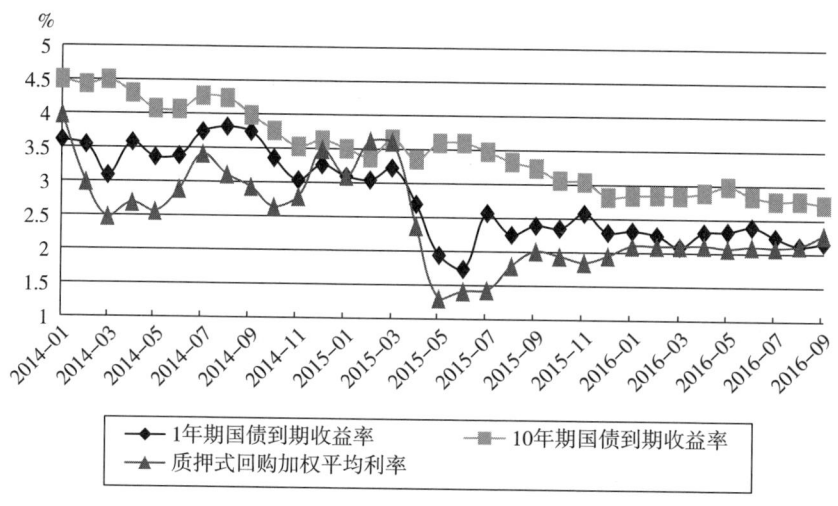

资料来源:中国货币网,中国债券网。

图1 货币市场利率与国债收益率

3. 贷款加权平均利率与货币市场利率的相关性高于个人住房贷款利率,上海信贷市场利率与货币市场利率的相关性高于全国

货币市场利率作为金融市场短期利率基准,对信贷市场利率具有基准引导作用。我国货币市场利率包括银行间同业拆借利率和银行间质押式回购利率,由于这两个利率走势高度一致,我们在分析时选择交易量更大的质押式回购利率作为货币市场利率代表。对于信贷市场利率,我们将选择两种样本来源,一是《中国货币市场执行报告》中披露的"非金融企业及其他部门贷款加权平均利率",

以及"非金融企业及其他部门贷款利率"的其中项"一般贷款利率""票据融资利率""个人住房贷款利率";二是上海市金融机构存贷款综合抽样统计中的"上海市金融机构新发贷款利率""上海市金融机构新发个人住房贷款利率"。我们将分别对它们与货币市场利率的关联性进行分析。第一种来源的样本数据的时间选择是从2013年9月至2016年9月的每季度最后一个月的月加权平均利率,主要考虑的是数据可得性,以及2013年6月货币市场利率出现了异动,2013年7月我国贷款利率全面放开。第二种来源的样本数据的时间选择是从2014年1月至2015年12月的月度数据,主要原因是上海市自2014年开始加入人民银行调统司存贷款综合抽样统计二批试点。

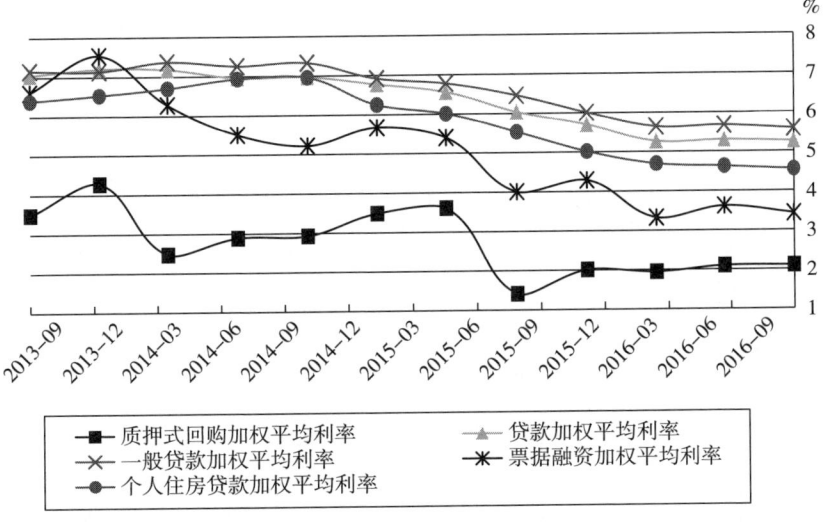

资料来源:《中国货币政策执行报告》各期。

图2 全国信贷市场利率与货币市场利率

从第一种来源贷款利率与货币市场利率的相关性分析看,全国贷款利率与货币市场利率的相关性总体来说较高,为0.728。相对而言,票据融资利率与货币市场利率相关度最高,两者相关系数达到0.844,而一般贷款利率、个人住房贷款利率与货币市场利率的相关性略低,分别为0.645和0.642。特别是,个人住房贷款利率与货币市场利率的相关性相对来说最低,反映了个人住房贷款受到较多其他因素的影响,如房地产宏观调控政策对购房贷款成数、贷款利率等都有影响。另外,个人住房贷款期限偏向长期,而货币市场利率为短期利率,这也是其相关性偏弱的原因之一。

表 1　　　　　货币市场利率与全国信贷市场利率的相关性

相关系数	质押式回购加权平均利率
贷款加权平均利率	0.728
其中：一般贷款加权平均利率	0.645
票据融资加权平均利率	0.844
个人住房贷款加权平均利率	0.642

资料来源：根据《中国货币政策执行报告》各期数据计算。

从第二种来源于上海市贷款利率与货币市场利率的相关性分析看，上海市金融机构贷款利率与货币市场利率相关系数较高，为 0.737，相对而言，个人住房贷款利率与货币市场利率的相关性略低，为 0.645。这与全国信贷市场利率反映出来的特征一致，且相关性还稍稍高于全国性数据计算出的结果。这表明上海的市场主体对货币市场利率的敏感度更高，货币市场利率在上海实体经济借贷成本中的传导中更为顺畅。

表 2　　　　　货币市场利率与上海市信贷市场利率的相关性

相关系数	银行间市场质押式回购加权平均利率
上海市金融机构新发贷款加权平均利率	0.737
其中：新发个人住房贷款加权平均利率	0.645

资料来源：根据中国货币网数据、上海市存贷款综合抽样统计数据计算。

4. 债券市场收益率与信贷市场利率相关性较高

债券和信贷是商业银行资产配置的重要领域。不同市场的资产回报率（利率）由于市场主体在不同市场之间的套利行为（或资产配置），会互相联动、相互影响，因此债券收益率与贷款利率存在相互关联。

由于不同券种、不同信用等级、不同期限的债券，有不同的收益率，因此，债券收益率数据较为庞杂。为简化相关问题，我们将分析 1 年期、10 年期国债到期收益率与贷款利率的关联性。样本数据中，国债到期收益率截取自中债公司编制的中债国债收益率曲线（月末数据），全国信贷市场贷款利率来源于《中国货币政策执行报告》各期，上海市信贷市场利率来源上海市存贷款综合抽样统计数据。根据数据的可得性与匹配性，计算债券市场收益率与全国信贷市场利率相关性的数据为 2013 年 3 月至 2016 年 6 月的季度数据，计算债券市场收益率与上海市信贷市场利率相关性的数据为 2014 年 1 月至 2016 年 6 月的月度数据。

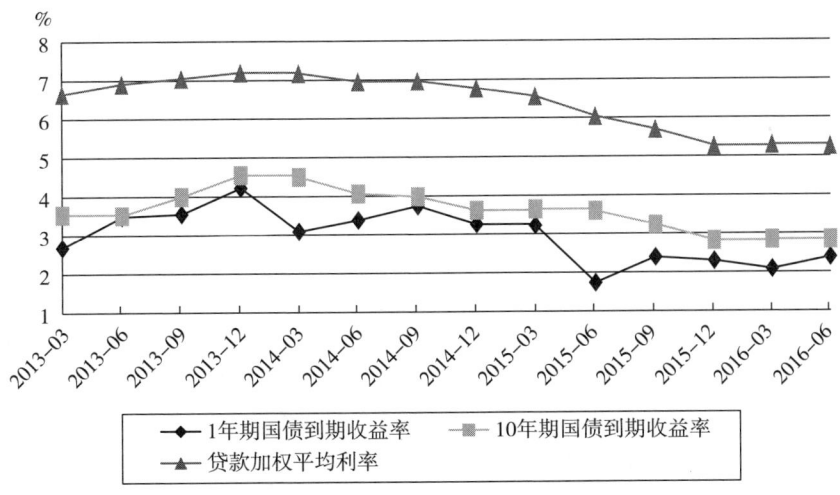

资料来源：《中国货币政策执行报告》，中国债券网。

图 3　全国信贷市场利率与债券市场收益率

表 3　债券市场收益率与全国信贷市场利率的相关性

相关系数	1 年期国债到期收益率	10 年期国债到期收益率
贷款加权平均利率	0.830	0.914
其中：一般贷款加权平均利率	0.749	0.874
票据融资加权平均利率	0.882	0.888
个人住房贷款加权平均利率	0.790	0.885

资料来源：根据中国债券网中债国债到期收益率曲线数据、《中国货币政策执行报告》各期数据计算。

全国信贷市场利率与国债收益率相关性总体较高。10 年期国债到期收益率比 1 年期国债到期收益率与贷款利率的相关度更高；与票据融资利率、个人住房贷款利率相比，一般贷款利率与国债收益率的相关性略低，可能是因为企业信用利差波动所致。

表 4　债券市场收益率与上海市信贷市场利率的相关性

相关系数	1 年期国债到期收益率	10 年期国债到期收益率
上海市金融机构新发贷款加权平均利率	0.862	0.911
其中：新发个人住房贷款加权平均利率	0.851	0.842

资料来源：根据中国债券网中债国债到期收益率曲线数据、上海市存贷款综合抽样统计数据计算。

上海市信贷市场与国债收益率的相关性也较高。

总体来看，各层次利率之间的相关性并不低。货币市场利率与银行理财产品收益率之间相关性较高;货币市场利率与短期国债收益率的相关性远高于其与中长期国债收益率的相关性;信贷市场利率与国债收益率的相关性,高于其与货币市场利率的相关性。这表明,市场利率向贷款利率的传导虽然因为各种因素(流动性偏好、信用利差、汇率风险等)存在一定梗阻,但总体来说还是较为顺畅的。

四、国际比较

由于各国经济以及金融市场(尤其是货币市场)发展水平不同,利率传导机制的有效性也有差异。已有的跨国研究表明,如果一国的经济发展水平高、金融市场发达,该国的利率传导机制将更加有效。值得关注的是,2008 年全球金融危机后,一些国家的金融市场和金融机构受到程度不一的冲击,这改变了市场参与者的风险偏好,从而影响了利率传导机制。

(一) 长期因素影响一国利率传导的有效性

国际货币基金组织一篇工作论文研究了 81 个国家利率传导机制(市场利率传导至贷款利率)的有效性。[①] 根据这篇研究论文,从地域上讲,中东和中亚国家的利率传导机制最弱,而北美国家的利率传导机制最强;从经济发展水平来讲,发达国家长期的利率传导机制强于发展中国家;从汇率机制上讲,浮动汇率经济体的利率传导机制强于固定汇率经济体。采用类似的方法,一些西方学者研究了不同国家或者某个国家不同市场的利率传导机制有效性,得出以下结论。

第一,较高的通胀水平将加强利率传导机制的有效性。面对较高的通胀水平,银行更可能调高贷款利率;随着通胀水平的提高,经济不确定性将增加,为了补偿风险,银行也将调高贷款利率。因此市场利率的提高将带来贷款利率的较大升幅,利率传导机制被加强。

第二,货币市场利率波动将削弱利率传导机制的有效性。波动较大的货币市场利率将给市场参与者带来较模糊的信号,银行也将非常谨慎地解读利率变动,不会轻易频繁地改变贷款利率。因此市场利率的变动将不易传导至贷款利率,利率传导机制被削弱。

第三,银行竞争水平将加强利率传导机制的有效性。如果银行业存在垄断,贷款定价将会偏离完全竞争水平下的定价原则(边际成本定价),贷款利率对市场利率的变化不敏感,因此利率传导机制被削弱。

第四,较高的银行流动性水平将削弱利率传导机制的有效性。当银行业有充

---

① Gigineishvili, N., 2011, "Determinants of Interest Rate Pass - Through: Do Macroeconomics Conditions and Financial Market Structure Matter?", IMF Working Paper WP/11/176.

足的流动性，银行同业之间的资金拆借将减少（同业市场萎缩），与之相关的货币市场利率便不能很好地反映银行的边际融资成本。因此贷款利率对货币市场利率变动不敏感，利率传导机制被削弱。

第五，贷款的高质量（较低的坏账水平）将加强利率传导机制的有效性。当一个经济体银行业的贷款质量较差（较高的坏账水平）时，如果银行业提高贷款利率，逆向选择问题将更加严重，会吸引更多低质量的贷款者，这将恶化贷款质量。为了保证在一定风险水平上的利润最大化，银行将非常谨慎地调整贷款利率。因此，贷款利率对货币市场利率变动不敏感，利率传导机制被削弱。

（二）全球金融危机后利率传导有效性受到影响

2008年全球金融危机发生在发达经济体，影响辐射至新兴经济体。金融危机改变了市场参与者的风险偏好，也改变了市场流动性。这将改变利率传导机制的有效性，而且发达经济体与新兴经济体发生的改变有所不同。

1. 发达经济体

在2008年全球金融危机后，主要发达经济体纷纷下调政策利率，但是居民和企业仍面临高额的借贷成本，因此宽松的货币政策并没有通过利率传导影响实体经济。

国际清算银行的工作论文对这一现象做了研究。[①] 研究发现，在2008年全球金融危机之前，美国、英国、意大利和西班牙的政策利率向贷款利率的传导机制十分顺畅，二者长期保持着稳定的协整关系。但在全球金融危机之后，这一协整关系被打破了，政策利率的变化并不能明显影响贷款利率。

发生这一变化的根本原因在于，金融危机使风险被重新定价。具体来说，从融资需求方来讲，经济下滑使居民和企业的贷款质量下降，违约概率上升，为了补偿放贷风险，银行将提高居民和企业的融资成本；从融资供给方来讲，金融危机期间贷款质量下降和资产价格暴跌使银行资产负债表质量下降（具体表现为银行的股本被侵蚀），除了需要满足一定的资本充足率以外，风险厌恶程度的上升也使银行放贷意愿下降。所以，全球金融危机之后，虽然中央银行不断降低政策利率，居民和企业仍面临融资贵和融资难的问题。因此，与全球金融危机之前相比，主要经济体的利率传导机制在金融危机期间均失效，这也是主要经济体采用非常规货币政策的原因之一。

2. 新兴经济体

国际清算银行的研究表明，采用以通胀为目标的货币政策、废除利率管制、

---

① Gambacorta, L., A. Illes, and M. J. Lombardi, 2014, "Has the Transmission of Policy Rates to Lending Rates been Impaired by the Global Financial Crisis?", BIS Working Paper No 477.

加强中央银行可信度、发展本国债券市场都标志着货币政策的转折点，这些都加强了利率和汇率传导机制的有效性，维持了本国稳定的低通胀水平。

但是2008年全球金融危机打破了新兴经济体长期以来的稳定。[①] 在全球金融危机以后，新兴经济体市场发生了三个主要的变化。第一，在全球金融危机后，许多新兴市场国家的非金融企业债务水平上升，但债务中银行信贷比例在下降，债券融资比例在上升，其中境外债券融资比例上升得最快，较全球金融危机前扩大了三倍。第二，新兴市场债券国际化水平提高。具体表现为国内债券市场对境外投资者不断开放，以及本国企业（母公司或者子公司）在境外发行债券量不断上升。这一趋势起始于2000年，在全球金融危机之后这一变化非常显著。第三，全球实际长期利率不断下行。在全球金融危机期间，随着发达经济体先后实施大规模的资产购置计划，发达经济体的实际长期利率加速下行，曾有一段时间处于负值。长期低水平的实际利率将改变全球资本流动和资源配置，从而影响新兴经济体的货币政策效果。

基于这三个主要的变化，国际清算银行工作论文对巴西、智利、中国、印度、马来西亚、墨西哥、菲律宾及泰国等新兴经济体进行实证研究。研究发现，在2008年全球金融危机前，这些国家的长期债券收益率与美国长期国债收益率不存在稳定的相关关系，但在全球金融危机后，二者保持着稳定的正相关关系（相关系数大于0.5）。一些研究发现，在全球金融危机之后，新兴市场国家长期债券利率受全球长期利率的影响更加明显，国内短期利率传导至债券利率的机制被削弱。这正是由于在全球金融危机后新兴市场发生的三个主要变化。

与长期债券利率不同，新兴市场的贷款利率仍然受国内政策利率的影响较大，基本上不受国际长期利率的影响。Mohanty 和 Rishabh（2016）对亚洲7国的研究表明[②]，企业贷款利率对政策利率的反应程度（34个基点）是居民贷款利率反应程度（16个基点）的两倍，而这两个贷款利率受国际长期利率的影响却不显著。因此，全球金融危机给新兴市场带来的变化并没有完全削弱政策利率向贷款利率的传导。

五、政策建议

为建立完善的货币政策价格型调控框架，需要进一步理顺从中央银行政策利率到各类市场基准利率，从货币市场到债券市场再到信贷市场，进而向其他市场

---

① Mohanty, M. S., K. Rishabh, 2016, "Financial Intermediation and Monetary Policy Transmission in EMEs: What Has Changed Post-2008 Crisis?", BIS Working Paper No 546.

② Mohanty, M. S., K. Rishabh, 2016, "Financial Intermediation and Monetary Policy Transmission in EMEs: What Has Changed Post-2008 Crisis?", BIS Working Paper No 546.

利率乃至实体经济的传导渠道，形成一个以市场为主体、中央银行为主导、各类金融市场为主线、辐射整个金融市场的利率形成、传导和调控机制，使市场机制在利率形成和资源配置中真正发挥决定性作用。

（一）完善货币政策调控框架，确定合适的中央银行政策利率

一是大幅删减中央银行法定利率。目前我国中央银行法定利率过多（再融资工具过多，再融资工具的政策目标过多），过于复杂，应该大幅缩减。

二是确定少数利率为中央银行指标政策利率，并定期公布。中央银行指标政策利率应该是短期利率，无须兼顾中长期利率。中长期利率是当前和未来短期利率的加权平均值，在金融体系市场化程度较高的情况下，短期利率加上市场化的期限溢价就形成了中长期利率。公开市场回购利率、逆回购利率是中央银行指标政策利率的合适选项。确定指标政策利率后，中央银行应定期发布、调整。

三是加强预期管理，提高透明度。中央银行在政策利率调控过程中要加强预期管理，通过加强与市场主体就经济金融形势、货币政策动向等议题的沟通，使市场主体能够准确理解政策意图，对政策利率调整有稳定、合理的预期。

（二）建立完善的国债收益率曲线

一是加强对国债收益率曲线的监测和市场预期引导。国债收益率曲线是短期利率传导至中期、长期利率的反映和体现。国债收益率曲线包含大量经济信息，中央银行需要密切关注其变动，必要时引导市场预期，推动其回归正常水平。

二是增加更多期限的国债的发行，推动商业银行进入国债期货市场，建立国债市场做市商制度。为推动人民币纳入国际货币基金组织 SDR 计价货币篮子，我国财政部已于 2015 年 10 月开始每月滚动发行 3 个月期国债，以生成人民币代表性利率（3 个月期国债收益率）。未来，还需要增加超短期国债和超长期国债等多种期限国债的发行，允许商业银行国债期货交易，并建立国债市场做市商制度，进一步增强国债市场的深度、广度和弹性，使国债收益率曲线更加完善。

（三）提高金融机构贷款定价能力，增加贷款利率的弹性

一是进一步培育和提升大中型商业银行的贷款定价能力，推动其理性定价、科学定价。金融机构在贷款定价过程中，要充分考虑宏观政策导向、市场流动性、成本收益、客户风险、同业竞争等因素，做到理性定价。大中型商业银行要注重数据积累，构建完善的内部存贷款定价模型，做到科学定价。

二是完善贷款基础利率集中报价和发布机制，发挥其贷款定价基准作用。扩大贷款基础利率报价团数量，增加报价期限，并定期对报价团银行的报价情况进行考核，推动其报价更加贴近市场，发挥更大基准作用。

（四）完善相关配套改革

一是深化改革，进一步增强市场主体对利率的敏感性，削减经济活动中的非市场化因素，减少政府对市场的干预，强化市场主体的财务硬约束。大力发展直接融资，推动融资结构进一步完善。

二是扩大开放，稳步推进人民币国际化，加强跨境资金流动的监测管理，推动人民币汇率在合理均衡水平上的基本稳定，减少汇率波动对利率水平的冲击。

参考文献

［1］马骏，施康，王红林，王立升. 利率传导机制的动态研究［J］. 金融研究，2016（1）.

［2］马骏，王红林. 政策利率传导机制的理论模型［J］. 金融研究，2014（12）.

［3］纪敏，张翔，牛慕鸿，马骏. 货币政策通过银行体系的传导［C］. 中国人民银行工作论文，2016（4）.

［4］马骏，洪浩，贾彦东，张施杭胤，李宏瑾，安国俊. 收益率曲线在货币政策传导中的作用［C］. 中国人民银行工作论文，2016.

［5］魏革军. 中国货币政策传导机制研究［M］. 北京：中国金融出版社，2001.

［6］万解秋. 货币政策的传导和有效性研究［M］. 上海：复旦大学出版社，2011.

［7］李波. 银行存贷款利差的比较经济分析［J］. 比较，2005.

［8］Gambacorta, L., A. Illes, and M. J. Lombardi, 2014, "Has the Transmission of Policy Rates to Lending Rates been Impaired by the Global Financial Crisis?", BIS Working Paper No 477.

［9］Gigineishvili, N., 2011, "Determinants of Interest Rate Pass－Through: Do Macroeconomics Conditions and Financial Market Structure Matter?", IMF Working Paper WP/11/176.

［10］Mohanty, M. S., K. Rishabh, 2016, "Financial Intermediation and Monetary Policy Transmission in EMEs: What Has Changed Post－2008 Crisis?", BIS Working Paper No 546.

新常态下中国经济潜在增长率预测模型研究

——基于中国经济增长中型中央银行 DSGE 模型的分析预测

中国人民银行上海总部调查统计研究部课题组

课题组组长：吴培新
课题组成员：万阿俊　蒋一乐

摘　要

本文系统地回顾了全球主要中央银行经济模型尤其是 DSGE 模型基本情况，并在此基础上，建立了一个可以反复使用的、适合中国经济的 DSGE 模型，可以看做 IMF 的 GPM 系列模型在中国的本土化过程。研究中遵循"模型设定—稳态参数校准—动态参数估计—模型评估—方差分解、冲击响应分析、预测"的流程，同时，我们将模型与 SW 模型以及基准 VAR 模型进行了比较。在这一过程中，我们发现这一基础模型架构对于主要宏观变量尤其是 GDP 具有一定的预测能力，在预测能力较 SW 模型更为有效；同时，本模型在中长期较基准 VAR 模型预测略好。模型具有较为丰富的政策含义，有助于评估主要政策指标对经济的影响情况，进而为推出合理的政策布局提供建议。

然而，来自模型本身以及国内外经济金融环境的不确定因素仍较多，导致模型预测等结果可能存在偏差，主要体现为：一是 DSGE 模型主要针对均衡路径下经济行为的分析，而应用到经济周期中的转折点几乎都会失败，因此可能不大适用于经济增长非平稳状态下的分析。二是世界经济复苏力度仍然较弱。三是美联储货币政策调整可能产生广泛影响。四是中国经济转型升级的任务和压力仍然艰巨。因此，一方面要密切关注现实世界变化；同时，有必要构建多个经济预测模型以形成经济分析预测模型组，通过模型组内各模型交叉验证，形成对中国经济走向和政策效率的合理评估。

一、引言

中国经济已经进入新常态，呈现不同于以往的平稳增长特征和趋势。在这一转型关键时期，有效估算未来潜在产出对于把握经济运行规律、提升经济治理能力意义重大。为此，我们基于新凯恩斯主义宏观经济学的最新发展，运用DSGE方法构建了有关中国经济的一个中等规模的季度预测模型。模型包含了大量的真实和名义摩擦，以引入宏观经济冲击不确定性，并采用贝叶斯估计方法，有效施加约束来提升预测的动态性和稳健性。本研究希望通过这一基于较为坚实的微观理论预测模型的建立，有效分析中国经济潜在需求和供给的动态变化，为宏观政策实际操作提供一些有益的观察和参考。

模型主要以IMF的GPM系列模型，① 即Carabenciov、ErMolaev等（2008）为基础，同时在模型设定中参考了CMR（2007a）等系列模型。在创新和既有文献的推进方面，首先，模型包含了大量的真实和名义摩擦，使可以拟合主要的宏观时间序列特征，同时包含了中国特殊因素尤其是金融因素。其次，为了评估这一模型的有效性，我们将其与利用中国数据校准的SW（2007）模型以及基准VAR模型的预测效力进行了比较，进一步提升了稳健性。我们研究发现，本模型对GPM的扩展在一定程度上提升了模型的现实性和分析能力，可以更好地探讨中国实体经济和金融发展的关系，在预测CPI和通货膨胀效能上优于中国数据校准后的SW模型以及简单的随机游走模型。此外，模型具有较为丰富的政策含义，有助于评估主要政策指标对经济的影响情况，进而为推出合理的政策布局提供建议。例如，我们其中一个重要发现是，社会融资规模对于中国经济波动发挥了较大作用，在很大程度上是全面反映金融与经济关系的总量指标，具有潜在中介指标价值。

本文结构如下：第二节为回顾主要中央银行宏观计量模型尤其是DSGE模型的演进；第三节为本模型架构的设定、估计和分析；第四节SW模型的中国数据校准，以及与本模型的预测评估；第五节为结论。

二、主要中央银行宏观计量模型演进的回顾

自荷兰经济学家丁伯根20世纪30年代首先使用联立方程模型建立关于荷兰和美国的第一个宏观计量模型以来，在经济理论、建模技术和需求推动下，宏观经济计量模型的研究在20世纪40年代末开始蓬勃发展。其中，中央银行由于其

---

① 近年来，基金组织开发了GPM（Global Projection Model）等多种宏观经济模型中，用于世界经济展望预测。该系列项目目标是开发出一系列国家或地区的小型宏观经济模型来研究实体经济和金融联系，从而使预测者在一个内在一致逻辑框架下预测世界经济前景。GPM实际上是几种模型的融合，主要是季度预测模型（QPM）和动态随机一般均衡（DSGE）模型等，该模型基于理论基础，被发现在为分析经济中结构性变化效应，以及长期发展效应，如面临持久性财政赤字和经常账户赤字冲击等效应中非常有用。目前，有较多国际组织与国家中央银行使用GPM。GPM有助于中央银行开发自己的外部预测；同时，GPM有助于一国和政府在本国经济与他国经济互动上得到更具深度的理解。

独特的职能定位和使命,在各类宏观经济模型的开发中起核心作用。中央银行所用的宏观经济模型一般称为宏观计量模型,主要是经济预测和政策分析的工具。从几十年发展历程来看,全球主要中央银行宏观计量模型并非一成不变,而是不断推陈出新。中央银行计量模型的演进,根本的推动力主要来自经济格局变化与技术驱动。从经济格局来看,主要有:布雷顿森林体系瓦解引发全球汇率制度及货币体制的巨变;"石油危机"冲击;经济滞胀;金融创新和虚拟经济的高速发展;商品与资本等要素全球流动配置;经济全球化和一体化;欧元兴起;全球金融危机等。从技术驱动来看[1],主要有:传统计量经济学的进步;卢卡斯(Lucas,1976)批判导致主流经济学向理性预期转换;Sims(1980)对传统的考利斯委员会范式下模型设定方法的质疑,导致了宏观经济计量分析中向量自回归(VAR)方法的广泛使用;动态宏观一般均衡分析框架的推出,以及动态随机一般均衡模型的广泛应用,为宏观经济模型的构建提供了理论基础。此外,计算机技术进步也发挥了巨大作用。

(一) 美联储宏观计量模型历史演进

成立初期,美联储没有大型宏观经济模型用于预测分析。20世纪60年代,美联储开始建立联立结构性计量模型用于经济分析和预测。迄今为止,美联储宏观计量模型共经历两代:第一代为基于考利斯委员会范式,即主要以IS-LM-菲利普斯曲线等为理论基础的结构性计量模型;第二代为基于非经典计量经济理论的新型宏观经济模型,发展于1990年以后,代表模型为FRB模型,另外各类DSGE模型、VAR模型以及各种专题性模型在内的一系列模型体系。目前,在各类模型中,尽管FRB/US模型已使用将近20年,但仍是美联储最重要的宏观模型。

从时序上看,美联储的第一代宏观经济模型为20世纪60年代的MPS模型,为聚焦于美国经济的单国模型。MPS模型的工作始于1966年,为经济学家和美联储共同努力的成果。[2] 其前称为FRB-MIT模型。主要目的在于分析宏观政策

---

[1] 根据Fukac和Pagan(2006)的分析,宏观计量模型从技术上发展主要可分为四个阶段:第一阶段,从20世纪40年代到70年代为凯恩斯主义结构宏观计量模型,主要基于IS-LM等模型框架;第二阶段,从20世纪80年代RBC模型出现开始,DSGE模型逐渐成为理论分析的重要工具,但由于当时理论体系本身存在一定缺陷(如完全竞争市场的假设等),在实际应用中仍不够成熟;第三阶段,从20世纪90年代开始,模型主要致力于解决第二代模型中出现的相容性问题;第四阶段,开始利用贝叶斯等技术估计DSGE模型,并考虑了更多的异质性和内部动态机制,从而更加逼真地对现实世界进行模拟。当然,后一阶段对前一阶段并非完全替代关系。在具体应用中,目前部分中央银行,如美联储仍在结合使用传统结构性模型和DSGE模型等结合形式。

[2] 领导该项目是麻省理工学院的Franco Modigliani,宾夕法尼亚大学的Albert Ando,以及美联储的Frank de Leeuw。MPS为麻省理工学院、宾夕法尼亚大学和美国社会科学研究会的英文缩写。

在经济中的作用，评价采用不同的货币和财政政策所带来的不同影响，以及增进人们对货币和财政稳定政策的了解。1970 年，MPS 开始在联储正式使用；1995 年，模型停止使用。其后，由于第一次石油危机的冲击和汇率制度的变化，加之其他经济全球化趋势的冲击，美联储于 1975 年开始开发多国经济计量模型，研究美国经济的对外关系。多国模型的第一个版本（MCM）由 Guy Stevens 领导开发，并于 1979 年在美联储使用。其主要用途是模拟不同政策情境和外部冲击。

随着经济格局、经济金融体制以及学术研究的发展，美联储宏观经济模型在 20 世纪 80 年代至 90 年代早期经历了渐进修正。然而，模型的局限性也日益显现。实际上，自 20 世纪 70 年代开始，学术界对宏观经济模型的兴趣已开始减弱，传统模型基于 IS – LM – 菲利普斯曲线的范式不断遭受质疑，表现为：模型部分行为方程的设定缺乏微观理论基础；模型常常受到卢卡斯批判，即估计的参数不能随着经济环境、政策体制的发展而变化[1]；模型施加的识别合理性具有随意性[2]；在理性预期理论蓬勃发展下，传统模型对预期处理愈加显得薄弱；模型的计量经济学方法陈旧，特别是伴随着 20 世纪 80 年代非平稳时间序列等理论和应用上的快速发展。鉴于以上局限性，美联储自 1991 年开始考虑开发替代模型。目前，以上两个模型已完全被 1996 年完工的两个模型，即 FRB/US、FRB/WORLD 所替代。两个新模型成为美联储宏观经济分析、预测及政策评价的主要模型。在基本结构方面，新模型与老模型具有几个共同点：短期价格黏性和产出取决于总需求；长期价格充分调整，均衡由供给因素决定。然而，新模型在设定上更加强调微观理论基础，包括了跨期决策机制和预期形成机制；此外，新模型以新的调整机制描述经济由非均衡向均衡的调整过程。从而，对第一代模型的批评至少被部分解决了。2014 年 4 月，美联储公布了最新 FRB/US 模型的技术细节。模型共包括约 60 个核心随机方程，320 个恒等式和 125 个外生变量。FRB/US 模型是一个大型的一般均衡模型。与动态随机一般均衡（DSGE）模型相比，该模型典型的特征为：首先是对经济主体预期形成机制不同假设之间的转换。其次为模型的详细水平，FRB/US 包含美国国民核算账户生产和收入两方面所有主要组件。自开发以来，模型逐步调整以适应经济结构的变化，包括国民核算账户行业的修正。此外，FRB/US 模型允许内生变量之间的非线性交互。此外，由于模型并不围绕一个代表性的家庭建立，它比典型的动态随机一般均衡模型更容易被参数化，且免除了由后者实施的方程之间众多约束。然而，FRB/US 在很大程度上仍然是一个结构性模型，微观理论基础相对缺乏，模型的结构和参数主要由宏观历史数据决定，这一点逊于完全基于经济理论的 DSGE 模型。这也是美联储

---

[1] Lucas 和 Sargent（1978）描述凯恩斯主义宏观模型是"惊人的失败"。
[2] Sims（1980）认为模型的识别限制"不可思议"，对传统模型中施加的识别限制进行置疑。

开发并使用 EDO 和 SIGMA 等 DSGE 模型的原因。

1. EDO 模型

(1) EDO 模型基本情况

模型全称 Estimated Dynamic Optimization Model,是基于美国经济的一个中等规模的新凯恩斯主义动态随机一般均衡模型,自 2006 年开始由联储使用。与一般的 DSGE 均衡模型(Smets 和 Wouters 2007)相比,EDO 对于美国国内消费支出有更深入的刻画,尤其是住房和耐用消费品领域;此外,另一个显著的特点是引入两个生产部门,为增长较快和增长较慢的行业。

在详细阐述模型前,需要明确的一点是 EDO 等 DSGE 模型在整个美联储模型体系中的地位。我们注意到,EDO 模型是 FED 主要模型 FRB/ US 模型以及其他更为具体模型的补充。其作用是通过与其他多种模型的交叉验证,以提高分析结果的稳健性。另外,EDO 模型用于进一步深入研究未在其他模型中关注的因素,如传统模型忽略的金融加速器机制和金融中介部门等。

(2) EDO 模型的逻辑图示

模型由 97 个内生变量和 13 个外生冲击变量,以及数百个参数构成。其逻辑如图 1 所示。

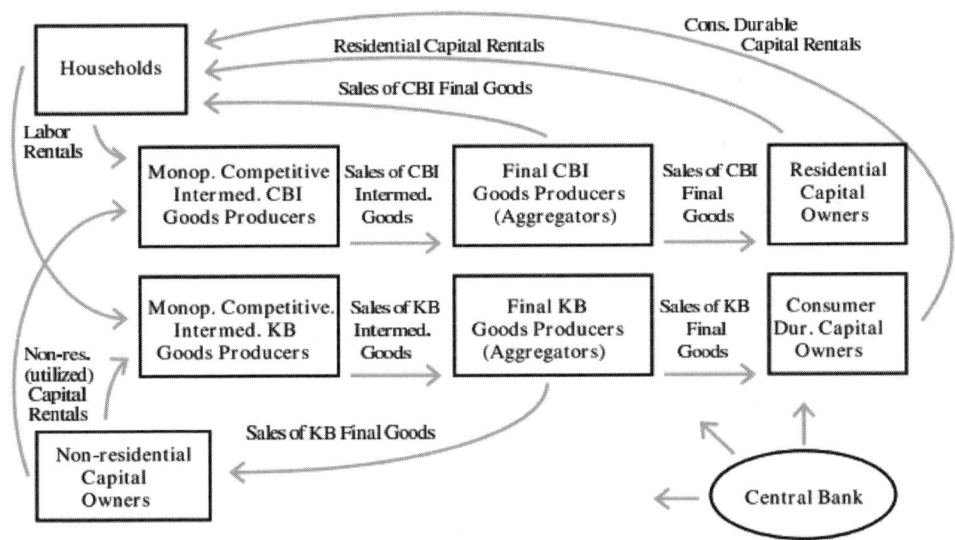

图 1 EDO 逻辑图

从图 1 可以发现,该模型拥有两个最终产品部门。这种区分一方面是区别不同部门长期增长的差异,另一方面是用来区分不同类别耐用支出的周期性特征。其中,第一个部门是增长缓慢的行业,称为"CBI",主要用于消费(C),由 Business and Institution(BI)部门生产;另一个是快速生产部门(KB),主要用于 Capital（K），由商业部门（B）制造。厂商分为中间品和最终品生产厂商，以便于引入名义刚性。

区别于典型模型仅将需求划分为消费和投资，EDO 将私人需求分成四部分：非耐用品和非住房服务、耐用品、住宅投资和非住宅投资。非耐用品直接销售给家庭；耐用消费品、住宅资本品和非住宅资本品均通过资本品中间商（由家庭拥有）的中介作用，最终租赁给家庭。模型其他部分与大部分 DSGE 模型差异不大，在此不作赘述。

（3）模型的主要行为方程

本文只是选择性地介绍一部分行为方程，即货币管理当局行为方程。

根据泰勒式的利率反应规则设定货币政策。政策制定者平滑地调整实际利率 R_t 至目标水平 $\bar{R}_t$。

$$R_t = (R_{t-1})^{\varphi^r} (\bar{R}_t)^{1-\varphi^r} \exp[\varepsilon_t^r]$$

其中，参数 φ^r 表示利率的平滑程度，ε_t^r 是货币政策冲击。中央银行的目标名义利率 $\bar{R}_t$ 依赖于产出与其随机趋势的偏离量。

2. SIGMA 模型

（1）SIGMA 模型基本情况

其为新的多国开放经济 DSGE 模型。该模型继承了 Obstfeld 和 Rogoff（1995）的建模框架，并包含了 Christiano、Eichenbaum、Evans（2005）与 Smets 和 Wouters（2003）等模型中识别的多种摩擦，如消费关系、投资调整成本等。此外，它也包含有关开放经济文献中的摩擦，包括本地货币定价（Betts 和 Devereux，1996）以及调整贸易流的成本等摩擦。

SIGMA 具备两个特点，即信息摩擦（假定经济主体对冲击的持久性具有不完全信息）和非李嘉图型家庭等。引入信息摩擦以及非李嘉图型家庭可以得到如 FRB/GLOBAL 模型一样更具有高度持久性的财政乘数，有助于模型更为灵活以及产生与 FRB/GLOBAL 一样的脉冲响应效果。

与 FRB/GLOBAL 相比，SIGMA 也有一些明显的量化差异：首先，SIGMA 中进口价格对汇率变化的调整更迅速而完全，几个季度后汇率效应即完全传导；其次，SIGMA 往往意味着国内生产总值中支出部分比 FRB/GLOBAL 波动更剧烈；最后，SIGMA 的国外冲击对国内经济的溢出效应更小且更不持久。这种差异目前主要是由 DSGE 理论上的一些限制所致。尽管有不足，DSGE 优势也很明显：首先，有助于衡量经济中的结构性特质在冲击对经济的影响效应；其次，其更为充分地阐明了经济由初始失衡恢复到平衡增长路径的机制。

（2）模型的主要结构

模型考虑 2 国。每个国家生产单一产出。家庭消费国内外两类商品。一个竞争性的经销部门购买两类商品，简单地转售为一个最终消费产品给家庭消费。同时，假定竞争性的经销部门购买国内外两类商品形成一个最终投资品。

为引入非李嘉图消费行为，假设有两种类型的家庭：一类家庭是在跨期预算约束下最大化其福利。这些家庭拥有全部资本存量，且在调整成本约束下积累资本，在消费决策中呈现惯性。另一类家庭是非李嘉图居民，简单地消耗其税后可支配的收入。另外，考虑到总体工资黏性，假定家庭在劳动力市场为垄断竞争关系。模型的其他模块与常规 DSGE 模型差异并不显著。

(3) 模型的主要行为方程

选择性地介绍利率政策部分。在模型中，认为中央银行遵循类似 Orphanides 和 Wieland（1998）基于沃尔克-格林斯潘时期的利率反应函数的历史规则。从而，当通胀超过目标值或产出增长超过某目标值时，实际利率上升。另外，考虑利率平滑效应。货币政策由以下利率反应函数描述：

$$i_t = \gamma_i i_{t-1} + \bar{r} + \bar{\pi}_t + \gamma_\pi (\pi_t^{(4)} - \bar{\pi}) + \gamma_y (y_t - y_{t-4} - g_y) + \varepsilon_{it}$$

式中，i_t 是年化名义利率，$\pi_t^{(4)}$ 是 GDP 的 4 个季度通胀平减指数、即 $\pi_t^{(4)} = \sum_{j=0}^{3} \pi_{t-j}$，$\bar{r}$ 和 $\bar{\pi}$ 分别是稳态状态下的实际利率和中央银行固定通胀目标（两者都是年化数值）。$y_t - y_{t-4}$ 是产出的 4 个季度增长率，g_y 为相应稳态值。

(二) 欧洲中央银行宏观计量模型历史演进

1999 年 1 月 1 日，欧盟国家开始实行单一货币欧元和在实行欧元的国家实施统一货币政策。自 2000 年开始，欧洲中央银行开始推动并逐步形成了欧元区宏观模型，即 AWM 模型[①]的基本构架。各国根据自身情况，在相同的模型框架下分别进行了开发。2001~2006 年，西班牙、法国、荷兰等国先后公布了各自的模型，欧洲中央银行则对国别模型进行了合并对接。

AWM 等结构性计量经济模型之外，欧洲中央银行更为重要的是 DSGE 模型。其演进历程为：首先，Christiano、Eichenbaum 和 Evans（2005，CEE）模型研究仅有货币政策冲击对经济产生的影响，其拟合主要宏观经济时间序列特征时较为成功，这是由于 CEE 模型假设了比较符合现实的大量名义和实际摩擦。Smets 和 Wouters（2003，SW）模型进一步在 CEE 模型基础上引入更多的外部冲击，即除货币政策冲击外，还引入了投资调整成本冲击、偏好冲击、政府支出冲击三个需求冲击，价格加成冲击、工资加成冲击、风险溢价冲击等成本冲击，以及技术冲击等其他冲击，并使用贝叶斯估计方法，估计结果显示 SW 模型在预测上比简化的 VAR 模型精确，使得该模型成为欧洲中央银行的第一个 DSEG 宏观计量模型。其后，Christiano、Motto 和 Rostagno（2009），CMR 模型又在 SW 模型的基础上引入了金融部门，进一步提升了模型对现实经济的拟合。而 NAWM（Kai

---

① AWM 即 Area - Wide - Model。

Christoffel 等，2008）则将传统模型引入开放经济条件下。目前，CMR 和 NAWM 等模型已成为欧洲中央银行的主要政策分析工具。在上述模型基础上，欧洲中央银行又根据所研究问题的不同开发了其他的 DSGE 模型，如 EAGLE 和 MCM 模型等。EAGLE 全称为 Euro Area and Global Economy Model（Gomes 等，2009），主要为了分析欧洲区域内宏观经济互相依存关系；MCM 模型全称为 New Multi - Country Model（Dieppe 等，2011），主要用于欧洲区域经济预测和政策分析。

1. SW 模型

Smets - Wouters（2003）Model，是欧洲中央银行在 2003 年基于 CEE 模型基础上开发的模型。SW 模型是欧洲中央银行开发的第一个 DSGE 模型，也是第一个被应用于政策分析的 DSGE 模型。

SW 模型为一个中型的 DSGE 模型，基于欧元区季度宏观数据进行研究。SW 模型除了消费惯性、投资调整成本等一些真实摩擦外，该模型引入了名义价格和工资刚性。模型采用七个欧元区宏观经济序列（实际国内生产总值，消费，投资，就业，实际工资，通货膨胀和名义短期利率），使用贝叶斯估计模型参数，研究发现 DSGE 模型在预测方面要比更多的标准、无限制的时间序列模型，如向量自回归模型精确。由于 SW 模型的结构总体相对比较稳定，而且估计方法也较正规，因此很快就成为欧洲中央银行的宏观计量模型之一。模型中有三类经济主体：家庭、厂商（中间品生产厂商和最终品生产厂商）和中央银行。家庭决定消费、储蓄和投资决策，即多少消费、多少投资、工作多长以及工资情况（自定工资）。且家庭效用函数中的偏好有消费惯性，更好地描述了现实的经济情况。厂商雇用工人和资本，决定生产多少以及以何种价格出售产品。经济中存在两种厂商，最终产品和中间产品厂商。其中，中间产品具有差异，因此中间产品厂商具有一定的垄断势力。政府部门的财政政策遵循李嘉图等价定律，而中央银行则根据短期名义利率调整的泰勒规则调整货币政策。最后，假设该经济体受到一系列不同类型的随机结构冲击，比如需求冲击、供给冲击、成本加成冲击、货币政策冲击等。

2. NAWM 模型

（1）NAWM 模型基本情况

NAWM 是欧元区基于微观基础的开放宏观经济模型，在 CEE/SW 模型基础上增加了开放的条件，主要用于宏观经济预测和经济分析。NAWM 成功超越了 AWM，后者在欧元区成立的将近十年内为欧洲中央银行广泛使用的一个传统宏观经济模型。NAWM 作为一个典型的 DSGE 模型，与传统结构模型 AWM 有显著差异，NAWM 围绕居民和企业的跨期最优决策展开；且包括一些已被经验研究认为重要的名义和实际摩擦，如黏性价格和工资、消费惯性和投资调整成本等；此外，包含有关开放经济体系中类似的摩擦，包括本地货币定价（刻画短期内不完全的汇率传递效应)、调整贸易流的成本等。

模型的主要特点是：由于模型考虑了货币政策、财政政策和国外部门，与典型的动态随机一般均衡模型相比，其规模较大；模型采用贝叶斯方法，对包括实际 GDP、个人消费、总投资、政府消费、出口和进口等 18 个主要宏观经济变量进行估计；使用名义有效汇率、欧元区外需、欧元区竞争对手出口价格等数据以研究外部经济环境对欧元区的影响；包括 18 个结构性冲击被用于模型估计，从而提高了模型对经济波动的解释能力。

(2) 模型的主要结构和行为方程

在欧元区，对国内经济而言，存在四种类型的经济主体：家庭、厂商、财政当局和货币当局。家庭可以交易国内或国外两种证券。对于厂商，则区分了生产可贸易的中间品和三种不可贸易的最终品：私人消费品、私人投资品、公共消费品等四种厂商。对产品的需求取决于相对价格、价格弹性等。国内外贸易量则受国内和国外需求、相对价格和外汇等因素影响。对国外而言，外国中间品企业在国内市场销售其差异化产品，外国零售企业则将出口的国内中间产品进行组合。中间品和国际资产贸易形成国际之间的联系。

3. MCM 模型

为 Multi – Country Model (MCM) 模型，是一个涵盖 5 个欧元区国家（德国、法国、意大利、西班牙和荷兰）的大型模型，是有坚定的微观经济基础的 DSGE 模型。模型分别考虑了理性一致预期或学习型预期 (Learning Expectation) 下模拟和预测情况。[①] 模型的理论核心包含一个国内出口商品、一个进口商品以及三个私营部门决策主体（家庭，工会和企业）的优化行为方程，以及政府部门和中央银行的反应函数。模型中的国家模块可以基于单一国家的预测目的，也可以用来分析互相联系的多个国家的模型。

除了拥有基准 DSGE 模型许多特点外，该模型还有一些核心的特点：(1) 模型的理论核心包括三个寻求最优化的经济主体，即追求效用最大化的家庭，在交错工资调整假设下最小化二次损失函数、追求利润最大化的企业和工会。垄断竞争的企业设定价格且在不可分割劳动的假设下选择库存和生产要素需求。产出短期由需求决定。垄断性工会确定工资，世代交叠的家庭制定消费储蓄决策。(2) 生产技术是标准化的 CES 函数。(3) 在学习型预期下，经济主体在对未来发展的基础认知方面的不确定下优化其行为，但对经济模型深层次参数 (Deep – Parameters) 则不存在不确定性。(4) 行为方程和生产函数由 1980 年以来季度历

---

① 理性预期曾在对预期的建模中起主导地位，但近年来理论文献快速发展至一个更为现实的假设：有限理性的学习预期——假定经济主体仅利用一小部分信息形成预期。MCM 模型的两篇文献 ECB Working Paper No. 1315 和 No. 1316 分别从两种预期形式展开讨论。

史数据估计。(5) 在模型的国际版中，跨国之间通过 4 个渠道联系，即交易量、交易价格、共同的货币政策和汇率。

4. EAGLE 模型

(1) EAGLE 模型的基本情况

EAGLE 是一个大型的基于微观基础的分析欧元区国家之间，以及与区外国家经济依存关系和政策溢出效应的 DSGE 模型。模型由于具有微观基础和丰富的结构，且具有理论上的一致性，使其可以执行多重政策含义下的政策分析。

EAGLE 模型在 NAWM 模型基础上加入三个新的特点。一是将欧元区定义为一个货币联盟，其包括两个区域（德国和欧元区的其他地方），具备一个共同的货币当局。从而使该模型可以用来评价欧元区内的共同的或具体某一国家的冲击对统一的货币政策和国家的影响。二是模型将国外部门划分为美国与其他国家两个部分。这使模型可以研究欧元区名义汇率和欧元区外贸易在传导源于欧元区内外各种不同冲击中的作用。三是模型不仅包括贸易品，也包括中间非贸易品，由此提供了对国际相对价格和贸易量更为完整的动态特征的描述。通过新增上述三项内容，从而更有利于 EAGLE 模型呈现欧元区国家以及与欧元区外国家宏观经济的相互关系。此外，EAGLE 模型融入了大量的名义和实际摩擦，并对实施的财政和货币政策措施的描述更为具体，该模型非常适合开展政策分析。

(2) 模型的主要结构

除上述特点外，模型设置的其他结构特征与标准 DSGE 较为类似。具体而言，世界经济包括四个区域，其大小正规化为 1。每个区域的大小由居民住户和国内部门企业的份额衡量。

每一个国家有两种类型家庭。I 型家庭可以自由进入金融市场，积累物质资本（租给国内企业），为国内企业提供劳动。其在国内交易以本币计价的无风险债券，在国际为以美元计价的无风险债券。对于 I 型家庭，无抛补利率平价条件成立。另一类家庭为 J 型，受流动性约束限制，仅能进入国内货币市场，唯一的收入来源是为国内企业提供劳动。两类家庭在垄断竞争条件下供应劳动力并设定名义工资，且工资具有黏性。

有两种类型的企业：一类是使用国内可贸易、进口可贸易和不可贸易中间品在完全竞争条件下生产最终不可贸易品，用于私人消费和私人投资。另一类是中间品生产企业，使用国内劳动和资本在垄断竞争下生产。另外，假设名义价格具有黏性。对于可贸易中间产品，假设价格由目标市场货币设定，从而由名义汇率到进口价格的传递效应是不完全的，与经验证据相一致。

每个国家有一个货币当局和财政机构（如欧元区有一个共同的货币当局）。货币当局根据一个标准的泰勒规则设置名义利率来对通胀率、产出增长率以及名义汇率反应。财政当局设置公共支出用于公共购买、转移支付。在属于货币联盟的两个区域里,货币和名义汇率政策相同,而财政政策则有区域特殊性。

(3) 模型的主要方程

本部分仅选择性列出中央银行的方程。

在不属于货币联盟的其他国家,货币主体面临一个泰勒型利率规则——基于年度 CPI 和季度产出增长率。

$$(R_t^{CO})^4 = \varphi_R^{CO}(R_{t-1}^{CO})^4 + (1-\varphi_R^{CO})[(\overline{R}^{CO})^4 + \varphi_\Pi^{CO}(\Pi_{C,t}^{CO,4} - \overline{\Pi}^{CO,4})]$$
$$+ \varphi_{gY}^{CO}(Ygr_t^{CO}-1) + \varepsilon_{R,t}^{CO}$$

其中,$(\overline{R}^{CO})^4 = \beta^{-4}\overline{\Pi}^{CO}$ 是国家 CO 的均衡名义利率,$\overline{\Pi}^{CO}$ 是货币当局的通胀目标值,$\varepsilon_{R,t}^{CO}$ 表示无序列相关的货币政策冲击。

欧元区国家,盯住一个加权的平均年度 CPI 通胀率(HOME,H;Rest of the Euro Area,REA)以及真实季度增长率。

$$(R_t^{EA})^4 = \varphi_R^{EA}(R_{t-1}^{EA})^4 + (1-\varphi_R^{EA})[(\overline{R}^{EA})^4 + \varphi_\Pi^{EA}(\Pi_{C,t}^{EA,4} - \overline{\Pi}^{EA,4})]$$
$$+ \varphi_{gY}^{EA}(Ygr_t^{EA}-1) + \varepsilon_{R,t}^{EA}$$

其中,

$$Ygr_t^{EA} \equiv \frac{Y_t^{EA}}{Y_{t-1}^{EA}} \equiv \frac{s^H Y_t^H + s^{REA} Y_t^{REA}}{s^H Y_{t-1}^H + s^{REA} Y_{t-1}^{REA}}$$

$$\Pi_{C,t}^{EA,4} \equiv (\Pi_{C,t}^{H,4})^{\frac{s^H}{s^H + s^{REA}}}(\Pi_{C,t}^{REA,4})^{\frac{s^{REA}}{s^H + s^{REA}}}$$

$$\Pi_{C,t}^{H,4} \equiv \frac{P_{C,t}^H}{P_{C,t-4}^H}, \Pi_{C,t}^{REA,4} \equiv \frac{P_{C,t}^{REA}}{P_{C,t-4}^{REA}}$$

(三) 英格兰银行宏观计量模型历史演进

1. MM 模型——1999 年

1999 年之前,英格兰银行使用了一系列宏观模型:包括核心模型、菲利普斯曲线模型、小型宏观经济模型、向量自回归模型以及优化模型等。需要注意到,所有模型不应被视为拥有一个固定的规范,而是根据经济环境变化而不断进行修正和改进。彼时,英格兰银行的核心模型被称为 MM(Bank of England,1999),涉及约 20 个行为方程和 130 个变量。核心模型一般特征为:假定与一个简单的 CD 生产函数相一致的长期真实均衡;名义均衡由对一个名义变量的名义锚决定,目前为通胀率;价格水平与货币数量相关,使价格上的持续增长必须伴随货币存量的增长而发生;在受到经济冲击下,名义和实际变量调整迟缓。总之,此时的模型本质上为内生货币供给观,即货币存量由需求决定,货币存量与通胀率和经济活动无因果关系。货币政策通过设置利率来操作,其效应通过影响投资和汇率进而影响出口这一机制发挥作用。

2. BEQM 模型——2003~2011 年

2003 年，英格兰银行启用了 BEQM 模型。该模型与以前模型相比的最大优势是具有更加逻辑一致且明确的经济结构。模型由 336 个方程组成，以英国国民账户中各经济主体的收入、支出为基础，对经济走势进行总量描述，预测未来经济增长和通胀趋势，以帮助 MPC 形成政策决策。

从模型结构来看，BEQM 由核心模型和非核心模型两层结构组成：其中核心模型对经济主体行为进行系统描述，关注理论上的一致性；非核心模型则对未被纳入核心模型的经济关系作出解释，以增强模型体系的完整性。两者相互依存和补充，提升对经济问题的判断能力。

具体从核心模型来看，其具有完整的理论框架，在分析经济问题时遵循着规范的经济学逻辑，为一个理论上较为完备的动态均衡模型，涵盖了国内私人主体、政策制定者和其他部门在实体经济行为上的描述，以及其在资本、金融资产、商品和劳动上的交互。企业通过雇佣劳动、购买资本来生产以实现利润最大化；家庭消费进口以及国内产品，且作出消费、储蓄等决策；政府向企业购买产出，并通过征税和销售国债以及获得一小部分铸币税来融资；货币政策制定者锚定经济中的某一名义变量，默认的假设是 2% 的年通胀率目标，使用短期名义利率作为工具。从非核心模型来看，主要是针对一些缺乏规范的理论框架进行分析，或由于建模技术的局限难以纳入经济方程中的经济关系，从而有利于对核心模型形成有效补充。

然而，尽管理论上的一致性和完备性较强，但英格兰银行长期利用 BEQM 进行通胀预测的结果并不准确。另外，BEQM 没有考虑到银行部门的作用，这在金融体系越来越具有系统重要性的现代经济体系中是重大缺陷。尤其是在 2008 年全球金融危机提出了一些新的经济命题和范畴，英格兰银行开始开发新的经济模型。

3. COMPASS 模型体系——2011 年以后

2011 年，英格兰银行推出新的中央银行模型——COMPASS（Central Organising Model for Projections and Stochastic Simulations），取代了以往的 BEQM 模型，协助 MPC 的季度通胀报告中的预测。Compass 之外，一系列的模型集被引入，且均具有 IT 基础设施的支持。尽管模型较多，但英格兰银行仍十分强调经济学家的判断，认为人的因素在通货膨胀的预测中与任何计算机模型一样重要。

（1）COMPASS 模型体系的动机和设置原则

根据英格兰银行 1998 年法案的第 18 条款，英格兰银行每个季度以货币政策委员会名义发布一份通胀报告，在其中以扇形图（Fan Chart）形式公布关于 CPI、失业率及实际 GDP 增速的预测。作为采取通胀目标制的国家，英格兰银行的宏观预测已经成为其货币政策框架中的核心组成部分。这一预测需求导致相关模型成为必需。

新预测模型背后的设计理念由 George Box（Box 和 Draper，1987）所精辟概括：从本质上讲，所有模型都是错误的，但有些模型是有用的。即模型可以提供一些供讨论有用的观察，有助于货币政策委员会形成各种预测。另外，从产生更好的统计预测的角度来看，一种流行的方法将众多模型的洞察力和预测能力结合起来，例如对众多预测结果进行加权平均以逼近真实情况。英格兰银行实际上遵循了这一逻辑，在形成通胀报告的预测中使用一个主要预测模型，辅之以其他模型和工具，通过各类预测结果形成交叉验证以获得更为可信的预测，这是英格兰银行多年以来一直延续的方法。

（2）COMPASS 模型平台概况

COMPASS 预测平台有四个主要组成部件，分别为：①The Central Organising Model，即 COMPASS 中央模型；②The Suite of Models 模型集，为其他辅助模型；③A Modelling Toolkit，MAPS，为一个建模工具包；④A User Interface，EASE，为一个用户接口。其逻辑如图 2 所示。

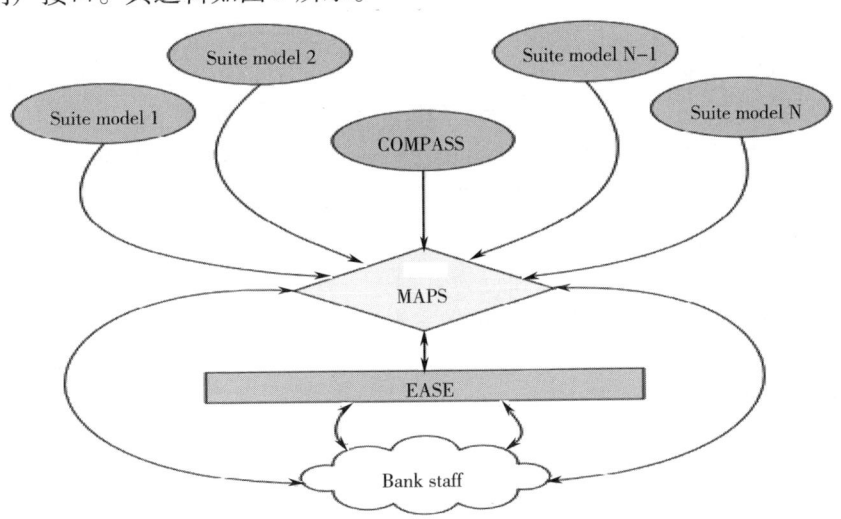

图 2　预测平台逻辑示意图

其中，COMPASS，即中央预测分析和情景模拟模型。该模型有三个主要目的：为政策预测的主要模型框架；预测的分析和解释；不同假设情景下评估预测的敏感性。COMPASS 是一个开放经济条件下新凯恩斯主义的 DSGE 模型，与其他中央银行 DSGE 模型一样具有众多类似功能。模型将价格和工资假定为黏性，因而货币政策短期和中期可以影响需求、产出和就业；长期来看，产出是由技术和生产要素的供给决定。这种设置的经济含义是，长期无通胀和产出之间的替换关系；此外，对于未来货币政策的预期对当前产出和通胀具有影响。The Suite of

Models，其他模型集。由于 COMPASS 是一个相对小的简单模型，尽管易于理解和使用，但像所有的其他模型一样容易出错。辅助模型可以通过交叉检验，规避出现错误的可能。该类模型可以被分为三个类别：一是用来阐述 COMPASS 中忽略的经济冲击和渠道的模型。如，COMPASS 中没有考虑将能源作为生产和消费的投入变量，Harrison 等（2011）则将能源机制引入模型中。二是扩展预测范围的模型，即并不包含在 COMPASS 中的一些变量的预测。COMPASS 中许多重要变量被忽视，如就业率和失业率。这一类的补充模型有两类：Post – Transformation Model 和 Balance Sheet Model。三是为 COMPASS 中的变量产生其他的预测的模型。即便模型包含某一宏观经济变量且阐述了其对冲击反应的渠道机制，但模型仍有可能误导，因为仅依靠一个模型是不明智的，需要通过另一个视角来反映。例如：Statistical Forecasting Models 中有大量模型关于 GDP 和通胀预测，涵盖单变量时间序列方程到 Bayesian VARs 等 15 个模型，对 MPC 的预测形成了很好的交叉验证。Model Analysis and Projection System（MAPS），即模型分析及预测系统。其为 MATLAB 函数工具箱，被设计为一个相对通用的建模语言。MAPS 的一个关键特征是，它与许多模型作用，而非仅仅中央模型，从而降低了预测分析的成本。MAPS 支持两大类功能：模型分析——估计探寻相容性模型的性能和特征；预测功能——通过 COMPASS 等相容性模型以构建预测、施加判断和分析。从为预测分析提供了灵活性和自由度。Economic Analysis & Simulation Environment（EASE），为经济分析和模拟环境。它是一个新的用户接口，提供了一个直接的通道去访问各类模型并进行预测和分析研究。

（3）COMPASS 的主要结构和行为方程

它是一个较小且简单的模型。包括五类经济主体：家庭、企业、政府、世界其他地方和货币政策制定者。模型逻辑结构如图 3 所示。从中可以发现，其与一般的 DSGE 模型差异不大。

（四）IMF 宏观计量模型历史演进

1. IMF 宏观计量模型历史演变

自 1947 年成立以来，IMF 采用的主流宏观计量模型几经更换。一是 20 世纪 50 年代的大型宏观经济政策模型，研究反经济周期的政策影响；二是 20 世纪 60~70 年代的蒙代尔—弗莱明模型；三是 20 世纪 80 年代的 MULTIMOD 模型，将理性预期与凯恩斯模型结合，更现实地描述周期性扰动所产生的动态反映过程；四是 20 世纪 90 年代的 Mendoza 模型；五是 2000 年后发展的 GEM、GPM、GIMF 以及 FSGM 等模型。其中，GPM 主要是一个预测模型，而 GIMF、GEM、FSGM 主要用于场景和政策分析。

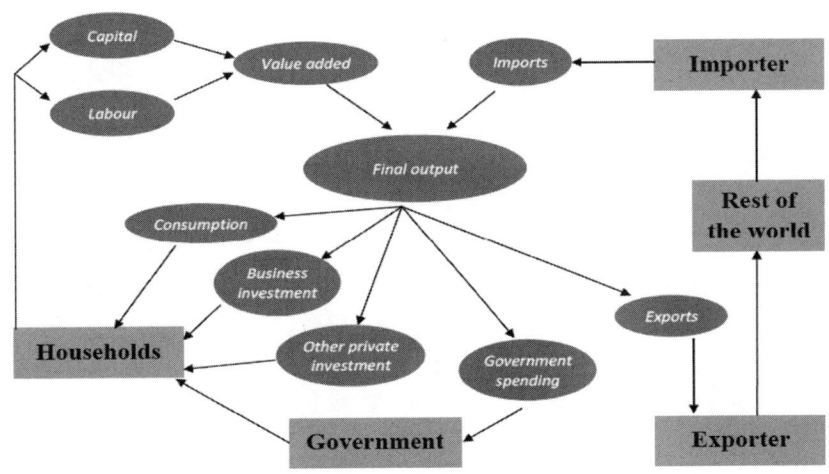

图 3　COMPASS 逻辑示意图

表 1　　　　　　　　　　　IMF 宏观计量模型的历史演变

	大型政策	凯恩斯适应性预期	凯恩斯理性预期	真实经济周期	随机动态一般均衡
优点	用统一框架定量研究反经济周期宏观政策效果	以统一方式分析政策和其他周期性冲击的影响	更现实地描述周期性扰动的动态反应	供给方面有很强的理论基础、允许直接计算福利	借助微观经济理论，能够同时分析总需求和总供给的反应
缺点	无法提供必要的量化技术	政策制定者可以一直欺骗公众，导致不断扩大的宏观经济政策偏差	由于缺乏理论基础，很难评估政策对总供给的影响	可变价格的假设，使得难以分析宏观经济政策	目前处于初级阶段，建立模型和参数估计困难
代表性模型	大型宏观经济政策模型	蒙代尔—弗莱明模型	MULTIMOD	Mendoza	GEM、GPM 等
时间	20 世纪 50 年代	20 世纪 60～70 年代	20 世纪 80 年代	20 世纪 90 年代	21 世纪

资料来源：作者收集整理。

2. GEM 模型

全球经济模型（Global Economic Model，GEM）是 IMF 研究局在 2004 年提出的、拥有很强微观经济基础的全新跨国模型，模型主要基于一般均衡理论构造国家和区域集团间相互依存关系。由于 GEM 具有较多优点，其同时也被美联储等欧美发达国家以及巴西等新兴市场国家的中央银行采用。

与其他大多数模型相比，GEM 一个重要的创新在于：其具有灵活的结构，可以引入或排除一些特征和经济变量，如不可贸易品、分销部门、贸易以及其他中间品等。① 此外，模型可以创建为包含任意数目的国家。GEM 首先基于两国模型，逐步拓展至三国以及四国模型等。虽然伴随全球经济一体化的发展导致 GEM 模型的区域模块不断细化，但其基本建模思想仍基于最初的两国模型，即模型将全球划分为本国和外国。

在代表性国家中，模型包括家庭、企业和政府。每个家庭消耗了一个最终品 C，并为国内企业提供劳动 $\overline{Y}$。部分家庭不能进入资本市场，仅靠可支配的劳动收入实现消费。其余家庭拥有国内企业的股权和国内资本，将这些资本租给国内企业，并买卖两种债券：以本币计价的国内债券，以及国际债券（假定全球范围内净供给为0）。当家庭出售或购买国际债券时，需要向金融中介支付溢价。此外，劳动力和物质资本是国际上不流动，资本市场则是竞争的。

在财政方面，政府利用国内私营部门的净税收来为支出融资。中央银行管理国家的短期名义利率。货币政策被设定为一个可信的承诺，通过管理国内名义短期利率以保证物价稳定。为了模拟现实的动态，模型引入了实际和名义变量的调整成本，从而延长了冲击反应时间，保证消费和生产等宏观经济变量不会立即跳转至一个新的长期均衡。此外，工资名义黏性、消费惯性等因素也被引入。

在对单个国家国内经济刻画后，模型考虑国际之间的相互依赖。考虑了多国之间对进口的需求、贸易品部门的价格设定、汇率传递效应，以及全球经济的市场出清。

3. GPM 模型

Global Projection Model（GPM），用于世界经济展望等预测中。该模型项目的目标是开发出一系列国家或地区的小型宏观经济模型来研究实体经济和金融的联系，从而使预测者在一个内在一致逻辑框架下预测世界经济前景。GPM 实际上是几种模型的融合，主要是季度预测模型（QPM）和动态随机一般均衡（DSGE）模型等。目前，有较多国际组织与国家的中央银行使用 GPM。GPM 有助于中央银行开发自己的外部预测；同时，GPM 有助于一国中央银行和政府在本国经济与他国经济互动上得到更具深度的理解。

目前来看，Global Projection Model 系列的文献和模型有多个。该系列中的第一项研究为"A Small Quarterly Projection Model of the US Economy"（Carabenciov and Others，2008a），建立了一个封闭经济的模型，使用贝叶斯估计方法将其应用到美国经济分析中。该系列中的第二个模型扩展至开放经济条件下，建立了一个小型有关美国、欧元区和日本季度预测模型。该系列的第三篇论文将石油价格引入三国模型中。第四篇则是将拉丁美洲纳入模型分析，但没有引入石油。第五

---

① GEM 是模块化结构，其基于已有研究文献——开发小型和易于处理的部件，从而建立一个统一的框架用于分析国际依存关系。

篇将印尼经济纳入了此前估计的三国模型,且没有石油因素。第六篇则是建立了一个六国模型(美国、欧元区、日本、新兴亚洲、拉美、其他国家)进行分析。此外,有 GPM7 - China、GPM7 - China(包含石油和食品价格)、GPM11(含全球溢出和新兴亚洲经济体等)多个版本模型出现。

目前来看,主要的模型版本包含六个区域:美国、欧元区、日本、新兴亚洲、拉丁美洲和世界其他地区。其使用了 DSGE 模型和纯粹时间序列模型的组合,估计中使用理论、校准、贝叶斯估计等多种方法。这种综合,即避免了由于建模技术当前的局限性无法完全将一系列的 DSGE 模型纳入全球模型中进行预测这一困境,同时也避免了许多宏观模型缺乏微观基础导致非现实的模拟结果,比全球 VAR 模型更有助于预测。

4. FSGM 模型

可变全球模型系统(Flexible System of Global Model,FSGM),为基于年度、多区域,并结合微观基础和各种经济部门的简化描述的一个半结构化的跨国一般均衡模型。它关注需求、供给以及国际联系等多方面内容。该模型具有存量—流量一致性,公共赤字累积至公共债务的水平,经常账户余额累积至国外净资产的水平,投资累加到资本存量的水平。另外,一个核心特点为世代交叠的家庭。这意味着,从长远来看,每个国家公共债务水平和国民储蓄程度决定了全球实际利率,即内生规则决定了货币和财政政策的操作。

具体而言,模型包括私人消费和投资、贸易及劳动力供给、货币和财政政策等部门,总供给采用 Cobb - Douglas 生产函数形式,并假设行为人的预期一致、财政政策和货币政策内生化。

FSGM 模型能够描述主要经济变量发生持久变化的溢出效应,但由于没有考虑风险溢价与资产价格间高度关联性导致的金融溢出影响,致使低估经济变量的总体溢出效果。

5. GIMF 模型

The Global Integrated Monetary and Fiscal Model(GIMF)是一个基于多国的 DSGE 模型,在 IMF 内部得以广泛使用,同时也被一小部分中央银行用于政策和风险分析①。自 2008 年以来,GIMF 模拟已用于 WEO 的前景分析以及各种内部风险评估分析。

GIMF 目前是一个高度模块化的工具,许多部件可以打开或关闭,取决于分析问题的复杂性和需要。这种模块化的结构在 TROLL 版本的 GIMF 中可以操作。GIMF 的传统优势在于其分析财政政策问题的能力,因为其包含各种非李嘉图的特征。另外,由于其专注于储蓄—投资平衡,模型不仅能够分析财政刺激政策的

---

① 有俄罗斯中央银行、葡萄牙中央银行、法国中央银行、香港金融管理局等。

短期效果，还可以研究财政赤字与实际利率、挤出效应和经常项目赤字之间的长期稳定性问题。另外，GIMF 模型也存在扩展形式：一是结合宏观金融因素，探讨非金融部门的金融加速机制；二是加入石油等缺乏供给弹性的原材料部门。

GIMF 具有 FSGM 模型的许多特征，但在理论的严谨性上超越了它。它是一个完全的微观基础的、多产品、多国动态结构的一般均衡模型。模型考虑了黏性价格和工资、调整成本、家庭的流动性约束以及家庭的有限规划视野等形式的摩擦，意味着货币与财政政策在经济稳定中非常重要。此外，GIMF 涵盖了整个世界经济，明确对双边贸易流动及其国际相对价格等因素进行了建模。然而，由于需要对双边贸易流等进行建模，GIMF 比 FSGM 中的国家要少。标准的版本包括六个区域：美国、欧元区、日本、亚洲新兴经济体、拉丁美洲和作为一个单一的实体的世界其他地区。

模型总体框架为：包括 N 个国家，本国表示为 1，其他国家为 2 – N。每个国家有两类家庭，均消费最终零售产出和向工会提供劳动。其中一类家庭为世代交叠家庭；另一类是流动性受约束家庭，其无法进入金融市场，被迫在每期消费完税后收入。此外，模型包括企业、国际贸易、世界经济增长率、资本市场等。

三、基于中国经济增长中型中央银行 DSGE 模型架构设定

（一）模型的背景

在对主要中央银行 DSGE 预测模型回顾的基础上，我们接下来将着力构建具有中国特色的中央银行预测模型。考虑到预测效能和模型的灵活性，我们的模型主要以 IMF 的 GPM 系列模型，即 Carabenciov，ErMolaev 等（2008）为基础，同时在模型设定中参考了 CMR（2007a）等系列模型。模型包含了大量的真实和名义摩擦，使可以拟合主要的宏观时间序列特征，同时模型中包含了中国特殊因素尤其是金融因素。这些大大扩展了模型的现实性和分析能力，可以更好地探讨中国实体经济和金融发展的关系，并有效提升模型整体预测能力。

（二）模型架构的设定

GPM 模型是经过许多经济学家的讨论和锤炼所得，是对一国宏观经济波动预测的一个标准框架，模型的很多含义在文献中都有讨论。我们基于 GPM 的基本框架，使用四至五个核心行为方程描述中国经济的宏观结构，以易于建模者使用，便于政策制定者理解。通过相对简单和可理解的结构，用于预测和政策分析目的。模型的行为方程包括产出缺口、通货膨胀、政策利率、无抛补利率平价、失业率、社会融资规模等。除行为方程外，本模型引入了随机过程，允许各种冲击来解释数据意料之外的变动，并考虑到基础预测的修改。遵循 Dynare 的语法

习惯，我们对变量标准化，直接呈现模型均衡条件。

1. 观测变量和数据定义

基准模型GDP、CPI、短期贷款利率6个月至1年（含）①、城镇登记失业率、社会融资规模。我们定义Y为$100 \times$实际国内生产总值的对数，$\bar{Y}$为$100 \times$潜在产出的对数，y为产出缺口即为$y = Y - \bar{Y}$。同样，定义失业缺口u为失业率U和均衡自然失业率$\bar{U}$的离差。我们定义通货膨胀年率π为$400 \times CPI$的对数形式的一阶差分。此外，定义了通胀的年同比数据$\pi 4$为$100 \times CPI$的差分。

原始数据来自于中央银行网站、CEIC以及WIND数据库，数据样本从2002年第一季度到2016年第二季度。为了得到实际值，我们使用CPI定基比序列代替GDP平减指数对名义GDP进行平减以得到GDP的实际值。价格指数用消费者价格指数（CPI）表示。消费者价格指数有同比增长率和环比增长率两种数据，本文采用环比增长率数据形式。

2. 模型的结构形式定义和行为方程

我们假设对于产出水平值以及潜在产出增长率可能存在冲击。对于潜在产出水平值，该冲击可以是永久性的；而对于增长率的冲击，可能导潜在增长持久偏离长期稳态增长。为此，设定潜在产出$\bar{Y}$等于其自身滞后值加上季度增长率$g_t^{\bar{Y}}/4$，同时伴随一个干扰项$\varepsilon_t^{\bar{Y}}$，该冲击可能会导致潜在GDP水平永久性的变化。即

$$\bar{Y}_t = \bar{Y}_{t-1} + g_t^{\bar{Y}}/4 + \varepsilon_t^{\bar{Y}}$$

长期而言，对于潜在GDP增长率$g^{\bar{Y}}$，设定其长期趋向其稳态增长率$g^{\bar{Y}ss}$，自身具有一定的滞后效应，同时面临干扰值$\varepsilon_t^{g^{\bar{Y}}}$的冲击影响，之后渐进地返回$g^{\bar{Y}ss}$。可以将其表示为

$$g_t^{\bar{Y}} = \tau g^{\bar{Y}ss} + (1 - \tau) g_{t-1}^{\bar{Y}} + \varepsilon_t^{g^{\bar{Y}}}$$

我们设定同样的一组关系对于均衡失业率存在。$\bar{U}$定义为一个滞后项、增长项$g^{\bar{U}}$，加之一个干扰项$\varepsilon^{\bar{U}}$。在增长项$g^{\bar{U}}$的定义上，设定其为滞后值和干扰项的方程。因此，失业率可能被水平值冲击和持久性增长冲击所影响。即可以刻画为

$$\bar{U}_t = \bar{U}_{t-1} + g_t^{\bar{U}} + \varepsilon_t^{\bar{U}}$$

$$g_t^{\bar{U}} = (1 - a_3) g_{t-1}^{\bar{U}} + \varepsilon_t^{g^{\bar{U}}}$$

接下来，定义了实际利率rr，作为名义利率rs和下季度预期通胀的差：

$$rr_t = rs_t - \pi_{t+1}$$

---

① 目前来看，中国并未完全形成基本利率指标体系，存在着多重具有基准性质的潜在利率。综合比较来看，短期贷款利率数据变化幅度较小且总体稳定，其可以较为清楚地反映主要经济情况变化情况。因此，在本研究中主要采用该数据。

定义 $rrgap$，其为实际利率 rr 和其均衡值 $\overline{rr}$ 之间的差，即

$$rrgap_t = rr_t - \overline{rr}_t$$

定义了均衡利率，其为稳态实际利率 $\overline{rr}^{ss}$ 的方程。其在一个随机冲击 $\varepsilon^{\overline{rr}}$ 下偏离稳态，即

$$\overline{rr}_t = p\overline{rr}^{ss} + (1-p)\overline{rr}_{t-1} + \varepsilon^{\overline{rr}}_t$$

从文献上看，金融加速器（BGG，1999）等金融—实体经济联系机制被广泛引入宏观计量预测模型之中。在 Carabenciov 等（2008）IMF 的 GPM 系列模型中，引入了金融变量 BLT，即银行信贷松紧条件这一变量来捕捉金融实体联系问题。从中国来看，我们的金融基本状况与西方国家具有明显差异。近年来，中国金融实践蓬勃发展，宏观调控储备工具也在悄然变化：一方面，伴随金融产品和工具的不断创新，以及影子银行体系的发展，金融与经济关系深刻变迁（盛松成，2012）。传统上，信贷规模调控为事实上货币政策的中介目标（盛松成、吴培新，2008）。而伴随影子银行体系等领域的发展，信贷规模在社会总体融资中的比重明显下降，由此，管控信贷规模闸门对货币政策调控目标的实现难以奏效，甚至可能引致对宏观经济形势作出不恰当的评估和判断。此外，由于流动性创造形式的多样化，M_2 等指标在衡量社会全面流动性上有失偏颇，指标相关性下降。另一方面，在储备政策工具和调控指标上，社会融资规模、SLO、MLF、PSL 等一系列工具指标相继推出，其中尤为重要的是引入了社会融资规模①。2015 年 2 月，社会融资规模存量指标推出，该指标较增量数据平稳，具有作为货币政策乃至金融宏观调控中介目标的潜在价值。盛松成、万阿俊（2015）研究发现，相比 M_2、利率、信贷规模等传统中介指标，社会融资规模存量在微观上与企业决策行为更为契合，与经济增长最终目标关联更为紧密。此外，社会融资规模存量指标与实体经济周期波动相关度更高，更具有预测先导性和解释能力，相当大程度上优于价格型或 M_2 等其他数量型指标。基于这一考虑，我们构建了社会融资规模——SHRZ 这一指标。设定存在 $\overline{SHRZ}$ 为社会融资增速的均衡水平，其本身为一个随机游走过程。可以将其刻画为

$$\overline{SHRZ}_t = \overline{SHRZ}_{t-1} + \varepsilon^{\overline{SHRZ}}_t$$

社会各类渠道（包括传统的银行信贷渠道、证券、保险以及金融创新和影子银行体系等）调控其融资行为，长期会趋于一个稳定值 $\overline{SHRZ}$；同时，这些机制基于它们对经济的预期行为（提前 4 个季度）② 决定为社会的广义信用提供情况：如果产出缺口被假定为正，各类机制有增加社会信用的可能；如果它假定

---

① 从 2011 年起，我国宏观调控引入了一个新的指标概念，即社会融资规模。

② 此处对于 4 个季度的设置，我们考虑了结构模型的结果。在对传统结构模型的计量分析中，我们发现其前导 4 期（一年后）对于社会融资规模变化最为显著。

为负值,则将有倾向缩减社会信用。最后,其也面临一个白噪声冲击。此时,

$$SHRZ_t = \overline{S}\,\overline{HR}\,\overline{Z}_t + ky_{t+4} + \varepsilon_t^{SHRZ}$$

在上文的基础定义下,我们进一步对其行为方程进行刻画。首先为产出缺口方程,其为领先值和滞后值,短期实际利率缺口(rrgap)的滞后值,社会融资规模组合变量 η_t 以及干扰项 ε_t^y,即

$$y_t = \beta_1 y_{t-1} + \beta_2 y_{t+1} - \beta_3 rrgap_{t-1} + \beta_4 \eta_t + \varepsilon_t^y$$

其中,y_t 为产出对均衡值的偏离。其自身滞后项的引入是考虑了系统惯性;前项的引入则是考虑了在总需求中更多复杂的周期动态性和前瞻性因素的作用;实际利率项提供了货币政策行动和经济的联系;同时,引入了 η_t 项,其为社会融资规模冲击 ε_t^{SHRZ} 的分布滞后组合形式,设定其以驼峰状的方式对家庭和企业产生影响,即其效应最初不断积累,而其后影响效应逐渐减弱。η_t 的刻画如下:

$$\eta_t = 0.04\varepsilon_{t-1}^{BLT} + 0.08\varepsilon_{t-2}^{BLT} + 0.12\varepsilon_{t-3}^{BLT} + 0.16\varepsilon_{t-4}^{BLT} + 0.20\varepsilon_{t-5}^{BLT}$$
$$+ 0.16\varepsilon_{t-6}^{BLT} + 0.12\varepsilon_{t-7}^{BLT} + 0.08\varepsilon_{t-8}^{BLT} + 0.04\varepsilon_{t-9}^{BLT}$$

接下来是通货膨胀公式,其将通胀与其滞后值和将来值、滞后产出缺口和干扰项 ε^π 进行了组合联系。在模型设置中,我们在对通胀序列关系的刻画中,考虑了滞后一期以及对未来一年预期的影响。λ_1 的大小衡量了在通胀形成过程中前瞻因素和滞后因素的相对权重。滞后因素包括对于过去通胀的直接和间接指数化,以及基于过去通胀率形成对未来通胀的预期的价格制定者的比例。前瞻性元素涉及定价者比例,其形成的预期基于未来通胀模型的一致化估计。ε_t^π 代表了对通货膨胀率上行的冲击。即

$$\pi_t = \lambda_1 \pi 4_{t+4} + (1-\lambda_1)\pi 4_{t-1} + \lambda_2 y_{t-1} + \varepsilon_t^\pi$$

下式是标准泰勒方程形式。其在对短期名义利率形成包括:其自身滞后变量,这代表了利率波动的一个平滑机制,此外,还有中央银行对于产出缺口和通货膨胀率偏离目标的政策反馈和应对。这与基本形式的泰勒规则是一致的。方程同时包括了一个干扰项 ε^{rs},π^{tar} 为通胀盯住(参考)目标,其包括中央银行的一些自由裁量行为以及货币的一些随机冲击。

$$rs_t = (1-\gamma_1)[\overline{r}\overline{r}_t + \pi 4_t + \gamma_2(\pi 4_t - \pi^{tar}) + \gamma_4 y_t] + \gamma_1 rs_{t-1} + \varepsilon_t^{rs}$$

最后,我们引入了一个动态的奥肯规则方程,失业率为其滞后项、当期产出缺口以及干扰项 ε^u 的方程。这最后一个方程并没有在模型中发挥基础性作用,但用来引入产出缺口和未来失业差距的变化之间的相关性关系。即

$$u_t = \alpha_1 u_{t-1} + \alpha_2 y_t + \varepsilon_t^u$$

3. 模型估计

(1)估计方法

贝叶斯估计提供了传统的估计和宏观模型校准之间的中间地带。在样本量相对较小的情况下使用传统的估计,如极大似然估计方法与广义矩回归方法往往给

人是奇怪的模型结果,并与宏观经济学家对经济运行的意见不一致。贝叶斯方法的好处在于其是基于经济原理的一种完全信息的似然估计方法,将先验信息和样本数据结合起来,通过指定先验标准偏差的松紧情况决定两者的权重,在估计动态宏观一般均衡模型的结构参数方面有其优势,从而比传统的估计模型具有更好的模型特质。由于贝叶斯方法的优势,越来越多的学者应用贝叶斯方法来估计随机动态一般均衡模型,以便进行理论与经验相结合的有效估计和研究(Smets 和 Wouters,2007;An 和 Schorfheide,2007;Herbst 和 Schorfheide,2015;等等)。

在文献基础上,我们开始估计上述构建的随机动态一般均衡模型,以 M_i($i=1,2,3$)表示此结构模型以及其中的结构参数(以 Θ 代表参数)。具体估计过程如下。首先,以标准的数值方法求解此动态随机一般均衡模型,可以得到一个标准化的状态空间形式的解。待解方程可以刻画为以下状态空间形式:

$$B\begin{bmatrix}x_{t+1}\\E_ty_{t+1}\end{bmatrix}=A\begin{bmatrix}x_t\\y_t\end{bmatrix}+G\varepsilon_t$$

x_t 是由模型中内生变量和外生状态变量组成的向量,Y_t 为观测变量向量,ε_t 是结构冲击向量。系数矩阵 A、B 和 C 是模型中结构参数。设定这些参数的先验分布密度函数为 $p(\Theta)$。其次,我们利用卡尔曼滤波算法,对系统状态空间进行最优估计。将似然函数表示为 $L(Y_T\mid\Theta,M_t)$,此时 Y_T [Y_1,…,Y_T]′ 表示模型估计所用到的样本数据。将模型的似然值与我们设定的关于结构参数的先验密度函数结合起来,利用贝叶斯基本原理,可以得到结构参数的后验密度分布函数。具体而言,结构参数的后验密度函数为

$$p(\Theta\mid Y_T,M_i)=\frac{L(Y_T\mid\Theta,M_i)p(\Theta)}{\int L(Y_T\mid\Theta,M_i)p(\Theta)\mathrm{d}\Theta}\propto L(Y_T\mid\Theta,M_i)p(\Theta)$$

后验密度函数 $p(\Theta\mid Y_T,M_i)$ 与似然值 $L(Y_T\mid\Theta,M_i)$ 和先验密度函数 $p(\Theta)$ 的乘积成比例。此处,$L(Y_T\mid\Theta,M_i)$ 代表根据数据样本计算得到的动态优化模型的似然值。似然值是将卡尔曼滤波算法应用到模型状态空间解计算而得。结构参数的后验估计样本是应用蒙特卡洛—马尔可夫链算法得到。具体地,我们应用随机游走 Metropolis – Hasting 算法来模拟产生所估计参数的马尔可夫链。这些结构参数的点估计可通过计算后验样本的平均值或中位数得到,而结构参数的点估计方差可通过计算后验样本的模拟二阶矩得到。

(2)先验设定及参数估计

①校准及先验分布函数设定

DSGE 模型的结构参数的估计和设定,文献上主要有三种方法:校准法、极大似然估计法和贝叶斯估计法。校准法一直是结构参数估计的传统方法,其主要思想是将经过经验和理论研究所得参数引入模型运转机制中,它可以被视为极端

严格的先验分布假设。我们直接根据中国经济现实以及经济理论相关研究对少量参数进行校准①，剩下大部分参数采用贝叶斯方法估计。在利用贝叶斯方法估计参数前，首先需要给出待估参数的先验分布函数。我们同样根据参数的理论含义和国内外相关研究的结论来综合设定待估参数的先验分布。具体而言，对于取值范围在区间（0，1）中的参数，将其先验分布设定为贝塔分布形式；对于取值大于零的参数，将其先验分布设定为正态分布形式；对于外生冲击的标准差，则根据一般文献的安排将其先验分布设定为逆伽马分布（Inv. Gamma）形式。见表2，表3。

表2　　　　　　　　　　　　参数的先验分布一

参数	参数说明	取值
π^{tar}	通胀目标	3②
$g^{\overline{Y}_{ss}}$	均衡增长率	7

表3　　　　　　　　　　　　参数的先验分布二

参数	先验分布类型	先验均值	先验标准差
α_1	beta_pdf	0.8	0.1
α_2	gama_pdf	0.3	0.2
a_3	beta_pdf	0.5	0.2
$\overline{rr}^{ss}$	Normal_pdf	5	0.5
p	beta_pdf	0.9	0.05
τ	beta_pdf	0.1	0.05
β_1	gama_pdf	0.75	0.1
β_2	beta_pdf	0.15	0.1
β_3	gama_pdf	0.2	0.05
β_4	gama_pdf	1	0.5
λ_1	beta_pdf	0.5	0.1
λ_2	gama_pdf	0.25	0.05
γ_1	beta_pdf	0.5	0.05
γ_2	gama_pdf	1.5	0.3
γ_4	gama_pdf	0.2	0.05
k	gama_pdf	20	
ε_t^u	Inv_gama_pdf	0.2	inf
$\varepsilon_t^{\overline{U}}$	Inv_gama_pdf	0.1	inf
$\varepsilon_t^{g^{\overline{U}}}$	Inv_gama_pdf	0.1	inf

---

① 这些参数校准值的设定参考了国内外相关研究成功：如 Carabenciov, Molaev 等（2008）、CMR（2007a）、刘斌（2008）等。部分文献中不存在相关参考值，本文则自行基于中国经济现实进行了校准。

② 即3%。在近年以来政府工作报告中（如2015年、2016年），通胀目标均设定在3%左右。

续表

参数	先验分布类型	先验均值	先验标准差
ε_t^y	Inv_gama_pdf	0.25	inf
$\varepsilon_t^{\bar{Y}}$	Inv_gama_pdf	0.05	inf
$\varepsilon_t^{g\bar{Y}}$	Inv_gama_pdf	0.1	inf
ε_t^{π}	Inv_gama_pdf	0.7	inf
ε_t^{rs}	Inv_gama_pdf	0.7	inf
$\varepsilon_t^{\bar{rr}}$	Inv_gama_pdf	0.2	inf
ε_t^{SHRZ}	Inv_gama_pdf	0.4	inf
$\varepsilon_t^{\bar{S}\,\bar{HR}\,\bar{Z}}$	Inv_gama_pdf	0.2	inf

②参数估计结果

从表3可以看出，所估计参数的大部分后验结果与先验较为接近，表明先验设定总体而言较为有效，重要参数的设置以及模型总体具有较强的稳健性。

表4　　　　　　　　　　参数的后验分布

参数	先验均值	后验均值	置信区间		prior	后验标准差
α_1	0.8	0.9248	0.8933	0.9537	beta	0.1
α_2	0.3	0.0272	0.0075	0.0448	gamm	0.2
a_3	0.5	0.6946	0.5	0.913	beta	0.2
$\bar{rr}^{ss}$	2.5	3.6209	3.2436	3.9842	norm	0.5
p	0.9	0.8973	0.8808	0.9224	beta	0.05
τ	0.1	0.0379	0.0141	0.0541	beta	0.05
β_1	0.75	0.4984	0.465	0.5196	gamm	0.1
β_2	0.15	0.0579	0.0093	0.0976	beta	0.1
β_3	0.2	0.1174	0.1069	0.1371	gamm	0.05
λ_1	0.5	0.6116	0.5512	0.6578	beta	0.1
λ_2	0.25	0.224	0.168	0.2645	gamm	0.05
γ_1	0.5	0.7344	0.7154	0.7676	beta	0.05
γ_2	1.5	0.441	0.338	0.5143	gamm	0.3
γ_4	0.2	0.163	0.114	0.2071	gamm	0.05
k	20	19.7598	19.3957	20.241	gamm	0.5
β_4	1	0.1085	0.0784	0.1913	gamm	0.5
ε_t^u	0.2	0.0515	0.0427	0.0612	invg	Inf
$\varepsilon_t^{\bar{U}}$	0.1	0.042	0.0247	0.0735	invg	Inf
$\varepsilon_t^{g\bar{U}}$	0.1	0.033	0.0229	0.0489	invg	Inf
ε_t^y	0.25	0.629	0.5834	0.6578	invg	Inf
$\varepsilon_t^{\bar{Y}}$	0.05	0.0233	0.0152	0.0325	invg	Inf
$\varepsilon_t^{g\bar{Y}}$	0.1	0.45	0.3956	0.5103	invg	Inf
ε_t^{π}	0.7	0.9077	0.8018	1.0503	invg	Inf
ε_t^{rs}	0.7	0.6811	0.6155	0.7142	invg	Inf
$\varepsilon_t^{\bar{rr}}$	0.2	0.1735	0.1523	0.186	invg	Inf
ε_t^{SHRZ}	0.4	1.3804	1.2938	1.5373	invg	Inf
$\varepsilon_t^{\bar{S}\,\bar{HR}\,\bar{Z}}$	0.2	0.0683	0.0499	0.098	invg	Inf

（3）模型的方差分解和不同冲击下的动态效应
①条件方差分解情况① 见表 5。

表 5　　　　　主要宏观变量对模型冲击的条件方差分解情况

	$\varepsilon_t^{\overline{rr}}$	ε_t^u	$\varepsilon_t^{\overline{U}}$	ε_t^{rs}	$\varepsilon_t^{g\overline{Y}}$	ε_t^y	$\varepsilon_t^{\overline{Y}}$	ε_t^π	$\varepsilon_t^{g\overline{U}}$	ε_t^{SHRZ}	$\varepsilon_t^{\overline{SHRZ}}$
y_t	0.01	0	0	4.94	0.82	20.79	0	1.84	0	71.6	0
$\pi 4_{t+4}$	0	0	0	3.29	0.13	3.31	0.07	40.26	0	52.93	0

注：数字为%形式。

表 5 中我们观察了产出和通货膨胀两个宏观经济变量，分析了 11 个主要冲击在这些宏观经济变量的波动中起到何种作用。衡量特定冲击在经济波动中重要性的常见方法来是方差分析，我们为此呈现了方差分解结果。表 5 显示，对于 GDP 增长变量 y_t 而言，社会融资规模变化冲击对 GDP 增长的解释力为 71.6%，对于经济波动存在很大程度的解释能力；产出本身冲击 ε_t^y 对其波动贡献了 20.79%；名义利率冲击 ε_t^{rs} 贡献了 4.94%；而其他剩余冲击则对 GDP 增长的解释能力微不足道。这一结果表明，社会融资规模变化成为中国经济增长变化的重要指示因素。

另外，对于通货膨胀变量 $\pi 4_{t+4}$ 而言，社会融资规模变化冲击对其贡献位于 52.93%，即在其波动中发挥主要作用；通货膨胀自身冲击 ε_t^π 对波动贡献了 40.26%；另外，名义利率冲击 ε_t^{rs} 和产出冲击 ε_t^y 均贡献了 3 个百分点左右。

②主要变量在不同冲击下的动态效应

在上文方差分解的基础上，我们发现社会融资规模等变量在揭示中国主要宏观经济变量中发挥着重要作用。接下来，我们通过脉冲响应图来揭示不同冲击的动态效应，并尝试通过脉冲响应图分析为政策操作实践提供理论依据。

社会融资规模冲击：对于社会融资规模冲击 ε_t^{SHRZ}，通过脉冲响应分析我们可以得出如下结论：第一，在冲击影响机理上，社会融资冲击直接影响社会融资规模大小，其扩大社会信用，以驼峰状的方式对家庭和企业产生影响，进而使方程影响产出；通货膨胀则在菲利普斯曲线效应下，将产出波动与其关系联系起来；在泰勒规则方程的刻画下，名义利率对产出和通胀波动起正向效应；最后，失业率通过奥肯方程，与产出波动起负向关系。第二，在具体冲击影响效应上，研究发现：a. 社会融资规模冲击对主要宏观经济变量（产出、通胀、名义利率、失业率等）的影响时滞较短，一般在 1 个季度左右即发挥作用；约 6 个季度即一年半之后，影响效应达到最大，表明货币政策实际传导和全部效力发挥仍需要较长时间；一般到约 10 多个季度之后，社会融资规模对主要宏观变量的冲击影响

---

① 在 4 个季度的区间下。

效应开始趋近为 0。b. 从影响程度上看，对于 GDP 增速而言，社会融资规模约 10% 的变动将导致 GDP 最高有 0.5 个百分点的拉动作用，通胀、名义利率、失业率则分别有 0.3 个、0.7 个和 -0.2 个百分点的变化。

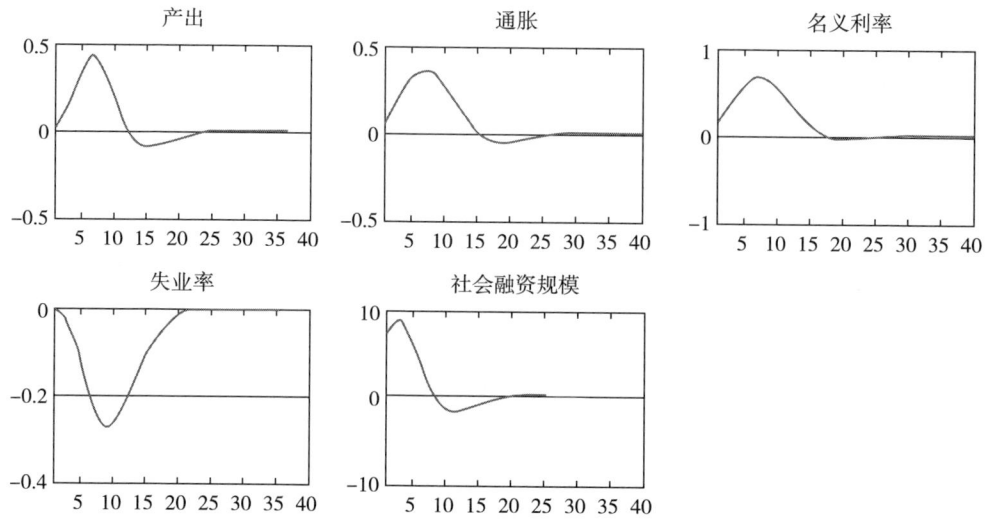

图 4　主要宏观经济变量对社会融资规模冲击的脉冲响应

通货膨胀冲击：ε_t^π 代表了对通货膨胀率下行的冲击，在冲击影响效应上，研究发现：a. 通货膨胀冲击对名义利率、社会融资规模的影响时滞较短，一般当期即发生作用；而对于产出、失业率等宏观经济变量，政策传导则存在时滞，在 1 个季度后发挥作用，最大效应发挥一般是在 7~8 个季度之后。b. 从影响程度上看，研究发现，通胀负向冲击对于名义利率直接有负向效应，这符合一般的经济常识。而对于产出增速和失业率，通胀负向冲击导致产出增速上升与失业率下降，表明宏观数据不支持中国菲利普斯曲线效应的存在。最后，面临通胀负向冲击，社会融资规模有正向反应。

产出冲击：面临产出正向冲击时，研究发现，通胀有正向响应，表明需求拉动效应在推进价格上涨中发挥作用。另外，受产出扩张影响，名义利率、社会融资规模均有积极正向响应，同时失业率下降。

利率冲击：对于名义利率正向冲击，产出、通胀均有下行压力，失业率相应有上升压力。另外，研究发现社会融资规模在正向冲击下也有下降，这符合一般的经济直觉，即社会融资成本上升，必然对社会融资规模产生下行压力。

③初步的预测表现分析

图 5 显示了主要宏观经济变量领先一步预测（One Step Ahead Forecast）。这些都不是真正的样本外预测，因为所有的模型的校准和估计是在整个样本区间。

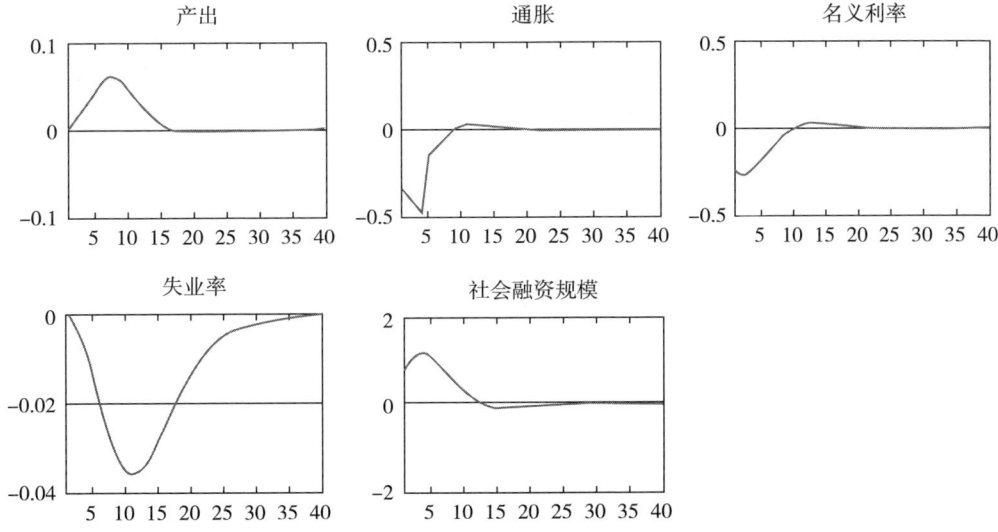

图 5　主要宏观经济变量对通货膨胀冲击的脉冲响应

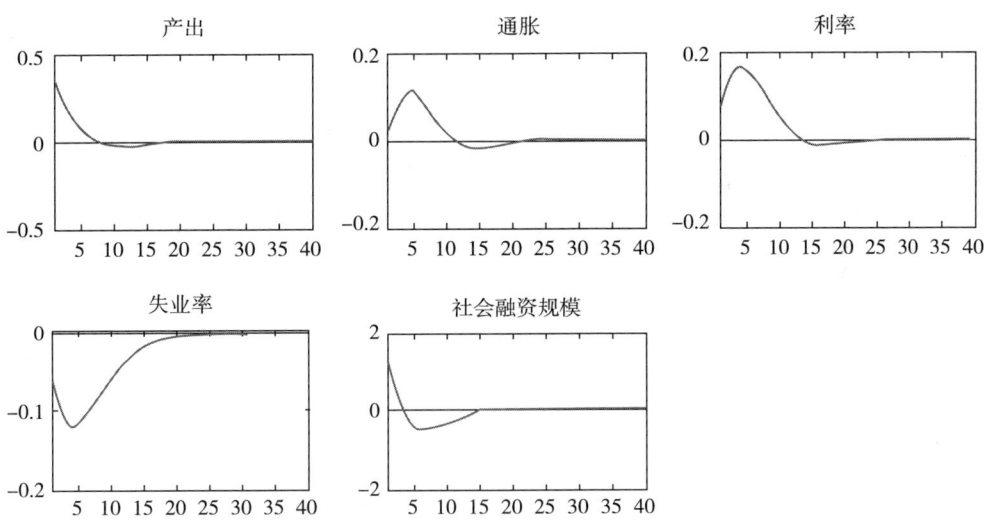

图 6　主要宏观经济变量对产出冲击的脉冲响应

尽管如此，这些结果表明模型总体预测性能较好，除了 CPI 预测略有偏差以外，没有关键性的预测偏差。当然，要真正分析一个模型的预测好坏，需要与其他模型进行根均方误差（Root Mean Squared Error，RMSE）方面的比较，这将是我们在下一部分的研究重点。

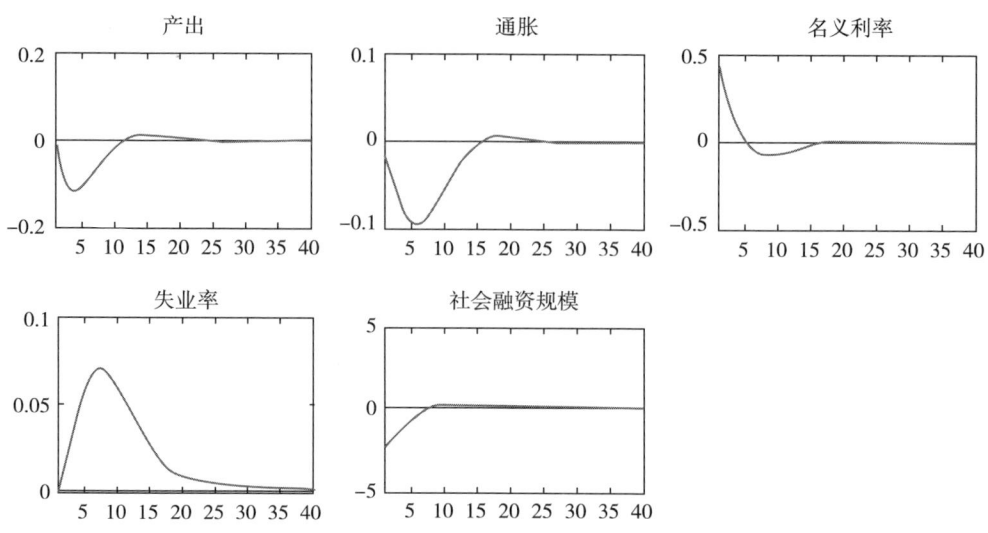

图7 主要宏观经济变量对利率冲击的脉冲响应

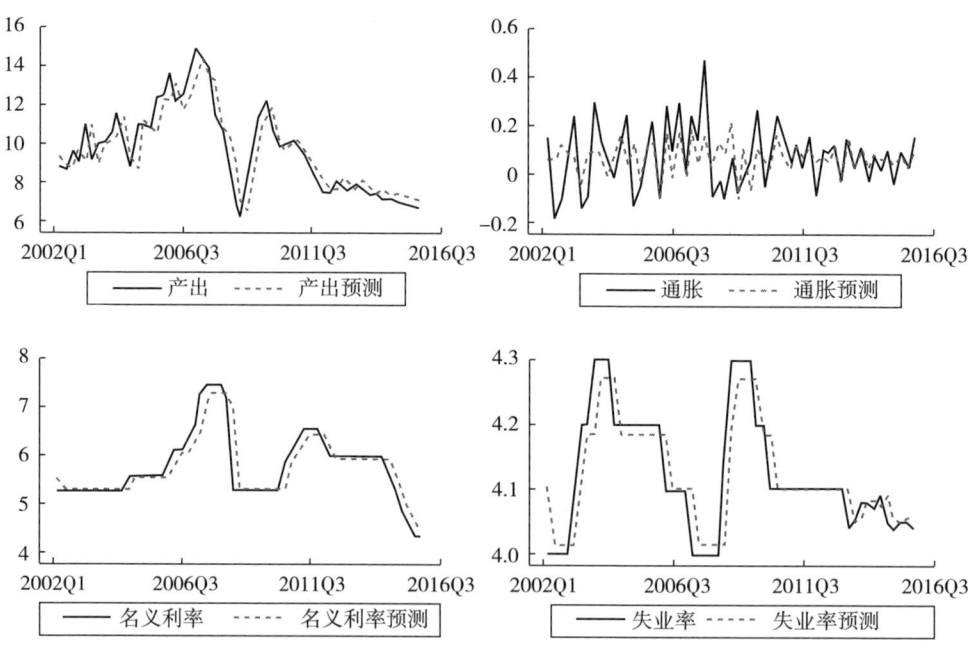

注：实线为真实值，虚线为预测值。

图8 主要宏观经济变量领先一步预测情况

四、与基于中国数据校准的 SW 等模型的预测比较

Smets 和 Wouters（2007）的文献是 DSGE 预测模型中一个代表性成果，该模型纳入了众多名义和实际黏性，同时使用了一些可观察变量进行了估计。由于具有一些显著的优点，模型成为欧洲中央银行等系列中央银行 DSGE 模型的基础。Del Negro 和 Shorfheide（2012）在对 SW（2007）与蓝筹调查①、绿皮书预测②的比较中，发现在部分重要指标，如 GDP 的估计上，SW（2007）具有一定的优势。因此，鉴于该模型具有一定较好的性能，本文以此为基础与基准模型进行预测能力比较。

在此，不对模型基准方程进行赘述，仅报告对关键参数的校准情况。对于一些冲击相关参数的设定，参考 SW（2007）原有设定，在此不作重复说明。表 6 呈现具体设定结果。

表 6   SW 的主要中国化参数设定

参数	变量描述	先验值	先验标准差	先验分布类型
δ	折旧率	0.025		
g_y	外生支出/GDP	0.2		
φ_w	稳态工资加成	1.5		
ε_p	价格 Kimbal 曲率	10		
ε_w	工资 Kimbal 曲率	10		
φ	投资曲率	4	1.5	NORMAL
σ_c	风险规避系数	1.5	0.375	NORMAL
λ	消费习惯系数	0.7	0.1	BETA
ξ_w	工资 Calvo 比	0.5	0.1	BETA
σ_l	劳动弹性	2	0.75	NORMAL
ξ_p	价格 Calvo 比	0.5	0.1	BETA
ι_w	工资通胀指数	0.5	0.15	BETA
ι_p	价格通胀指数	0.5	0.15	BETA
ψ	资本利率曲率	0.5	0.15	BETA
φ_p	固定成本	1.25	0.125	NORMAL
r_π	通胀系数	1.5	0.25	NORMAL
p	利率持久系数	0.75	0.1	BETA

---

① The Blue Chip Survey。这些调查由美国的一些经济预测专家作出。
② Green book，由联储作出。

续表

参数	变量描述	先验值	先验标准差	先验分布类型
r_y	产出缺口系数	0.125	0.05	NORMAL
$r_{\Delta y}$	产出增长系数	0.125	0.05	NORMAL
$\bar{\pi}$	平均通胀率	0.625	0.1	GAMMA
$100(\beta^{-1}-1)$	贴现因子	0.25	0.1	GAMMA
$\bar{L}$	平均劳动	0	2	NORMAL
$\bar{\gamma}$	平均增长率	2	0.5	NORMAL
α	资本占比	0.3	0.05	NORMAL

我们直接根据中国经济的现实以及经济理论相关研究对部分参数进行校准，在剩下的大部分参数上，我们利用贝叶斯方法进行估计。主要利用的数据包括：GDP 增长率、消费增长率、投资增长率、消费以及 7 天期 REPO 利率。图 9 显示了主要变量对冲击的脉冲响应结果。

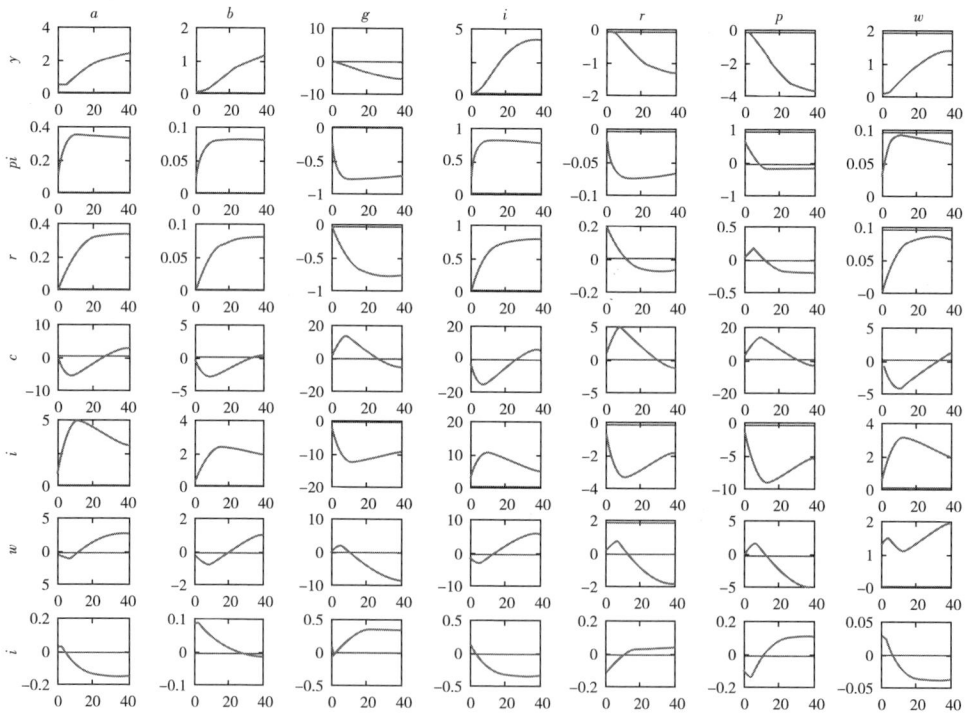

图 9 中国化校准模型的主要脉冲效应结果

从经典的有关 DSGE 模型的预测效果判别来看，其基本指标为根均方误差（Root Mean Squared Error，RMSE），其值越小，表明模型预测效果越好。将本文构建的 DSGE 模型与 SW 模型、VAR 模型①进行比较,预测区间分别为 1 个、4 个、8 个、12 个季度。发现本模型在 GDP 及通胀预测中短期(4 个季度以内)略劣于 VAR 模型;但在中长期(4 个季度以外),其优于 VAR 模型,表明预测结果总体具有较强的可靠性。而在与 SW 模型的比较中,我们发现仅在 12 个季度的产出预测中本文模型劣于 SW 模型,但在其他时期预测中,本文模型皆优于 SW。总之,从计量结果可以发现,本文模型具有一定的优势。

表 7　主要宏观变量基于基准 VAR 模型与 DSGE 模型预测效果的比较

RMSE	1 个季度		4 个季度		8 个季度		12 个季度	
	产出	通胀	产出	通胀	产出	通胀	产出	通胀
基准 VAR	0.067	0.071	0.049	0.07	0.047	0.066	0.048	0.072
本章模型	0.069	0.093	0.05	0.065	0.0431	0.054	0.0469	0.062
SW 模型	0.070	0.095	0.06	0.071	0.0481	0.063	0.0466	0.077

五、简要结论

本文系统地回顾了全球主要中央银行宏观经济模型,尤其是 DSGE 模型的基本情况,并在此基础上,建立了一个可以反复使用的、适合中国经济的 DSGE 模型,可以看做 IMF 的 GPM 系列模型在中国的本土化过程。研究中遵循"模型设定—稳态参数校准—动态参数估计—模型评估—方差分解、冲击响应分析、预测"的流程,同时,我们将模型与 SW 模型以及基准 VAR 模型进行了比较。在这一过程中,我们从发现这一基础模型架构对于主要宏观变量,尤其是 GDP 具有一定的预测能力,在预测能力较 SW 模型更为有效;同时,本模型在中长期较基准 VAR 模型预测略好。模型具有较为丰富的政策含义,有助于评估主要政策指标对经济的影响情况,进而为推出合理的政策布局提供建议。

然而,来自模型本身以及国内外经济金融环境的不确定因素仍旧较多,导致模型预测等结果可能存在偏差,主要体现为:一是 DSGE 模型主要针对均衡路径下经济行为的分析,而应用到经济周期中的转折点几乎都会失败,因此可能不大适用于经济增长非平稳状态下的分析。二是世界经济复苏力度仍然较弱。三是美联储货币政策调整可能产生广泛影响。四是中国经济转型升级的任务和压力仍然艰巨。因此,一方面要密切关系现实世界变化;同时,有必要构建多个经济预测模型来形成经济分析预测模型组,通过模型组内各模型交叉验证,形成对中国经济走向和政策效率的合理评估。

---

① 包含 GDP、通胀、消费、投资、出口、社会融资规模存量 6 个指标。模型具体形式在此不作说明。

参考文献

[1] 刘斌. 我国 DSGE 模型的开发及在货币政策分析中的应用 [J]. 金融研究, 2008 (10).

[2] 盛松成, 吴培新. 中国货币政策的二元传导机制——"两中介目标, 两调控对象"模式研究 [J]. 经济研究, 2008 (10).

[3] 盛松成. 社会融资规模与货币政策传导 [J]. 金融研究, 2012 (10).

[4] 盛松成, 万阿俊. 社会融资规模与货币政策传导 [J]. 经济研究, 2016 (1).

[5] 张杰平. 欧洲中央银行宏观计量模型 [J]. 经济问题探索, 2012 (4).

[6] An., Schorfheide, (2007). Bayesian Analysis of DSGE Models. Econometric Reviews, 26 (2), 113 – 172.

[7] Bernanke, B. S., Gertler, M., Gilchrist, S. (1998). The Financial Accelerator in a Quantitative Business Cycle Framework. NBER Working Paper, 6455.

[8] Christiano, L. J., Motto, R., Rostagno, M. (2007a). Financial Factors in Business Cycles. Unpublished Manuscript, Northwestern University.

[9] Christiano, L. J., Eichenbaum, M. S., Evans, C. L. (2005). Nominal Rigidities and the Dynamic Effects of a Shock to Monetary Policy. Journal of Political Economy, 113 (1), 1 – 45.

[10] Carabenciov, Ermolaev, Freedman et al. (2008). A small Quarterly Projection Model of the US Economy. IMF Working Paper WP/08/278.

[11] Herbst, Schorfheide (2015). Bayesian Estimation of DSGE Models, Princeton University Press.

[12] Smets, F., Wouters, R. (2007). Shocks and Frictions in US Business Cycles: A Bayesian DSGE Approach. American Economic Review, 97 (3), 586 – 606.

[13] IMF. (2013) IMF Multilateral Policy Issues Report: 2013 Spillover Report, IMF Policy Paper.

[14] Yotzov, V. (2000) Macroeconomic Models of the International Monetary Fund and the World Bank (Analysis of Theoretical Approaches and Evaluation of Their Effective Implementation in Bulgaria), Bulgarian National Bank Discussion paper, DP/14/2000.

[15] IMF. (2004) GEM: A New International Macroeconomic Model, IMF Occasional Paper 239.

[16] Pesenti, P. (2008) The Global Economy Model: Theoretical Framework, IMF Staff Papers 55 (2).

[17] M Kumhof, M., Muir, D., Mursula, S., Laxton D. (2010) The Global Integrated Monetary and Fiscal Model (GIMF) – Theoretical Structure, IMF Working Paper, WP/10/34.

[18] Carabenciov, I., Freedman, C., Garcia – Saltos, R., et al. (2013) GPM6—The Global Projection Model with 6 Regions, IMF Working Paper, WP/13/87.

[19] Chung, H. T., Kiley, M. T., Laforte, J. P. (2010) Documentation of the Estimated, Dynamic, Optimization – based (EDO) Model of the U.S. Economy: 2010 Version, Federal Reserve Board Staff Working Paper 29.

[20] Erceg, C., Guerriei, L., Gust, C. (2006) SIGMA: A New Open Economy Model for Policy Analysis, Federal Reserve Board International Finance Discussion Papers 835.

[21] Plosser, C. I. (2012) Macro Models and Monetary Policy Analysis, Bundesbank – Federal Reserve Bank of Philadelphia Spring 2012 Research Conference.

[22] Kocherlakota, N. (2009) Modern Macroeconomic Models as Tools for Economic Policy, The Region, Federal Reserve Bank of Minneapolis, pp. 5 – 21.

[23] Brayton, F., Mauskopf, E., Reifschneider, D., et al. (1997) The Role of Expectations in the FRB/US Macroeconomic Model, Federal Reserve Bulletin, pp. 227 – 245.

[24] Levin, A., Rogers, J., Tryon, R. (1997) Evaluating International Economic Policy with the Federal Reserve's Global Model, Federal Reserve Bulletin, pp. 797 – 817.

[25] Brayton, F., Levin, A., Lyon, R., et al. (1997) The Evolution of Macro Models at the Federal Reserve Board, Carnegie – Rochester Conference Series on Public Policy, pp. 43 – 81.

[26] Pescatori, A., Zaman, S. (2011) Macroeconomic Models, Forecasting, and Policymaking, Federal Reserve Bank of Cleveland Economic Commentary 19.

[27] Fligstein, N., Brundage, J. S., Schultz, M. (2014) Why the Federal Reserve Failed to See the Financial Crisis of 2008: The Role of "Macroeconomics" as a Sensemaking and Cultural Frame, University of California.

[28] Tovar, C. E. (2009) DSGE models and central banks, BIS Working Papers 258.

[29] Smets, F., Christoffel, K., Coenen, G., et al. (2010) DSGE models

and their use at the ECB, SERIEs, pp. 51 – 65.

[30] Freedman, C., Lane, P. R., Repullo, R., et al. (2011) External evaluation of the directorate general research of the European Central Bank,

[31] Christoffel, K. P., Coenen, G., Warne, A. (2008) The new area – wide model of the euro area: a micro – founded open – economy model for forecasting and policy analysis, European Central Bank Working Paper Series 944.

[32] Gomes, S., Jacquinot, P., Pisani, M. (2010) The EAGLE: A model for policy analysis of macroeconomic interdependence in the euro area, European Central Bank Working Paper Series 1195.

[33] Dieppe, A., González, P. A., Willman, A. (2011) The ECB's New Multi – Country Model for the euro area: NMCM – Simulated with rational expectations, European Central Bank Working Paper Series 1315.

[34] Dieppe, A., González, P. A., Hall, S., Willman, A. (2011) The ECB's New Multi – Country Model for the euro area: NMCM – with boundedly rational learning expectations, European Central Bank Working Paper Series 1316.

[35] Smets, F., Wouters, R. (2003) An estimated dynamic stochastic general equilibrium model of the euro area, Journal of the European economic association, pp. 1123 – 1175.

[36] Fagan, G., Henry, J., Mestre, R. (2001) An area – wide model for the euro area, European Central Bank Working Paper Series 42.

[37] Arestis, P., Sawyer, M. (2002) The Bank of England Macroeconomic Model: Its Nature and Implications, Journal of Post Keynesian Economics, pp. 529 – 545.

[38] Smith, J. (2014) Forecasting at the bank of England, Bank of England.

[39] Harrison, R., Nikolov, K., Quinn, M., et al. (2004) The new Bank of England Quarterly Model, Bank of England Quarterly Bulletin (Summer).

[40] Westaway, P. F. (1999) Economic models at the Bank of England, Bank of England Quarterly Bulletin (Summer).

[41] Burgess, S., Fernandez – Corugedo, E., Groth, C., et al. (2013) The Bank of England's forecasting platform: COMPASS, MAPS, EASE and the suite of models, Bank of England Working Paper 471.

附录：

对模型中主要标记及观察变量数据的说明

模型主要标记：$\bar{Y}$ 为潜在产出，$g_t^{\bar{Y}}/4$ 为季度增长率，$\varepsilon^{\bar{Y}}$ 为潜在产出冲击。$g^{\bar{Y}}$ 为潜在 GDP 增长率，$g^{\bar{Y}ss}$ 为稳态增长率，$\varepsilon_t^{g^{\bar{Y}}}$ 为对于前者增长率的冲击。$\bar{U}$ 为均衡失业率，$g^{\bar{U}}$ 为均衡失业率增长项，$\varepsilon^{\bar{U}}$ 为均衡失业率冲击项。Rr 为实际利率，rs 为名义利率，π_t 为通胀。$Rrgap$ 为实际利率缺口，定义为实际利率 rr 和其均衡值 $\overline{rr}$ 之间的差。$\overline{rr}_t$ 为均衡利率，$\overline{rr}^{ss}$ 为稳态实际利率，$\varepsilon^{\overline{rr}}$ 为对均衡利率的冲击。$\overline{SHRZ}$ 为社会融资增速的均衡水平，$\varepsilon_t^{\overline{SHRZ}}$ 为对其的冲击。$SHRZ_t$ 为社会融资增速水平，ε_t^{SHRZ} 为对其的冲击。η_t 为社会融资规模组合变量，ε_t^y 为对 y_t 的冲击。ε_t^π 为对通胀水平的冲击。π^{tar} 为通胀参考目标，ε_t^{rs} 为对名义利率的冲击。u_t 为失业率，ε_t^u 为对失业率的冲击。

模型主要观察变量包括：GDP、CPI、短期贷款利率 6 个月至 1 年（含）、城镇登记失业率、社会融资规模，对应模型中具体的观察变量分别为 y、π、rs、u、$SHRZ$。数据样本从 2002 年第一季度到 2016 年第二季度。GDP 初始值为现价当季值，再使用 CPI 定基比序列平减得到实际值，其后使用对数差分化处理。CPI 使用定级比序列，为 2002 年 1 月为 100 的定基消费者价格指数，进行对数差分化处理。短期利率数据取季度平均值。城镇失业率数据即为统计局城镇登记失业率数据，为季度数据。社会融资规模数据取季度存量数据，其后使用对数差分化处理。

金融创新与金融稳定篇

金融监管体制改革法律制度研究

中国人民银行上海总部综合管理部课题组

课题组组长：郑　皓
课题组成员：殷健敏　虞磊珉　张　军　张　瑞　徐　喆

摘　要

我国"十三五"规划纲要中，明确提出要改革现行金融监管体制："加强金融宏观审慎管理制度建设，加强统筹协调，改革并完善适应现代金融市场发展的金融监管框架，明确监管职责和风险防范处置责任，构建货币政策与审慎管理相协调的金融管理体制。"纲要中提出的加强宏观审慎管理、统筹监管系统重要性金融机构、逐步建立功能监管和行为监管框架的改革理念与全球主要经济体金融监管改革的方向相一致，但在金融监管框架改革的具体模式选择方面，还没有形成共识。

当前，中国实行"一行三会"的分业金融监管体系。人民银行主要负责制定和执行货币政策，维护金融市场稳定，同时承担支付清算、国库、反洗钱、征信管理等金融服务职能。银监会、证监会和保监会则分别负责存款类金融机构、证券机构和保险机构的监督管理。这种基于机构的分业监管模式是改革开放以来逐步形成的，为维护我国金融秩序的稳定、促进金融监管的专业化作出了积极贡献。但随着中国金融市场的不断变化和金融业的不断创新，原有的分业壁垒日渐消融，金融监管面临巨大挑战。近年来频繁暴露的局部风险，尤其是去年以来股市经历的巨幅波动表明，现行监管体制框架、监管制度设计不完全适应我国金融业发展的需要。

金融监管法律法规以及金融行业相关制度设计为监管的具体实施、金融行业的创新发展提供了法律依据。有效监管必须具有一个完备的金融监管制度体系，使监管工作得到法律的支持、制度的支持，各个监管部门之间的职责权力得到合理分配，以保障监管工作的有效进行。在此背景下，本文以金融监管法律制度理论和我国金融监管立法实践为出发点，采用比较分析法、历史分析法，对2008年全球金融危机后美国、欧盟、英国等国（地区）为应对危机而出台的金融监管法律制度进行分析和讨论，从法律角度探析这些危机背景下出台的监管制度改革的内容、效用和对我国的借鉴，并提出我国在金融监管法律制度改革建议：一是加强金融立法，建立健全金融监管法制体系；二是强化中央银行在宏观审慎监管中的作用；三是金融监管协调机制实体化和制度化；四是重视金融消费者保护；五是强化金融创新的法律保障；六是完善监管法律制度的国际协调与合作。

有效的金融监管必须具有一个完备的金融监管法律制度体系。要实现"十三五"规划纲要中的金融监管体制改革目标，完善我国金融监管法律体系迫在眉睫。与此同时，世界各国特别是在2008年全球金融危机后，也开始从理论上重新审视立法在管制金融活动中的巨大意义，强调以法律的形式制定相关措施，规范金融监管机构的行为和金融机构在市场中的行为。本文围绕我国金融监管立法的理论与实践，通过对2008年全球金融危机产生后各国为应对危机而出台的金融监管法律制度的内容、效用和经验教训的研究和讨论，探索我国金融监管法律制度改革的思路。在分析这些历经改革的金融监管法律制度前，有必要先对金融监管的相关概念进行简单梳理，并通过溯源金融监管法律制度的缘起和发展历程，为金融监管改革中的法律问题研究提供相应基础。

一、金融监管和金融监管法律制度

（一）金融监管

金融监管由金融监督和金融管理组成，其中，金融监督是金融监管当局（等国家机构）为了保证金融机构和金融市场的安全、可靠和健康发展，实施的正面的、经常性的检查和督促；金融管理则是金融管理机构对金融业的金融活动进行领导、组织、协调和控制等一系列活动。①

一般说来，金融监管应当分为狭义和广义的两种，狭义上的金融监管是指国家或地区的金融监管机构按照国家法律法规，对该国或地区的金融市场实施监督和管理的行为；广义上的金融监管除了法定的金融监管机构外，还包括同业自律监管和金融机构自我监管等。

从全球范围来看，作为金融监管主体的有中央银行，如英格兰银行、美联储；有专门监督机构，如日本金融厅、德国联邦银行监管署。我国的金融监管主体主要是指中国人民银行和中国银监会、证监会、保监会。金融监管客体一般是指接受金融监管主体监管的商业机构，一般包括银行业、证券业、保险业、信托业、租赁公司等机构，其中以银行业为主要代表。

---

① 中央财经大学王广谦教授在《中央银行学》中定义：金融监管是金融监督与金融管理的复合称谓。从词义上讲，金融监管是指金融主管当局对金融机构实施的全面、经常性的检查和督促，并以此促进金融机构依法稳健地经营、安全可靠和健康的发展。

从金融监管的历史来看,早期的金融监管产生于20世纪30年代之前,所注重的是中央银行的统一监管。由于当时金融市场兴起的时间并不久,政府对金融监管的思路也只是初步形成,并主要立足于货币系统的管理。20世纪30年代爆发的"经济大萧条"扭转了全球金融市场最初的金融监管理念。当时,全球经济危机的教训使人们开始逐渐认识到市场的波动性不仅仅是依靠市场自律便能够得以控制的,而一国核心的金融监管职能也不应该只立足于货币管理。20世纪70年代以后,随着全球经济的复苏,金融市场开始呈现一种多元化发展的态势,金融监管开始迈向了放松监管时代。在这一时代背景下,以美国为代表的发达国家大都通过放松对金融机构的过度管制,来促进金融市场更好的发展。但在这种放松的监管体制下,金融市场中开始滋生各种问题,并逐渐不受控制。尽管从20世纪90年代以来,国际社会也逐步开始重视重新强化对金融市场的监管,但前期积累的金融风险和金融问题依然以美国次贷危机为源头开始大规模爆发并席卷全球。

(二) 金融监管法律制度

金融监管法律制度是指金融监管机构在对金融市场实施监督和管理过程中所依据的相关法律规范。① 早先的金融监管法律制度都是以国内法律规范的形式呈现,由各主权国家的立法机构依据各国不同的经济发展情形和金融监管的需要予以制定。随着全球化步伐的加快,国际组织介入金融监管和国家间金融监管协调的情形也逐渐增多,金融监管法律制度逐渐从原来的一种国内法律制度向国际间法律制度演变,从单一国家颁布的法律法规与政策,逐渐延伸到了国家间的国际协议以及国际层面的软制度。这些金融监管国际协议则借由国家的法律规范得以在一国金融监管法律体制中得以体现,而国际层面的金融监管软制度也逐渐被各国所学习,并通过一定的途径将软制度中的先进之处体现在国内立法中。

新时代背景下,各国在金融监管法制改革中不约而同地关注了系统性风险的防范、金融消费权益保护制度的构建、金融衍生品交易市场的规范等由危机而导入的核心问题。并且,相关的国际组织在法律制度规范改革时也重点关注了这些问题。基于2008年全球金融危机,国际社会金融监管理念得以转变,摒弃了以往只重视金融机构准入制度的监管思路,形成了涵盖宏观审慎监管、金融消费权益保护、金融创新监管、监管协调与合作等机制在内的全面监管法制框架,从而带领全球金融监管法制进入了新的时代。

---

① 一般来说,金融法律包括两类,一类是指一国中央金融监管部门对其监管机构的法律,另一类是指该国金融机构从事金融业务时所遵守的法律。本文主要讨论的是前者。

（三）金融监管立法的必要性

现代商品经济条件下，金融活动及其发展变化对于一国经济的影响是巨大的、深刻的。回顾历史，从英国巴林银行的倒闭到亚洲金融风暴的发生；从美国安然公司的破产到我国证券市场银广夏事件的发生；从美国次贷危机到欧洲主权债务危机，无不证明一国金融监管当局需要运用法律对单一金融机构的组织主体、业务行为和对金融市场的整体运行进行有效的监督和管理。

金融行业是一个特殊的高风险行业，这种行业的特殊性决定了金融监管的重要性。一旦发生金融危机，将会引起包括投资人在内多数债权人的恐慌，危及多数存款人的利益，后果是非常严重的。1929~1933年大危机时，美国由于银行大量倒闭，使货币供应量突然大幅度下降，造成货币紧缩，全国经济陷入严重危机之中，以致数年难以恢复。种种事例表明，一个国家金融机构的合法经营和风险状况的预测、评估和控制需要用法律形式加以确认。金融业本身是一个非常脆弱的行业，金融体系内在的脆弱性以及金融资产价格上的波动性，需要金融监管法律来保障金融行业安全运行，保证金融秩序不受损害以至于保证整个国民经济的安全。另外，金融业在其活动过程中也存在市场缺陷问题，继而产生金融外部效应，例如金融垄断、金融业信息不对称等，需要政府积极立法来对金融业进行监管。

用法律这种手段和途径进行金融监管，会对金融的发展起到重要作用，这是由法律的强制性和稳定性特点决定的。法律的强制性是指以国家力量为后盾，对违法行为具有强制纠正手段；法律的稳定性是指法律一经制定，在相当长的时间内不能修改其主体骨架。正是由于法律的这两种特性，在1995年全国人大通过了《中国人民银行法》，我国的金融监管机构才开始了真正意义上的依法监管。中国人民银行也严格地按照这一金融领域的"基本法"采取法定的监管措施。此后随着《商业银行法》《证券法》《保险法》《银行业监督管理法》的颁布实施，中国金融监管机构按照法律授权应对了分业经营中出现的监管问题，进行了一系列的合规性监督和管理，有力推进了我国金融行业的健康发展。总之，金融监管内容很广泛，各国情况也千差万别。但为了实现金融机构的自我管理与外部监督相结合，维护金融秩序稳定，金融监管当局需要国家金融监管法律法规的授权，对该国的金融机构、金融市场运营进行把脉，更要对金融机构的业务活动进行监督、检查、稽核和协调，限制金融业的过度竞争和不正当竞争，保护存款人、投资人和社会公众的利益，从而促进金融体系公平、有序竞争，维护金融业合法、稳健、高效的目标。

二、中国金融监管立法及存在的问题

（一）现状

2003年3月10日，第十届全国人大一次会议第三次会议通过了国务院机构改革方案，现行金融监管框架正式建立，中国银行业监督管理委员会获准成立。同年12月27日，第十届全国人大常务委员会第六次会议通过了《中华人民共和国银行业监督管理法》（下称《银行业监督管理法》）、《关于修改〈中华人民共和国中国人民银行法〉的决定》和《关于修改〈中华人民共和国商业银行法〉的决定》（以下简称三部监管法律），并于2004年2月1日起正式施行。

三部监管法律和《证券法》《保险法》《信托法》《证券投资基金法》《票据法》及有关的金融行政法规、部门规章、地方法规、行业自律性规范和相关国际惯例中有关金融监管的内容共同组成了中国现行的金融监管制度体系。

三部监管法律的颁布和实施，标志着中国现代金融监管框架的基本确立。根据修订后的《中国人民银行法》，中国人民银行的主要职责是："在国务院领导下，制定和执行货币政策，防范和化解金融风险，维护金融稳定。"

修订后的《中国人民银行法》强化了中国人民银行在执行货币政策和宏观经济调控上的职能，将对银行业金融机构的监管职能转移给新成立的中国银行业监督管理委员会，保留了与执行中央银行职能有关的部分金融监督管理职能，继续实行对人民币流通、外汇管理、银行间同业拆借市场和银行间债券市场、银行间外汇市场、黄金市场等金融市场活动的监管。至此，中国金融监管将分别由中国人民银行、中国银行业监督管理委员会、中国证券市场监督管理委员会和中国保险业监督管理委员会四个机构分别执行。

为确保四部门在监管方面的协调一致，《中国人民银行法》第九条授权国务院建立金融监督管理协调机制；《中国人民银行法》第三十五条、《银行业监督管理法》第六条分别规定了中国人民银行、国务院银行业监督管理机构应当和国务院其他金融监督管理机构建立监督管理信息共享机制。

中国现行监管体制的形成，既有国际背景，又有国内背景。从国际背景来看，20世纪30年代美国金融危机后，当时理论界主流学派认为银行与证券混业经营不利于防范金融风险，因此要实行分业经营。从国内背景来看，当时金融监管只限于一般性行政检查和管理，实行机构性监管，如审批管理、业务范围核定及专项现场检查和行政处罚等，机构性监管成为制度基础。此外，我国实行分业监管，还有其理论基础。证券监管从中央银行职能中分离的主要根据是：我国证券市场发育不成熟，两业融合会助长证券市场的投机。银行资金实力强，两业合一易产生垄断,不利于证券市场的发展。我国银行的自我控制能力较弱,两业合一不利于银行体系的安全,并会影响到中国银行货币政策的执行;我国银行业缺乏严格的法律约束,两业合一会引起金融秩序的混乱。

事实上,关于分业监管的论据中隐含着某些错误判断。第一是把分业经营与分业监管混同。银行业与证券业不能"融合",不等于一定要实行分业监管。第二是把金融风险产生的原因归结于混业经营,而忽视对金融风险产生的根源进行追溯。

(二) 我国金融监管立法存在的问题

第一,微观审慎监管权被剥离后,中央银行的监管权仅限定在对银行业金融机构的建议检查权和与其开展业务相关的特种检查权,没有赋予基于履行金融稳定职责而应具有的对保险业和证券业的检查权,缺乏对金融全口径信息获取和监测的法律依据,中央银行对金融业发展全局的把握程度降低,在一定程度上影响了执行货币政策和维护金融稳定的有效性。在银监分设之后,人民银行基本丧失了对微观金融机构的监管职权。但同时,根据《中国人民银行法》,人民银行是金融机构的最后贷款人,肩负防范和化解金融风险、维护金融体系安全稳定的职责。造成人民银行一方面缺乏对金融机构有效的监管手段;另一方面为履行好自己的职责,就会在不完全了解情况的情形下,被动地动用公共资金对一些问题金融机构进行救助。

第二,法律法规偏重定性而忽视定量。监管法规和规章多数的条文是一般原则性的概括,大多只有原则性的指导,缺乏具体的细则和相关的配套、处理办法等。《银行业监督管理法》第二十一条规定了审慎经营规则,包括风险管理、内部控制、资本充足率、资产质量、损失准备金、关联交易、资产流动性等内容。银监会也颁布大量规则涉及了审慎经营规则,但由于缺乏约束力和可操作性,基层监管部门难以执行。2006年修改的《银行业监督管理法》赋予银监会相关调查权,依据该规定,设区的市一级以上银行监管部门可以行使该项权力,但由于相应操作规则不够明确完善,很难保证各监管部门规范、有效地行使该权力。

第三,缺乏有效法律规定应对金融创新。对于同一发展阶段上的不同经济体而言,立法滞后会使其在国际竞争中处于不利地位并付出高昂成本。随着金融混业经营、金融产品创新、新型金融机构的迅猛发展,很多金融机构的业务已不再局限于单一行业,如果它只受单一机构监管,则单个监管机构无法承担其他监管机构应该承担的监管责任,而如果它受到多个监管机构的共同监管,则由于各监管机构的监管目标和执行方式不同,就会导致各监管机构之间发生监管重复与监管冲突。我国现行的"一行三会"各负其责、泾渭分明的金融监管模式中,没有一个机构负责对整个金融业监管的协调应对工作,这一监管模式已不能很好地与新形势的发展相适应。各监管机构从各自的监管目标出发采取监管措施,缺乏对金融业新生事物的及时合作和正确反应,监管上存在滞后性,难以发挥监管合力。

第四,金融监管各机构之间的协调沟通不足。为了更好地统一和综合监管金融市场与金融机构,一行三会于 2004 年共同签署了《金融监管分工合作备忘录》,形成一行三会间"分业监管、相互合作"的模式。但由于一行三会的监管职责界限不同,虽然成立了三方联席会议这一沟通机制,但各个机构之间沟通不充分、协调效率低的现象并未得到有效改善,金融监管过程中出现的执行困难问题依然严峻。

第五,与国际金融监管组织间缺乏足够的沟通交流。在世界经济联系日益密切的背景下,金融监管当局既要做好本国金融机构的监管,还要做好对外资银行在国内分支机构的监管。由于金融风险的关联性,许多时候,我国的金融监管当局还要密切关注外资金融机构海外母公司的经营情况。为了实现这一目的,我国金融监管当局要加强与其他国家金融监管机构的信息沟通,畅通沟通渠道,确保能够及时有效地对外资金融机构实施监管,防范国际金融风险传导到国内,对我国经济金融造成损失。

三、美国、英国、日本和欧盟金融监管立法演进及借鉴

金融发展与金融监管法律两者的关系密切相关,金融经济基础的变化必然导致作为上层建筑的金融监管法律制度的显著变化。回顾国际金融监管法律体系,金融监管从"政府全面干预"的法律监管,到"安全优先"的法律监管,再到"效率优先"的法律监管,都反映了金融发展的内在要求。为了适应金融业发展的需要,抢占金融市场、追求最大利润,规避国家的法律监管,金融机构往往不断进行金融创新,这就增加了金融监管的难度,强力地冲击着现有金融监管的法律基础。对于金融监管是否存在最优模式的问题,各国国情不同,都有各自的安排,但在遇到金融危机时,一些模式的优劣或现有模式的重要缺陷就会暴露出来。2008 年全球金融危机爆发后,国际上对危机教训进行了系统反思,尤其对中央银行和监管权的分离进行了反思,凸显了单一目标的重要缺陷。

(一)美国

总体来看,美国的金融监管制度经历了由初级阶段的混业经营、混业监管,到发展阶段的分业经营、分业监管,再到发达阶段的混业经营、功能监管的发展过程。美国政府对金融监管的必要性的认识,也经历了一个加强监管,到去监管,再到重监管的循环。

1. 美国金融监管立法历史演进

危机前,美国金融监管的主要目的是避免20世纪30年代大萧条的重演。美国国会于1933年通过了《格拉斯—斯蒂格尔法》,确定了美国金融市场分业经营、分业监管的模式,并创建了联邦存款保险公司(FDIC),对参加存款保险的银行提供保护。随后,一系列法案陆续出台,切断了银行业与证券市场的联系,成为防范金融危机的一道防火墙,美国银行业此后经历了相对平稳的发展时期。进入20世纪70年代后,随着金融创新和非银行金融机构、非金融机构和资本市场对银行存贷款的激烈竞争,分业经营的模式开始阻碍银行业的发展,美国逐渐开始放松管制。1999年11月4日通过的《金融服务现代化法》彻底结束了银行、证券、保险分业经营的局面。虽然分业经营的局面被打破,但对银行业的监管却依然延续联邦和州政府两级、多个监管机构并存的"双重多头"金融监管体制。联邦一级的监管机构主要有美联储(FED)、货币监理署(OCC)、联邦存款保险公司(FDIC)、储贷监理署(OTS)、国家信用社管理局(NCUA)、证券交易委员会(SEC)等,保险业由各州单独监管,50个州有各自的金融法规和行业监管机构。①

2008年次贷危机后,美国政府对金融监管进行反思。整体改革思路从2008年"现代金融监管构架改革蓝图"开始着手建立,提出了对美国金融监管体制的重建。2010年7月21日,美国总统奥巴马签署了长达2300页的《多德—弗兰克华尔街改革与消费者保护法案》。成立金融稳定监管委员会FSOC,负责识别、监测和处理危机及美国金融稳定的系统性风险,即在认定大型金融机构增长太快,对金融系统构成威胁时,向美联储建议对这些金融机构实施更加严格的监管。美联储被赋予对系统重要性金融机构的并表监管权,但消费者保护转由消费者金融保护局负责,且美联储货币政策要受联邦审计署(GAO)审查。此外,美联储保留了对州立会员银行的监管权。遵循有序解散破产机构的原则,联邦存款保险公司FDIC获得分拆破产的系统重要性金融机构的权利,目的是防止一家机构的破产危及整体经济和金融体系安全。联邦存款保险公司依然保留了对投保银行的监管权。新成立消费者金融保护局,对提供信用卡、抵押贷款和其他贷款等消费者金融产品及服务的银行和非银行实施监管,并拥有一定的执法权。除了继续承担国民银行的监管外,货币监理署还获得了对联邦储贷协会的监管权与对联邦与州储贷协会制定监管规则的权力。撤销了储贷监理署并把相关监管权力转移给相应的银行监管者。

次贷危机后的金融监管改革,是大萧条以来最重要的改革。但基于联邦与各

---

① 尹哲,张晓艳. 次贷危机后美国、英国和欧盟金融监管体制改革研究[J]. 南方金融, 2014(6).

州之间的权力分配,这一改革并不妨碍其他联邦金融监管机构,各州的金融监管机构按其自身的职能进行独立监管。双线多头的金融监管体系及功能监管的模式,将与法案确立的新监管框架和目标监管的远期目标一起逐渐形成美国新的金融监管体系,对未来数十年美国乃至全世界的金融发展产生深远影响,其具体实施情况及效果值得密切关注。

2. 美国金融监管制度经验对我国的启示

(1) 金融监管立法为金融创新和金融发展预留空间。美国的金融监管制度经历了由初级阶段的混业经营、混业监管,到发展阶段的分业经营、分业监管,再到发达阶段的混业经营、功能监管的发展过程,反映了美国金融业向更新更高层次发展推进的需求。在我国制度变迁过程中,往往存在法律上的限制。由于法律法规的滞后性,尤其是在金融市场领域,金融法律往往不能适应金融市场的迅速发展。因此,金融监管法律在立法时应当为金融创新和金融发展留下一定的开放空间,或者通过及时修订相关法律法规,为我国金融制度的转变消除法律上的限制。

(2) 金融监管范围随着金融业务的发展而发展。从美国金融监管的发展历史可知,在混业经营时期,监管对象为经营银行、证券、保险业务的全能银行。进入分业经营时期,监管的对象为单一功能的银行、证券、保险机构。20世纪70年代后,银行业兼并之风盛行,银行、证券、保险业务互相渗透,以银行为核心的金融控股公司出现,监管方面则出现了"伞形监管",由美联储对金融控股公司进行监管。

(3) 金融监管重点随着时期的不同而各有侧重。20世纪30年代大萧条后,美国对金融业实施严格的分业监管,当时的立法理念是明确地建立在"安全"基础上的,一切为了维护金融市场安全而设计有关法律。随着国际金融划时代的变化,美国从20世纪70年代就开始不断调整金融监管立法理念,通过采取逐步变通的司法解释和立法,调整了专门为"安全"而立法的理念,转向为"效率"而立法。进入20世纪80年代,金融全球化趋势加快,美国开始将国际竞争、全球市场盈利作为目标,将鼓励和促进美国金融业国际竞争力成为理所当然的立法理念,在此基础上,强调效率与安全。2008年全球金融危机后,《多德—弗兰克法案》系统性梳理、整合了美国在本次金融危机背景下此前出台的所有相关金融法律改革的重点思路,并形成了全方位的监管改革法制理念。一是促进金融稳定;二是终结"大而不倒"现象;三是通过终结政府救助保护纳税人的权益;四是保护金融消费者不受滥用性金融服务做法的损害。[①]

---

① 引自《多德—弗兰克华尔街改革与消费者保护法案》。

（二）英国

在 2008 年全球金融危机中，英国三头监管体制（英格兰银行、金融服务局、英国财政部）未能有效发挥监管职能，暴露出宏观审慎监管不力、缺乏有效监管工具、不能有效实现对破产银行有序清算等问题，受到广泛批评。2011 年 6 月 16 日，英国财政部提出了名为《金融监管新方法：改革蓝图》的新白皮书。与此书同时发布的《2012 年金融服务法草案》于 2013 年开始正式运作。通过本阶段的金融监管法律制度改革，英国重新确立了英格兰银行作为中央银行在金融稳定中的核心地位，其目的在于彻底消除职责不清和监管漏洞等问题。

1. 英国金融监管立法的历史演进

英国的金融市场历史悠久，自英格兰银行成立后历经了三百年的历史演进。1844 年，英国政府颁布《皮尔条约》使英格兰银行被赋予了中央银行的部分职能，不仅垄断了货币发行权，更作为部分银行存款准备金的保管银行。

20 世纪 70 年代，英国银行业发生了大规模的"二级银行危机"，促使了英国《1979 年银行法》的出台，强化了政府对存款银行的监管。根据《1979 年银行法》中的规定，财政部为英国金融体系的主管机关，英格兰银行为英国金融体系的监管机关，英格兰银行有权对能够接受存款的金融机构进行监管。而后出台的《1987 年银行法》对《1979 年银行法》进行了重大修改，基本确立了现代英国银行业监管的法律框架，为现代英国金融监管提供了规范化的制度保障。

20 世纪 80 年代的"金融大爆炸"带来的《1986 年金融服务法》，标志着英国分业经营的限制被取消，银行可以通过设立分支机构或分公司的形式进行证券投资，开展混业经营；证券市场规制也趋向于更加自由化。这次被称为"金融大爆炸"的金融改革，以立法形式推动了金融的自由化、国际化趋势，从根本上改变了英国金融市场的结构，促进了市场的全面竞争，迎合了全球放松监管的浪潮。同时，英国政府还设立了证券与投资委员会（Security and Investment Board，SIB），主导英国将行业自律组织联合对英国证券和投资领域的金融事务予以监管。

1997 年，英国政府通过职能合并，成立金融服务局（Financial Service Authority，FSA）行使原有 9 家金融监管机构的监管权力，并且英格兰银行的银行监管权力也被新成立的金融服务局所收归。金融服务局的权力集合象征着英国开始向统一监管的模式迈进。与此同时，英格兰银行在剥离了银行监管权后，主要职能变为了确定基础利率和实现控制通货膨胀的目标。

2008 年全球金融危机爆发前，英国运行了近二十年的金融监管功能由英格兰银行、金融服务局和国家财政部三个机构共同执行，监管方式较为柔和，

《1998年银行法》和《2000年金融服务和市场法》中，法律都偏重于对金融机构的职责规制，而忽视了对监管内容的细化和对金融风险防范的强化。2007年美国次贷危机爆发，信贷紧缩从美国蔓延到了欧洲，也对英国形成了一定的影响，其中较为著名的便是以银行间同业拆借为主要流动性来源的英国北岩银行事件。除了北岩银行以外，英国的苏格兰皇家银行、布拉德福德宾利银行等多家大型银行也陷入了类似的困境。

2009年2月，英国议会通过了全新的《2009年银行法》，通过这一立法重新巩固了英格兰银行的国家金融稳定的法定职能，并在此基础上强化了相关的金融稳定政策工具和权限。

2009年7月，英国财政部在《特纳报告》的基础上，继续推出《改革金融市场白皮书》，白皮书沿袭了《特纳报告》对于金融危机的成因分析，没有将主要缘由归结于金融监管体制的失败，但其仍就金融监管体制方面的问题提出了改革思路，重点放在监管合作机制的进一步完善和金融服务局职能的扩张上。2010年，英国出台《2010年金融服务法》对金融服务局职能定位予以规范化，金融稳定被明确成为金融服务局的法定监管目标，同时也强化了金融服务局的职权。

2011年6月16日，英国财政部提出了名为《金融监管新方法：改革蓝图》的新白皮书，与《改革蓝图》同时发布的《2012年金融服务法草案》于2013年开始正式运作。此次英国金融监管模式改革的主要内容有：一是加强宏观审慎监管，赋予英格兰银行作为英国中央银行在维护金融稳定中的法定职责和所处的核心地位，在英格兰银行内部设立金融政策委员会FPC，专注于识别、监测和管理系统性风险，以帮助英格兰银行实现保护和强化金融系统稳定性的目标。二是强调宏观审慎监管和微观审慎监管的协调合作，在英格兰银行内部成立审慎监管局PRA，负责对存款、保险以及投资银行等个体金融机构的审慎监管。三是行为监管局FCA保持独立。FCA作为一个独立机构，直接对英国财政部和议会负责，以保证金融市场良好运行、金融消费者获得公平待遇为目标，负责约26000家金融机构的行为监管，并负责PRA监管范围外的约2300家微小金融机构的审慎监管。四是注重强化国际和欧洲金融监管合作，在全球范围内规范监管标准，加强国际金融风险预警系统和金融监管架构建设。

2. 英国金融监管制度经验对我国的启示

（1）金融监管体制改革是众多因素制约的动态演进过程

英国一直以FSA大一统的监管模式为荣，将其作为先进监管体制的发展方向全世界展示。但次贷危机后的2013年，英国拆分了FSA，抛弃"金管局"模式。对于新监管体系下的行为监管局，有英国专家认为，行为监管已经成为全球趋势，英国精心打造的行为监管模式也将成为英国下一个可以向世界"出口"

的重要输出物,是全球金融监管模式演进中的一个典型。但典型不等于普遍适用,英国新监管模式的价值不在于外部所呈现的形式,而在于演进变迁过程背后的逻辑和新模式对旧模式存在问题的克服方式。英国对 FSA 模式的抛弃,英格兰银行职责的强化、行为监管与金融消费者保护的独立,使其在宏观审慎管理缺失与微观审慎监管不理想而付出巨大成本,最终决策权、剩余决策权在相关部门间授权不清导致延误危机处置,及其对微观审慎监管与行为监管内在冲突的深入理解的基础上推进的一次改革。

客观上,不同国家的金融监管体制由于经济发展阶段、金融发展特点、政治、文化等方面的差异也会呈现不同的模式,而这些影响因素都在不断地动态演进中。

(2) 重视中央银行在金融稳定中的地位,赋予一定监管职权

2008 年全球金融危机前的英国 FSA 模式曾是单一监管体制的代表,金融服务局对英国所有的金融机构统一履行审慎监管和行为监管的职责。通过本次金融监管法制改革,英国金融监管的核心已经向新设的三大机构转变:金融政策委员会代表着英国宏观审慎监管的具体思路;审慎监管局则成为了英国微观审慎监管的代表;金融行为监管局则对具体金融机构的实际行为予以把控。并且,此前由于金融监管权被剥离而仅仅剩下货币政策制定和实施权力的英格兰银行,则由于政府吸取了本次金融危机的教训后,被重新赋予了一定金融监管职能,从而在中央银行层面提供了一道防止系统性金融风险的屏障,并成为在金融监管中发挥主导作用的核心监管主体。

(3) 完善监管机构间的协调合作机制

英国本次金融监管法制改革的最大亮点是政府所设立的金融监管机构之间的协调与合作。金融监管的协调与合作不仅仅在国际法层面具有重要的意义,在国内法中也具有举足轻重的作用。以英国的金融监管法制改革为例,新设立的金融政策委员会负责宏观方面的金融监管,与负责微观金融监管的审慎监管局、金融行为监管局之间具有紧密的联系,具体表现为英国金融稳定信息、建议和专业知识等的双向交流与合作。此外,英国所有的金融监管机构之间在本次金融监管法制改革后都具备了一定的协调与合作的法律基础,协调机制成为了改革后英国金融监管框架下重要的一部分。

(4) 强化金融监管手段,减少监管要求无硬性规范的情况

对于英国的金融监管体制而言,金融危机爆发前其监管一直处于一种"柔性监管"的状态下。① 本次金融监管法制改革中,英国政府对其原有的"柔性监管"加以改进。虽然与美国等国家相比,改革后的英国金融监管法制仍存在软

---

① 汤凌霄. 英国金融监管制度的变迁及其对中国的启示 [J]. 湖南社会科学,2003 (2).

性机制大于硬性规范的问题,但已较金融危机前的情形完善许多。在金融监管分工职能等问题上,本次金融监管法律制度给予了明确的规定,明确了各金融监管主体对相关金融问题的监管政策。但英国的金融监管仍偏重于对金融监管主体的规制,对于相应金融机构的具体行为规制仍缺乏较为严格和明显的规范制度。

(三) 欧盟

2008年全球金融危机前,虽然欧盟金融市场变得日趋一体化,欧盟成员国的金融监管体制却彼此割裂、各自为政。这种监管体制无法与统一的货币政策相协调,难以适应欧洲一体化进程。欧债危机中,欧元区部分国家财政状况不断恶化,影响了国内银行的盈利性和清偿能力,银行体系的困境又成为单一货币政策的负担。由于欧洲信贷机构之间存在着广泛的联系,银行危机突破了国家界限,从欧洲层面对银行业进行监管变得非常重要。更高效、更透明的跨境银行监管能够及早识别金融体系的风险,避免监管者对本国银行过于宽容,继而引发危机的不断积累。为此,2010年9月,欧洲议会通过了新的金融监管法案,从2011年1月起,欧洲系统性风险委员会(ESRB)、欧洲银行业监管局(EBA)、欧洲证券和市场监管局(ESMA)、欧洲保险和养老金监管局(EIOPA)四家欧盟监管机构宣告成立并正式运转,从宏观和微观层面强化对金融体系的监管。上述四家机构及EBA、ESMA和EIOPA之间的联席委员会,再加上欧盟成员国各国的监管机构和欧盟委员会就构成了泛欧金融监管体系(ESFS)。

2012年9月,欧洲议会和欧洲理事会就设立欧洲单一监管机制(SSM)达成了一致意见,为欧元区银行业的统一监管勾画了蓝图。原则上,欧洲中央银行(ECB)将被赋予最为广泛的监管权力,从2014年开始对欧元区成员国近6000家银行使监管权。具体来看,SSM包括ECB和欧元区各国银行监管当局,欧元区外的欧盟成员国可以选择是否加入SSM。在监管职责的划分上,根据一家银行的系统重要性程度,ECB负责对所有重要银行进行直接监管;非重要银行则主要由各国监管当局直接进行监管,但各国监管当局要按照ECB总的指导原则进行监管。SSM这种监管框架和欧元体系的结构非常类似,就SSM涉及的监管机构而言,欧元体系和SSM之间有很大的重叠。截至2013年末,17个欧元区国家中11个国家的中央银行将继续负责对本国银行体系的监管。未来,在SSM内部,ECB履行监管职责时会特别关注以下几个方面:一是确保欧元区内单一规则手册(Single Rulebook)的贯彻执行;二是直接监管资产超过300亿欧元或满足其他条件的重要银行;三是负责监督各国监管当局对非重要银行的监管,ECB可以随时决定是否对这些银行进行直接监管以确保更高的监管标准的贯彻落实。

(四) 日本

金融厅和日本银行是日本宏观审慎监管的主要机构，二者明确分工又加强协调，是日本宏观审慎监管体系的重要特点。在宏观审慎监管中，金融厅和日本银行发挥的作用难以用孰大孰小来衡量，总体上，金融厅作为政府部门，其作用侧重于实施行政处罚等措施，而日本银行的作用侧重于系统性风险识别、监测和提出建议。

1. 日本金融监管立法历史演进

日本在"二战"后延续了政府主导的金融监管体制，大藏省（2001年被分拆为财务省和金融厅）对金融体系进行行政性管理，并可对中央银行——日本银行下达业务命令。该体制为高效利用有限资金、创造战后"东亚奇迹"发挥了积极作用，但随着经济的快速发展，"金融压抑"问题日益凸显。20世纪70年代后期，受金融市场化和国际化影响，开始实施以利率市场化和放松管制为主的金融自由化改革，20世纪90年代泡沫经济破灭后，1996年启动"大爆炸"式的全面金融改革计划，不久受亚洲金融危机冲击，出现金融机构破产潮，改革聚焦到金融监管组织结构问题上，尤其以政府对日本银行的过度干预广受诟病。以1997年通过新《日本银行法》①为标志，开始大幅调整监管机构，削弱大藏省的金融控制权，成立金融厅（FSA）统一监管金融业，同时提升日本银行的独立性。到2001年，以金融厅为核心、独立的中央银行和存款保险机构共同参与、地方财务局等行政部门辅助监管的统一监管体制基本形成。金融厅下设总务企划、检查、监督三个局，各局均设专门负责协调工作的总务科。金融厅未设分支机构，财务省下属的地方财务局受其委托，承担对地方中小金融机构的监管工作。日本银行的主要职责是维护物价稳定和金融体系稳定，并可与在日本银行开设存款账户的金融机构签订《检查协议书》，通过预先通知并获得许可的方式实施现场检查，督促加强风险管理，制定持续追踪措施。由于日本比欧美国家早一步形成了金融宏观审慎监管体系，因此在2008年的全球金融危机中，日本并未遭受大的冲击。

2. 日本金融监管体制的特色——统一监管体制下不同监管机构的配合协调

（1）统一监管体制

日本金融厅是日本废除严格分业制度之后成立的统一对金融机构进行监管的

---

① 日本于1882年制定了《日本银行条例》，同年10月10日日本银行开始运作。1942年，在条例到期失效的同时，颁布并实施《日本银行法》，该法制定后经过数次修改，但均未涉及根本性问题。1997年《日本银行法》的修改涉及日本银行的作用、货币政策目标、日本银行与政府的关系及其在法律地位上的解释、政策委员会的权限等。这是该法自制定以来的最重要的一次修改，它不仅标志着作为日本中央银行的日本银行本身的一次重大变革，也显示出日本的整个金融体制将发生重大变化。

机构。金融厅的前身为金融监督厅，成立于1998年6月，2000年7月改组为金融厅。金融监督厅的设立，是日本金融监管由过去政府主导下的"事前指导"向重视市场的"事后监控"的一个重要转变，也是顺应国际金融机构混业经营潮流的一大举措。《金融厅设置法》第3条规定，金融厅的任务是确保金融功能的稳定，保护存款者、投保者、有价证券投资者。根据《金融厅设置法》的规定，金融厅负责整个金融制度的设计，并负责监管包括银行、银行持股公司、保险公司、保险持股公司、证券公司、各类交易所、期货公司、信托公司、贷款公司、资金清算行、预付卡发行公司等在内的所有金融机构。

（2）注重不同监管机构的配合协调

金融厅和日本银行的法律地位决定了这两个机构成为日本宏观审慎监管体系的主要机构。《金融厅设置法》第3条规定，金融厅的任务是"确保金融功能的稳定，保护存款者、投保者、有价证券投资者"。而1998年4月实施的新《日本银行法》第1条规定，日本银行的目的是"调节货币与金融，确保金融机构之间正常的资金结算，并借此维护信用秩序"。

金融厅和日本银行在金融监管体系中发挥的作用难以用孰大孰小来衡量，多数日本研究学者认为二者在日本宏观审慎监管框架中均扮演重要角色，并参与对金融机构的日常微观审慎监管。[①] 但总的看来，金融厅作为政府部门，其作用侧重于实施行政处罚等措施，日本银行的作用侧重于系统性风险识别、监测和提出建议。金融厅与日本中央银行对金融机构都可实施检查，但又有差异。一是检查依据不同。金融厅是依据法律规定进行监管检查，日本银行是依据有无业务往来与金融机构签订协议，对金融机构进行检查。二是在检查目的和内容上，日本中央银行的检查是基于最后贷款人地位而调查金融机构业务与资产质量，并据此提出建议；而金融厅的检查是为保证金融机构业务正常开展，关注合规与风险管理状况。三是在可以采取的处理措施上，由于日本银行对银行的检查不属于行政措施，因此日本中央银行对金融机构没有行政处罚权，而金融厅有权根据检查结果采取相应的行政措施。

二者在明确分工的同时又强调相互协调，主要体现在：一是法律层面都有明确要求向对方提供协助义务的条款。《日本银行法》第4条规定，"为了与政府的经济政策保持协调，日本银行应经常与政府保持沟通，进行充分意见交换"。该法第44条第3款进一步规定，"金融厅长官如果提出要求，日本银行可将检查结果文件提供给金融厅，或给金融厅工作人员阅览"。金融厅在必要时也要向日本银行提供有效信息。二是共同出席金融危机应对会议，参与国家应对金融危机的决策。三是金融厅和日本银行经常联名发布指导性文件。

---

① 傅钧文. 日本金融宏观审慎监管体制建设及其启示 [J]. 世界经济研究, 2013 (12).

表 1　　　　　　　　　主要国家和地区最新金融监管改革的变化

立法	改革前	改革后
美国《现代金融监管构架改革蓝图》（2008年）、《多德—弗兰克法案》（2010年）	双线多头伞形监管，"双线"是指联邦政府和州政府两条线，"多头"是指有多个部门负有监管职责，如美联储、财政部、储蓄管理局、存款保险公司、证券交易委员会等多个机构。伞形监管是指由美联储对金融控股进行监管	加强美联储监管权，由其负责系统重要性金融机构的监管，成立金融稳定监管委员会和金融消费者保护署分别负责系统性金融风险防范工作和金融消费者保护工作
英国《金融监管新方法：改革蓝图》（2011年）、《2012年金融服务法草案》	综合监管模式。金融服务局（FSA）是英国唯一的金融监管机构，监管英国所有的金融服务业务（包括银行业、证券业、保险业等）。FSA既负责金融机构的安全和稳定，也负责对商业行为进行监管。此外英国财政部负责制定金融监管的法定框架，财政部部长作为三方委员会的主席，在管理银行危机和金融危机过程中，有最终决定权；英格兰银行主要负责维护金融系统的稳定	准双峰监管模式。撤销了FSA，将其职能分拆，由金融行为监管局（FCA）和审慎监管局（PRA）二个机构分别承担。FCA作为一个独立机构，直接对英国财政部和议会负责，FCA负责约26000家金融机构的行为监管，并负责PRA监管范围外的约2300家微小金融机构的审慎监管；PRA作为英格兰银行的附属机构，负责存款机构、保险机构和系统重要性投资公司的审慎监管。此外，赋予英格兰银行作为中央银行在维护金融稳定中的法定职责和所处的核心地位，在英格兰银行内部设立金融政策委员会，负责监控整个金融业的风险
《泛欧金融监管改革法案》（2010年）	欧盟于1998年成立了欧洲中央银行并推出区域货币欧元，逐步实现货币政策的统一，但财政政策和金融监管权仍归属各成员国	一是成立由主要成员国中央银行行长组成的"欧洲系统性风险委员会（ESRB）"，负责监测整个欧盟金融市场可能的宏观风险，强化宏观审慎管理。二是构建泛欧金融监管体系，欧洲银行委员会、欧盟证券委员会和欧洲保险及职业年金委员会三家微观审慎监管机构实际上超离于单个的欧盟成员国。三是建立单一监管机制（SSM），赋予欧洲中央银行金融监管职能，同时欧洲中央银行的职责从维护币值稳定向维护金融稳定延伸。2013年9月，欧洲议会通过欧盟银行业单一监管机制，授予欧洲中央银行于2014年11月起，直接监管加入SSM机制的成员国具有系统重要性的信贷机构、金融控股公司、混合型金融控股公司，以及信贷机构在非SSM机制成员国设立的分支机构

续表

立法	改革前	改革后
《日本银行法》（1997年）、《金融厅设置法》（2000年）	日本在"二战"后延续了政府主导的金融监管体制，大藏省（2001年被分拆为财务省和金融厅）对金融体系进行行政性管理，并可对中央银行——日本银行下达业务命令	削弱大藏省的金融控制权，成立金融厅（FSA）统一监管金融业，同时提升日本银行独立性。由于日本比欧美国家早一步形成了金融宏观审慎监管体系，因此在2008年的全球金融危机中，日本并未遭受大的冲击

表2　金融危机主要国家（地区）成立专门机构监测系统性金融风险

	监管机构	监管范围
美国	金融稳定监管委员会	负责识别、监测和处理危及美国金融稳定的系统性风险
英国	金融政策委员会	对系统性风险分析、判断、沟通、协调
欧盟	欧洲系统性风险委员会	负责监测整个欧盟金融市场可能的宏观风险，强化宏观审慎管理
日本	专门工作组	国内外大型金融机构的跨境和跨行业风险

四、我国金融监管法制改革建议

2008年全球金融危机爆发以来，国际社会纷纷开展了对金融监管法律制度进行改革的工作，欧美主要国家通过出台相应的新监管法律制度开启了金融监管法制的新时代。在金融监管法制改革中，各国不约而同地关注了系统性金融风险的防范，重视中央银行在宏观审慎监管中的作用，着力构建金融消费权益保护制度，加强对金融创新的监管等由危机而导入的核心问题。相关国际组织在制度规范改革时也重点关注了这些问题。在此背景下，我国也对国际社会在金融危机以来的金融监管重点法律问题，如宏观审慎监管制度和金融消费权益保护等重点问题予以反思，其中一些金融监管理念已体现在了我国的新监管法律制度和政策中，"一行三会"均设立了金融消费权益保护机构。虽然目前我国的金融监管法律制度改革尚未形成全面的、体系化的全新框架，但是很多问题在全球金融危机爆发以来已能够不断地在法律规范和政策的演变中得以体现，也为我国能够逐步形成新的金融监管体系提供了一定的基础。我国的金融监管法律制度改革，应当学习和借鉴各主要经济体金融监管改革的经验，结合中国的实际，强化金融安全，防范系统性风险，同时适应现代金融综合化发展趋势，建立统筹、协调、高效的监管框架，从制度上消除监管竞争和监管套利问题。

（一）加强金融立法，建立健全金融监管法制体系

一个国家金融的高速发展离不开该国良好的法治环境，从某种角度来说，法

治环境起着决定性作用。为保持金融监管的严肃性、权威性、一致性和有效性,各国的金融监管基本上都遵循依法监管原则。我国已经制定并颁布了包括《中国人民银行法》《商业银行法》《银行业监督管理法》等在内的多部法律法规,旨在为金融监管提供必要的法律依据。这些金融法律法规为维护金融稳定和秩序起到了重要的作用,但仍存在诸多不足,如金融法律法规中存在的众多原则性规定缺乏实际可操作性,监管内容简单化,滞后于金融业发展现状,对综合化经营的国际潮流应对不足,国际金融监管法律合作不足,不能完全满足金融业发展的需要。

建立健全金融监管法制体系可以从以下几方面着手:一是调整中国现有的金融监管法律法规,修正现有金融法律框架中内容不一致或者相抵触的法律及条文,对原有法律法规制定实施细则,提高监管法律的实用性和可操作性。二是对中国现有的金融监管法律空白进行补充,如颁布《金融控股公司法》《金融机构市场退出法》《金融消费权益保护法》,进一步建立起适应混业经营条件下的金融监管的全面、细致的法律制度。三是积极强化金融监管机构的法律责任,对中国金融监管机构的独立性、有效性和权威性给予明确,同时构建金融监管问责制度,把相关的责任明确嵌入法律规定中去,保障金融监管机构的监管职能能够得到有效发挥,以维护金融业健康有序发展。

（二）强化中央银行在宏观审慎监管中的作用

经过 2008 年全球金融危机,宏观审慎监管制度在金融监管中的重要地位进一步得以凸显。比较美国、英国和欧盟的金融监管改革,可以看出,三种改革措施都成立了各自的宏观审慎监管机制,美国成立了 FSOC,英国成立了 FPC,而欧盟成立了 ESRB。在新的监管框架中,中央银行都起到了至关重要的作用,除了宏观审慎监管职能外,中央银行在微观审慎监管中的作用也都得到了强化,使宏观审慎监管和微观审慎监管在一定程度上得到了统一。

对于我国而言,金融系统的稳定应该是压倒一切的最高优先权。而宏观审慎监管无疑是在防范金融风险和维护金融稳定的宏观角度中最具深远影响力的重要制度。2011 年 3 月,我国"十二五"规划纲要中明确了要构建逆周期的金融宏观审慎监管制度框架,使宏观审慎监管制度成为我国深化金融法制改革中的重要基础。因而,在我国新的监管改革路径中,强化宏观审慎监管和防范金融风险已成为了新监管理念中重要的核心组成部分。虽然具体的路径仍有待明确,制度规范有待健全,但这一监管理念基本已成雏形,为我国金融监管新框架的建立打好了一定的基础。

在防范系统性风险和维护金融稳定中,人民银行有着很重要的监管优势,因此,由中国人民银行履行宏观审慎监管职能,对重要的金融机构的金融风险加以控制是较为妥当的。虽然我国还有其他的金融监管机构，但各个机构往往各司其职，主要对各个金融行业内不同监管对象进行微观审慎监管或是行为监管，所以调整这些监管机构职能来共同完成宏观审慎监管在实践中较难实现。而通过新设专门的宏观审慎监管机构的方式，虽然提出了有针对性的建议，但宏观审慎监管的专门机构设置容易与实践断层，在缺乏系统性风险分析的基础上，专门机构直接规定监管制度或政策有悖合理监管的最初目标。再者，从监管效益与成本分析的角度出发，调整诸多监管机构职能和新设专门宏观审慎监管机构等方法都会产生较多的监管成本，不利于监管效益最大化的体现，而通过人民银行履行宏观审慎监管职责则更为合理。

（三）金融监管协调机制实体化和制度化

监管协调是提高监管有效性的重要保障，监管协调不畅会导致各监管者之间信息共享不及时，造成金融危机处理滞后，引发金融风险。我国金融监管机构应就信息交流、定期会议的内容、次数以及对金融机构跨行业业务准入、风险监测和现场检查等监管合作事项建立具体的制度安排和协调机制。此外，在目前中央银行的货币政策与金融监管职能分离的情况下，中央银行和各个监管者之间也需要就信息共享、对系统性风险的判断和管理等加强沟通协调。

（四）重视金融消费者保护

2008年全球金融危机暴露出来的若干重要问题被归结为金融消费者保护的缺失，如掠夺性和欺诈性的次级抵押贷款、信用卡等问题金融产品的泛滥等。美国于2010年出台的《多德—弗兰克华尔街改革和消费者保护方案》中，金融消费者保护的加强被广泛认为是其重要亮点和特色。与之类似，英国新设立的行为监管局FCA把金融消费者保护作为其操作目标之一，FCA被授予了金融产品管理干预权、金融产品和服务推广限制权等一系列新的权利，以最大程度保护消费者的利益。2011年以来，我国中央编办先后批复"一行三会"成立了四个金融消费权益保护部门，根据各自职能范围开展银行业、证券业、保险业以及跨行业、跨部门的金融消费权益保护工作。从组织结构上看，四个金融消费权益保护部门仍属于"一行三会"的内设司局，这样的机构设置使我国金融消费者保护职能很大一部分仍在审慎监管框架内，与美英两国相比，我国的金融消费者保护机构明显缺乏独立性，最重要的是金融消费者保护与审慎监管间的内在冲突问题没有得到根本解决。短期内，建立、完善金融消费权益保护协调机制是当务之急，应在明确"一行三会"这四个金融消费者保护职权职责的基础上，建立部门间信息交流、联席会议以及对金融机构跨市场、跨行业业务准入、风险监测等协调与合作机制，确保金融行业间规则的一致性与协调性。从长期看，需要增加这四个金融消费者保护部门的独立性，或者考虑把它们从"一行三会"中独立出来，联合成立专门的涵盖全金融行业的金融消费者保护机构，从体制上解决审慎监管与消费者保护之间的内在冲突问题。

（五）强化金融创新的法律保障

伴随着经济的高速发展，金融业出现了一波又一波的创新浪潮，其中包括金融机构创新和业务创新，新的金融业务市场不断出现，新的金融衍生工具和融资方式不断涌现。很多金融创新一定程度上是在规避、逃避金融管制的背景下产生的，因而如何平衡好金融创新和金融管制将是一个重要的现实问题，放宽监管和再监管之间的博弈更为凸显。无论是发达的市场经济国家，还是发展中国家，监管制度创新都是非常重要的。无论什么类型的国家，金融危机都不会偏倚。即使在金融市场发达的国家，也应该积极做好金融创新工作。虽然金融危机有的时候一晃而过，然而从危机中吸取教训、总结经验、未雨绸缪、防范新的危机发生同样重要。所以要制定具有普遍性的法律来应对新事物的出现和危机侵袭带来的一系列问题。在坚持金融创新的同时，要有所取舍，避免以风险换取市场，例如金融衍生工具是一把双刃剑，要发挥它的正面功能，防止其副作用。而防范风险的关键在于健全法规，加强监管，加强金融创新业务的制度化建设。

（六）完善监管法律制度的国际协调与合作

我国上海正在建设国际金融中心，而吸引外国金融机构进驻中国的重要考虑因素就包括法治环境，包括立法、司法、执法和守法。① 在这种市场环境下，我国应在金融监管的各个层面，结合国际金融监管制度的最新发展，调整合理的监管法制理念，综合制定适合我国国情的监管法律制度，使我国的立法、司法和执法理念，及时跟进国际金融监管法制改革的脚步。

首先，在立法上，要建立健全现代金融监管法规，为中外金融机构在中国市场的良性竞争与发展国际金融交易市场营造良好的金融法制环境。其次，积极参加国际性和区域性的多层次的金融监管组织协会的各项活动，提升我国在国际金融监管领域的话语权，同时与世界各国逐步建立国际金融监管信息网络，以保障金融信息的沟通顺畅。最后，随着金融全球化与金融自由化的进程，我国也应当注重研究针对新型的复杂金融衍生品的监管手段，将这些新兴的金融业务纳入我国本土的金融监管体制中，形成及时、有效的金融监管环境，为我国金融业提升国际竞争力提供根本动力和制度保障。

对于国际组织的规范性法律文件，在我国具有成员国资格的前提下应当及时

---

① 吴弘．上海国际金融中心建设的法制环境［M］．北京：北京大学出版社，2010．

接纳并将国际组织的金融监管理念结合我国的现状予以推行；而对于我国参与的一些专门性国际金融组织出台的软法性规范①，在金融监管部门进行分析研究后，可将其中我国应当借鉴和参考的重要法律精神和核心理念通过我国的金融立法程序予以体现。

参考文献

［1］祁敬宇，王刚. 后危机时代的金融监管研究［M］. 北京：首都经济贸易大学出版社，2011.

［2］李爱君. 后危机时代：我国金融安全的法律制度研究［M］. 北京：中国政法大学出版社，2011.

［3］韩守富等. 后金融危机背景下的金融监管［M］. 北京：社会科学文献出版社，2012.

［4］李志斌. 后危机时代的金融衍生品市场监管：基于美国《金融监管改革法案》的思考［M］. 北京：中国金融出版社，2012.

［5］伍巧芳. 2008 年经济危机背景下美国最新经济立法及其借鉴［M］. 北京：法律出版社，2012.

［6］隋平. 奥巴马新政——美国《Dodd – Frank 法案》评析［M］. 北京：法律出版社，2011.

［7］戴维·斯基尔. 金融新政——解读《多德·弗兰克法案》及其影响［M］. 丁志杰等译，北京：中国金融出版社，2012.

［8］理查德·德尔. 金融市场风险及监管——欧、美、日的经验和规定［M］. 王建梅等译，北京：中国宇航出版社，2003.

［9］曾筱清. 金融全球化与金融监管立法研究［M］. 北京：北京大学出版社，2005.

［10］杨文云. 金融监管法律国际协调机制研究［M］. 上海：上海财经大学出版社，2011.

［11］贺小勇. 金融全球化趋势下金融监管的法律问题［M］. 北京：法律出版社，2002.

［12］裴桂芬. 银行监管的理论与模式——简论日本的银行监管［M］. 北京：商务印书馆，2005.

［13］盛学军. 全球化背景下的金融监管法律问题研究［M］. 北京：法律出版社，2008.

---

① 软法性法律规范与联合国等统一性国际组织中成员国共同签署的条约存在着本质性区别，前者无须通过国际条约进行确认，而条约恰恰是国际法中具备强制性适用的根本前提。

［14］杨谊. 后危机时代：银行业监管体制改革探索［M］. 重庆：重庆出版社，2011.

［15］应勇，郭雳. 金融危机背景下的金融发展与法制［M］. 北京：北京大学出版社，2010.

［16］刘毅. 金融监管问题研究［M］. 北京：经济科学出版社，2006.

［17］黎四奇. 金融监管法律问题研究［M］. 北京：法律出版社，2007.

［18］宗良. 危机后的全球金融变革［M］. 北京：中国金融出版社，2010.

［19］刘俊，金震华. 2008 年次贷萧条与中国金融法制变革［M］. 北京：法律出版社，2009.

［20］杰克逊，西蒙斯. 金融监管［M］. 吴志攀等译，北京：中国政法大学出版社，2003.

借鉴国际经验
完善我国存款保险费率模式

中国人民银行上海总部金融稳定部课题组

课题组组长：杜要忠

课题组成员：王新东　谢　斌　张雅楠　苗冬骁　王同益　华国斌

摘　要

自 2015 年 5 月 1 日起，《存款保险条例》施行，标志着我国存款保险制度正式建立。基准费率和风险差别费率相结合是我国存款保险制度的核心要素之一。目前，国际上主要存在两种类型的存款保险费率模式：单一费率模式和基于风险调整的差别费率模式。从存款保险制度发展的进程来看，大多数国家在建立存款保险制度初期都采用了单一费率模式。随着金融业的不断发展，越来越多的国家和地区开始实行风险差别费率机制。

从国际上看，1933 年美国成立了美国联邦存款保险公司，建立了世界上第一个存款保险制度；1993 年正式施行差别存款保险费率制度，成为世界上第一个引入风险差别费率机制的国家。德国在 1998 年 8 月之前采用的是非官方的自愿存款保险体系，1998 年 8 月建立了集中性的强制存款保险制度；在 2002 年以前都采用统一费率，2003 年后采用差别费率。1985 年 1 月，中国台湾地区正式建立存款保险制度；1999 年 7 月，正式施行"存款保险风险差别费率实施方案"，成为亚洲率先采用风险差别存款保险费率的经济体。2006 年 9 月，香港存款保障计划正式推行；一开始就采用了差别费率制，每家银行的供款额及供款基点以其 CAMEL 评级厘定。

国际现行存款保险费率模式存在一些不足。一是不能反映存款保险的真实价值，二是费率等级划分较为粗略，三是存款保险基金达到目标规模后如何体现风险差别有待完善，四是缺乏投保机构前瞻性信息。也有值得借鉴的地方，如阿根廷的存款保险费率根据与投保机构的风险状况相关的连续函数确定，使各等级之间的保费差距不至于过大。再如香港存保计划的"最低供款额"和"回扣"机制，使存保基金不会因为达到目标规模而停止，同时避免基金规模过大而造成资金的浪费。

我国存款保险以基准费率起步，逐步实施风险差别费率。2015年，人民银行对所有投保机构实施统一的存款保险费率。自2016年开始，按照各投保机构的存款保险评级结果确定其风险差别费率档次，人民银行正式对投保机构实施差别费率。借鉴其他国家或地区现行存款保险费率模式的经验，我国差别费率模式仍有改进的空间。一是针对不同类型的投保机构设计不同的风险评级体系或差别费率档次，二是逐步加快存款保险基金积累速度，三是结合早期纠正机制，体现差别化。在存款保险制度实施初期，存款保险费率设定不宜过高，费率的计算方法也不需要过于复杂。随着存款保险制度的逐步推进，需要引入与之相适应的模型，积极探索市场化的存款保险费率定价方式。

一、我国存款保险制度介绍

存款保险又称存款保障，是指国家通过立法的形式，设立专门的存款保险基金，明确当个别金融机构经营出现问题的时候，存款保险基金管理机构依照规定使用存款保险基金对存款人进行及时偿付，保障存款人权益，并采取必要措施维护存款以及存款保险基金安全的制度。存款保险制度是市场经济条件下保护存款人合法权益的重要制度安排和金融安全网的重要组成部分。目前，全球已有超过110个国家和地区建立了存款保险制度。

1993年，《国务院关于金融体制改革的决定》提出"要建立存款保险基金，保障社会公众利益"。党的十八届三中全会和2014年政府工作报告明确将"建立存款保险制度"列为深化金融改革的一项重要任务。2014年11月30日，《存款保险条例（征求意见稿）》在中国政府法制信息网公开向社会征求意见。2015年3月31日，《存款保险条例》正式公布，自2015年5月1日起施行，这标志着我国存款保险制度正式建立。

我国存款保险制度的核心要素包括：

一是强制保险。为保证存款保险制度的公平性和合理性，存款保险将覆盖我国境内依法设立的所有存款类金融机构。

二是限额偿付。偿付限额为50万元，约为2013年我国人均GDP的12倍（国际上一般是2～5倍），能够为99.63%的存款人（包括各类企业）提供全额保护。

三是基准费率和风险差别费率相结合。初期以基准费率起步，逐步过渡到差别费率，以促进公平竞争，促使银行稳健经营。费率水平设定远低于绝大多数国家。

四是存款保险基金"取之于市场，用之于市场"。基金主要由存款类金融机构交纳的保费组成，存款人不需要交纳。基金管理和运用以安全性为首要原则，初期主要限于存放人民银行，投资政府债券、中央银行票据、信用等级较高的金融债券及其他高等级债券。

五是充分发挥存款保险及时防范和化解金融风险的作用。赋予存款保险信息收集和核查、早期纠正及风险处置等必要职责。

六是以基金方式起步，减少行政成本，提高效率；有利于增强公众对我国存款保险制度的信心，确保制度平稳推出和运行。

同时，条例也明确要求，投保机构应当按照存款保险基金管理机构的规定，每6个月交纳一次保费。投保机构交纳的保费是存款保险基金的重要来源，其规模取决于投保机构的被保险存款（保费基数）和费率水平。保费基数的确定较为明确，包括投保机构吸收的人民币存款和外币存款扣除金融机构同业存款、投保机构的高级管理人员在本投保机构的存款以及存款保险管理机构规定不予保险的其他存款之外的部分。而费率水平的确定较为复杂，需要综合考虑多方面的因素。

二、国际存款保险费率模式

（一）存款保险费率模式概述

目前，国际上主要存在两种类型的存款保险费率模式：单一费率模式和基于风险调整的差别费率模式。单一费率模式是指对各个投保机构实行固定的无差别费率，采用相同的费率水平计算投保机构应交纳的保费。单一费率模式的优点在于，不对各个投保机构设定不同的费率标准，极大地节约了风险计量成本，便于实施和管理。缺点是缺乏公平性，容易造成低风险投保机构对高风险投保机构的交叉补贴，导致激励上的扭曲；容易诱导投保机构从事高风险的经营，增加道德风险。

基于风险调整的差别费率，即风险差别费率模式是指根据投保机构的风险情况而征收保费，风险较高的投保机构适用于相对较高的费率，风险较低的投保机构适用于相对较低的费率。风险差别费率机制将投保机构按风险等级分类，确定不同的费率水平。风险差别费率相较单一费率具有明显的优势。一是风险差别费率相比单一费率更为公平，避免造成低风险投保机构对高风险投保机构的补贴。二是可以降低投保机构的道德风险。单一费率是对所有的投保机构实行统一的费率，而不论投保机构的经营水平和风险状况如何。这样原本经营好的投保机构有可能会进行过度风险投资，从而使其面临的风险增加。风险差别费率是根据各个投保机构的风险程度确定费率，投保机构的差别费率反映了银行所面临的风险状况。投保机构若要达到降低费率的目的，必须加强风险控制，减少风险投资。这样一来，可以有效防范投保机构的道德风险，促使其经营更为稳健，最终降低整个银行业面临的风险。

从存款保险制度发展的进程来看,大多数国家在建立存款保险制度初期都采用了单一费率模式。主要是因为早期银行业的经营活动受到监管部门约束较大,业务较为单一,金融创新不多,投保机构之间的风险差异不大,整个银行业面临的系统性风险较低,采用单一费率模式符合当时银行业发展阶段。随着金融业的不断发展,金融混业经营日益增多,金融创新能力越来越强,银行业面临的外部不确定因素逐渐增多,系统性风险发生的概率也随之加大。而投保机构之间由于管理水平的不同,其面临的风险差异越来越大,风险差别费率模式逐渐成为各国监管机构更好的选择,越来越多的国家和地区开始采用风险差别费率机制。

国际存款保险机构协会(IADI)发布的《有效存款保险体系核心原则》指出,基于风险的差别费率机制是有效存款保险制度的核心设计要素之一。巴塞尔银行监管委员会(BCBS)和金融稳定理事会(FSB)明确建议各国引入风险差别费率机制。目前,已有37个国家和地区引入了风险差别费率机制;FSB的23个已建立存款保险制度的成员中,有12个国家和地区采用风险差别费率机制。

(二) 国际现行存款保险费率模式

1. 美国

1933年,美国国会出台了《道拉斯—斯蒂格尔法案》,成立了美国联邦存款保险公司(FDIC),建立了世界上第一个存款保险制度。1991年美国颁布了《联邦存款保险公司修正法案》(FDICIA),决定从1993年正式施行差别存款保险费率制度,成为世界上第一个引入风险差别费率机制的国家。实施差别费率后,FDIC利用风险矩阵来评估投保机构的风险水平。首先,根据资本水平和监管评级将投保机构进行分类,资本水平分为良好、充足和不足,分别以1、2和3表示,分类依据是投保机构的杠杆比和风险资本比率;对于监管评级,是在CAMELS评级的基础上对银行进行检查后确定,最差评级为1,最好为5。一般将CAMELS评级为1或2的银行划为A类,3的划分为B类,4或5的划分为C类。1A类的银行风险最小,3C类的银行风险最高。美国联邦存款保险公司根据3×3矩阵来确定费率的收取标准(见表1)。

表1　　　　　　　　　美国风险差别费率评估分布

	监管评级 A	监管评级 B	监管评级 C
资本良好 (1)	0 (23bp)	3bp (26bp)	17bp (29bp)
资本充足 (2)	3bp (26bp)	10bp (29bp)	24bp (30bp)
资本不足 (3)	10bp (29bp)	24bp (30bp)	27bp (31bp)

注:括号内数值为1993~1996年差别费率实行初期的费率。

2011年,FDIC根据《多德—弗兰克法案》将费率征收对象分为大型银行(资产大于100亿美元)和小型银行(资产小于100亿美元),不同类别的银行采取不同的费率评估方法来确定基础费率水平。对于小型银行,在原有矩阵分组法的基础之上,对风险 I 级(原 1A 级)的投保机构根据 6 个财务指标继续细化费率差异,进而确定小型银行的基础费率水平;而对于大型银行则采用高度复杂的打分卡方法,通过对大型银行的绩效、资产抗压能力、集中度指标、杠杆比率、损失程度指标进行打分(量化指标和非量化指标分别占 50%),进而确定大型银行的基础费率水平。同时,FDIC 在咨询其他联邦监管机构后,根据补充相关信息(如财务状况、市场信息和压力考虑等)决定对所有机构的风险评级与保费水平进行修正。最新的费率安排如表 2 和表 3 所示。

表 2　　　　美国最新费率安排(2014 年 4 月 1 日生效)

	类别 I	类别 II	类别 III	类别 IV	大型机构/复杂机构
基础费率	5~9bp	14bp	23bp	35bp	5~35bp
无担保债务调整	-4.5~0bp	-5~0bp	-5~0bp	-5~0bp	-5~0bp
经纪人代理存款调整	NA	0~10bp	0~10bp	0~10bp	0~10bp
适用费率	2.5~9bp	9~24bp	18~33bp	30~45bp	2.5~45bp

注:无担保债务调整不能超过 5 个基点或投保机构最初基础费率的 50%。

表 3　美国新投保机构(时间小于 5 年)的费率安排(2014 年 4 月 1 日生效)

	类别 I	类别 II	类别 III	类别 IV	大型机构/复杂机构
基础费率	9bp	14bp	23bp	35bp	5~35bp
经纪人代理存款调整	NA	0~10bp	0~10bp	0~10bp	0~10bp
适用费率	9bp	14~24bp	23~33bp	35~45bp	5~45bp

2. 加拿大

加拿大的存款保险制度建立于 20 世纪 60 年代。1967 年,加拿大通过了《加拿大存款保险公司法》,并依法成立了加拿大存款保险公司(CDIC),这标志着加拿大存款保险制度的建立。1999 年以前,加拿大采用的是单一固定费率制:1967 年 CDIC 成立时,规定每一成员机构缴付保险存款总额的 0.033% 作为年保险费,1986 年费率提高至 0.1%,1987 年费率再次提高至 0.167%。

1999 年 3 月,CDIC 对保险费率制度进行了改革,即由单一固定费率制改为风险差别费率制。CDIC 采取量化指标同非量化指标相结合的方法,得到存款金融机构的分数,再据此确定风险费率等级。量化指标主要有资本充足率、资产资本比率、盈利能力、资产风险集中度等,而非量化指标主要指监管评级,该评级体制事实上类似于 CAMELS 评级。加拿大存款保险风险评价的具体指标及分值如表 4 所示。

表 4　　　　　　　　　　　加拿大存款保险风险评价

定量指标		定性指标	
指标名称	最大分值	指标名称	最大分值
资本充足率 资产与资本之比 一级资本经风险调整的资本比率 总的经风险调整的资本比率	20	监管评级	25
盈利能力 风险加权资产的回报率 消除波动后的净收益 调整的净收益平均波动率	15 5 5 5	对规则的遵守状况	10
效益 效益比率	5 5		
资产质量 坏账与总资本的比率	5 5		
资产集中度 单个客户资产集中比率 产业部门集中比率 抵押贷款和不动产贷款集中度	15 5 5 5	其他信息	5
定量指标加总	60	定性指标加总	40
总分		100	

CDIC 依据存款金融机构的评分将它们划分为四个等级。在 2001 年前，CDIC 对四个等级分别制定了较高的保险费率，而后由于银行的风险及经营状况良好，为了减少银行的存款保险成本，在 2002 年对费率进行了修改，将每个等级的费率均有不同程度的下调，以第四等级的下调幅度为最大（见表 5）。

表 5　　　　　　　　加拿大存款保险风险得分与费率等级

得分	保费等级	费率	
		2002 年以前	2002 年及以后
80 及以上	1	4bp	2bp
65（含）至 80	2	8bp	4bp
50（含）至 65	3	16bp	8bp
50 以下	4	33bp	16bp

3. 德国

德国存款保险制度的形成以 1998 年 8 月为界划分为两个阶段。在此之前采用的是非官方的自愿存款保险体系，是由德国国内商业银行体系、储蓄银行体系与合作银行体系三大银行集团根据各自的需要于 1974 年赫斯塔特银行事件后建立的三个独立存款保险基金：商业银行存款担保基金、储蓄银行保障基金和信用合作保障基金。这三大银行存款保险基金有各自的保险目标、保险范围。三大存款保险基金有效地保证了整个金融体系的稳健运行。1998 年，在上述分系统建立分散型存款保障基金或机构之外，适应欧盟在 1994 年实施的成员国均要建立强制性存款保险制度的要求，德国于 1998 年 8 月建立了集中性的强制存款保险制度。因此，德国的存款保险制度现在呈现两种模式并行的局面，但从德国构建强制存款保险制度的时间及其与原保险体系的关系来看，德国只是为了在形式上符合欧盟指令的要求而建立了强制存款保险制度，非官方自愿存款保险仍然是德国存款保险体系的主要组成。

德国三大存款保险机构的资金一般主要来自于参加保险计划的会员银行按一定比率交纳的保险费。三大银行体系的保险费率规定各不相同，并且虽然各自规定了固定的费率，但是根据需要可以要求会员银行增加保险费。例如，合作银行保护系统基金由各会员交纳的款项构成，每年交纳的费用按存款的 0.05% 计算，如有必要可调高到 0.15%，特殊情况下，该比例可以翻一番。储蓄银行、商业银行的保险费率也比较灵活。德国在 2002 年以前都采用统一费率，以合作银行业提供的存款保险制度为例，保险费率根据经济发展状况、经济周期及银行业风险等来确定，每年各不相同。2003 年后，德国的合作银行体系的存款保险机构也开始实行风险费率，按照风险程度分为三类，采用差别费率。

4. 阿根廷

1995 年初，受阿根廷比索贬值和墨西哥经济危机冲击的影响，阿根廷大量私有银行机构陷入支付危机。阿根廷政府试图在不违背 1992 年修订的《中央银行法》的前提下①，对陷入危机的银行采取流动性救助。比如，利用银行间流动性进行救助，所有银行机构按存款的一定比例缴纳储备金用于危机银行的救助，提供的救助等值折算为被救助银行的债券或股票，为提供救助的银行所有。同时，阿根廷政府也为稳定比索币值而向国际货币基金组织举借了大约 25 亿美元的外债。但是这些措施并不足以应对当时危机银行的流动性需求。受危机所迫，

---

① 1992 年，阿根廷修订《中央银行法》，新法案确保中央银行的独立性，规定中央银行除了对政府债券提供担保之外，不得向政府发放贷款，也不得以任何形式保障金融机构的债务。新法案禁止中央银行为商业银行提供期限超过 30 天或金额超过其资本金的流动性救助，任何流动性救助必须足够安全，同时明确规定中央银行不再为银行存款提供任何形式的保险。

阿根廷政府于 1995 年 5 月 14 日颁布总统法令第 540/95 号，正式建立存款保险基金（GDF）和联邦存款保险公司（SEDESA），要求所有在阿根廷境内设立的银行必须参保，银行机构按月支付其月度存款余额的 0.015% ~ 0.06% 作为保费。当 GDF 资产规模达到 20 亿比索或银行机构存款总额的 5% 之后，阿根廷中央银行可以根据实际需要，暂停收取银行机构的保费。此外，阿根廷中央银行在任何时候都有权根据预计的基本保费最低缴存需要，让银行预缴 2 年的保费，无论是以现金形式还是以承诺方式缴纳的保费，阿根廷中央银行可以根据 SEDESA 的需要，直接从银行机构的存款中扣缴保费。

阿根廷的存款保险采用差别费率制，但费率的划分没有使用等级分类法，而是根据与银行的风险状况相关的连续函数来确定，由基本保费和额外保费两部分组成。基本保费确定为银行日均存款余额的 0.015%，再加上一个最高不得超过银行日均存款余额的 0.015% 的变动额度，即基本保费为银行日均存款的 0.015% ~ 0.03%。额外保费在基本保费的基础上确定，参考监管机构确定的监管评级、银行资本充足水平及资产质量三个因素。

保费总额确定的具体方式如下：先依据银行日均存款的 0.015% ~ 0.03% 确定基本保费，保费总额（包括基本保费和额外保费）为基本保费乘以一个指数"I"。I 由 A、B、C、D 四个因子决定，它的具体计算方法为：I = [（A + B + 2C）/4] - D（这一指标值在 1 ~ 2），其中 A 是贷款损失准备与全部贷款组合的比率（这一指标值在 1 ~ 2.5），B 是风险资产与金融机构总资产的比率（这一指标在 1 ~ 2），C 是金融和交易监管当局的评级结果，D 是关于调整后的负债与最低资本要求的差额的一个函数。

5. 韩国

1995 年 12 月，韩国出台了《存款人保护法》，正式建立了存款保险制度。1996 年 6 月，韩国依法成立了韩国存款保险公司（KDIC），具体负责实施存款保险制度。2009 年 2 月，韩国修订了《存款人保护法》，从 2014 年起废止单一费率制，开始实施基于存款风险的差别费率体系。KDIC 的风险差别费率体系由基准费率和差别费率构成，基准费率根据韩国总统令确定，差别费率则根据韩国风险差别费率 IT 系统设立的差别风险评估模型评估确定。

在进行风险评估时，韩国依据评估对象的不同采用了三类不同的评估方法。第一类是基于特定费率的评估，这一方法适用于需缴纳的保费数额很小的企业，相应的费率在法条中事先规定，不需要进行风险评估；第二类是非等级评估，这一方法适用于需要整改的失败机构和企业，相应的费率也在法条中事先规定（由于风险较高对应的费率也相对较高），不需要进行额外的风险评估；第三类是基于模型的评估，适用于第一类、第二类评估方法适用对象以外的所有机构和企业，这也是最为基础和重要的评估方法。模型由基础评估（占 80 分）和补充评估（占20分）两大部分构成：基础评估的指标包括公司应对危机的能力（资本充足率和流动性）、确保财务稳健的能力（资产稳健）、从损失中恢复的能力（盈利能力）；补充评估指标包括公司的管理能力、财务风险和非财务风险（比如受到金融监管部门制裁的数量和程度）。风险评级结果根据最终得分的多少划分为三级，每个级别对应的费率不同，第二级执行标准费率，风险较低的第一级执行优惠费率，风险较高的第三级执行溢价费率。为了减小差别费率调整的负面影响，KDIC采取了软着陆的做法，从2014年开始逐步增加风险调整的幅度（见表6）。

表6　韩国风险差别存款保险费率（以各类金融机构的标准费率为基数）

风险级别	软着陆		全面实施		
	2014~2015年	2016年	2017~2018年	2019~2020年	2021年及以后
第一级（优惠费率）	-5%	-5%	-5%	-7%	-10%
第二级（标准费率）	0%	0%	0%	0%	0%
第三级（溢价费率）	+1%	+2.5%	+5%	+7%	+10%

注：银行、保险和金融投资公司以及互助储蓄银行三类金融机构的标准费率分别为0.08%、0.15%和0.40%。

6. 中国台湾

1985年1月，中国台湾地区颁布《存款保险条例》，正式建立存款保险制度。1999年7月，正式施行"存款保险风险差别费率实施方案"，成为亚洲率先采用风险差别存款保险费率的经济体。台湾"中央存款保险公司"采用五级风险差别费率，费率通过"资本充足率"（分为3级）和"风险差别费率评等得分"（分为3级）这两个指标构成的矩阵分组确定。目前，台湾地区按"台湾本地银行、外国及大陆地区在台分行""信用合作社"和"农、渔、信用部"三类不同的机构，通过矩阵分组法确定不同的费率（见表7、表8以及表9）。

表7　台湾地区本地银行、外国及大陆地区在台分行的费率

年份	资本充足率	风险差别费率评等得分		
		65及以上	50（含）至65	50以下
2014~2015	12%及以上	5bp	6bp	8bp
2016及以后	12.5%及以上			
2014~2015	8%（含）至12%	6bp	8bp	11bp
2016	8.625%（含）至12.5%			
2017	9.25%（含）至12.5%			
2018	9.875%（含）至12.5%			
2019及以后	10.5%（含）至12.5%			

续表

年份	资本充足率	风险差别费率评等得分		
		65 及以上	50（含）至 65	50 以下
2014~2015	8% 以下	8bp	11bp	15bp
2016	8.625% 以下			
2017	9.25% 以下			
2018	9.875% 以下			
2019 及以后	10.5% 以下			

注：保额以上存款固定费率为 0.005%。

表 8　　　　台湾地区信用合作社差别费率分级

资本充足率	风险差别费率评等得分		
	65 及以上	50（含）至 65	50 以下
12%（含）以上	4bp	5bp	7bp
8%（含）以上至 12%	5bp	7bp	10bp
8% 以下	7bp	10bp	14bp

注：保额以上存款固定费率为 0.005%。

表 9　　　　台湾地区农、渔、信用部差别费率分级

资本充足率	风险差别费率评等得分		
	65 及以上	50（含）至 65	50 以下
12%（含）以上	2bp	3bp	4bp
8%（含）以上至 12%	3bp	4bp	5bp
8% 以下	4bp	5bp	6bp

注：保额以上存款固定费率为 0.0025%。

7. 中国香港

2004 年 5 月，香港立法会通过《存款保障计划条例》，为推行存款保障计划和其中一些最重要的、框架性的安排奠定了法律基础。2004 年 7 月，香港存款保障委员会成立，建立和推行香港存款保障计划的工作正式开展。2006 年 9 月 25 日，香港的存款保障计划正式推行。

香港存款保障计划的总体融资安排是：首先，向成员银行征收供款，用以建立一个存款保障基金。存款保障基金的目标金额是紧接上一年的指明日期（10 月 20 日，如该年的 10 月 20 日是公众假期，则是指紧接该日期之前的并非公众假期的日子）当日存放于每名计划成员的有关存款款额的总数的指明百分比。目前该指明百分比是 0.25%。这一规模的存款保障基金足够应付两家中型银行

同时倒闭。其次,当基金规模第一次达到基金目标金额之后,如因赔款等造成基金的损失,将向成员银行进行"预期损失征费",不过预期损失征费的费率要明显低于建立期的费率。再次,存保计划还规定了"最低供款额",如计划成员须就任何一年缴付的供款款额少于5万港元,则该计划成员须就该年缴付最低供款款额。最后,为了稳定基金规模,存保计划还有"回扣"和"附加费"机制,使得存保基金维持于+15%和-30%的目标基金范围。

香港的存款保险制度一开始就采用了差别费率制(见表10)。每家银行的供款额及供款基点以其CAMEL评级厘定,分为四挡。目标基金建立的头5年,对每家成员银行平均每年征收投保存款的8个基点(0.08%)的保费;2010年修订后建立期的平均费率降为2.8个基点(0.028%);在基金规模第一次达到基金目标金额之后,费率进一步降低至平均每年1个基点(0.01%)。

表10　　　　　　　　　香港存款保险风险差别费率

专员监管评级	建立期征费 (2010年修订之前)	建立期征费 (2010年修订之后)	预期损失征费
1	5bp	1.75bp	0.75bp
2	8bp	2.8bp	1bp
3	11bp	3.85bp	1.5bp
4和5	14bp	4.9bp	2bp

(三) 国际现行费率模式的不足和可借鉴之处

1. 不能反映存款保险真实价值

理论上,投保机构在获得了存款担保后,应该付出与担保价值相等的对价,即存款保险费,但实际上现行的存款保险费率并不能反映存款保险的真实价值。以美国为例,1993年1A等级的投保机构费率标准为23个基点,而1996年之后为0个基点,费率标准变动的原因是存款保险基金规模的变动。由此可见,美国联邦存款保险公司在确定存款保险费率的时候,考虑更多是存款保险基金的充足性。差别费率的实行,虽然在投保机构之间尽量做到公平性,但是并不能反映存款保险的真实价值。

2. 费率等级划分较为粗略

存款保险机构将投保机构的评估结果划分为不同的等级,但是,这些等级的划分较为粗略,差别费率的公平性受到评估结果划分粗略程度的影响较大。首先,同处一个等级的投保机构的风险也是不同的。例如,加拿大规定评估结果在80分及以上的投保机构同属一个等级,保费为2个基点。也就是说,评分结果为80分和99分的投保机构面临的费率相同,但是评分为99分的投保机构,其风险明显要比评分结果为 80 分的投保机构小得多。其次，临界点上下的投保机构的风险相近，面临的费率却相差很大。例如，若加拿大某个投保机构的评分结果为 79 分，面临 4 个基点的费率。而 79 分和 80 分的投保机构的风险大小几乎相同，费率却有 2 个基点的差别，这明显对 79 分的投保机构不公平。阿根廷的保费费率没有使用等级分类，而是根据与投保机构的风险状况相关的连续函数确定，使各等级之间的保费差距不至于过大，相比等级有限的费率制度，更有利于减少费率之间的差异性。

3. 存保基金达到目标规模后如何体现风险差别有待完善

国际上的存款保险制度大多会考虑存款保险基金的充足性，并设置相应的目标规模。当基金积累达到目标金额后，就大幅度降低存保费率或暂停保费的征收，这种做法有两点不足。一是政策多变，投保机构面临的不确定性较大，很可能对投保机构的经营管理产生负面影响和部分资金配置的低效；二是暂停保费的征收后，投保机构的风险状况仍有可能发生变化，如果没有相应的应对机制设计，有违风险差别费率机制的设计初衷。因此，有必要从一开始就明确存款保险基金达到目标规模后的处理方式，并在其中体现风险差别调整的功能。从这个角度看，香港的存款保险计划值得借鉴。香港的存保计划规定了投保机构的"最低供款额"，该项费用并不会因为存保基金达到目标规模而停止。存保计划规定，如果计划成员须就任何一年缴付的供款款额少于 5 万港元，则该计划成员须就该年缴付最低供款款额。与此同时，为了避免基金规模过大而造成资金的浪费，存保计划还设有"回扣"机制，使存款保险基金积累不超过目标规模的 115%。

4. 缺乏投保机构前瞻性信息

无论是 FDIC 利用风险矩阵来评估投保机构的风险水平还是 CDIC 采取量化指标同非量化指标相结合的方法，收集到的投保机构一般信息、财务信息和市场信息都是历史信息或即时信息，缺少反映投保机构未来损失的前瞻性信息。差别费率的确定应该是基于对投保机构未来风险的预估，因此，基于历史和即时信息作出的评级并不能十分准确地反映投保机构未来面临的风险和损失程度。

三、我国存款保险费率现状及改进设想

（一）我国存款保险费率现状

按照《存款保险条例》和存款保险制度实施方案，存款保险费率由基准费率和风险差别费率构成。费率标准由存款保险基金管理机构根据经济金融发展状况、存款结构情况以及存款保险基金的累积水平等因素制定和调整，报国务院批准后执行。为依法履职，确保存款保险制度顺利实施和有效运行，我国存款保

业务中心设在中国人民银行。

1. 我国现行存款保险评级体系介绍

按照人民银行存款保险评级相关管理办法，风险评级是指中国人民银行及其分支机构采用定量和定性分析相结合的方法，对投保机构的风险状况进行综合评价。定量评价基于投保机构的基础数据和风险指标，运用数理统计技术，建立指标体系和风险评级模型，评估投保机构风险状况。定性评价基于投保机构的经营情况、金融生态环境等信息，建立指标体系，依照给定的评分规则，评估投保机构风险状况。

我国现行存款保险评级体系是人民银行在吸取各国存款保险机构、国际评级机构、监管机构等评级方法的经验基础上，结合我国存款保险制度发展阶段以及投保机构特点，形成的一套较为先进和完善的评级体系。这套评级体系的优势在于，一是科学性较强。评级采用定量和定性相结合的方法。目前各国采用的定量评价方法多以权重法来计算定量评分，而我国采用的定量评价方法，建立逻辑回归模型，更具科学性。二是兼顾可操作性。目前评级体系使用的定量和定性指标均为投保机构日常经营性或监管指标，获取程度较高。定性评价分为若干模块，每个模块包括若干指标，每一项评价内容对应一项评分规则，可操作性强。

2. 我国现行存款保险费率模式

我国存款保险以基准费率起步，逐步实施风险差别费率。2015年，人民银行对所有投保机构实施统一的存款保险费率。自2016年开始，按照各投保机构的存款保险评级结果确定其风险差别费率档次，人民银行正式对投保机构实施差别费率。投保机构的适用费率，根据其评级结果、费率调整事项等因素核定。若投保机构出现因重大资产损失等原因导致资本充足率大幅下降，严重危及存款安全以及存款保险基金安全的情况，且在存款保险基金管理机构规定的期限内未改进的，存款保险基金管理机构可以提高其适用费率。

（二）改进设想

我国存款保险制度自2015年5月1日起正式施行，至今不到两年。为了使存款保险制度平稳推出、有序推进，人民银行在制度建立初期推行的配套措施相对比较温和。随着存款保险制度进一步推进，国家对存款的隐性担保逐渐被存款保险基金直接担保所替代，人民银行势必需要推行更为有力的配套措施。借鉴其他国家或地区现行存款保险费率模式的经验，我国差别费率模式仍有改进的空间。

1. 进一步完善差别费率模式

一是针对不同类型的投保机构设计不同的风险评级体系或差别费率档次。我国银行业金融机构类型丰富，目前存款保险采用的风险评级方法，仅区分了全国性投保机构和地方法人投保机构。地方法人投保机构中的城市商业银行、村镇银行、农村信用合作社、外资银行等，明显具有不同的组织架构、业务结构和风险特征。例如，我国外资银行大多数是外国银行独资，仅有单一股东，在评价股权结构合理性时，与股权集中或分散的中资银行应有不同的评价标准。因此，应针对不同类型的投保机构设计不同的评级标准；或者，使用相同的评级标准，设计不同的差别费率档次，尽量体现公平性。

二是逐步加快存款保险基金积累速度。存款保险制度实施初期，存款保险费率设定不宜过高。但是随着存款保险制度逐步推进，存款保险基金的积累速度应不断加快。尤其在经济金融环境比较困难的时期，投保机构风险暴露的可能性进一步提高，存款保险基金应具有一定的规模，在投保机构发生风险时，才能够快速、较好地处置风险，从而加强存款人对存款保险制度和存款保险基金管理机构的信心。可以借鉴香港存款保障计划的做法，设定一个基金规模目标额，如投保机构存款总额的特定百分比，这一规模的基金足够应付两家中型银行同时倒闭。当基金达到目标额后，设定"最低供款额"和"回扣"机制，同时，将回扣比例与投保机构的存款保险评级挂钩，继续体现差别化机制。

三是结合早期纠正机制，体现差别化。存款保险制度与中央银行最后贷款人职能、审慎监管，是国家金融安全网的三大支柱，共同维护金融稳定。存款保险制度作为第三道防线，主要解决存款人的信心问题以及建立市场化的金融风险防范和处置机制，立足于加强对存款人的保护。采用风险差别费率，可以促进投保机构组织架构的进一步完善，提升投保机构自我约束和风险管理的能力。对于投保机构面临的风险，事前防范往往比事后处置更加重要。收取保费和实行差别费率的最终目的是为了保障存款人和存款保险基金管理机构的资金安全。因此，存款保险制度应与早期纠正机制紧密结合，在发现投保机构风险的时候，存款保险基金管理机构就应及时采取要求投保机构补充资本、限制投保机构高风险业务等相应措施防范化解风险，这样才能真正体现差别化的作用，切实保障存款安全。

2. 探索市场化的费率定价方式

实施差别费率要比单一费率复杂得多，它需要完善的金融评估体系、先进的存款保险费率管理模式、成熟的风险评估市场以及健全的存款保险制度。否则监管机构很难将各个投保机构的经营综合能力、资产质量、风险控制及管理水平相对准确地评估出来。在选定费率模式的前提下，费率水平的确定也是比较复杂的过程。理论上，确定费率水平的研究方法主要有两种方法，期权定价模型和预期损失定价法。

期权定价模型是将存款保险作为保险人针对投保机构资产发行的看跌期权。依据投保机构资产波动率对存款保险费率的影响，假设其中投保机构的负债全部为存款，均参加了保险，则投保机构存款的保险费率仅与其负债总额相关，与被保险存款的数额无关。即负债额越大，保险费率越高，反之亦然。对于被保险存款，若优于被保险存款清偿顺序的负债越多，那么次于被保险存款的负债就越少，费率便会越高。在实际运用中，期权定价模型是基于一些假设条件来建立的，如投保机构股票的价格呈平稳态势、完全的市场化等。预期损失定价法首先需要估算出投保机构破产时的资产损失率，然后通过存款与资产的比例得到存款损失率，乘以估算出的机构破产概率，得出存款人所受损失的概率下的期望均值，以此为依据确定存款保险费率水平。与期权定价模型相比，预期损失定价法使用较为普遍，但是对数据积累的要求比较高。上述两种方法对所要求的条件比较苛刻，执行起来会遇到多种限制，因此目前并无大范围地被应用。费率定价模型越来越精确，但同时也有许多缺点。首先，复杂的模型需要强大的数据库来支撑；其次，复杂的模型是建立在许多假设基础之上，假设的目的是为了更有针对性的研究，但是假设越多越脱离现实情况，得出的结果也不是十分精确。

存款保险制度实施初期，存款保险费率设定不宜过高，费率的计算方法也不需要过于复杂。随着存款保险制度的逐步推进，需要引入与之相适应的模型，积极探索市场化的存款保险费率定价方式。即便这些模型实施起来有一定的难度，但仍是未来存款保险费率定价的发展趋势，也是下一步研究的方向。

参考文献

[1] 中国人民银行金融稳定局. 存款保险宣传读本 [M]. 北京：中国金融出版社, 2015.

[2] 我国存款保险制度核心要素包括六方面内容 [EB/OL]. 中国政府网, 2015.

[3] 艾蓓. 阿根廷存款保险差别费率机制及对我国的借鉴 [J]. 上海保险, 2015 (2).

[4] 祁英香. 美、德存款保险制度比较及对我国的启示 [N]. 西北农林科技大学学报（社会科学版），2014 (4).

[5] 张亚涛. 存款保险定价模型之探究 [J]. 国际金融研究, 2003 (11).

[6] 王春峰. 金融市场风险管理 [M]. 天津：天津大学出版社, 2001.

[7] 美国存款保险公司，http：//www.fdic.gov.

[8] 加拿大存款保险公司，http：//www.cdic.ca.

[9] 韩国存款保险公司，http：//www.kdic.or.kr.

[10] 台湾"中央存款保险公司"，http：//www.cdic.gov.tw.

[11] 香港存款保障委员会，http：//www.legislation.gov.hk.

互联网金融统计监测框架研究

中国人民银行上海总部调查统计研究部课题组

课题组组长：黄 敏
课题组成员：王海生 包 钧 李腾飞 张 昀 司 巍
邵 珺

摘 要

近年来，互联网金融发展迅速，业务形态日趋多元化，在提高金融服务效率，降低交易成本，满足多元化投融资需求，提升金融服务的普惠性和覆盖面方面，发挥了积极作用。同时，由于互联网金融的金融本质和互联网属性，在快速发展中积累了一些问题和风险，对行业声誉造成较大的负面影响，引起社会各界的高度关注。2015年7月，人民银行等十部委发布《关于促进互联网金融健康发展的指导意见》（以下简称《指导意见》）；2015年12月，中央经济工作会议明确要求抓紧开展互联网金融领域专项整治，规范发展互联网金融；2016年10月，国务院办公厅发布《互联网金融风险专项整治工作实施方案》（以下简称《专项整治方案》），对互联网金融风险专项整治工作进行了全面部署，人民银行和相关部门也对各自监管领域分别提出实施方案。这一系列工作体现了党中央、国务院的高瞻远瞩，当前互联网金融各业态中所存在的乱象和畸形发展必须先破而后立，激浊而扬清。

在此背景下，本文主要研究了当前的互联网金融各类模式和统计监测框架。首先将互联网金融各业态分成三种类型：传统金融互联网化、基于互联网平台开展的金融业务、新型互联网金融模式，再对各种类型下不同业态的业务模式或运营模式进行归纳分析，为后面的统计监测框架制定与指标设计夯实基础。第二章基于《指导意见》和《专项整治方案》，分别研究人民银行牵头的银行端互联网金融统计框架和中国互联网金融协会牵头的企业端互联网金融统计框架。最后在两种统计监测框架的基础上，分别对三种不同类型的互联网金融代表业态进行统计指标设计和抽样统计分析，丰富并进一步完善了当前的互联网金融统计监测框架，也为将来更多的业态和模式创新提供了统计监测的思路。

第一章 互联网金融概述

第一节 互联网金融的定义与分类

互联网金融是传统金融机构与互联网企业利用互联网技术和信息通信技术实现资金融通、支付、投资和信息中介服务的新型金融业务模式,主要包括互联网支付、个体网络借贷、互联网股权融资、互联网保险、互联网基金销售、互联网信托和互联网消费金融等业态。从互联网金融的发展状况和具体业务来看,可分为以下三种类型:

第一类,传统金融的互联网化。是指传统金融中介机构利用互联网平台开展金融业务,代表业态包括互联网直销银行和互联网保险等。

第二类,基于互联网平台开展的金融业务。表现为互联网企业等非传统金融机构借助网络平台开展金融业务,代表业态包括互联网支付和互联网消费金融等。

第三类,新型的互联网金融模式。代表业态包括个体网络借贷和互联网股权融资等。

第二节 互联网金融主要业务模式

根据当前互联网金融的发展现状,以及人民银行等十部委发布的《关于促进互联网金融健康发展的指导意见》(以下简称《指导意见》),本文介绍以下互联网金融业态的主要模式:互联网支付、个体网络借贷、互联网直销银行、互联网基金销售、互联网保险、互联网消费金融与互联网股权融资。

一、互联网支付的主要业务模式

当前的互联网支付包含两种不同业务模式:银行支付模式与第三方支付业务模式。银行支付模式的服务供应商是以商业银行为代表的金融机构,主要业务类型包括网银支付和银行卡快捷支付;第三方支付业务模式的服务供应商是以支付宝为代表的支付机构,通过电子终端,单位和个人可以直接或间接向银行业金融机构发出支付指令,实现货币支付和资金转移。与传统的支付结算业务相比,互联网支付交易规模庞大,业务量增长的爆发力强,同时容错率低、追索成本高(见表1.1)。

表 1.1 互联网支付主要业务模式

服务供应商	主要业务类型	业务流程	认证方式	优点	不足
银行支付模式	网上银行支付	用户登录网银→直接支付	密码+U盾	安全性高	对计算机的网络和软硬件环境要求较为严格
银行支付模式	银行端快捷支付	在柜面或网银注册→捆绑银行账号和预留手机号码→银行向预留号码发送动态支付口令→凭口令对外支付	注册时账户密码身份证件（柜面）或U盾（网银），支付时凭动态口令	支付效率高、对计算机软硬件的依赖程度低	对支付限额有较严格的控制
第三方支付业务模式	支付账户直接支付	用户通过支付账户→开立在支付机构的虚拟账户→提交支付指令→资金托管在支付机构的备付金专户中→商品收讫或达成其他付款条件→用户确认付款→支付机构将该笔资金付给收款人	预设密码+动态口令（支付金额较大时）	支付效率高、流程短	用户需要预先在支付账户中存入资金
第三方支付业务模式	支付机构快捷支付	通过支付机构向用户开户银行以预留手机号码→银行账号→姓名→身份证号等信息→完成身份核实和注册→用户凭在支付机构的注册信息和支付密码向银行发送支付指令→银行将用户账户中的资金汇入指定账户	预设密码+动态口令（支付金额较大时）	一次认证、重复使用身份核实、注册和支付流程短、效率高、对手机支付等移动支付终端提供有力的支持	风险度较高
第三方支付业务模式	预付卡支付	线下销售预付卡→线上凭卡号和密码支付	预设密码	支付效率高、流程短	支付限额受到卡片面值限制

二、个体网络借贷的主要业务模式

个体网络借贷最基础的业务模式为，网络借贷信息中介机构建设互联网借贷平台，出借人、借款人分别通过平台提供核实后的个体信息、借贷项目信息等，网络借贷信息中介机构通过平台提供信息搜集、信息发布、信息交互、信贷撮合等服务，借贷项目撮合成功后出借人、借款人分别通过第三方资金存管机构划拨出借资金、还款资金。在基础业务模式基础上，网络借贷信息中介机构还可自身或与第三方机构合作提供资信评级、风险控制等服务（见图1.1）。

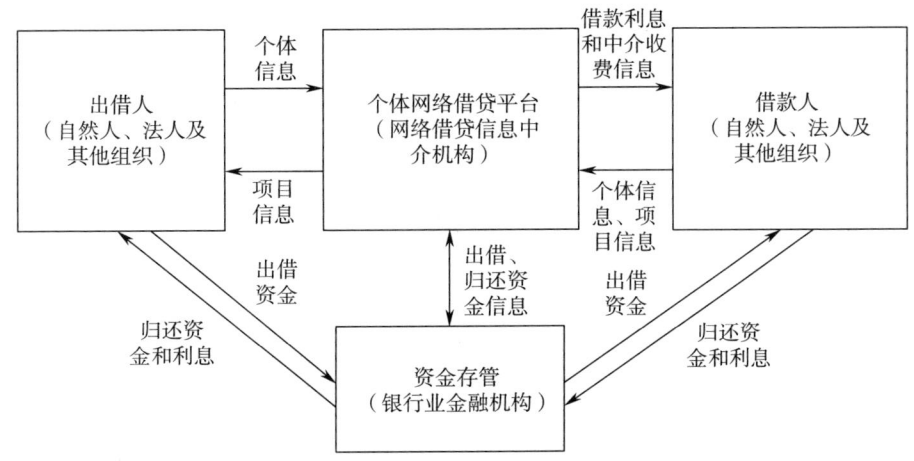

图1.1　个体网络借贷基础业务流程

我国个体网络借贷行业业务模式多种多样，按照借款人类型可分为借款人为自然人的业务模式和借款人为法人的业务模式。

（一）借款人为自然人的业务模式

信用借贷模式。该模式借鉴了商业银行、小贷公司的个人信用贷款业务，借款人无须提供抵质押物，通过互联网平台凭借个人信用借贷的业务模式。目前，网络借贷信息中介机构针对个人各类借贷需求，提供总额度20万元以下，期限1个月到3年的信贷撮合服务。网络借贷信息中介机构采取纯线上审核风控方式或线上与线下（O2O）结合的审核风控方式，其他业务流程同基础业务流程相似。借款人线上提交资料（身份信息、收入情况、工作情况、信用记录等）并授权采集信息，网络借贷信息中介机构通过信用信息和大数据风控模型对借贷项目进行实时评估，如有必要可以通过线下对借款人提交材料进行核实和实地访谈。线上审核风控同线下相比，成本低，效率高，但风险控制效果受风控模型和数据质量制约。从发展趋势看，针对小额信用借贷，纯线上审核风控将成为未来主流（见图1.2）。

抵质押借贷模式。该模式借鉴了商业银行、小贷公司的抵质押贷款模式，特别是住房抵押贷款、汽车抵押贷款相对简单易行，借贷违约风险可控，为网络借贷信息中介从业机构所青睐。该模式一般采用线下审核尽调，采用抵质押控制风

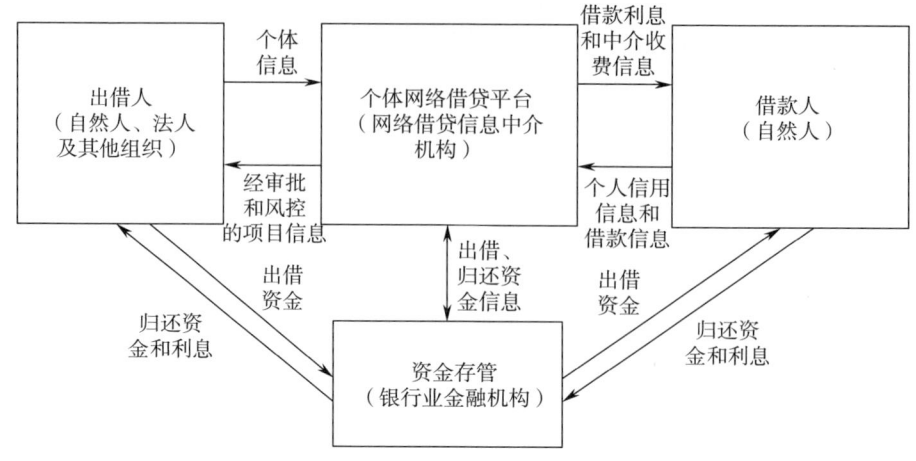

图1.2 信用借贷业务流程

险,具体抵押、质押操作可由从业机构自身或委托第三方专业机构进行,出现借贷违约后可通过处置抵押物、质押物来控制风险。汽车抵押借贷业务面向车主,借贷用途包括资金周转、购车垫资款、购车分期贷款等。住房抵押借贷业务面向房主,借贷用途包括按揭借贷、赎楼借贷、临时周转贷款等(见图1.3)。

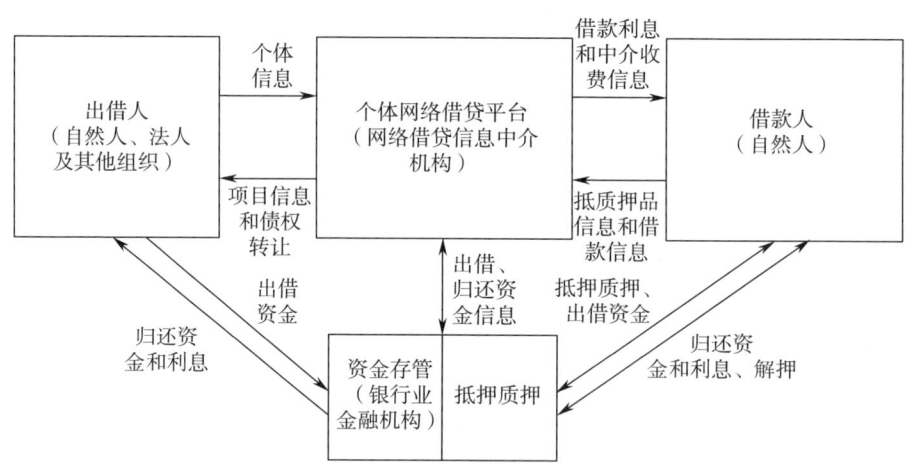

图1.3 抵质押借贷业务流程

(二)借款人为法人的业务模式

抵质押借贷模式。该模式类似于借款人为个人的抵质押借贷模式,企业愿意以资产及收益作为抵押物进行融资,用于扩大经营或资金周转,根据抵押品的不同，常见类型有房地产融资、票据融资、应收账款融资、汽车融资等。具体抵押、质押操作可由从业机构自身或委托第三方专业机构进行，出现借贷违约后可通过处置抵押、质押物来控制风险（见图 1.4）。

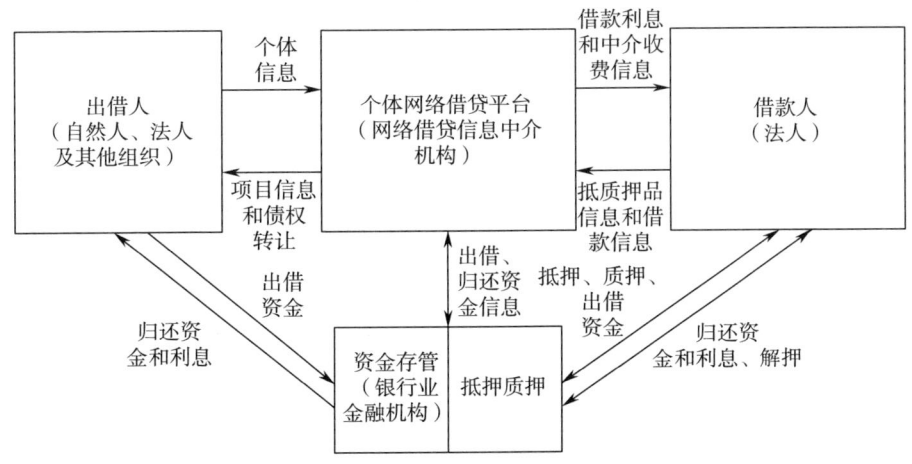

图 1.4　抵（质）押借贷业务流程

供应链借贷模式。该模式将供应链核心企业与其上下游企业合并考虑控制风险，通过对供应链物流、资金流、信息流的了解分析，为供应链上下游企业提供融资。供应链金融通常对中小企业提供融资服务，在国内中小企业融资难、融资贵的现实环境下具有良好的发展前景。具体操作方面，网络借贷信息中介机构通过供应链中的核心企业进行合作，通过核心企业掌握上下游企业资金需求和经营风险。通常网络借贷信息中介机构会与核心企业签订合作协议，由核心企业负责融资项目信息审核和风险控制，有时核心企业可通过应收应付账款或为项目提供担保方式进行风险控制（见图 1.5）。

担保借贷模式。该模式借鉴了商业银行、小贷公司的抵质押贷款模式，通过第三方担保机构控制风险。具体操作方面，网络借贷信息中介机构不能直接或变相向出借人提供担保，通常情况网络借贷信息中介机构会与第三担保机构合作，由第三方担保机构负责融资项目信息审核和风险控制，出现借贷违约时第三方担保机构可代偿出借人资金及收益。

无抵押借贷模式。该模式类似个人信用借贷模式，企业在无抵押、无担保情况下，凭借企业或其法定代表人的信用记录进行融资。网络借贷信息中介机构通常会通过贷款模型，测算出借贷企业的还款能力和信用等级，综合得出最大贷款额度来控制风险。通常网络借贷信息中介机构需要实时掌握企业现金流信息以便及时控制风险。

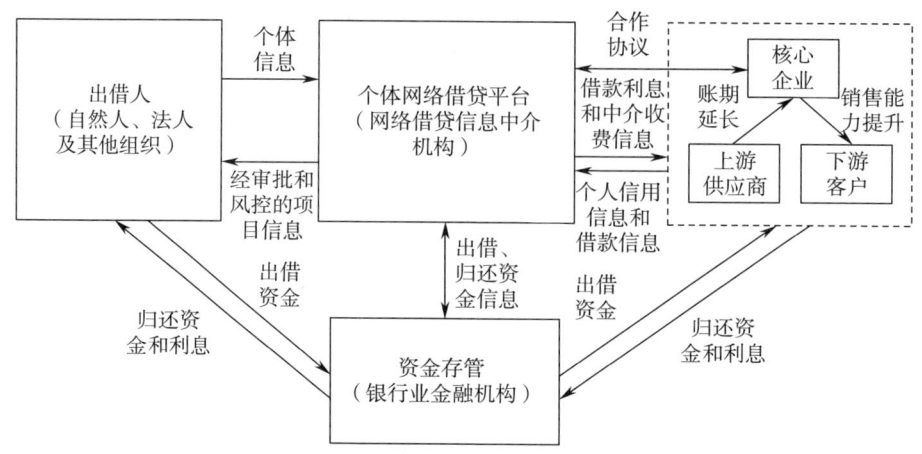

图 1.5　供应链借贷业务流程

三、互联网保险主要业务模式

互联网保险业务模式主要可分为直营网络平台和第三方网络平台两大类。自营网络平台指各大保险公司自建的电子商务平台，包括官网、独立的直销网站以及微信、APP 等。

表 1.2　　　　　　　　　　互联网保险的业务模式

分类	模式	
自营网络平台	官网、微信、APP 直销	
第三方网络平台	专业经代平台	B2C[①]
		O2O[②]
	兼业代理平台	场景类
		流量类
	第三方比价平台	

目前，几乎所有保险公司都建立了官网，并已从最初的门户资讯、品牌宣传更多地向交易功能延伸，大部分公司的官网具备了产品直销和理赔服务等基本功能。鉴于传统保险产品在购买上的低频性，大部分保险公司（尤其是财险公司）

---

① B2C 是一种保险公司对销售代理机构的网上交易模式。该模式利用互联网进行保险产品的介绍、选择、购买、支付，丰富了消费者的选择空间。

② O2O 是将线下保险业务与互联网相结合，让互联网成为线下保险业务的前台，这个概念最早源于美国。O2O 的概念非常广泛，既可以涉及线上，又可以涉及线下。

官网的流量较少，仍需由第三方网络平台公司进行引流。

第三方网络平台主要包括专业经代平台、兼业代理平台和第三方比价平台。专业经代平台属于保险垂直电商，通过集合各大保险公司的保险产品，向保险公司官网引流或直接完成交易。此类平台的优势在于保险产品丰富，可以为消费者提供一站式的保险产品超市。同时，保险垂直电商可进一步细分为 B2C 和 O2O 模式。其中，车险、意外险、家财险等简单险种多采用 B2C 模式，而寿险等条款复杂的险种因需要业务人员进行面对面的解释沟通才能达成交易，所以多采用 O2O 模式，即线上获客并在线下促成交易；兼业代理平台包括具有场景优势的平台和具有流量优势的电商平台或门户网站。前者因将保险销售嵌入场景需求中，在细分险种领域精准营销，后者具备流量优势。例如，携程网基于航旅场景的入口，在航意险、航延险等旅行类保险业务方面具有较大优势；淘宝网基于庞大的忠实网民基础，在退运险等电商类保险以及理财类保险方面具有较大市场；第三方比价平台通过对接保险公司数据获得保险价格，并提供服务质量、综合口碑等信息，同时运用互联网技术进行综合比较，为消费者提供省心的比价服务，但鉴于目前车险等传统保险产品的同质化较严重，此类平台的业务量还比较小。

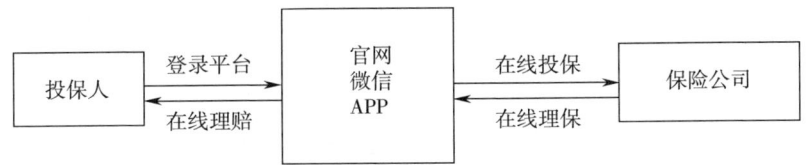

图 1.6　互联网保险自营网络平台业务

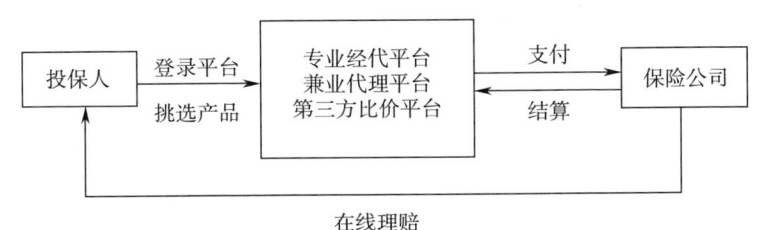

图 1.7　互联网保险第三方网络平台业务流程

四、互联网基金销售主要业务模式

从服务看，目前我国互联网基金销售服务模式主要有三种，基金公司自建互联网平台进行直销的服务模式；独立销售机构建立互联网平台，基于平台构建基金超市对接多家基金公司进行代销的服务模式；新兴的基于互联网平台的场景优势开展直销和代销的服务模式。互联网平台包括互联网网站、移动应用 APP 和微信服务等。

（一）基于自建互联网平台的直销模式

该模式是指基金公司在其自建互联网平台直接销售自有基金产品。直销模式的优势是产品管理可控，客户信任度高，提供服务较为充分。直销模式的短板是产品来源单一，不够丰富，销量往往有限。目前，大部分基金公司都建立了自己的直销平台。该模式销售流程见图1.8。

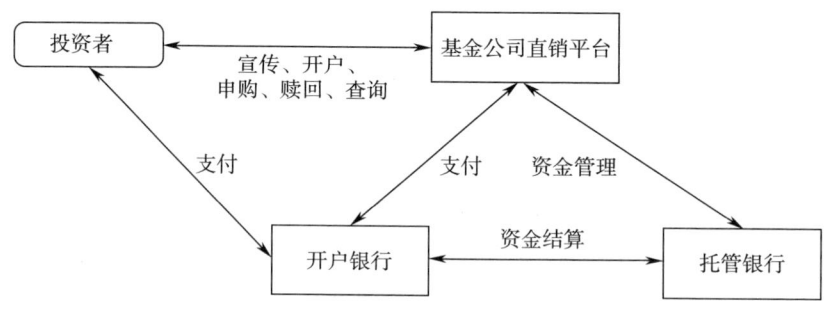

图1.8　自建互联网平台的直销模式

（二）基于外部平台的基金代销模式

该模式是指第三方基金销售机构通过对接多个基金公司，在其网络平台上汇聚丰富的基金产品。第三方基金销售机构还可以通过提供购买费率折扣优惠，提供各种基金资讯、评论、评级等增值服务，吸引客户，提高流量。该模式具有产品丰富、费率优惠、信息服务体验好等优势，但其缺点是其对销售产品理解有限、客户服务不够充分。该模式销售流程见图1.9。

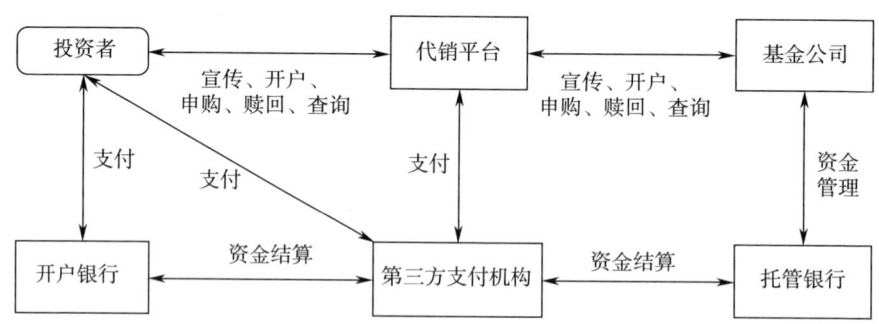

图1.9　外部平台的基金代销模式

（三）基于场景的基金销售模式

该模式通过某种具有场景优势的核心互联网应用向客户提供基金销售或第三方电子商务服务，通过场景基金销售服务和其他服务形成协同效应，形成更好的用户体验。目前，较为成功的基金销售场景包括以余额宝为代表的小额支付、现金管理场景、以挖财为代表的记账场景、以东方财富、雪球等为代表的社交场景等。这些互联网平台还可以依据大数据分析用户行为、描绘用户画像，向合适用户推荐风险适当的基金等金融产品。基于场景的销售模式既可以通过流量导入基金公司进行直销，也可以进行基金代销。该模式具有推广能力强、客户黏性高、支付便捷、资金体量大等特点，目前也存在产品单一、收益率较低的问题。

此外，一些基金销售机构通过在第三方电子商务平台开设店铺，面向第三方电子商务平台用户销售基金。

五、互联网消费金融主要业务模式

互联网消费金融的主要参与者包括：互联网消费金融业务提供商、资金供给方（包括金融债券、银行同业拆借、资产证券化等）、征信机构、资金需求方、消费场景供给方、催收机构等。上述主要参与者通过互联网消费金融的业务流程形成了一个完整的互联网消费金融生态圈（见图1.10）。

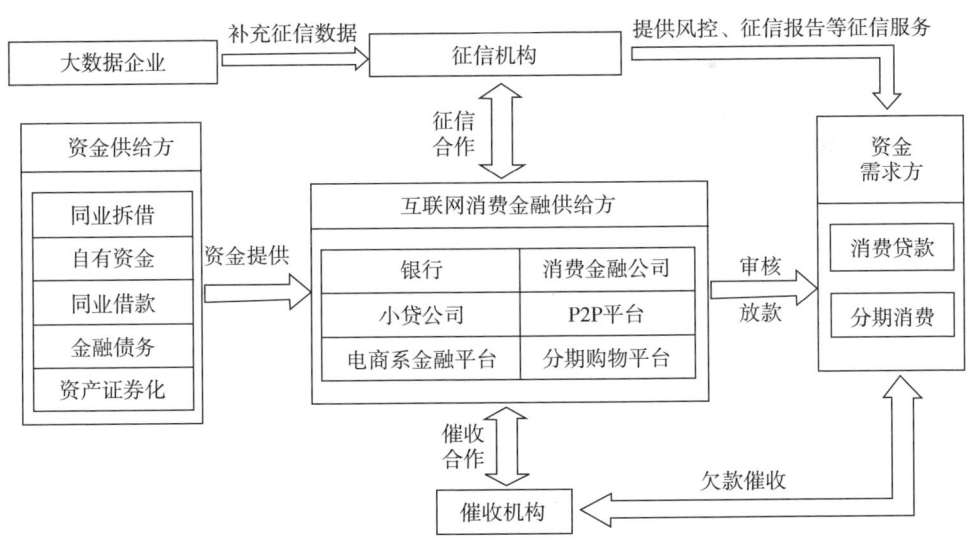

图1.10　互联网消费金融产业生态圈

从互联网消费金融业务来看，大致流程是通过各品类/人群的消费入口连入个人征信＋风控业务，最后再对接资金端。但是在具体的商业模式上，各从业机构却不尽相同。按互联网消费金融平台是否占据消费的第一入口进行划分,可以分为直接模式和间接模式。直接模式是指用户在互联网消费金融公司自建的平台上直接购买商品并获得消费金融服务,如京东白条、天猫分期等;间接模式是指用户在合作伙伴的渠道下单,再由消费金融服务提供商来提供分期付款等相关金融服务,如58分期等。

(一)直接模式

直接模式能把控消费的第一入口,经营模式更加直接。消费金融提供商通过自己的零售平台构建相对完整的消费场景,获取有消费金融需求的客户,通过交易信息等大数据判断客户的信用情况和消费能力水平,通过支付平台直接提供分期或信用透支,无须现金或银行卡账户的划转,而只需在该消费平台的账户中进行记账,令用户在购买—风控—分期服务—还款上形成一个完整的闭环。这类自建消费入口的消费金融服务提供商在用户获取、用户黏度和重复消费上相对更有优势。

(二)间接模式

间接模式是消费金融平台和渠道伙伴建立合作关系,用户消费的第一入口通过渠道伙伴而来,消费金融平台和渠道伙伴根据每个用户的消费金额进行分佣或者按每个购买用户进行定额结算。该模式往往在一些垂直行业或者垂直人群中比较常见,消费金融提供商以信用卡或消费贷款为用户提供服务。一个典型的业务流程是:消费金融平台与百货卖场等商家建立合作关系,当用户在合作伙伴店内消费时,店员会给那些希望购买更贵商品的用户推荐消费金融平台的产品和服务,提升用户的购买力。商品或服务提供商借助于金融服务商的丰富经验和专业技术可以拉低业务风险,获取渠道费用;而消费金融提供商则可以在短期内获得规模效应。该类模式面对的挑战是如何用更极致的用户体验建立消费金融品牌,提升用户的认知,以及如何管理渠道伙伴,平衡双方的利益分配机制。

六、互联网直销银行的主要运营模式

在业务类型上,投资理财、货币基金和存款业务是当前互联网直销银行的主要功能。在投资理财方面,主要产品类型为银行理财、基金、贵金属、保险产品,各家银行侧重点不同,国有银行和部分股份制银行的覆盖面更广。

在运营模式上,主要包括"纯线上""线上线下"以及"线上+第三方"三种运营模式,主要依据互联网直销银行是否设置线下门店以及与第三方企业合作提供金融服务来划分(见图1.11)。

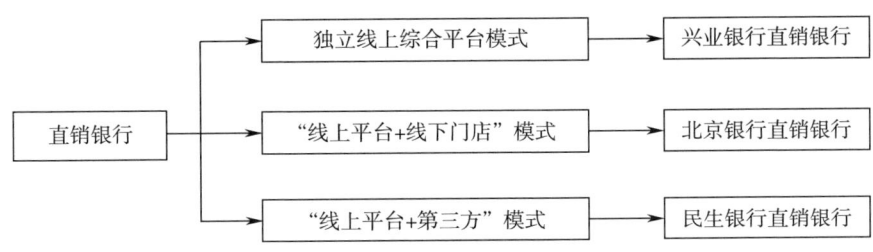

图 1.11 互联网直销银行主要运营模式

（一）独立线上综合平台模式

该种模式下互联网直销银行不设实体机构，只通过不同电子渠道为客户提供金融服务，如互联网销售平台、网上银行、电话银行等。客户仅在互联网上就可完成开户，并享受互联网直销银行金融服务，不必去实体网点。客户可将他行资金存入互联网直销银行账户，需要提取现金时，再从互联网直销银行账户转至他行的实体卡内，之后再取现。

需要注意的是，互联网直销银行一般不发放实体银行卡，客户在网上注册的电子账户属于"弱实名电子账户"，账户功能有以下四点限制：一是不能作为结算账户；二是只能购买本行理财产品；三是不能用于线上线下购物；四是仅限于向绑定的同名借记卡或信用卡账户转账。

（二）"线上平台+线下门店"模式

该种模式互联网直销银行采取"线上+线下"方式，线上渠道同样由不同电子服务渠道构成；线下渠道则是在直销门店内布置多种自助设备（如 VTM、ATM 和自助缴费终端等），客户可借助线下自助设备与银行客服进行实时视频对话并完成开户、开卡等步骤，客户在现场拿到新银行卡后即可办理网上银行、手机银行等业务。

（三）"线上平台+第三方"模式

该种模式下互联网直销银行设立线上综合平台，同时与第三方互联网企业开展合作，通过大数据信息共享等方式，对客户和产品、服务进行共同开发。

七、互联网股权融资主要业务模式

目前，国内互联网非公开股权融资的基础商业模式主要由融资方（项目方）、投资方和互联网股权融资平台（以下简称平台）三大部分组成，一个基本的互联网非公开股权融资业务流程如图 1.12 所示。

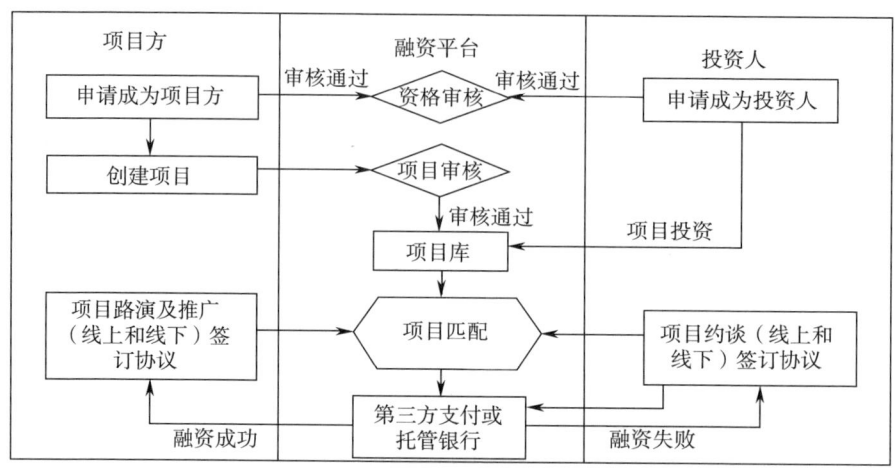

图 1.12 互联网非公开股权融资的一般业务流程

（一）融资方（项目方）的业务流程

融资方是指在平台上发起项目以期获得资金支持的人或企业。在互联网非公开股权融资项目中，融资方的发起人以小微企业的创业者为主。

融资方的业务流程主要包括注册申请、项目上线展示、项目路演和签订协议。在上线展示阶段，融资方根据平台的项目发布要求填写相关项目信息，如项目简介、所属行业、所在城市、上轮融资额、上轮估值、本次目标、预期回报收益等。通过线下线上的方式，融资方开展项目路演，使投资人深入了解项目。

（二）投资人的业务流程

投资人的业务流程主要包括注册申请、项目选择和项目投资。投资人在平台浏览项目信息，并通过多种渠道对相关信息进行甄别，对项目前景进行评估。在具有投资意向后，需要向项目所在平台注册账号，并如实填写个人信息申请成为投资人。对于有意向投资的项目，投资人将与融资方进行线下或线上约谈，以进一步了解项目。当投资人确定投资项目时，项目方将同投资人和平台签订协议。协议签订后，投资人通过第三方支付或托管银行保管投资人的资金，如果融资成功，该资金将转给项目方，如果未成功，则将资金退给投资人①。

---

① 各平台对于融资是否成功界定不一。一般认为，平台在规定的融资期内，募到的金额大于预期融资额，则为融资成功。也有平台认为，即使募集的金额小于预期融资额，平台与项目商议，只要项目方能够接受，也被视为成功。还有一些平台会设定一定的阈值，只要认购额超过预期募资额一定比例，若有领投人愿意补足，则该次融资也视做成功。

(三) 互联网股权融资平台的业务流程

互联网股权融资平台是整个互联网股权融资的重要媒介。融资方通过平台发布融资项目，投资人通过平台为合适的项目投资。平台承担了融资人和投资人的资格审查、项目审核、执行监督、后期控制等多项职能，最后当项目未在计划期内融资成功时，负责将资金返还给投资人。平台的具体功能包含以下内容：

1. 保障平台安全，保证较好的用户体验；
2. 引入第三方资金托管机构，为投融资双方资金提供托管服务；
3. 投资人及融资方的身份、资格审核；
4. 对项目进行尽职调查等认证工作，将合格项目入库上线；
5. 指导融资方进行项目的包装、信息披露和推广；
6. 通过线上线下渠道帮助投融资双方沟通与了解；
7. 签署相关的协议，提供相关的法律文件及法律支持；
8. 完成融后资金的交付与返还。

第二章　互联网金融统计监测框架

根据国务院发布《互联网金融风险专项整治工作实施方案》（以下简称《专项整治方案》）与十部委发布的《指导意见》，一方面，需要推进互联网金融的监管协调与数据统计监测，另一方面，需要加强对互联网金融的风险监测，提高风险防范能力。

《指导意见》和《专项整治方案》提出，"人民银行会同有关部门，负责建立和完善互联网金融数据统计监测体系，相关部门按照监管职责分工负责相关互联网金融数据统计和监测工作，并实现统计数据和信息共享"，同时，需要"充分发挥中国互联网金融协会的作用，制定行业标准和数据统计、信息披露、反不正当竞争等制度，完善自律惩戒机制，开展风险教育，形成依法依规监管与自律管理相结合、对互联网金融领域全覆盖的监管长效机制"，从而明确了互联网金融数据统计监测的主体——监管机构 + 中国互联网金融协会。

在加强风险监测方面，《专项整治通知》指出，应"建立互联网金融产品集中登记制度，研究互联网金融平台资金账户的统一设立和集中监测，依靠对账户的严格管理和对资金的集中监测，实现对互联网金融活动的常态化监测和有效监管"。

从目前统计框架来看，人民银行主要负责银行端口的互联网金融统计，中国互联网金融协会负责企业端口的互联网金融统计。

第一节 基于银行端的互联网金融统计监测框架

人民银行于2016年起建立了银行业金融机构互联网金融业务统计制度，以及时、全面、准确地反映银行业金融机构互联网金融业务开展情况。从统计内容看，当前的统计制度分为两部分，一部分为业务量统计，旨在反映商业银行互联网金融开展规模；另一部分为异常情况统计，旨在反映商业银行在互联网业务中的风险情况，如冻结久悬账户数量、产品兑付异常和终止异常的情况以及互联网消费金融的不良贷款等。这两部分互为补充，在频度上按月、季度分批报送，统计体系较为完备。

从指标涉及情况看，在业务量统计表中，以互联网产品为基本维度，将纷繁的互联网金融产品抽象概括为"互联网支付、互联网基金、互联网理财产品、互联网信托、互联网消费金融"五大类，在每个产品下均按客户、当期销售量和销售额进行统计（见表2.1）。在异常情况统计表中，人民银行侧重于两大风险点的监测，即互联网支付异常情况和理财产品异常情况，符合当前社会重点关注的风险集中爆发点（见表2.2）。

表 2.1　　　　　　　　互联网金融业务发展状况统计

表单代码	指标代码	指标名称	频度
A3413	34S01	一、互联网支付	月
A3413	34S02	1. 网上支付客户数	月
A3413	34S03	个人	月
A3413	34S04	单位	月
A3413	34S05	2. 当期互联网支付交易笔数	月
A3413	34S06	银行支付	月
A3413	34S07	第三方支付	月
A3413	34S08	3. 当期互联网支付交易金额	月
A3413	34S09	银行支付	月
A3413	34S0A	第三方支付	月
A3413	34S0B	二、互联网基金销售	月
A3413	34S0C	1. 参与客户数	月
A3413	34S0D	个人	月
A3413	34S0E	单位	月
A3413	34S0F	2. 当期销售基金数量	月
A3413	34S0G	股票基金	月
A3413	34S0H	债券基金	月
A3413	34S0I	货币市场基金	月
A3413	34S0J	混合基金	月

续表

表单代码	指标代码	指标名称	频度
A3413	34S0K	其他类型基金	月
A3413	34S0M	3. 当期购买金额	月
A3413	34S0N	股票基金	月
A3413	34S0P	债券基金	月
A3413	34S0Q	货币市场基金	月
A3413	34S0R	混合基金	月
A3413	34S0S	其他类型基金	月
A3413	34S0T	4. 当期赎回金额	月
A3413	34S0U	股票基金	月
A3413	34S0V	债券基金	月
A3413	34S0W	货币市场基金	月
A3413	34S0X	混合基金	月
A3413	34S0Y	其他类型基金	月
A3413	34S0Z	三、互联网理财产品销售	月
A3413	34S11	1. 参与客户数	月
A3413	34S12	个人	月
A3413	34S13	单位	月
A3413	34S14	2. 当期销售理财产品数量	月
A3413	34S15	3. 当期购买金额	月
A3413	34S16	4. 当期兑付/赎回金额	月
A3413	34S17	四、互联网信托（信托公司专用）	月
A3413	34S18	1. 参与客户数	月
A3413	34S19	个人	月
A3413	34S1A	单位	月
A3413	34S1B	2. 当期销售信托产品数量	月
A3413	34S1C	3. 当期购买金额	月
A3413	34S1D	4. 当期兑付/赎回金额	月
A3413	34S1E	五、互联网消费金融（消费金融公司专用）	月
A3413	34S1F	1. 贷款客户数	月
A3413	34S1G	2. 当期发放贷款笔数	月
A3413	34S1H	个人耐用消费品贷款	月
A3413	34S1I	一般用途个人消费贷款	月
A3413	34S1J	3. 当年累计发放贷款笔数	月
A3413	34S1K	个人耐用消费品贷款	月
A3413	34S1M	一般用途个人消费贷款	月
A3413	34S1N	4. 当期发放贷款金额	月

续表

表单代码	指标代码	指标名称	频度
A3413	34S1Q	个人耐用消费品贷款	月
A3413	34S1R	一般用途个人消费贷款	月
A3413	34S1S	5. 当年累计发放贷款金额	月
A3413	34S1T	个人耐用消费品贷款	月
A3413	34S1U	一般用途个人消费贷款	月
A3413	34S1V	6. 期末贷款余额	月
A3413	34S1W	个人耐用消费品贷款	月
A3413	34S1X	一般用途个人消费贷款	月

表 2.2　　　　　　　　　**互联网金融业务异常情况统计**

表单代码	指标代码	指标名称	频度
A3323	33971	一、互联网支付	季
A3323	33972	个人网上支付账户数	季
A3323	33973	其中：个人网上支付账户冻结数量	季
A3323	33974	个人网上支付账户睡眠户数量	季
A3323	33975	单位网上支付账户数	季
A3323	33976	其中：单位网上支付账户冻结数量	季
A3323	33977	久悬单位网上支付账户数量	季
A3323	33978	二、互联网理财产品销售	季
A3323	33979	当年累计提前终止产品数量	季
A3323	33980	当年累计延迟兑付产品数量	季
A3323	33981	当年累计实际收益率低于预期收益率产品数量	季
A3323	33982	三、互联网信托（信托公司专用）	季
A3323	33983	当年累计提前终止产品数量	季
A3323	33984	当年累计延迟兑付产品数量	季
A3323	33985	当年累计实际收益率低于预期收益率产品数量	季
A3323	33986	四、互联网消费金融（消费金融公司专用）	季
A3323	33987	1. 期末不良贷款笔数	季
A3323	33988	个人耐用消费品贷款	季
A3323	33989	一般用途个人消费贷款	季
A3323	33990	2. 期末不良贷款余额	季
A3323	33991	个人耐用消费品贷款	季
A3323	33992	一般用途个人消费贷款	季

第二节　基于企业端的互联网金融统计监测框架

按照《指导意见》和《专项整治方案》，在互联网金融统计监测上，要充分发挥互联网金融协会的作用，制定行业标准和数据统计等制度，做好风险预警，形成依法依规监管与自律管理相结合、对互联网金融领域全覆盖的监管长效机制。根据出台文件的要求和有关精神以及协会履职需要，中国互联网金融协会开展了基于企业端的互联网金融数据统计和风险监测工作，于2016年4月建立了《互联网金融统计制度（试行）》，并于5月开始试行，采集互联网金融基本信息和业务数据。

一、统计监测

1. 统计制度

《互联网金融统计制度（试行）》包括："基本情况采集指标表""前五大股东情况采集情况表""资产负债采集指标表""利润情况采集指标表""业务发展状况采集指标表""产品异常情况采集指标表"共六张表。制度统计涵盖指导意见明确的七个业态，采用总量指标统计方法；统计重点是风险较大的领域和业务，如网络借贷、股权众筹融资等。

2. 方法和成果

目前《互联网金融统计制度（试行）》报数范围为会员单位，下一步将扩展至全行业。协会已开发统计监测系统，目前正处于测试阶段，在正式上线后，企业可以直接通过系统上报数据，提高数据采集工作效率。目前协会已编制了3期《P2P等网贷行业发展指数》季度报告和《P2P等网贷行业风险监测预警》季度报告，并报送至相关政府机构和监管部门。

二、风险监测预警

1. 风险监测预警模型

协会重点关注P2P等网贷行业平台运营中的异常情况，将出现异常情况的平台称为异常平台。通过对问题平台的分析，提炼问题平台最显著的异常特征，如利率、期限、贷款集中度等，编制了P2P等网贷行业异常平台风险监测预警判别规则。规则包括7个预警维度（其中6个负面维度，1个正面维度），23条预警规则。将这些规则数值化处理，计算出平台的异常综合分值，分值越大，异常特征越明显。

2. 风险监测预警的做法

协会通过风险监测预警系统计算出各平台的异常综合分值，生成P2P等网贷行业运营情况的数据表。在异常综合分值的基础上，结合认为甄别平台信息等方式，在运营平台中判定出异常平台，列为重点关注对象，及时做好风险监测预警工作，撰写 P2P 等网贷行业风险监测预警季度报告。

三、统计指标表

根据《互联网金融统计制度（试行）》，其中"基本情况采集指标表""前五大股东情况采集情况表""资产负债采集指标表""利润情况采集指标表"均为反映企业相关信息的指标体系，不涉及企业具体业务类型和模式，此处不作深入探讨。"业务发展状况采集指标表"与"产品异常情况采集指标表"与企业具体业务模式相关，开展不同业务类型的企业所需填报指标也有不同，相关指标能够更直接体现企业具体业务发展与风险集聚情况（见表2.3、表2.4）。

表2.3　　　　　　　　　　业务发展状况采集指标

序号	指标名称	频度
1	**互联网支付（不报数）**	月
	当期支付交易金额	月
	其中：通过银行账户支付的金额	月
	当期支付交易笔数	月
	其中：通过银行账户支付的笔数	月
	当期单笔最大支付金额	月
	当期单笔最小支付金额	月
	当期单日交易笔数峰值	月
	当期支付交易户数	月
	当年支付交易户数	月
	当年累计支付交易金额	月
	其中：通过银行账户支付的金额	月
	当年累计支付交易笔数	月
	其中：通过银行账户支付的笔数	月
	互联网股权融资（不报数）	月
	当期完成股权众筹融资金额	月
	当期完成股权众筹融资项目数量	月
	当期完成股权众筹融资投资者数量	月
	当年完成股权众筹融资金额	月
	当年完成股权众筹融资项目数量	月
	当年完成股权众筹融资投资者数量	月
	平台累计完成股权众筹融资金额（首次报数用）	月
	平台累计完成股权众筹融资项目数量（首次报数用）	月
	当期完成非公开股权融资金额	月
	当期完成非公开股权融资项目数量	月
	当期完成非公开股权融资投资者数量	月
	当年完成非公开股权融资金额	月

续表

序号	指标名称	频度
	当年完成非公开股权融资项目数量	月
	当年完成非公开股权融资投资者数量	月
	平台累计完成非公开股权融资金额（首次报数用）	月
	平台累计完成非公开股权融资项目数量（首次报数用）	月
	互联网债券类融资（不报数）	月
	当期个体直接借贷借款金额	月
	当期个体直接借贷借款笔数	月
	当期个体直接借贷出借人数量	月
	当期个体直接借贷发生额的加权平均利率（%）	月
	当期个体直接借贷发生额的加权平均期限（月）	月
	当年个体直接借贷累计借款金额	月
	当年个体直接借贷累计借款笔数	月
	当年个体直接借贷出借人数量	月
	当年个体直接借贷发生额的加权平均利率（%）	月
	当年个体直接借贷发生额的加权平均期限（月）	月
	个体直接借贷累计借款金额（首次报数用）	月
	个体直接借贷累计借款笔数（首次报数用）	月
	期末个体直接借贷借款余额	月
	其中：最大单户借款余额	月
	其中：最大十户借款余额	月
	当期小额贷款公司网络小额贷款发放金额	月
	当期小额贷款公司网络小额贷款发放笔数	月
	当期网络小额贷款发生额的加权平均利率（%）	月
	当期网络小额贷款发生额的加权平均期限（月）	月
	当年小额贷款公司网络小额贷款累计发放金额	月
	当年小额贷款公司网络小额贷款累计发放笔数	月
	当年网络小额贷款发生额的加权平均利率（%）	月
	当年网络小额贷款发生额的加权平均期限（月）	月
	期末小额贷款公司网络小额贷款金额	月
	当期其他债权类融资业务融资金额	月
	当期其他债权类融资业务融资笔数	月
	当期其他债权类融资业务发生额的加权平均利率（%）	月
	当期其他债权类融资业务发生额的加权平均期限（月）	月
	当年其他债权类融资业务累计融资金额	月
	当年其他债权类融资业务累计融资笔数	月
	当年其他债券类融资业务发生额的加权平均利率（%）	月
	当年其他债权类融资业务发生额的加权平均期限（月）	月
	期末其他债权类融资业务融资余额	月
	互联网金融产品及收益权转让融资（不报数）	月
	当期债权转让金额	月

续表

序号	指标名称	频度
	当期债权转让笔数	月
	当期债权受让人人数	月
	当年债权累计转让金额	月
	当年债权累计转让笔数	月
	当年债权累计受让人人数	月
	债权累计转让金额（首次报数用）	月
	债权累计转让笔数（首次报数用）	月
	期末债权转让产品余额	月
	当期其他金融产品及收益权转让金额	月
	当期其他金融产品及收益权转让笔数	月
	当期其他金融产品及收益权受让人人数	月
	当年其他金融产品及收益权累计转让金额	月
	当年其他金融产品及收益权累计转让笔数	月
	当年其他金融产品及收益权累计受让人人数	月
	其他金融产品及收益权累计转让金额（首次报数用）	月
	其他金融产品及收益权累计转让笔数（首次报数用）	月
	期末其他金融产品及收益权转让产品余额	月
	互联网第三方金融产品投资（不报数）	月
	当期委托投资金额	月
	当期委托投资笔数	月
	当年累计委托投资金额	月
	当年累计委托投资笔数	月
	当期互联网销售基金金额	月
	当期互联网销售基金支数	月
	当年互联网销售基金累计金额	月
	当年互联网销售基金累计支数	月
	当期互联网销售保险产品金额	月
	当期互联网销售保险产品支数	月
	当年互联网销售保险产品累计金额	月
	当年互联网销售保险产品累计支数	月
	当期互联网销售信托产品金额	月
	当期互联网销售信托产品支数	月
	当年互联网销售信托产品累计金额	月
	当年互联网销售信托产品累计支数	月
	当期互联网销售其他第三方金融产品金额	月
	当期互联网销售其他第三方金融产品支数	月
	当年互联网销售其他第三方金融产品累计金额	月
	当年互联网销售其他第三方金融产品累计支数	月
	当期其他互联网投融资业务交易金额	月

表 2.4 产品异常情况采集指标

序号	指标名称	频度
	互联网债权类融资（不报数）	月
	逾期债权类融资余额	月
	其中：个体直接借贷	月
	小额贷款公司网络小额贷款	月
	90天以上逾期债权类融资余额	月
	其中：个体直接借贷	月
	小额贷款公司网络小额贷款	月
	逾期债权类融资笔数	月
	其中：个体直接借贷	月
	小额贷款公司网络小额贷款	月
	90天以上逾期债权类融资笔数	月
	其中：个体直接借贷	月
	小额贷款公司网络小额贷款	月
	提前还款金额	月
	其中：个体直接借贷	月
	小额贷款公司网络小额贷款	月
	提前还款笔数	月
	其中：个体直接借贷	月
	小额贷款公司网络小额贷款	月
	当期代偿金额	月
	其中：个体直接借贷	月
	当年累计代偿金额	月
	其中：个体直接借贷	月
	个体直接借贷出借人当期损失本金金额	月
	个体直接借贷出借人当年累计损失本金金额	月
	互联网第三方金融产品直接投资（不报数）	
	提前终止产品金额	月
	其中：信托产品	月
	保险产品	月
	资产管理计划	月
	提前终止产品数量	月
	其中：信托产品	月
	保险产品	月
	资产管理计划	月
	延迟兑付产品金额	月
	其中：信托产品	月

续表

序号	指标名称	频度
	保险产品	月
	资产管理计划	月
	延迟兑付产品数量	月
	其中：信托产品	月
	保险产品	月
	资产管理计划	月
	实际收益率低于预期收益率产品金额	月
	其中：信托产品	月
	保险产品	月
	资产管理计划	月
	实际收益率低于预期收益率产品数量	月
	其中：信托产品	月
	保险产品	月
	资产管理计划	月
	投资人当期损失本金金额	月
	其中：信托产品	月
	保险产品	月
	资产管理计划	月
	投资人当年累计损失本金金额	月
	其中：信托产品	月
	保险产品	月
	资产管理计划	月
	当期代偿金额	月
	其中：信托产品	月
	保险产品	月
	资产管理计划	月
	当年累计代偿金额	月
	其中：信托产品	月
	保险产品	月
	资产管理计划	月

第三章 互联网金融抽样统计研究

根据第一章对当前互联网金融的分类以及不同业态互联网金融数据的可得性，本章将对三种分类中的互联网直销银行、互联网消费金融与互联网股权融资进行抽样统计研究。

第一节 互联网直销银行的发展情况分析

目前我国尚未建立互联网直销银行的专项统计制度,本文将选取 16 家具有代表意义的互联网直销银行①作为分析样本(以下简称 16 家样本银行),通过分析样本银行的情况来把握我国互联网直销银行的现状和发展趋势,样本银行的数据采集指标和结构性统计见表 3.1 和表 3.2。

表 3.1   互联网直销银行抽样统计指标

业务统计指标	填报说明
注册用户数	填报 2015 年各月末累计注册用户数
活跃用户数	填报 2015 年各月末累计活跃用户数
存款/类存款	填报 2015 年各月末余额及月净增额
其中:活期/类活期存款	
定期/类定期存款	
股票类理财产品	
贵金属类理财产品	
活期/类活期存款月加权平均利率②	填报 2015 年各月活期产品平均利率
电子账户余额	填报 2015 年各月末余额
电子账户月净转入额③	填报 2015 年各月净转入额

表 3.2   互联网直销银行结构性统计

贷款期限	填报说明
1 个月以内	1. 填报 2015 年各月所发放该期限贷款的笔数、金额及当年合计笔数、金额占比 2. 填报 2015 年各月所发放该期限贷款的平均利率
1~3 个月(含)	
3~6 个月(含)	
6~12 个月(含)	
1~5 年(含)	
5 年以上	

---

① 所选取的互联网直销银行发起行包括民生银行、广发银行、兴业银行、华夏银行、北京银行、江苏银行、南京银行、宁波银行、长沙银行、重庆银行、兰州银行、江南银行、珠海华润银行、广东南粤银行、北京农商行、微众银行。

② 活期/类活期存款月加权平均利率:根据不同产品每万份收益算出日均利率,再用算术平均计算月均利率。

③ 电子账户月净转入额:电子账户转入额 – 电子账户转出额。

续表

个人贷款客户年龄	填报说明
0~18岁（含）	填报2015年各月发放该年龄段客户贷款笔数、金额及当年合计笔数、金额占比
18~20岁（含）	
20~30岁（含）	
30~40岁（含）	
40~50岁（含）	
50岁以上	
个人（企业）贷款客户所在地	填报说明
北京	填报2015年各月发放该省份个人（企业）客户贷款笔数、金额及当年合计笔数、金额占比
上海	
天津	
……	
……	
……	
河南	

一、逾八成互联网直销银行发起行为股份制银行和城商行，注册用户和活跃用户数量逐月增加

截至2015年末，我国互联网直销银行共52家[1]，且主要由股份制银行和城商行发起设立。国有五大行中仅有工行一家发起设立互联网直销银行，股份制银行、城商行和农商行分别有10家、32家和6家发起设立互联网直销银行。2015年，16家样本银行的注册用户数量从1月的350万人上升到12月的1469万人，年末较年初增长319.7%；活跃用户数[2]从1月的227万人上升到12月的592万人，年末较年初增长160.8%。

二、互联网直销银行定期/类定期存款增长迅猛，活期/类活期存款呈现季节性波动

2015年，16家样本银行的定期/类定期存款月末余额呈现稳定增长，从年初的7.1亿元逐月增加到年末的239.7亿元，年底较年初增长32倍；活期/类活期

---

[1] 包含第一种独立法人实体和第二种事业部制的互联网直销银行。
[2] 成功注册互联网直销银行并开通电子账户后，实际购买过产品的用户被定义为活跃用户。

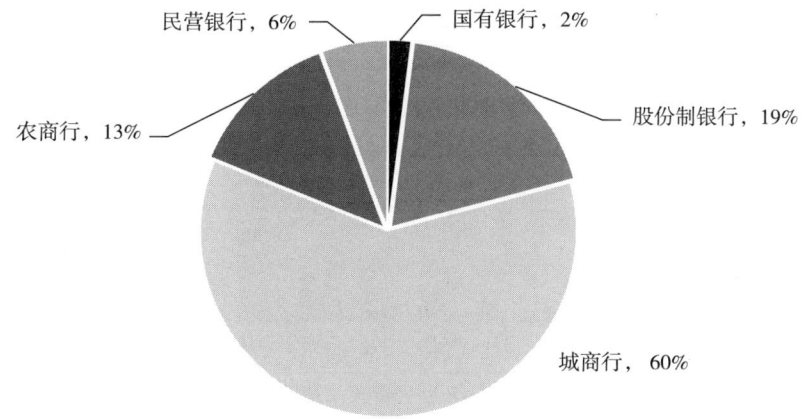

图 3.1 2015 年全国互联网直销银行按发起行性质分布

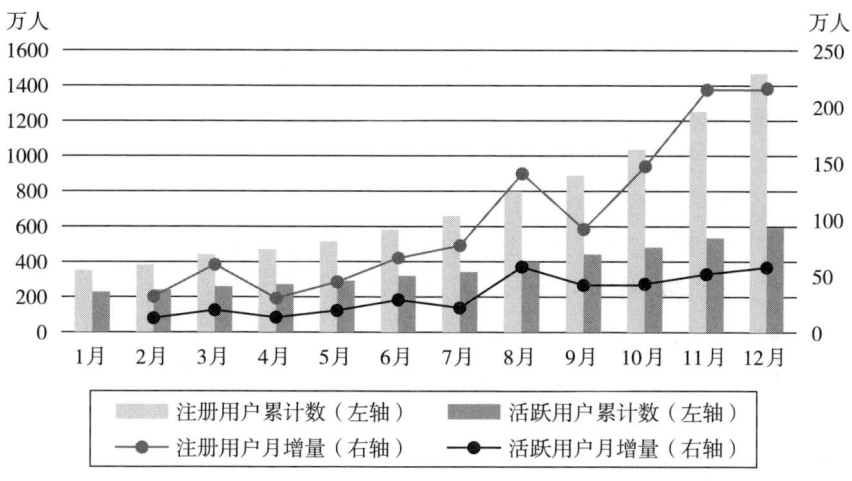

图 3.2 2015 年典型互联网直销银行注册用户数和活跃用户数

存款[①]受季节性因素影响较大,与传统银行存款变化趋势不同,互联网直销银行活期/类活期存款基本呈季初增加,季末减少趋势。1~3 月受节假日因素影响,活期/类活期存款有所增长。全年 16 家样本银行的定期/类定期存款和活期/类活期存款余额均值分别为 99.5 亿元和 380.8 亿元(见图 3.3)。

---

① 本文将用户在互联网直销银行购买货币基金类可实时支取产品视做类活期存款,将购买其他约定持有时间的理财产品视做类定期存款。

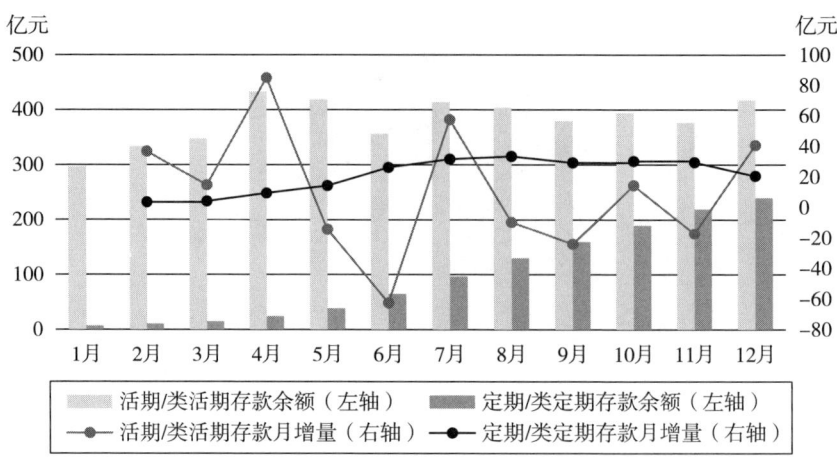

图3.3 2015年样本机构存款/类存款余额及月增量

三、互联网直销银行股票类理财产品余额增速与股票指数走势较吻合

16家样本银行中，仅重庆银行直销银行和珠海华润直销银行发行股票类理财产品。截至2015年12月末，2家互联网直销银行的股票类理财产品余额为19.3亿元，各月平均余额为14.5亿元。2015年2~4月，股市出现单边牛市行情，2家样本银行股票类理财产品的月均环比增速为3.4%；5~8月股指大幅震荡，2家样本银行股票类理财产品各月环比增速均为负数，4个月的月均环比增速为-4.5%；9~12月股指企稳回升，2家样本银行股票类理财产品的环比增速由9.6%逐月上升到16.5%，4个月的月均环比增速为12.2%。

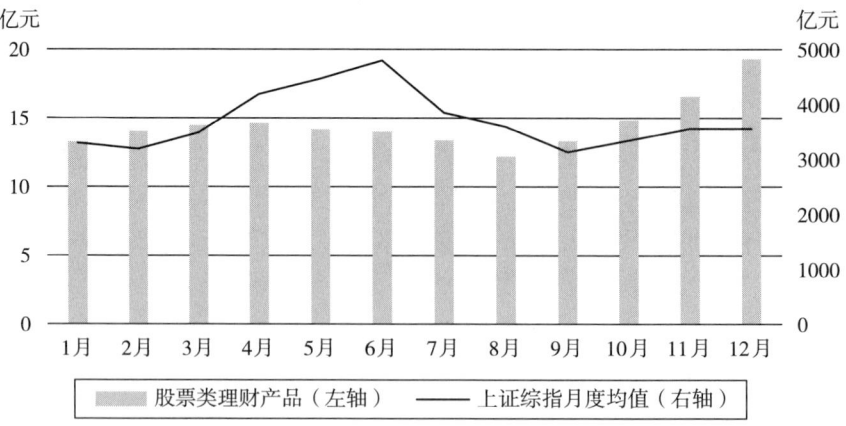

图3.4 2015年样本机构股票类理财产品月末余额

第二节 互联网消费金融发展现状

目前我国尚未建立互联网消费金融专项统计，为大致反映和把握我国互联网消费金融的结构特征和发展趋势，本文选取 9 家具有代表性的互联网消费金融机构①（以下简称 9 家样本机构）作为分析样本，并通过 9 家样本机构的汇总数据分析 2015 年我国互联网消费金融的现状和行业发展态势，样本机构的数据采集指标和结构性统计见表 3.3 和表 3.4。

表 3.3　　　　　　　互联网消费金融抽样统计指标

统计指标	填报说明
注册用户数（人）	填报 2015 年各月当期数据
活跃用户数（人）	
当期贷款金额（万元）	
当期贷款发放笔数（笔）	
期末贷款余额（万元）	
平均利率水平（%）	填报 2015 年各月平均利率
不良贷款率	填报 2015 年各月末不良贷款率
贷款逾期率	填报 2015 年各月末贷款逾期率

表 3.4　　　　　　　互联网消费金融结构性统计

用户年龄段	填报说明
18~20 岁（含）	填报 2013~2015 年年末对应年龄段当年累计用户人数及占比
20~30 岁（含）	
30~40 岁（含）	
40~50 岁（含）	
50 岁以上	

用户授信额度/用户贷款金额	填报说明
0~1000 元（含）	1. 填报 2015 年当年对应授信额度档次用户人数及占比 2. 填报 2015 当年对应档次贷款笔数和占比及 2015 年各月对应档次贷款笔数
1000~3000 元（含）	
3000~6000 元（含）	
6000~1 万元（含）	
1 万~3 万元（含）	
3 万~5 万元（含）	
5 万~10 万元（含）	
10 万~30 万元（含）	
30 万~50 万元（含）	
50 万元以上	

---

① 选取的 9 家互联网消费金融平台包括北银消费金融、掌众金融、51 信用卡、分期乐、蚂蚁花呗、京东白条、麒麟振翼、鼎力创世、链家消费金融。

续表

用户贷款金额	填报说明
0～1000 元（含）	填报 2015 当年对应档次贷款笔数和占比及 2015 年各月对应档次贷款笔数
1000～3000 元（含）	
3000～6000 元（含）	
6000～1 万元（含）	
1 万～3 万元（含）	
3 万～5 万元（含）	
5 万～10 万元（含）	
10 万～30 万元（含）	
30 万～50 万元（含）	
50 万元以上	
用户所在地	填报说明
北京	填报 2015 年当年对应省份用户数量及占比
上海	
天津	
……	
……	
……	
河南	
还款方式	填报说明
等额本息	填报 2015 年当年对应方式贷款笔数及占比及 2015 年各月对应方式贷款笔数
等额本金	
等本等息	
先息后本	
其他	
还款期限	填报说明
0～1 个月（含）	填报 2015 年当年对应期限贷款笔数及占比及 2015 年各月对应期限贷款笔数
1～3 个月（含）	
3～6 个月（含）	
6～9 个月（含）	
9 个月至 1 年（含）	
1～3 年（含）	
3～5 年（含）	
5 年以上	

续表

利率水平（费用水平）	填报说明
0~5%（含）	填报2015年当年对应利率水平贷款笔数及占比及2015年各月对应利率水平贷款笔数
5%~10%（含）	
10%~15%（含）	
15%~20%（含）	
20%~30%（含）	
30%以上	

贷款用途	填报说明
网上零售	1. 填报2015年当年对应用途贷款笔数及占比与2015年各月对应用途贷款笔数 2. 填报2015年当年对应用途贷款金额及占比与2015年各月对应用途贷款金额
家装	
旅游	
教育	
购车	
婚庆	
租房	
助业	
其他	

一、互联网消费金融受关注度提高，具有小额和月波动较大的特征

2015年，9家样本机构的注册用户数增加4167万人，各月注册用户数波动较大。其中，前10个月各月新增注册用户数上升较快，年底两个月（11月和12月）有所下降。10月的新增注册用户891万人，较1月增长7.4倍，年底两个月新增注册用户较10月高点分别减少255万人和536万人。

截至2015年末，9家样本机构的贷款余额为667亿元，较年初增长3.9倍；全年新发消费贷款1679亿元，全年新增消费贷款共2亿笔，平均单笔贷款金额约810元，体现了互联网消费金融产品的"小额"特征。

从2015年各月情况来看，9家样本机构下半年的用户关注度和贷款发放额明显高于上半年；并且国庆长假和"双十一"电商促销活动期间（10月和11月）用户关注度和贷款发放额明显高于其他各月。下半年，9家样本机构的注册用户数为2922万人，较上半年增长1.35倍；贷款发放1.67亿笔，较上半年增长312倍；贷款发放1225亿元，较上半年增长1.7倍。10月和11月的注册用户数分别为891万人和635万人，较月均注册用户数分别高出156.6%和83.1%；贷款分别发放3320万笔和4234万笔，较月均贷款发放笔数分别高出92.3%和

145.2%；贷款发放额分别为 200 亿元和 316 亿元，较月均贷款发放额分别高出 43.1% 和 126.5%。

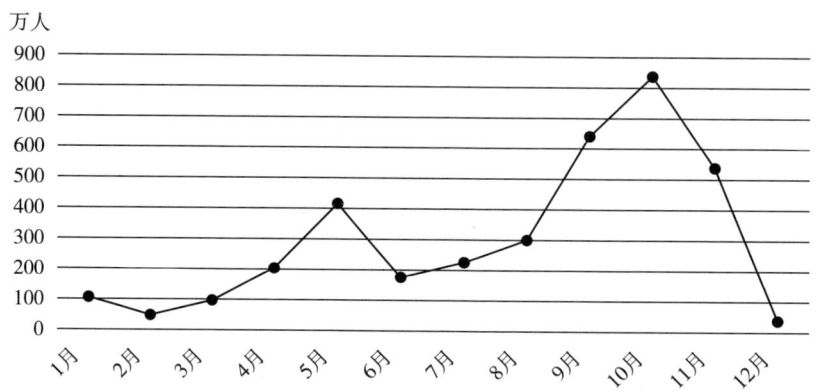

图 3.5　2015 年样本机构各月新增注册用户数

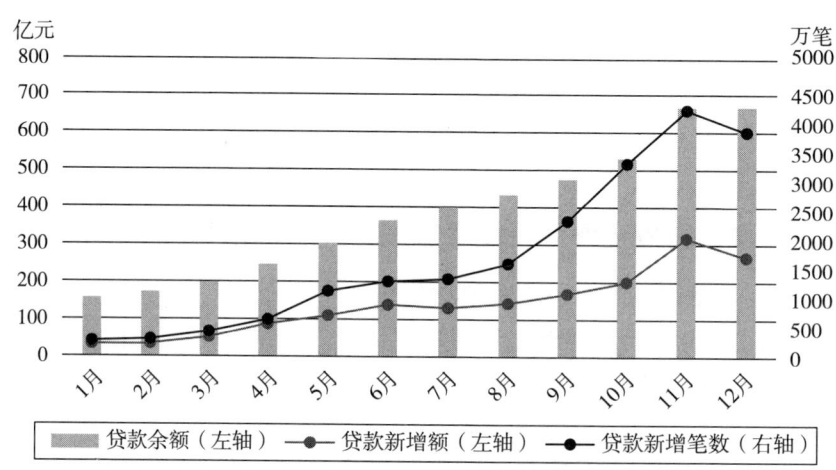

图 3.6　2015 年样本机构贷款金额及笔数

二、逾六成用户集中在 20～30 岁，东部地区用户占比较高

截至 2015 年末，9 家样本机构累计用户年龄在 20～30 岁的占比为 60.9%，18～20 岁和 40 岁以上的占比分别为 12.5% 和 6.3%；广东、江苏、浙江、上海和山东 5 个地区的客户占比较高，依次为 14.5%、9.2%、7.6%、5.8% 和 4.5%，5 个地区客户数占比合计为 41.7%；中部的河南、湖北和西部的四川的客户数占比也靠前，三个地区的客户数占比依次为 4.7%、4.1% 和 3.8%。

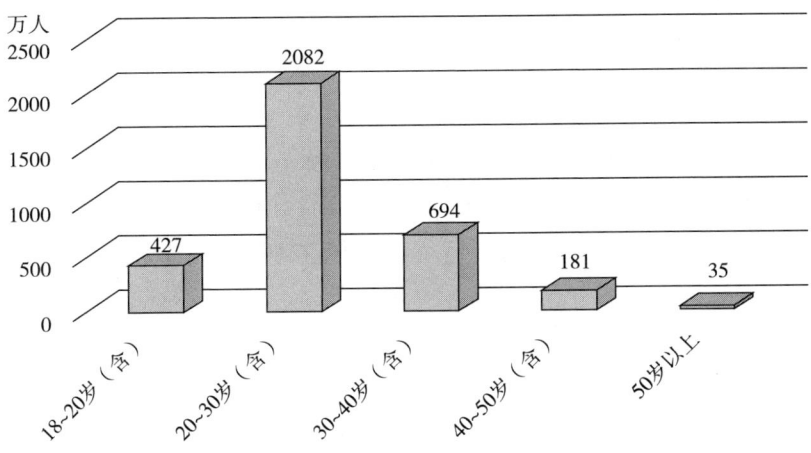

图 3.7　2015 年样本机构累计用户按年龄分布

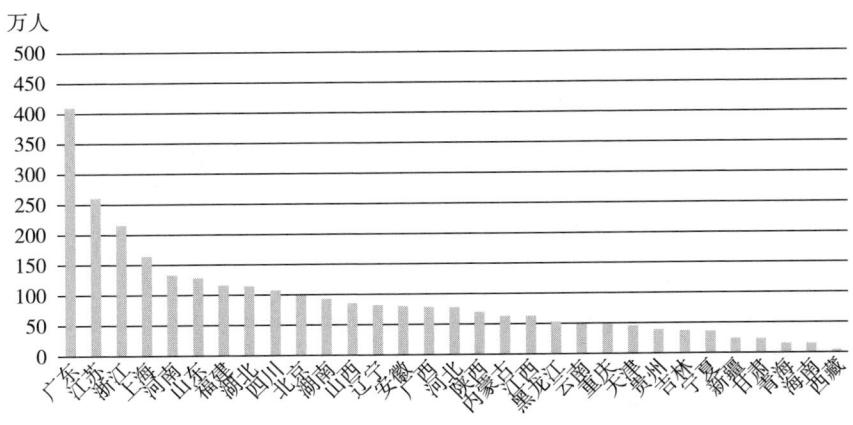

图 3.8　2015 年样本机构累计用户按地域分布

三、小额和短期贷款占比较高，贷款用途以网上零售和家装为主

2015 年，9 家样本机构发放 3000 元以下的贷款笔数占比逾九成，1 万元以上贷款仅占总笔数的 0.2%。从用户授信情况来看，2015 年末，近 5 成用户的授信低于 3000 元，授信额度在 3000～1 万元（含）的用户占比为 37.7%。

2015 年，9 家样本机构贷款期限在 1 个月以内的新发贷款笔数占比为 58.3%，1～3 个月（含）、3～6 个月（含）和 6 个月至 1 年（含）的贷款笔数占比分为 33.9%、2.3% 和 3.3%，9 成以上新发贷款集中在半年以内，1 年期以上贷款仅占 2.2%。

从还款方式来看，近 7 成的新发贷款笔数采取一次性还本付息方式，采取等额本息、等额本金和等本等息三种方式的新发放贷款笔数分别占总笔数的28.4%、0.9%和2.1%。

2015年，9家样本机构新发放的贷款主要投向网上零售、家装、租房、教育、旅游、婚庆等用途。新发放贷款笔数绝大多数集中于网上零售，全年新发放网上零售贷款笔数约2亿笔，占全部新发放贷款笔数的99.7%。贷款新发放额占比较高的依次为网上零售（72.2%）、家装（13.4%）、租房（2.6%）、教育（2.3%）和旅游（1.5%）。平均单笔贷款金额在10万元以上的有家装和婚庆，两者的平均单笔贷款金额分别为13.8万元和12.9万元；其他平均单笔贷款金额较高的用途及金额依次为旅游（8.5万元）、租房（3.2万元）、教育（3.0万元）和助业（1.4万元）。

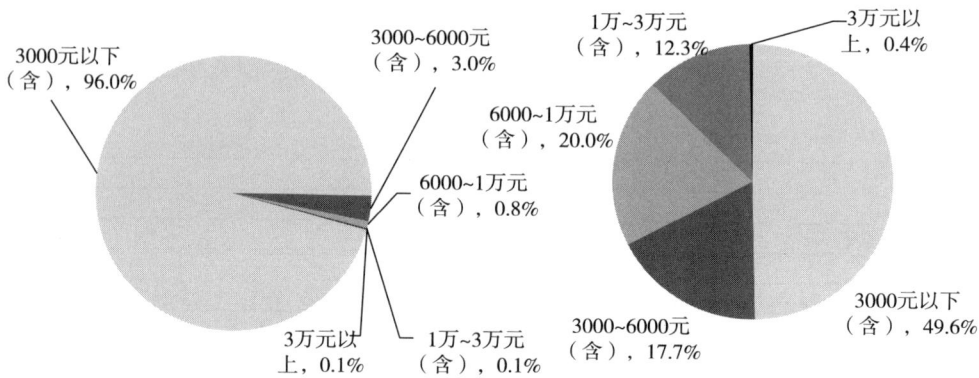

图3.9　2015年新增贷款笔数按金额分布和累计用户数按授信分布

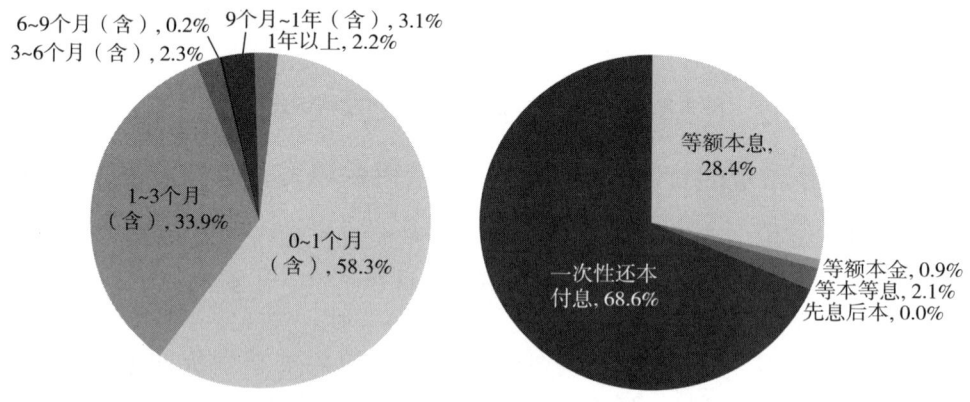

图3.10　2015年新增贷款笔数按期限分布和按还款方式分布

表 3.5　　　　　　　　2015 年样本机构新增贷款按用途分布

贷款用途	新发放贷款笔数		新发放贷款金额		平均单笔贷款金额（万元/笔）
	笔数（笔）	占比	金额（万元）	占比	
网上零售	200485983	99.71%	5074459	72.22%	0.03
家装	68378	0.03%	942969	13.42%	13.79
旅游	11903	0.01%	101662	1.45%	8.54
教育	53843	0.03%	160664	2.29%	2.98
婚庆	2211	0.00%	28540	0.41%	12.91
租房	57931	0.03%	185591	2.64%	3.20
助业	9216	0.00%	12579	0.18%	1.37
其他	384747	0.19%	519865	7.40%	1.35

四、互联网消费金融以发放低利率贷款为主

2015 年，9 家样本机构发放的消费贷款中利率水平在 0~5%（含）的新增贷款笔数占比为 92.4%，利率水平在 5%~10%（含）的新增贷款笔数占比为 4.9%。利率水平在 10% 以上的新增贷款笔数仅占 2.7%。互联网消费贷款利率总体水平较低的主要原因在于，大部分网上零售贷款采取免息或者低息的营销策略，从而拉低了互联网消费贷款的总体利率水平。

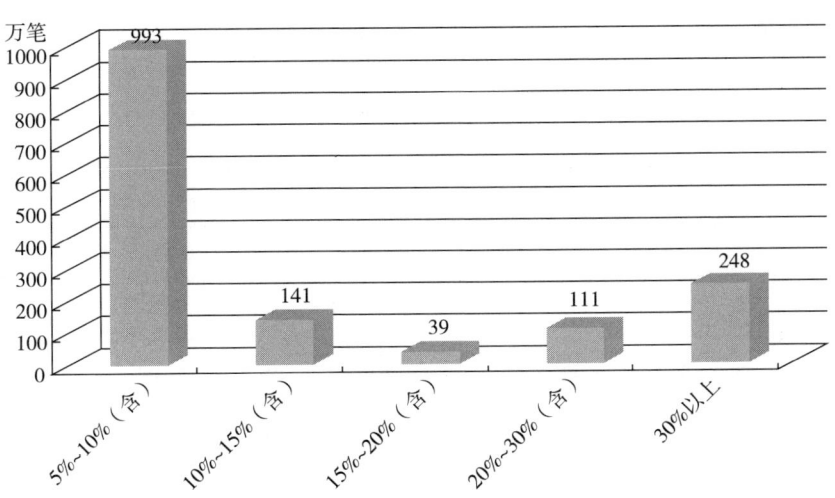

图 3.11　2015 年样本机构新增贷款按利率分布

五、互联网消费金融的贷款逾期率较高,但信用风险较低

2015年,9家样本机构的平均不良贷款率和逾期率分别为1.79%和6.27%。其中,下半年平均不良贷款率为1.99%,比上半年高0.4个百分点;下半年平均贷款逾期率为6.47%,比上半年高0.4个百分点。从各月的情况看,前7个月,不良率和逾期率走势基本一致,不良率在1.42%~1.89%波动,逾期率在5.2%~6.72%波动。从8月开始,不良率从8月的1.83%持续走高,12月达年内高点(2.21%);逾期率从8月的7.99%持续下降,12月为年内低点(5.08%)。8~12月的不良率和逾期率走势出现背离可能跟居民消费的季节性有关。一般8~12月节假日较多,电商促销活动也集中在年底几个月,导致居民消费支出增多,不良率走高;而临近年底,互联网消费金融机构催款力度加大,因而逾期率逐月下降。

互联网消费金融的贷款逾期率较高,而不良贷款率较低的主要原因是:一是客户群的收入不够稳定、支出较多,而贷款期限较短容易形成逾期贷款。由于互联网消费金融的客户主要为20~30岁的年轻人,该部分人群有的是学生,有的工作时间不长,因而这类客户群的收入大多不够稳定、支出相对较多;加上互联网消费金融贷款很多集中在1个月以内,导致贷款的逾期率较高。二是单笔贷款金额较小,多数客户最终能还上贷款。由于互联网消费金融的单笔贷款金额较小,客户贷款逾期后,经过一段时间的收入积累和亲友资助,大多数客户最终能偿还贷款,因此互联网消费金融贷款的信用风险仍然较低。

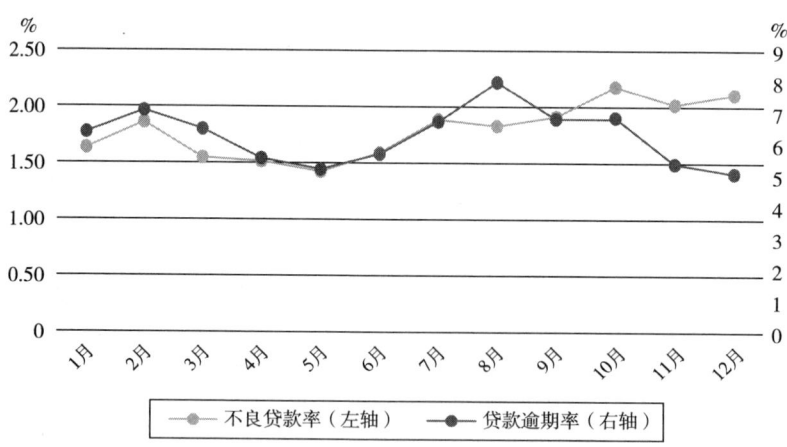

图3.12　2015年样本机构不良贷款率和逾期率

第三节 互联网股权融资发展情况

目前，我国尚未建立互联网股权融资专项统计制度，因而无法对我国互联网股权融资状况进行全面分析。为了大致反映和把握我国互联网股权融资平台的结构特点和发展趋势，本文选取 3 家有代表性的互联网股权融资平台（以下简称 3 家样本平台）①，并汇总 3 家机构的相关业务数据，通过样本统计数据分析 2015 年我国互联网股权融资的行业发展态势，样本平台的数据采集指标和结构性统计见表 3.6 和表 3.7。

表 3.6　　　　　　　互联网股权融资抽样统计指标

统计指标	填报说明
当期新增注册创业者数量	填报 2015 年当年以及 2015 年各月当期数据
当期新增认证投资人数量	
累计参与投资人数	
平台创建项目数量	
当年平台项目获投成功率（%）	填报 2015 年当年数据
当年平台项目平均服务费率（%）	填报 2015 年当年数据
上线募集项目数	填报 2015 年当年以及 2015 年各月当期数据
募集成功项目数	
项目拟募集金额	
项目实际募集金额	
项目实际投资者数量	
当期上线项目平均筹款天数	
领投方投资额占比（%）	

表 3.7　　　　　　　互联网股权融资结构性统计

投资人年龄段	填报说明
18～20 岁（含）	填报 2015 年年末对应年龄段当年累计投资者数量及占比
20～30 岁（含）	
30～40 岁（含）	
40～50 岁（含）	
50 岁以上	

---

① 选取的 3 家互联网股权融资平台为众投邦、京东众筹和投壶网。

续表

项目募集金额	填报说明
0~500万元（含）	填报2015当年对应档次募集成功项目数量及占比
500万~1000万元（含）	
1000万~2000万元（含）	
2000万~5000万元（含）	
5000万元以上	
项目起投金额	**填报说明**
0~5万元（含）	填报2015年当年对应档次募集成功项目数量及占比
5万~10万元（含）	
10万~20万元（含）	
20万~50万元（含）	
50万~100万元（含）	
100万元以上	
投资人实际投资金额	**填报说明**
0~5万元（含）	填报2015年当年对应档次投资人人数及占比
5万~10万元（含）	
10万~20万元（含）	
20万~50万元（含）	
50万~100万元（含）	
100万~200万元（含）	
200万~500万元（含）	
500万元以上（含）	
项目行业类别	**填报说明**
移动互联	填报2015年当年对应行业项目数量及占比与全部募集金额及占比
节能环保	
文化传媒	
新材料	
新能源	
生物制药	
消费服务	
信息技术	
其他	

续表

项目/投资人所在地	填报说明
北京	
上海	1. 填报2015年当年对应省份上线项目数量及占比
天津	
……	2. 填报2015年当年对应省份投资人数量及占比
……	
……	
河南	

一、互联网股权融资平台的注册创业者和认证投资人数逐月增加，市场活跃度较高

2015年，3家样本平台的累计注册创业者和认证投资人数分别为8101人和3.43万人。从2015年各月的情况看，由于3家样本平台中的2家在3月正式上线运行，导致3月的新增注册创业者和认证投资的人数增加较多。3月以后，各月新增创业者人数均在500人以上；认证投资的人数稳定在2000人以上。随着各月注册创业者人数的增加，认证投资者人数也随之上升，表明互联网股权融资市场的活跃度较高。

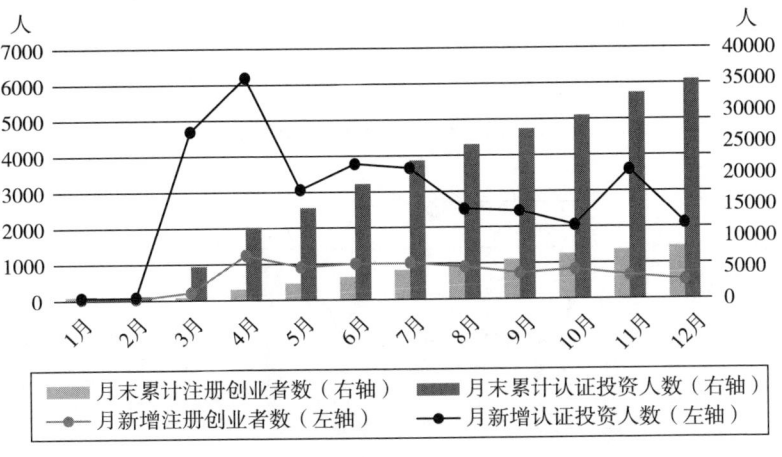

图3.13　2015年样本机构注册创业者和认证人数

二、申请项目的成功率不到一成，上线融资项目的募集成功率逾八成

2015年，3家样本平台申请融资项目数新增1221个，每月平均新增100个申请融资项目。2015年各月申请融资项目数分布不均衡，4~9月新增申请项目均超

过 100 个，其中 6 月和 8 月分别新增 144 个和 139 个。3 家平台全年共上线融资项目 105 个，平均每 11 个申请项目中有 1 个项目通过平台审核正式上线；全年募集成功项目 87 个，募集成功率（募集成功的项目数占上线融资项目的比重）达 82.9%，平均每 14 个申请项目有 1 个项目通过平台审核上线且募集成功。

3 家样本平台全年上线项目拟募集总金额共 12.2 亿元，实际募集金额 10.2 亿元，上线项目募集资金满足率（实际募集资金占拟募集资金总额的比重）达 83.6%；每个上线项目拟募集金额约为 1159 万元，每个募集成功项目的平均募集金额为 1167 万元。各月平均募集资金均在 700 万元以上，但金额波动较大。募集资金金额最高为 9 月，单个项目的平均募集资金为 2332 万元；募集资金金额较低的为 7 月的 772 万元。

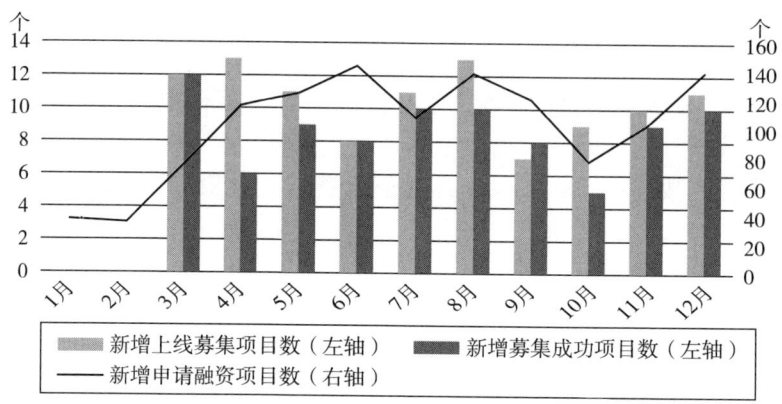

图 3.14　2015 年样本机构项目数

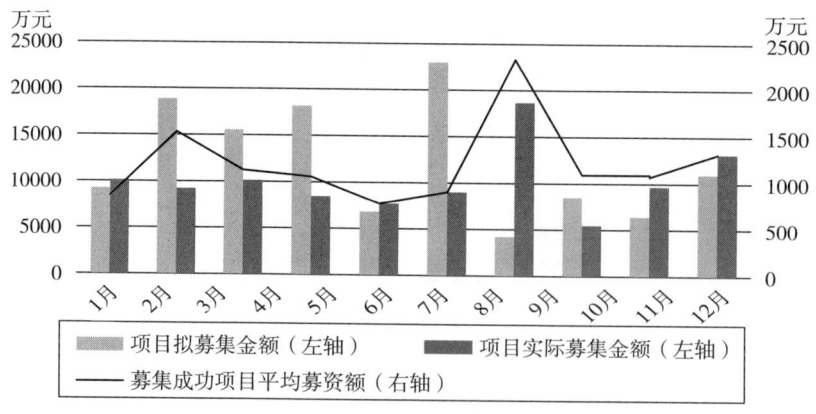

图 3.15　2015 年样本机构项目募集金额

三、线上平均筹款时间不到 2 个月，下半年平均筹款时间较长

2015 年，3 家样本平台项目募集成功的平均筹款时间（每个项目在平台上

线到募集成功所需的时间）为 55 天。从各月平均筹款时间看，上半年各月平均筹款时间为 68 天，较下半年长 18 天；平均筹款时间最长的为 6 月的 75 天，时间最短的为 12 月的 17 天。

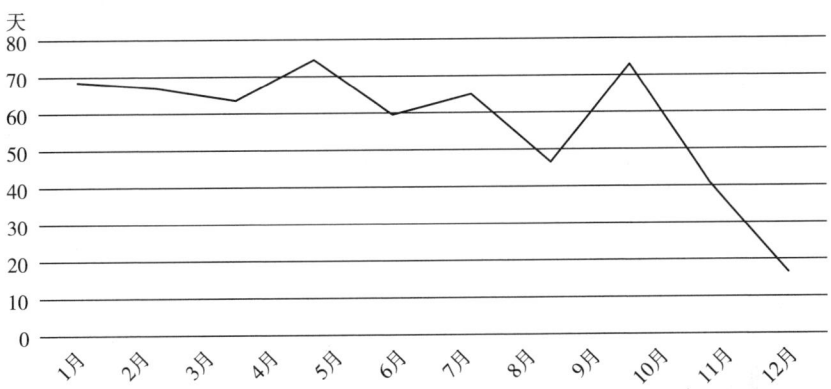

图 3.16　2015 年样本机构平均项目筹款时间

四、投资人以中青年为主，逾五成投资人的投资金额低于 10 万元

2015 年，3 家样本平台的实际投资人的年龄分布依次为 30～40 岁（含）（实际投资人数占比为 48%）、40～50 岁（含）（占比 28%）、18～30 岁（含）（占比 20%）和 50 岁以上（占比 3.7%），投资人以 30～40 岁的中青年为主。

同年，3 家样本平台实际投资人的投资金额分布依次为 10 万元以下（实际投资人数占比为 51%）、10 万～20 万元（含）（占比 20.7%）、20 万～50 万元（含）（占比 14.7%）和 50 万元以上（占比 13.7%）。

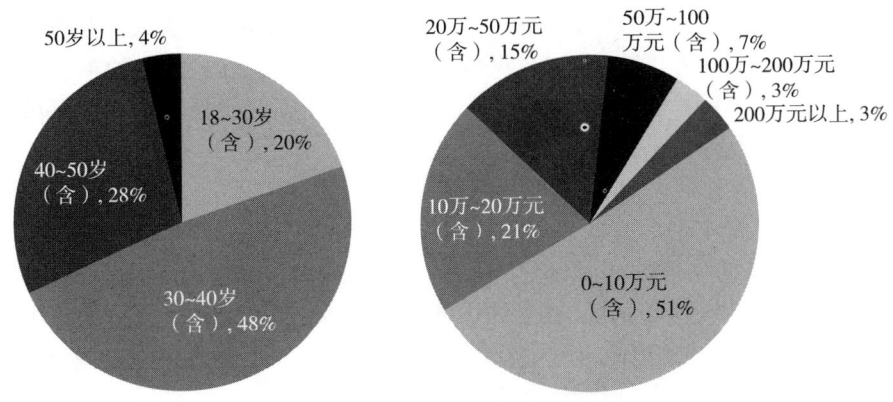

图 3.17　2015 年样本机构投资人按年龄段分布和按投资额分布

从投资人地域分布看，3家样本平台实际投资人近七成集中在北京、广东和上海，三个地区实际投资人数及其占比依次为571人（29.7%）、492人（25.6%）和272人（14.2%）。其他地区实际投资人占比相对较低，投资人数在50人以上的还有重庆、浙江和江苏三个地区，其实际投资人数及占比依次为100人（5.2%）、99人（5.2%）和60人（3.1%）。

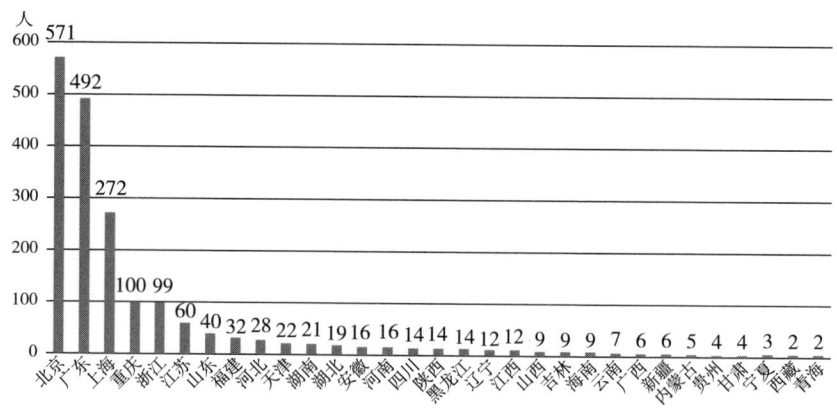

图3.18　2015年样本机构投资人按地域分布

五、上线项目募资额千万元以下的逾六成，近七成集中于移动互联、信息技术和文化类项目

2015年，3家样本平台上线项目募集资金在500万元以下、500万~1000万元（含）的项目数占比分别为26.7和36.2%；募集资金在1000万元以下的占比合计为62.9%；1000万~2000万元（含）、2000万~5000万元（含）和5000万元以上的项目数占比分别为21%、14%和2%。上线项目投资人的起投金额九成集中在20万元以下，其中，起投金额在10万~20万元（含）的项目数占比为24%；5万~10万元（含）和5万元以下的项目数占比分别为42%和24%。起投金额在20万元以上的仅占一成，其中，起投金额在20万~50万元（含）和50万元以上的分别占7%和3%。

同年，3家样本平台的项目主要分布在移动互联、信息技术类和文化类三个领域，三个领域的项目数及占比分别为49个（46.7%）、12个（11.4%）和10个（9.5%），三个领域的项目数合计占比为67.6%。项目融资额主要集中在移动互联、信息技术、文化传媒和生物制药四个领域，四个领域的项目融资额占比依次为32.3%、14.5%、12.9%和12.3%。

从上线项目的所在地看，3家样本平台的项目主要集中在北京、上海和广东三个地区，三地项目数及占比依次为46个（43.8%）、21个（20%）和19个

（18.1%），占所有项目的八成以上。

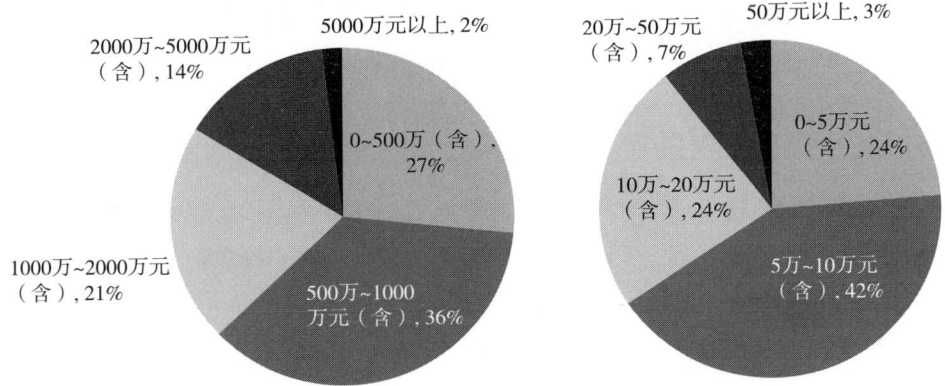

图 3.19　2015 年样本机构上线项目按募资额和起投额分布

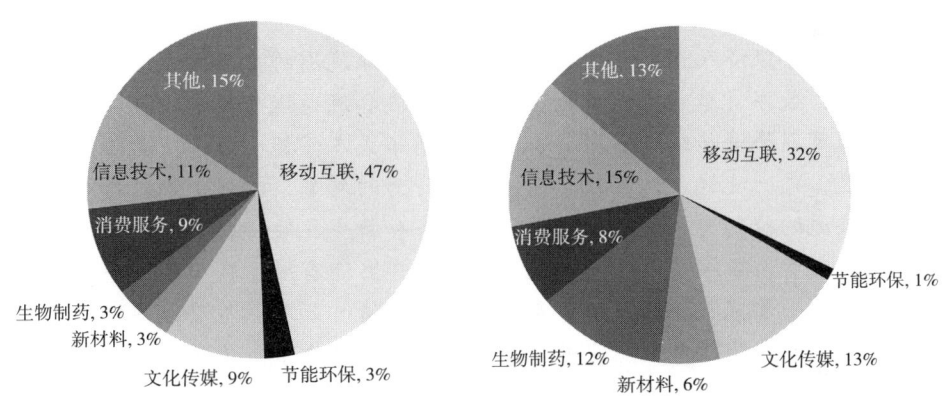

图 3.20　2015 年样本机构上线项目与融资额分别按行业类别分布

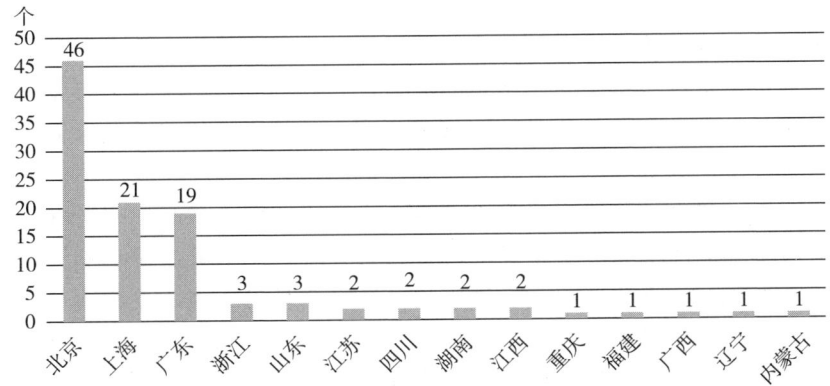

图 3.21　2015 年样本机构上线项目按地域分布

数字货币的发展与前景研究

——基于货币发行和支付结算的分析

中国人民银行上海总部金融服务一部课题组

课题组组长：季家友

课题组成员：陈　勇　俞伟强　吴金友　丁锋睿　陆　岳　成晟华

摘　要

伴随着世界经济及信息技术的飞速发展，全球范围的支付方式正发生着日新月异的变化，数字货币作为一种新型的支付手段和流通媒介已进入公众视野。发行数字货币可以降低传统纸币发行、流通的高昂成本，提升经济交易活动的便利性和透明度，减少洗钱、逃漏税等违法犯罪行为的发生，增强中央银行对货币供应和货币流通的控制力，更好地支持国民经济和社会发展，助力普惠金融的全面实现。长远来看，数字货币发行、流通体系的建立还有助于我国建设全新的金融基础设施，进一步完善我国支付体系，提升支付清算效率，推动经济提质增效升级。我国已公开表明将加快研究并争取早日推行数字货币。为此，相关研究具有十分重要的现实意义。

但目前的现实情况是：一方面，虽然国内外的一些金融机构及学者已经围绕数字货币开展了大量的研究，但相关研究大多处于探索阶段。以最为基础的数字货币定义为例，目前各界对于数字货币的相关定义与概念尚未达成共识。另一方面，数字货币体系建立以及数字货币的流通，必将对目前的货币运行体系产生深远影响。因此，要发展和推行我国的数字货币，必将是一项非常复杂并充满挑战的艰巨任务，任重道远。

为此，本文拟通过研究，实现以下四个方面的探索与创新：一是在总结货币本质规律的基础上认清数字货币发展的必然趋势。二是从数字货币相关概念发展历程、技术原理和特点的角度对区块链技术进行分析研究。三是拟通过分析国外数字货币的模式选择实例（去中心化的比特币和中心化的英国 RS – Coin），获得今后我国在推行数字货币发展进程中可借鉴的经验与启示。四是拟从总体方案、货币发行和支付结算等金融服务角度对我国推行数字货币的前景进行展望与研究，希望能对今后的数字货币管理工作有所启迪和裨益。

伴随着世界经济及信息技术的飞速发展，作为商品交易媒介的货币，其形态正不断发生着日新月异的更迭变化。当前数字货币已经作为一种新型的支付手段和流通媒介进入公众视野。近期，我国已公开表明将加快研究并争取早日推行数字货币。虽然国内外的一些金融机构及学者已经围绕数字货币开展了大量的研究，但相关研究大多处于探索阶段。目前各界对于数字货币相关内容的理解尚未达成共识。为此，相关研究具有十分重要的现实意义。

一、从货币本质看数字货币的发展趋势

综观货币发展史，世界各国货币形态的演变普遍经历了从实物货币、商品货币、金属货币到代用纸币和信用货币的过程。当前数字货币发展如火如荼，深究这一过程背后的缘由，正是源于货币的本质及其演变规律。

（一）货币最基本的职能是"作为支付交换的媒介"

众所周知，货币普遍具有价值尺度、流通手段、支付手段、贮藏手段和世界货币这五大职能。而价值尺度和流通手段职能的统一，即作为充当支付交换的媒介，是货币的最基本职能，也是货币区别于其他商品的鲜明标志。马克思曾将货币定义为"价值尺度与流通手段的统一"，并在探讨货币本质时曾指出："货币是从普通商品中分离出来，固定地充当一般等价物的特殊商品，是执行价值尺度、流通手段以及由此发展的支付手段职能的金融资产"。

（二）货币是经济社会发展到一定阶段的产物

货币是经济社会发展到一定阶段的集中表现，并随着经济发展和社会组织形态的演变而发展。从早期农耕时代出现的贝壳、牲畜等原始实物货币到商品经济发展后出现的以金、银等为代表的金属货币，再至当代商品经济水平高度发展时人类社会中普遍使用的纸币等信用货币和电子货币等，货币形态演变的历程无不验证着"经济社会发展到何等程度，就会有什么样的货币形态与之相适应"的货币发展规律。

（三）货币必须具备"普遍接受性"

作为交换媒介，货币只是交换的手段，并不是交换的目的。美国著名经济学家弗雷德里克·S·米什金在《货币金融学》中将货币定义为"任何在商品或劳务的支付或在偿还债务时被普遍接受的东西"。在实物货币和金属货币阶段，人们普遍接受货币成为商品交换的媒介是源于货币本身所具有实物价值或金属价值。在布雷顿森林体系崩溃之后，美元已与黄金脱钩，这就使货币完全脱离了其原有的金属价值，仅仅成为一种观念上的计量单位。此时人们对于纸币等信用货

币的"普遍接受性"认同则来源于其背后的国家信用背书。国家根据社会商品生产和交易的需要发行本位货币,并以法律形式确保其流通地位。

(四)技术进步是货币形态演变的基础条件

综观每一次货币形态的变更,无不以技术进步为基础条件。金属冶炼术的出现为金属货币代替实物货币提供了必不可少的前提条件;造纸术、印刷术的发明为纸币等信用货币的产生提供了不可或缺的重要基础;计算机的发明、电子网络通信技术的飞速发展成就了数字货币作为现代交易支付手段的可行性基础。

正如周小川行长所言,从历史发展的趋势来看,货币从来都是伴随着技术进步、经济活动发展而演化的,从早期的实物货币、商品货币到后来的信用货币,都是适应人类社会发展的自然选择。纸币被新技术、新产品取代是大势所趋。特别是随着互联网的发展、全球范围内支付方式都发生了巨大的变化,数字货币发行、流通体系的建立,对于金融基础设施建设、推动经济提质增效升级,都是十分必要的。

二、从发展现状看数字货币概念与主要实现技术

(一)数字货币相关概念的发展历程

伴随着计算机信息技术的飞速发展,以 PayPal、支付宝、网络游戏币、QQ 币、比特币等为代表的多种非现金支付形式货币层出不穷。由于这类支付方式通常都以电子技术或者网络信息系统为基础,呈现电子化、网络化、数字化、虚拟化(不具有实物介质形态)的特征,因此,长期以来上述归类为"电子货币""虚拟货币",同"数字货币"的概念、定义也常常被混为一谈。目前,虽然国内外的一些金融机构及学者已经围绕数字货币开展了大量的研究,但各界对于数字货币的相关定义与概念并未达成共识。这也对数字货币相关研究带来诸多的困扰。为此,本文首先对上述概念进行梳理与界定。

1. 电子货币

早在 1993 年,欧洲中央银行(ECB)就已开始注意到电子货币(也被称为"Electronic Money""Electronic Currency""E-money""E-Currency"等)这一新兴事物。1998 年,欧洲中央银行在《电子货币》报告中指出:广义上,"电子货币"是以电子形式储存在某一技术设备上的一种货币价值,具有"可被除发行者外持有者广泛接受并用于支付,交易中不一定涉及银行账户,可作为预付费不记名支付工具"的特点。其中,以多功能预付价值卡(Multi-purpose Prepaid Card)或"电子钱包"(Electronic Purse)为代表形式的被归类为卡基电子货币(Card-based Products)。而软基的电子货币(Software-based Products)由于在

支付交易过程中，需要通过计算机的内存处理器进行数据处理转化，并利用通信网络进行传送，电子货币形式表现为加密序列数据，因此也被称为"网络货币"（Network Money）。

国际清算银行（BIS）下属的巴塞尔银行监管委员会在《电子银行和电子货币活动风险管理》（1998）中认为，电子货币是指通过销售终端执行支付或者在两台设备之间、开放式电脑网络（如互联网）上直接转移的"储值"（Stored Value）或者"预付支付机制"（Prepaid Payment Mechanism）。其中，以硬件或卡为基础的一般称为"电子钱包"（Electronic Purse），以软件或网络为基础的一般称为"数字现金"（Digital Cash）。

2009年，我国首次正式提出了电子货币的概念。2009年8月，中国人民银行在《电子货币发行和清算办法》（讨论稿）中称：电子货币是存储在客户拥有的电子介质上、作为支付手段使用的预付价值。根据存储介质不同，电子货币可分为卡基电子货币和网基电子货币，其中，卡基电子货币是指存储在芯片卡中的电子货币；网基电子货币是指存储在软件中的电子货币。仅在单位内部作为支付手段使用的预付价值，不属于该办法所称电子货币。按此定义，通常所称电子钱包、数字现金、网络货币、储值卡等，均属于电子货币范畴。

2. 虚拟货币

广义上，任何没有实物介质形态的货币都可以称为"虚拟货币"，甚至包括前述的"电子货币"和后续的"数字货币"等。但狭义上，虚拟货币是基于网络虚拟性，仅在特定网络虚拟空间中交易使用的一类货币。

2009年，以"比特币"为代表的虚拟货币成为社会各界研究的热点。2016年1月，国际货币基金组织（IMF）发表的《虚拟货币及其未来》（Virtual Currencies and Beyond: Initial Considerations）报告中认为，"虚拟货币"是一种数码形式的价值，是由私人开发者用他们自己的单位来进行计价的。只要交易双方能够达成共识，虚拟货币就可以通过电子形式获取、存储、访问与交易，并可被用于各种目的的交易行为。由于虚拟货币应用了分布式的加密技术，因此也被称为"加密货币"。

谢平和石午光（2015）提出，虚拟货币是指不与法定主权货币相关联的数字货币，可细分为两类：第一类是数字加密货币（Cryptocurrency），其主要特征是没有中央发行者，而是由计算机软件通过复杂的计算产生，是一种去中心化的数字货币；第二类是平台化虚拟货币（Platform-based Virtual Currency），其主要特征是虽然有发行者，但是被限定在特定的平台中使用，使用范围受到很大限制，例如腾讯Q币、亚马逊币以及各类网络游戏币等。

3. 数字货币

目前，数字货币大多被定义为一种基于网络结点和数字加密算法的虚拟货币。2015年11月,国际清算银行(BIS)下属的支付和市场设施委员会(CP-MI)在发表的《数字货币》报告中将数字货币定义为"存储在诸如计算机芯片或硬盘设备中的等价物",其主要具备以下三方面特征。

一是数字货币的价值由供需双方决定。数字货币在概念上与大宗商品(如黄金)类似。由于没有任何内在价值,因此,数字货币的价值只取决于交易双方对其未来可以换取其他商品或服务或一定数量主权货币的认同。通常,数字货币的总供给量由其所采用的数字加密算法协议决定,没有任何实体拥有数字货币供应量的决定权。

二是数字货币的价值通过付款人转移到收款人来体现。目前,数字货币的关键创新是区块链(Blockchain)技术[①]的应用促成了交易双方在缺乏信任基础(无须任何中介机构)情况下进行远程点对点交易的可能性。通常情况下,付款人将价值存储在加密的数字钱包中,付款人使用密钥启动交易将有价值的数额支付给收款人。该交易通过收款人确认后,数字货币价值完成支付转移。

三是数字货币发行制度不同于现行货币制度。形式各异的数字货币发行计划意味着没有可识别的统一格式。与现行货币不同,由于尚无货币管理当局背书发行的数字货币,因此目前并没有任何机构或个人明确将负责数字货币的发行与流通管理,数字货币的支付结算大多由运营商、商业银行或其他机构自行组织。在数字货币市场,通过上述中介机构提供的技术服务,数字货币可在不同用户间进行价值传递,或与主权货币、其他数字货币单位或其他资产之间进行交易结算。

4. 小结

综上所述,本课题组将相关概念总结如下:一是电子货币本质上是一种存储在电子介质上、具有支付功能的预付货币价值。由于电子货币的初始价值大多来源于法定主权货币,并可与其等值流通兑换,因此,电子货币理所当然地被看做法定主权货币的一种电子化替代形式。二是虚拟货币虽然在形式上与电子货币具有相似的电子化、虚拟化形式特征,但其货币本质并不相同。虚拟货币的价值并不来源于法定主权货币,仅依托于使用(或交易)双方的共识与认可。因此,虚拟货币大多被视为在虚拟网络空间中基于特定的加密技术或算法平台的一种对法定主权货币的映射或模拟。三是国外金融机构在界定数字货币时,大多偏向于将其划入虚拟货币中的数字加密货币范围。目前,数字货币区别于其他形式货币的主要特征是采用了区块链技术实现方式。

(二)数字货币主要实现技术——区块链(Blockchain)的原理及特点

1. 区块链技术的主要原理

[①] 区块链技术也被称为分布式账本(Distributed Ledger)。

传统金融交易记账方式建立在集中式中央结算体系上，对所有交易进行集中记账，通过集中处理完成结算；而以区块链技术为载体的数字货币（如比特币）账务系统则完全抛弃了集中式中央结算体系架构，以公开账本的形式通过应用程序在全网记录所有交易信息，其特点为去中心化存储、信息高度透明、不易篡改等。如果我们把数据库设成一本账，读写数据库就可以看做一种记账的行为，区块链技术的原理就是在一段时间内找出记账最快最好的人，由这个人来记账，然后将账本的这一页信息发给整个系统里的所有人。这也就相当于改变了数据库所有的记录，发给全网的其他每个结点。基于此，区块链技术的业务特征为全网总账广播和竞争式记账机制。接入网络的每个结点都保存同样的总账信息，总账包含全部交易记录，所有交易记录以区块链形式保存到每个接入网络的计算机结点上，并以全网"少数服从多数"原则防止账本被恶意篡改，即只有超过50%的结点都认可同一历史记录，该历史记录才会被最终确认；当新的交易指令产生后，交易信息立刻广播到整个网络，所有结点对本条指令的有效性和合法性通过验证后，记录该次交易的记账信息；一旦某结点在既定竞争规则中胜出，该结点将本次竞争期间的所有交易记账信息写入"区块"（Block），链入总账并将该区块信息广播到全网结点，完成全网总账更新，并开启新一轮的记账竞争。这种反复不断的"区块生成、链接总账"的方式形成的链①（Chain）就是区块链。目前，常见的区块链主要有公开区块链（PublicBlockchain）、协作区块链（Federated Blockchain）和私有区块链（Private Blockchain）三种形式。

2. 区块链技术的主要特点

基于上述原理，区块链可以定义为一种基于密码学技术生成的分布式共享数据库，或者理解为互联网上基于共识机制建立起来的集体维护的公开大账簿。区块链技术主要有以下特点。

（1）去中心化

区块链系统是由大量结点共同组成的一个点对点网络，不存在中心化的硬件或管理机构，任何一个结点的权利和义务都是均等的，系统中的数据块由整个系统中所有具有维护功能的结点共同维护，且任何一个结点的损坏或者失去都不会影响整个系统的运作。

（2）算法信任

区块链技术从根本上改变了中心化的信用创造方式，运用一套基于共识的数学算法，在机器之间建立"算法信任"，从而通过技术方式而非中心化信用机构来进行信用创造。借助区块链的算法证明机制，参与整个系统中每个结点之间进行的数据交换，无须建立信任过程。在系统指定的规则范围和时间范围内，结点

---

① 这里所说的链通常是指利用 Merkle Tree 等方式来存储的链表。

之间不能也无法欺骗其他结点，即少量结点无法完成造假。

（3）数据无法篡改

区块链系统通过分布式数据库的形式，让每个参与结点都能获得一份完整数据库的拷贝。一旦信息经过验证添加到区块链上，就会永久地存储起来，除非能够同时控制整个系统中超过51%的结点，否则单个结点上对数据库的修改是无效的，因此区块链的数据可靠性很高，且参与系统中的结点越多和计算能力越强，该系统中的数据安全性就越高。

三、从实现模式看国外数字货币的发展经验

（一）去中心化模式下的比特币

目前，以比特币（Bitcoin）为代表的数字货币是去中心化模式下区块链技术最广泛和最成功的应用成果。

1. 比特币的产生

比特币的设计理念可以追溯到诺贝尔经济学奖得主哈耶克在《货币的非国家化》所提出的"取消政府供应货币的垄断权，用发钞银行之间的自由竞争取代政府对货币发行的垄断和国家性货币体系"的"货币中性"理论。米尔顿·弗里德曼也曾提议利用计算机技术建立比国家信用更为可靠的货币体系。计算机技术的进步和互联网的普及使用使上述货币中性（"去中心化"）有了实现的可能性与条件。2009年，中本聪（Satoshi Nakamoto）以开源软件形式推出了"比特币"，即一种不依靠特定货币机构发行、没有中央服务器或者托管方、完全去中心化的"虚拟的数字货币"。

比特币主要有两种获取方式：一是利用个人电脑、移动设备或网络上的电子钱包以交易方式获取比特币；二是经由挖矿的过程取得，即依据特定算法和预设程序，通过大量的计算，产生一串复杂代码，从而获得比特币。挖矿是一种专业化的竞争性行为，在这一过程中将消耗计算机运算能力、电力消耗和时间等资源，挖矿规则也可被看做比特币的发行机制。

2. 比特币的发行机制

比特币的"发行"是通过独特的算法机制实现的，主要是根据比特币对等网络中大多数用户端的计算力而自动进行调节和规范，核心规则是对比特币的发行速率的设定，前四年每10分钟全球发行50个比特币，以后发行速率每4年递减50%（每10分钟发行25个比特币）。以此类推，比特币的总量将于2140年达到其2100万个的数量上限。届时，比特币将关闭发行系统，以此来控制产生通货膨胀的风险。

"挖矿"是通过软件实现的，软件需要解决"找一个最小散列值"的特定数

学问题来创建一个数据块（Block），目前一个新的数据块价值为 25 个比特币，而解决这样的问题需要强大的计算能力用于反复运行散列算法的运算。比特币的"挖矿"和结点软件是基于对等网络、数字签名、交互式证明系统来证明发起和验证交易的。要制造出比特币，就要争取成为全网络第一个创造出新数据块的人，并将这个新数据块向整个网络公布。当一个结点找到了符合要求的解，那么它就可以向全网广播自己的结果，其他结点就可以接收这个新解出来的数据块，并检验其是否符合规则。如果其他结点通过计算哈希值发现确实满足要求（比特币要求的运算目标），那么该数据块有效，其他结点就会接受该数据块，表明这一组新的比特币发行成功。这一过程类似于：全世界每 10 分钟就产生一个加了密的、目前装有 25 个比特币的宝箱，谁能率先对藏在里面的比特币解密并且能得到 100 人确认就可得到相应的比特币（见图 1）。

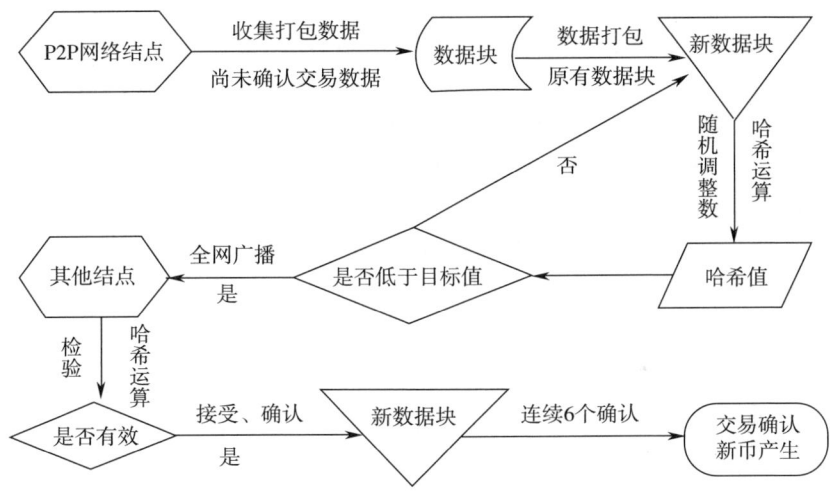

资料来源：课题组根据相关资料整理绘制。

图 1　比特币的产生原理

3. 比特币的借鉴意义

虽然比特币并不具备真正意义上的货币属性，但其与众不同的产生经历也为我们带来了许多新的视角。一方面，比特币是以数字字符串的形式保存在"数字账户"中，采用点对点的无线支付方式。其技术上的先进性、交易的便利性及成本的廉价性是现有货币形态所无法比拟的。另一方面，比特币的技术特点为未来数字货币的设计提供了一个可借鉴的解决方案。一是去中心化的特性使发行管理并不受某一政府或货币管理机构所控制，这也为其跨区域流通使用并成为"世界通用货币"提供了可能性；二是算法本身的复杂性使比特币具有高昂的伪造成本而无法被复制，而基于密码学的密钥设计又进一步确保了其只能被真实的拥有者转移或支付。这也为今后货币形态的防伪设计提供了新的启发。

4. 比特币存在的主要缺陷

虽然比特币称为"币",但从本质上来讲,"去中心化"的设计模式使比特币不能成为真正意义上的货币。总体来看,比特币存在以下方面的缺陷:一是缺乏信用支撑。由于比特币自身不具有价值属性,也没有法定主权货币的"国家信用"作为支撑,更没有全社会商品生产和交易作为保证。因此,比特币缺乏强制性和法偿性,不具有货币的价值基础。目前,中国、美国和俄罗斯等国均明确表示比特币不是真正意义上的货币。二是规模扩展性差。由于依赖"系统广播、全网验证"的交易数据处理机制,并由此造成交易处理时效过长、资源占用过多、效率低下等问题,目前比特币的交易网络每秒最多可处理 7 笔业务,而 PayPal 与 Visa 的交易处理效率则分别是每秒 100 多笔以及每秒 2000～7000 笔。如何显著提升比特币的业务处理效率,还存在诸多技术难题需要攻克。三是能源消耗庞大。基于区块链技术的账务核算方式,目前比特币的交易账务处理能耗相当庞大(相当于一座大型发电厂的产能)。这也使重复支付的违规成本非常昂贵。虽然目前部分数字货币已试图尝试或改进一些账务处理方式,但仍然无法移除高昂的能源消耗。四是缺乏货币可控性。在现代信用货币体系下,一国政府(或货币管理当局)发行货币,并通过货币政策予以调节,使货币供给平衡,从而达到符合经济增长的需求。而比特币由于存在总量恒定的数量上限,必然无法适应经济发展的需求。

(二) 中心化模式下的 RS – Coin

以比特币为代表的新型数字货币所带来的支付方式的发展与变革,让人们看到了区块链技术蕴藏的巨大应用潜力。但现有"去中心化"模式的设计缺陷也使其能否真正代替现行货币行使货币职能、支撑实体经济运行面临极大挑战。为此,2016 年,伦敦大学的研究人员提出了一种"中心化"的、基于区块链技术的、加密数字货币"RS – Coin"的设计框架。

1. RS – Coin 的简介

在顶层设计时,RS – Coin 将"中心化"模式引入了传统的"去中心化"模式的区块链账务处理系统中。在此构架下,作为中心结点的英格兰银行,负责货币的生产与供应,对货币的发行与管理具有绝对控制权;而作为分支结点的矿厂,则负责交易账簿的维护处理。具体来看,矿厂(Mintettes)从系统用户处收集交易信息并把它们编入区块中。与传统数字货币中的矿工功能不同,矿厂不用处理复杂的运算问题来产生区块(Block),它们被中央银行允许去收集交易信息。中央银行给每家矿厂设置一个公共秘钥，每个低层区块①需要包含这个秘钥以证明自己是有效的。矿厂负责收集信息并产生通用账簿，不断进行内部交流便于完成整个流程。生产②出的区块（Block）不但包含自己之前生产的区块信息，也包含其他矿厂之前生产的区块信息。因而，这些低层区块就构成了一个交叉引用链。一定周期（预先设置的）后，矿厂把低层区块整合成一个新的区块，并上报给中央银行并被最终连入主链。

2. RS – Coin 的主要借鉴意义

RS – Coin 为各国中央银行（或货币管理当局，以下简称"中央银行"）发行加密数字货币提供了借鉴，也是各国中央银行数字货币研究的阶段性成果。RS – Coin 这一完全基于中央银行需求设计的全新数字货币，奠定了中央银行发行数字货币的最初理论和技术框架。

（1）实现了"中心化"模式的设计框架

RS – Coin 的最大意义在于它是首个国家中央银行研发的数字货币。基于此，其最重要的创新点是实现了"中心化"的、基于区块链技术的加密数字货币框架。作为区块链和数字加密密钥的唯一管理员，英国中央银行可以根据需要适时调节与控制所发行的区块链上数字加密货币的总量，每一单位的 RS – Coin 均由其发行。这也使中央银行可以根据需要控制与调节 RS – Coin 的供应量，使其更加符合经济金融形势与宏观决策的需要。而通过使用加密技术，设计团队阻止了 RS – Coin 的伪造和篡改问题，其类似于区块链技术的账务系统则完全掌控于英国中央银行。同时，中心化的设计模式允许中央银行处理数量庞大的交易，这与比特币受制于 1MB 区块容量造成交易速度受限不同，RS – Coin 的处理速度更快。此外，RS – Coin 引入了矿厂这一机构，与中央银行共同确认交易。如未来应用于实践，这些矿厂的角色可以由商业银行承担与替代。与比特币的矿工不同，矿厂是已知的，并且对自己的行为承担法律责任。

（2）极大地提高了账务处理系统的效率

与比特币类似，RS – Coin 的账务处理系统将每笔交易添加到数字账簿中进行验证确认。该账簿记录着货币的所有交易过程。但不同的是，RS – Coin 的账簿完全掌握在中央银行手中，由矿厂和中央银行共同负责账簿的一致性。在交易验证过程中，中央银行与矿厂进行内部通信，通过上下级有关联的账簿进行验证，并将其添加到一个新的数字总账簿中，以记录货币的转移过程。中央银行签署矿厂的公开密钥，各个下一层级的区块必须包含这些签名之一，才会被认为是有效的。每一个矿厂又都由中央银行授权，因而是已知和被信任的，由此避免了

---

① 因为这些区块并不会被直接并入主链中，所以被称为低层区块。
② 矿厂产生区块的时间间隔称为一纪，一纪的时长视不同的矿厂而定。

去中心化数字货币的全网验证要求。同时，中央银行可考虑挑选第三方机构，如大型商业银行去处理新的交易和将交易信息列入中央账簿。这样 RS – Coin 的中心化设计大大提高了现有数字货币系统的处理效率。在试验验证中，RS – Coin 系统每秒可以处理超过 2000 笔交易；同时，随着矿厂数量的增加，其性能呈现线性增长态势，大多数交易不到一秒钟即可完成清算，相比之下，传统加密数字货币则可能需要几分钟的时间。

（3）奠定了数字货币成为世界货币的可能性

无论是出于安全的考虑，或是地缘政治的原因，目前各国的货币并不能统一，不可能出现一种世界统一的通用货币。在此背景下，如未来世界各国推行各自的数字货币，彼此互不支持与开放，如何使不同的数字货币可以无障碍地兑换使用，RS – Coin 在协议设计上进行了考虑。由于 RS – Coin 只是一种框架而非一种独立的新型数字货币，所以现存的许多数字货币的技术都可以被引入其中。

四、从发展进程看我国数字货币总体方案已经明确

目前，我国已经成立了专门研究团队对数字货币发行和业务运行框架、关键技术、流通环境等进行了深入研究，并已取得阶段性成果。从相关已公布的信息来看，我国推行数字货币的总体方案已经初露端倪。

（一）我国发行的数字货币将作为中央银行法定主权货币组成部分

目前，金融信息基础设施普遍采用"中心化模式"的管控机制，总体上与现行的相关法律规定、制度设计相适应。今后，我国在推行数字货币时，也将采用"中心化"的管理模式。作为法定主权货币，数字货币也必须由中国人民银行来发行。数字货币的发行、流通和交易，也将遵循现行货币与数字货币一体化的思路，实施同样原则的管理。今后发行的数字货币，将主要体现以下方面原则：一是提供便利性和安全性。二是做到保护隐私与维护社会秩序、打击违法犯罪行为的平衡，尤其针对洗钱、恐怖主义等犯罪行为要保留必要的遏制手段。三是有利于货币政策的有效运行和传导。四是将保留货币主权的控制力，数字货币是自由可兑换的，同时也是可控的可兑换。

（二）推行数字货币后，传统纸币仍将在较长时期内与之共存

目前来看，我国发行数字货币的目的主要是替代实物现金，降低传统纸币发行、流通的成本，提高便利性。我国地域辽阔、人口众多、文化程度不尽相同、支付习惯差异大的特点决定了全面推行数字货币不可能一蹴而就。即便推行数字货币后，传统纸币仍将在相当长时间内与之并存，并形成数字货币从增量到存量的逐步替代过程。这一过程更多的是出于公众偏好、技术进步与成本效率的选择

变化。

(三) 数字货币的发行机制将采取"中央银行—商业银行机构"的现行二元体系实现

货币发行机制和货币供应量是需要调节的。总体来看，在设计数字货币时，我国将对现有的货币调控政策、货币供给和创造机制、货币政策传导渠道作出充分考虑。目前，现钞的发行和回笼是基于现行"中央银行—商业银行机构"的二元体系来完成的。数字货币的发行与运行仍然应该基于该二元体系完成。最终，数字货币发行和回笼的安全程度、处理效率会极大提高。

五、从金融服务看数字货币带来的影响与建议

(一) 对现行金融服务带来的影响

1. 货币发行方面

自1694年英格兰银行成立以来，各国中央银行（或货币管理当局）普遍将货币发行作为最主要的基础负债业务之一。1984年，中国人民银行成立之始，货币发行就是人民银行作为"发行的银行"的基本职责，是中央银行的基础和核心业务之一。广义上，货币发行是指一国中央银行（或货币管理当局）根据国家授权，为实现国民经济增长、商品流通交易和保持币值稳定等目标，结合经济金融发展形势所实施的货币管理与控制行为。而狭义上，货币发行仅指一国中央银行（或货币管理当局）在流通领域中投放、回收和处理现金（现钞和硬币）的整个过程。发行数字货币后可能带来以下方面的影响。

(1) 业务总量"出现减少"

相关研究结果表明，一方面，数字货币对传统现金的替代作用是确定的。从历史发展的趋势来看，货币从来都是伴随着技术进步、经济活动发展而演化的，从早期的实物货币、商品货币到后来的信用货币，都是适应人类社会发展的自然选择。作为上一代的货币，以纸币为代表的传统货币技术含量低，从安全、成本等角度看，被新技术、新产品取代是大势所趋。另一方面，数字货币对传统现金的替代将是一个从增量到存量的长期的、逐步替代的过程。由此，必然导致流通中现金需求总量的逐渐减少，而原有庞大的货币发行业务配套（生产厂商、从业人员、库房设置、机具设备、费用支出等）需求也均将随之逐步减少。

(2) 服务职能"不同变化"

从"总量充足、结构合理、票面整洁和持有者放心"四项货币发行的基本职能来看：①总量方面。实现"总量充足"的目标是为了实现货币作为经济金融润滑剂的作用，确保不出现印制的现钞与硬币过多造成浪费或太少出现"挤

兑"现象。在"中央银行—商业银行"的二元数字货币发行模式下，中央银行仍需与商业银行一起确定合理的法定数字货币发行总量，以维护货币流通体系的正常运行。②结构方面。为了满足公众日常支付找零的需要、实现最为经济与效率的结构组合，传统纸币在设计或发行时必须确定合理的"券别结构"。由于数字货币主要基于加密算法技术，因此只要确定了最小货币单位值，任何金额的数字货币都能依据算法实现加总或拆分，这也使数字货币不再需要考虑类似传统现金券别结构及其组合后的支付效率等问题。③整洁度方面。为了发挥人民币作为国家"名片"，体现国家形象，反映我国社会主义现代化建设不同时期国家政治、经济、文化、艺术、科技等方面的风貌，传统纸币必须考虑"整洁度"要求。由于数字货币没有了实物介质形态，因此不存在损毁和残旧回笼等问题。④反假方面。从表面看，传统纸币的防伪是为了让消费者易于辨识；从内涵看，关键性技术是重要的国家机密。数字货币发行后，由于存在算法破译、持币人个人密钥泄露等情况，为此需要运用包括密码算法在内的多种信息技术手段，来保障数字货币的不可伪造性。综上所述，推行数字货币后，"总量充足"目标或将被保留，"结构合理"和"票面整洁"目标或将被取消，而"持有者放心"目标或将调整。

（3）操作方式"由实变虚"

数字货币替代传统现金的最显著特征就是货币介质发生了"由实变虚"的转变，即货币的实物形态已由原先的纸质或金属变为电子数据信息。目前，货币发行工作内容主要围绕发行前"印制生产"、发行中"存储运输"和发行后"循环处理"等环节，重点是实物介质货币在人民银行发行库和商业银行业务库中的物流管理。而发展到数字货币阶段后，上述业务操作方式也会发生"由实变虚"的转变。如货币运送方式将从传统纸币的物理运送变成数字货币的电子传送；保存方式将从各类金库变成储存数字货币的云计算空间。这也使数字货币发行背景下的工作方式更多地依靠于计算机、网络和算法实现技术的运营、更新与维护。

2. 支付结算方面

作为交易媒介进行支付是货币的基本属性，数字货币也不例外。从账户、工具和清算三大支付组成部分分类来看。

（1）账户

分布式、统一账簿是数字货币的基本记账形式，在中央银行作为数字货币发行主体的前提下，数字货币直接由中央银行设立的区块链账簿①进行登记和管理。所以，对数字货币而言不存在传统意义上的账户概念，数字货币持有人以身

---

① 比较可行的技术方案是采用联盟链。

份信息（私钥和电子签名）为索引证明其在中央银行区块链账簿中登记的货币权利，所有数字货币的借贷记账统一由该账簿管理，这与商业银行存款账户分散簿记存在本质区别。

（2）工具

传统商业银行存款所对应的支付工具泛指可以发出或确认支付指令的特定介质或渠道。原理上，数字货币也需要使用支付工具来发出或确认支付指令。由于支付工具和账户（资金账簿）可以是多对多的关系，因此数字货币就存在采用独立支付工具或共用现有商业银行存款类支付工具两条实现路径。如果采用独立支付工具，中央银行或经授权的商业银行需要发行独立的线下支付介质并改造受理环境，同时也需要开发独立的线上支付受理渠道（网银或 APP）。如果共用现有商业银行存款类支付工具，中央银行需要设计一套机制，在线下领域，允许数字货币持有人将数字货币身份信息与银行卡等介质进行绑定，并调整受理环境接口标准（可不改造机具）；在线上领域，允许数字货币持有人通过现有支付服务组织的受理渠道完成支付。当然，独立开发和共用共享也可以存在交叉，两条路径可以共存，最大程度上便利数字货币持有人。从经济和便于推广的角度看，共用现有商业银行存款类支付工具是相对更好的实施路径，但可能面临灵活性较差的问题。

（3）清算

清算的概念是支付指令需由两个及以上商业银行处理时，银行间逐笔或轧差完成资金交收的行为，一般情况下由第三方负责执行。严格意义上，清算只适用于基于商业银行存款的支付业务。而数字货币应完全依托于中央银行区块链账簿，数字货币的转移将直接在统一的账簿上登记，不存在跨行清算步骤。如果对数字货币支付作适当延伸，允许付款人将数字货币支付至收款人的商业银行存款账户，或反向地付款人将商业银行存款支付至收款人数字货币簿记地址，则存在商业银行和中央银行之间关于准备金和数字货币之间的清算行为。此时，数字货币清算与传统清算的概念不同，更准确的表述为，商业银行基于客户的支付指令，使用准备金与中央银行逐笔或轧差兑换数字货币的行为。如果上述延伸成立，则有两条实施路径：一是中央银行区块链账簿负责向商业银行传递支付指令，并完成资金清算；二是中央银行区块链账簿与支付系统连接，向支付系统传递支付指令，并联合完成资金清算。以付款人将数字货币支付至收款人的商业银行存款账户为例，路径过程主要如下：

A. 付款人访问数字货币线上支付受理渠道，发出向指定收款人商业银行存款账户支付一定金额的指令。

B. 中央银行区块链账簿单边借记付款人数字货币簿记地址（对方科目可使用临时科目）后，通过支付系统向收款人开户银行发送指令。

C. 收款人开户行贷记收款人商业银行存款账户。

D. 支付系统实时或轧差增减商业银行准备金账户（对方科目销记原临时科目）。

（二）对现行金融监管带来的影响

1. 相关法律法规亟须修订更新

中央银行发行的数字货币作为我国的法定货币具有强制使用的特征，在我国境内的所有个人和机构，凡是具备接受条件的，一律不得拒收数字货币。然而现行的《中国人民银行法》《人民币管理条例》等法律法规中关于人民币的描述并不包含数字货币的范畴，需对其进行相应的补充。

数字货币应当保护用户的隐私，即应注重匿名性，但中央银行发行的数字货币其匿名性必须是可控的，在协助公安机关案件侦查、反洗钱调查时需要对数字货币使用进行追溯，这可能需要出台新的法律法规予以明确，保护隐私的同时保留打击违法犯罪行为的手段。

2. 监管形式由现场检查变为非现场检查

目前人民银行对商业银行在人民币流通领域的金融监管主要是通过现场检查进行的，监管人员前往商业银行营业网点开展人民币收付业务及反假货币工作现场执法检查。数字货币发行后，由于其承载介质、流通使用均与传统的现金不同，监管主体需改变监管思路，今后的监管将由"现场检查为主、非现场检查为辅"的形式转变为"非现场检查为主、现场检查为辅"的形式。一是重点关注各商业银行在代中央银行运行部分数字货币系统时是否符合保密、安全、备份、冗余方面的各项要求；二是重点关注各商业银行数字货币交易数据，是否存在非法交易及洗黑钱的可能；三是仍要关注商业银行柜面各项操作是否合规，如是否为客户提供便利的数字货币取现渠道、是否积极主动地向客户推广数字货币等。

（三）相关建议

1. 应对准备，亟待完善

一是异常替代应急准备。由于数字货币主要依托于技术手段实现，可能存在系统崩溃、关键网络结点遭受攻击等极端情况。为此，"是否应当提前准备适当的传统纸币，以应对异常情况下公众的数字货币使用支付需求"，应及早纳入统筹考虑。二是有管理可兑换准备。有地域限制的现金服务与无地域限制数字货币实现方式必然会引起如何及时满足公众在数字货币使用区域兑换传统纸币的需求矛盾。特别是在传统现金需求量总体下降、相关现金服务设施同步减少的情况下，如何实现有管理的数字货币兑换方案必须进行顶层设计与统筹决策。三是全面换版衔接准备。由于存在关键网络结点被劫持、病毒、木马侵犯和后门威胁等特殊情况,数字货币必然面临安全技术更新的问题。由此可能需要考虑在衔接好新旧版本的基础上,实施数字货币全面"换版"的相关问题。

2. 完善制度,加大宣传

一方面,目前数字货币管理缺乏类似传统纸币的相关法律依据来确保其正常流通使用。现行《人民币管理暂行条例》已就人民币(纸币和硬币)相关定义与使用范围作出了明确的界定,如第二条规定"人民币是中国人民银行依法发行的货币,包括纸币和硬币"。第三条规定"中华人民共和国的法定主权货币是人民币。以人民币支付中华人民共和国境内的一切公共的和私人的债务,任何单位和个人不得拒收"。另一方面,即便可以法律规定的形式强制要求公众使用数字货币的支付方式,公众的接受程度也会因文化程度、科技水平、支付偏好、使用环境等不同而有所变化。这就需要广泛的公共宣传,并以实际结果向公众证明新的数字货币支付方式比现有的支付方式更便利、更安全、更快捷、更有效率。

3. 技术选择,尚需观察

由于数字货币的技术路线可分为基于账户和不基于账户两种,也可分层并用而设法共存。现阶段区块链技术仅适用于非实时的信息登记场景、低频交易场景,例如有价证券发行、无形资产登记等,对实时性、高频交易场景的适用性则有待验证和改进。今后能否解决相关技术难题,使区块链技术适合应用于数字货币尚未可知。如今后选择应用区块链技术构建数字货币,建议在系统性设计数字货币生态环境时,充分考虑和利用现有支付清算基础设施,重点在银行卡一卡多户、商业银行线上渠道接入、区块链账簿和支付系统连接等多个层面切入,实现中央银行数字货币和支付清算一体化的目标。

参考文献

[1] 新华网. 央行行长周小川谈人民币汇率改革、宏观审慎政策框架和数字货币 [EB/OL]. http://news.xinhuanet.com/finance/2016－02/14/c_128716171.htm.

[2] 范一飞. 中国法定数字货币的理论依据和架构选择 [J]. 中国金融, 2016 (17).

[3] 李东荣. 我国电子现金发展相关问题研究 [J]. 金融研究, 2014 (3).

[4] 盛松成. 虚拟货币本质上不是货币——以比特币为例 [J]. 中国金融, 2014 (1).

[5] 盛松成, 蒋一乐. 央行数字货币才是真正货币 [J]. 中国金融, 2016 (14).

[6] 谢平,刘海二. ICT、移动支付与电子货币[J]. 金融研究,2013(10).

[7] 谢平,石午光. 数字加密货币研究:一个文献综述[J]. 金融研究,2015(1).

[8] 姚前. 中国法定数字货币原型构想[J]. 中国金融,2016(17).

[9] 张伟,钱佳琪. 数字货币的属性分析与战略构想[J]. 清华金融评论,2016(6).

[10] 张文佳,胡蓓蓓. 电子货币发展状况及监管研究[J]. 武汉金融,2015(5).

[11] 周光友. 电子货币发展对货币流通速度的影响——基于协整的实证研究[J]. 经济学,2006(4).

[12] David B. Humphrey. Replacement of cash by Cards in U. S. consumer paymengt [J]. *Journal of Economics and Business*, 2004 (56).

[13] Freedman. Monetary Policy Implementation: Past, Present, and Future – Will Electronic Money Lead to the Eventual Demise of Central Banking? [J]. *International Finance*, 2000 (2).

[14] J. A. Kroll, I. C. Davey, and E. W. Felten. The economics of Bitcoin mining, or Bitcoin in the presence of adversaries [J]. *in Proceedings of WEIS 2013*, 2013.

[15] John Maynard Smith. *Evolution and the Theory of Games* [C]. Cambridge University Press, 1982.

[16] Ying – xing Li, Zheng – xing Man. Research on e – Commerce Platform Based on the Distributed Intelligent Agent [J]. *IEEE Computer Society*, 2010 (5).

提升消费者金融素养问题研究

中国人民银行上海总部金融消费权益保护部课题组

课题组组长：孙天琦
课题组成员：武 岳　徐雅萍　张 璇　杨 佩

摘　要

2008年全球金融危机以来，金融消费者保护受到各国的空前重视和强化，与宏观审慎管理、微观审慎监管一道成为国际金融监管改革的三条主线。提升消费者金融素养，加强金融知识普及作为一种预防性保护，是金融消费权益保护框架体系中的重要组成部分。消费者金融素养不仅是指消费者的金融知识水平，还包括消费者态度、消费者行为和消费者金融技能，综合反映了消费者选择金融产品或服务和作出金融决策的能力。

近年来，随着金融业的不断深化发展，金融在消费者的经济活动中发挥着日益重要的作用，越来越多的消费者参与到金融活动中来，金融产品和服务供给的快速化、多元化和复杂化也对消费者的金融素养提出了更高的要求，消费者金融素养提升得到了越来越多的国家和国际组织的高度重视。世界银行（WB）、经济合作与发展组织（OECD）、国际金融教育网络（INFE）等国际组织都已拟定关于金融教育的示范规则，INFE还在30多个国家和地区开展了消费者金融素养问卷调查，美国、英国等发达国家及印度、巴西等发展中国家已启动并实施了大范围的提升消费者金融素养的工作。

在我国，中国人民银行、中国银行业监督管理委员会、中国证券监督管理委员会、中国保险监督管理委员会分别设立了金融消费权益保护局、银行业消费者权益保护局、投资者保护局、保险消费者权益保护局等金融消费者保护机构，并根据各自职责范围开展了相关的金融知识普及工作，致力于提高消费者金融素养。但从近年来开展的消费者金融素养调查的情况看，我国国民的金融素养水平还不高，金融知识普及工作也起步较晚且基础较为薄弱。因此，当前应加强对提升消费者金融素养工作的研究，密切关注和借鉴国际上在金融知识普及方面的成功经验，结合我国国情，进一步推动和提升消费者金融素养。

本文首先从传统的信息不对称理论和行为经济学的有关理论视角，分析了提升消费者金融素养的重要性；然后，对国际上发达国家和发展中国家消费者金融素养提升工作的成功实践和良好经验进行了总结；接着对我国消费者金融素养情况进行了分析说明,并详细阐述了我国金融知识普及工作的开展情况;最后,提出对我国提升消费者金融素养工作的六项政策建议:一是深入调研,长期、定期开展消费者金融素养调查;二是针对不同消费者群体设计差异性的金融知识普及方案;三是普及消费者真正需要的金融知识;四是丰富金融知识普及方式和渠道,提高消费者参与度;五是要将金融知识普及与金融态度、行为和技能改善并重;六是积极构建金融知识普及长效机制。

2008 年全球金融危机以来,金融消费者保护受到各国的空前重视和强化,提升消费者金融素养,加强金融知识普及作为一种预防性保护,是金融消费权益保护框架体系中的重要组成部分。消费者金融素养不仅是指消费者的金融知识水平,还包括消费者态度、消费者行为和消费者金融技能,综合反映了消费者选择金融产品或服务和作出金融决策的能力。

从近年来开展的消费者金融素养调查的情况看,我国国民的金融素养水平还不高,金融知识普及工作也起步较晚且基础较为薄弱。因此,应加强对提升消费者金融素养工作的研究,密切关注和借鉴国际上在金融知识普及方面的成功经验,结合我国国情和实际,进一步强化和提升消费者金融素养。

一、提升消费者金融素养具有重要的意义

随着金融业的不断发展,金融产品和服务供给的快速化、多元化和复杂化与金融消费者金融基础知识和风险意识相对薄弱的矛盾凸显。由于信息不对称和消费者系统性行为偏差的存在,提升消费者金融素养是金融消费权益保护的基础性、根本性环节。

(一)消费者金融素养的定义

金融素养理论发轫于斯坦福大学经济学教授 B. Douglas Bernheim 于 1995 年和 1996 年针对家庭金融和金融教育项目有效性的研究[1]。早期金融素养概念局限于对金融知识的掌握。美国国家经济教育委员会(NCEE)以及 Cutler、Devlin[2](2000)等学者认为一个具备金融素养的人必须熟悉基本经济原理和金融理财等知识,并了解关键经济术语。随着金融业的不断发展,金融素养的内涵也经

---

[1] Bernheim and B. Douglas. Do Households Appreciate Their Financial Vulnerabilities? An Analysis of Actions, Perceptions, and Public Policy. Policy and Economic Growth, Washington, D. C.: American Council for Capital Formation, pp. 1 – 30. 1995.

[2] Cutler, Neil E, Steven J. Devlin. Financial Literacy 2000. Journal of the American Society of CLU and ChFC, 50 (4): 32 – 34. 1996.

历了一个逐步深化的过程。Moore[①]（2003）认为金融素养不仅涵盖对金融概念的认识，而且包括对金融知识的运用。Servon[②]和Kaestner（2008）也强调了应将金融知识运用到个人财务规划，这些学者更侧重于考察金融技能和能力。行为金融学的发展使许多学者意识到应深入精神领域研究金融素养。Mason和Wilson[③]（2000）认为，金融素养是指消费者能够获取、理解以及评估相关金融信息以作出金融决策，同时能理性应对决策结果。Schagen（2007，cited by ANZ Bank 2008）提出消费者应深思熟虑作出金融决策并明智判断。

综上，良好的金融素养应主要包括四个方面的内容：一是金融知识，即掌握储蓄、贷款、信用、银行卡、投资等金融知识；二是金融行为，即有财务规划并合理使用金融产品和服务；三是金融技能，即能将金融知识有效运用于金融产品和服务的选择与使用；四是金融态度，即能理性作出金融决策并强化风险责任意识。

（二）提升消费者金融素养的重要性

1. 信息不对称视角

著名经济学家乔治·阿克尔罗夫在"柠檬市场"模型中提出了"信息不对称"理论，指出市场中的人由于获取信息的渠道不同、信息量的多寡不一从而承担不同的风险和收益，掌握信息比较充分的一方往往处于有利地位。

在金融市场中，由于金融消费的专业性，金融产品和服务的多样性、复杂性与创新性，信息不对称的问题更为严重。金融机构作为金融产品和服务的供给方，是金融信息的优势主体，而金融消费者作为购买方，信息获取能力、信息获取的便利程度以及信息理解分析能力等方面都远不如金融机构。然而，金融机构出于自身利益的考虑，缺乏主动信息披露的动力，个别金融机构甚至将具有误导性、欺诈性的信息提供给消费者。

在信息不对称的情况下，金融消费者无法全面了解金融产品和服务的特性以及收益和风险的真实情况，可能会作出不明智、不合理的消费决策，这在金融消费者缺乏基本金融知识的情况下尤为明显。金融消费者金融知识和技能的匮乏会增加金融消费者不理性决策的可能性，而且这些错误往往是可以避免的。提升消

---

① Moore, D. Survey of Financial Literacy in Washington State: Knowledge, Behavior, Attitudes, and Experiences. Technical Report n. 03-39, Social and Economic Sciences Research Center, Washington State University. 2003.

② Servon, Lisa J, Robert Kaestner. Consumer Financial Literacy and the Impact of Online Banking on the Financial Behavior of lower-Income Bank Customers. Journal of Consumer Afairs, pp. 271-305. 2008.

③ Carolynne L J Mason, Richard M S Wilson. Conceptualising Financial Literacy. Research Series Paper 2000: 7 ISBN 1 85901 168 3. 2000.

费者的金融素养，可以提高消费者的信心和风险意识，帮助消费者提高选择能力和自我保护能力，改善金融行为和金融技能。

2. 行为经济学视角

行为经济学的进一步研究表明，金融消费者存在认知偏差，消费者一贯低估某些风险和高估别人对未来事件的过高保证，并存在高估金融精英和过度信任权威人士的意见的倾向。认知偏差加剧了金融消费者在信息与专业知识方面的劣势，即使通过加强金融机构信息披露向消费者提供更为真实完整的信息以缓解信息不对称问题，消费者仍会由于认知偏差无法善加利用信息或者在作出决策时无视这些信息。

良好的金融素养有助于消费者作出适当的金融决策，降低系统性行为偏差，提高金融市场参与度并降低金融风险。在这种情况下，金融消费者保护应注重提高消费者的金融素养，通过各种金融知识普及活动，引导金融消费者改变固有的行为特点，克服盲目自信、短视等系统性行为偏差，对金融消费者提供适度保护。

3. 我国提升消费者金融素养的重要性

美国次贷危机证明，金融消费者普遍缺乏金融知识和金融技能，盲目相信金融机构推介的各类金融产品和服务是导致金融系统性风险，乃至引发经济危机并扩展至全球的重要诱因之一。

在我国经济新常态和金融新业态背景下，金融产品和服务供给的发展，在为金融消费者带来便利的同时也对金融知识普及提出了更高要求。尤其是近年来，互联网金融蓬勃发展，跨市场交叉性金融产品大量涌现，不断有金融创新产品和服务提供给金融消费者。在金融市场多层次发展和金融创新活跃的情况下，提高消费者金融素养比以往任何时候都更重要。国务院办公厅印发的《关于加强金融消费者权益保护工作的指导意见》（国办发〔2015〕81号）中就明确指出，应当进一步强化金融消费者教育，建立金融知识普及长效机制，帮助金融消费者提高对金融产品和服务的认知能力及自我保护能力，提升金融消费者金融素养和诚实守信意识。

二、提升消费者金融素养工作的国际经验

消费者金融素养提升得到了越来越多的国家和国际组织的高度重视，分析研究消费者金融素养提升工作的国际经验，对我国加强金融知识普及教育有重要的启示和借鉴意义。

（一）各国际组织高度重视金融消费者教育工作

各国际组织在金融知识普及教育领域进行了积极探索，发布了一系列调查、

研究报告和指引文件。

2013年，世界银行（WB）发布了《全球消费者保护和金融素养调查：114个国家和经济体的监管框架与实践》。调查结果显示，有81个国家和经济体（占比71%）都致力于推进金融教育工作。在63个国家和经济体中，金融教育是金融监管机构的法定职责；在另外18个国家和经济体中，金融教育虽不是金融监管机构的法定职责，但这些国家和经济体仍在维护金融稳定和推动金融发展的职责下推进金融教育工作。在推进金融教育工作的过程中，金融监管机构关注的重点是提高公众对金融问题的认识并提供金融教育培训资料，有63个国家的监管机构致力于设计金融教育培训资料，有60个国家提供直接金融教育培训，49个国家的监管机构制定和实施了金融教育国家战略，37个国家开展了金融素养调查，34个国家金融机构发布了金融教育指引。

2008年，经济合作与发展组织（OECD）建立了金融教育国际网络（INFE），各成员国政策制定者纷纷致力于金融教育事业。2012年，OECD和INFE发布了《金融教育国家战略高级原则》。2013年，OECD在二十国集团（G20）圣彼得堡峰会期间发布了《推进金融教育国家战略》，汇集了G20成员和受邀各国在推进金融教育国家战略方面的实践经验。2015年，OECD和INFE发布了《OECD/INFE金融教育国家战略政策手册》，为各国（地区）实施金融教育国家战略提供支持。此外，针对妇女和女孩，OECD和INFE于2013年9月发布了《OECD/INFE关于解决妇女和女孩金融意识和教育需要的政策指导》，并经G20圣彼得堡峰会通过。针对青少年，2012年，OECD的国际学生评估项目（PISA）首次对18个国家和经济体的15岁学生进行了金融素养评估，相关评估结果于2014年7月发布，创立了青少年金融素养水平的国际基准。为响应2013年G20领导人的呼吁，OECD和INFE分别于2015年和2016年发布了青少年金融素养核心能力框架和成年人金融素养核心能力框架，突出强调了一系列与青少年和成年人财务福祉相关的金融素养和能力。2016年，OECD和INFE发布了针对亚洲、非洲、美洲、欧洲和大洋洲30个国家和经济体的成年人金融素养能力调查结果，并计划在所有G20成员中开展这项调查，相关调查结果将在2017年发布。

（二）美国经验

1. 成立专门机构，构建金融消费者教育体系

美国于2003年根据《公平交易与信用核准法案》（FACT）成立美国金融扫盲与教育委员会（FLEC），该委员会主要职责是制定国家战略来促进金融扫盲和教育，并协调委员会的成员机构之间的资源和活动。

2009年12月，美国通过《多德—弗兰克华尔街改革与消费者保护法案》，

建立了金融消费者保护局（CFPB）。金融消费者保护局下设专门部门负责金融知识普及工作，并定期向美国国会提交《金融常识年度报告》。

2. 设立"金融扫盲月"，开展集中宣传

2007年，美国众议院以决议形式规定每年4月为"金融扫盲月"，以此强化对国民的金融知识教育，让国民充分意识到不论是作为学生、企业员工、家长、投资者或企业家，个人金融知识都必不可少。在"金融扫盲月"中，许多金融机构、学校联合举办金融知识的宣传普及活动，针对不同群体宣传与其密切相关的金融知识和业务。

3. 将金融消费者教育纳入国民教育体系

美国联邦政府2003年颁布《金融扫盲与教育促进条例》，明确提出把面向国民的金融教育正式纳入国家法案。一些州已通过立法，将金融教育列为从启蒙教育至大学教育的12年学校教育必修课程。CFPB于2015年4月7日发布的《推进K-12金融教育：对政策制定者的指导》报告显示：美国开展的K-12（幼儿园—高中）金融教育模式在增强学生的金融知识水平，帮助学生形成良好的金融消费习惯方面产生积极的影响。

4. 注重对金融知识普及成效的评估及应用

作为政策研究任务的一部分，美国联邦储备体系（Fed）花费大量精力进行消费经济学和消费行为研究，并一直致力于研究金融消费者教育在帮助人们作出好的理财决策上的效力。同时，对金融消费者教育项目均制定具体的评估标准，以确定项目是否提高了国民金融素养以及是否正确地使用各类资源。评估的结果将直接影响决策者是否对项目继续提供资金支持。

（三）英国经验

1. 设立专门机构推进金融消费者教育

《2000年金融服务与市场法》规定英国金融服务局（FSA）负有促进英国公众对金融体系全面了解的法定职责。2003年10月，FSA专门成立"金融能力指导委员会"，研究制定并组织实施金融教育国家战略。2006~2011年，金融教育国家战略取得阶段性成果。2010年4月，英国依据《2010年金融服务法》成立消费者金融教育局（CFEB），一年后更名为货币咨询服务公司（MAS），独立、系统、全面地组织开展金融消费者教育工作，并于2011年开始实施第二阶段金融教育国家战略。

2. 开展国民金融素养调查

FSA于2006年在全国范围内开展国民金融素养调查，了解国民金融素养基本情况，并作为英国国民金融素养的基点，用于评估金融教育国家战略的有效性。2013年，MAS再次实施全国范围内的素养调查，样本量为一万人，每季度实施一次调查。

3. 向公众提供免费、公正的货币咨询建议

MAS 从 2011 年 4 月起通过网络、电话开展金融咨询服务，也接受英国范围内的面对面咨询。2013 年，MAS 加大了对网络咨询的资源投入，推出在线财务健康检查项目，使用行为观察法来鼓励人们作出合理的金融事务决策。

4. 将金融教育正式纳入国民教育体系

MAS 金融消费者教育的工作重点放在了青少年金融教育领域，于 2013 年 10 月发布了《15～17 岁青少年金融能力调查报告》，使用计量方法评估青少年的金融能力，同时还设计开发了专门针对青少年普及金融知识的手机应用程序。英国教育部于 2013 年对国家课程大纲进行了修订，将金融能力教育列入国家课程大纲。对 5～11 岁的儿童，增加了使用货币方面的内容；对 11～16 岁的青少年，增加了货币的功能及其使用、个人预算、财务管理的重要性以及一些金融产品和服务方面的知识；还要求学生学习关于薪水、税收、信贷、债务、金融风险以及一些更为复杂的金融产品和服务等方面的知识。

5. 有针对性地提升国民金融技能

MAS 认为，金融消费者教育除教导金融知识外，也需要通过训练与指导培养广大群众的金融技能和金融责任。自 2006 年开始，英国针对金融知识最为缺乏的群体和承担主要社会责任的群体，推出了 7 个重点金融消费者教育方案，包括：中小学金融知识普及、帮助年轻人树立理财观、工作场所金融知识讲授、消费者金融知识普及渠道、在线工具、新婚夫妇理财培训和金融事务咨询等。通过金融消费者教育提高人们的金融素养，从而达到改善金融行为的目的。

（四）印度经验

1. 定位教育受众，关注弱势群体

在印度，大多数的人口是在正规金融体系之外的，金融知识相当匮乏，风险责任意识极低。因此，印度对于金融消费者教育的定位是重点普及基础的金融知识。印度中央银行——印度储备银行（RBI）下设消费者金融教育和保护部门负责消费者金融教育。印度储备银行正进行"金融素养"项目，目标群体为学生、妇女、城乡贫民、国防人员和老年居民等弱势群体，向其普及中央银行的角色和功能以及基础的银行业务知识。

2. 开展多形式金融普及，教育材料丰富

印度的商业银行被要求设立金融教育中心（FLCs），通过室内和户外的活动促进金融消费者金融素养的提升。商业银行每个月举行至少一次户外金融消费者教育营地。例如，在偏远的村庄建立金融扫盲营地，指导农民使用金融服务，为农民资金周转困难提出解决办法。RBI 制作了英文版及其他语言版的教育材料，

通过银行、当地政府、学校传递给目标人群，形式多样，有读本、小册子、画册、电影。这些在印度储备银行的官方网站上均可以观看。

3. 注重教育成效，构建评估体系

印度金融信息网络和运营公司（FINO）、印度财务管理与研究中心（IFMR）、印度小微金融中心（CMF）与世界银行合作，于2010年11月至2012年6月实施金融教育有效性评估项目。项目的目标群体是低收入农村金融消费者，致力于教授账户持有人基本的知识和技能来合理进行资金管理，如借贷、消费和储蓄。项目设置对照组和实验组，同时在开始阶段对参与者进行金融素养摸底调查。一共有12000名金融消费者参与到这项为期两个月的金融教育有效性评估项目中。

三、我国消费者金融素养调查分析

（一）调查情况介绍

人民银行从2013年开始每两年开展消费者金融素养问卷调查，准确把握我国消费者金融知识水平及金融消费者教育领域中存在的薄弱环节。2015年，在首次设计的调查问卷的基础上，人民银行与世界银行集团共同修改完善"消费者金融素养调查问卷"。

从调查的主要内容看，此项调查涵盖了金融产品认知与选择、财务规划、储蓄与物价、银行卡管理、反假货币、贷款常识、信用管理、投资理财、保险知识、金融教育和消费者基本情况十一部分内容，从消费者态度、消费者行为、消费者金融知识、消费者金融技能多角度综合反映了当前我国消费者的金融素养情况。

从调查样本的分布看，此项调查在东部地区选取了广东省和福建省，在中部地区选取了湖北省、山西省和河南省，在西部地区选取了陕西省、四川省和重庆市，在东北地区选取了辽宁省。根据分层随机抽样原则，各调查省份（直辖市）分别完成600个金融消费者的有效样本，全国有效样本数共计5400个。

从调查的实施方案看，人民银行相关分支机构在各调查省份（直辖市）的省会城市市区（主城区）、地级市市区和县三个层面分别进行抽样调查。在省会城市（主城区）层面上，各调查省份（直辖市）至少选择8个金融机构网点作为调查点，共完成208个样本。调查点包括2家国有商业银行、2家股份制商业银行、1家地方法人银行、1家证券公司、1家人寿保险公司、1家财产保险公司。每个调查网点随机抽选26名金融消费者作为调查对象，且抽选的金融消费者均为普通客户，不抽选VIP客户。在地级市层面上，各调查省份（直辖市）选择具有经济发展水平差异性的4个地级市市区，完成200个样本，每个地级市市区完成50个样本。在每个地级市市区至少选择5个金融机构网点作为调查点，分别为2家国有商业银行、1家地方法人银行或信用社、1家证券公司、1家人寿类保险公司或财产类保险公司。每个调查网点随机抽选 10 名金融消费者作为调查对象，抽选的金融消费者均为普通客户，不抽选 VIP 客户。在县级层面，各调查省份（直辖市）选择具有经济发展水平差异性的 8 个县完成 192 个样本。在具体实施过程中，在上述选取的 4 个地市中，每个地市选 2 个县，每个县完成 24 个样本。在每个县选择农村信用社的 1 个乡镇网点和邮政储蓄银行的 1 个乡镇网点作为调查点。每个调查网点随机抽选 12 名农民金融消费者作为调查对象。在部分地区，人民银行也采用了入户调查的方式到消费者家中进行调查。

从调查方式看，所有调查均采取面谈的方式完成。除个别地区采取了入户调查的方式外，大部分金融消费者是在调查网点现场填写调查问卷，调查点所在地人民银行分支机构派出调查人员至调查点，对金融消费者进行现场讲解和指导，帮助金融消费者完成调查问卷。

人民银行于 2015 年 4 月组织发放了调查问卷，于 5 月 31 日前全部收回。消费者样本的结构分布情况见表 1。

表 1　　　　　　　消费者样本的结构分布情况　　　　　　单位：%

性别	男		女	
百分比	47.5		52.5	
户口所在地	本地城镇户口	本地农村户口	非本地城镇户口	非本地农村户口
百分比	62.5	25.2	8	4.3
婚姻状况	未婚	已婚	离异	丧偶
百分比	22.1	74.1	2.6	1.2

年龄	18~29 岁	30~39 岁	40~49 岁	50~59 岁	60 岁及以上
百分比	27.7	32.5	24.7	10.9	4.2
教育程度	小学及以下	初中	高中/中专/技校	大专	大学本科	研究生及以上
百分比	4.3	12.6	19.4	23.2	36.6	3.9

家庭月收入	2 千元以下	2000~4999 元	5000~9999 元	10000~19999 元	2 万~5 万元	5 万元以上
百分比	12.2	42.3	29.2	10.6	4	1.7
职业	全日制学生	务农	全职工作	兼职工作	主动放弃工作	失业	退休	其他
百分比	3.7	13.1	63.7	5.1	1.2	1.4	4.9	6.9

（二）调查结果分析

1. 消费者态度分析

通过调查，消费者对金融知识普及的态度较为积极，对消费、储蓄和信用的态度趋于理性，但对风险责任的意识需要加强。当询问消费者把钱存入当地的一家小银行，而这家银行由于经营不善倒闭了，政府是否应该赔偿时，调查结果有69.9%的消费者认为政府应该赔偿，18%的消费者认为政府不应该赔偿，12.1%的消费者不知道政府是否应该赔偿。分城乡看，城镇消费者中认为政府应该赔偿损失的占比为71.6%，农村消费者中的占比为65.9%。分区域看，东部和中部消费者认为政府应该赔偿的占比分别为73%和71.2%，西部和东北地区消费者认为政府应该赔偿的占比相对较低，分别为67.2%和68%。

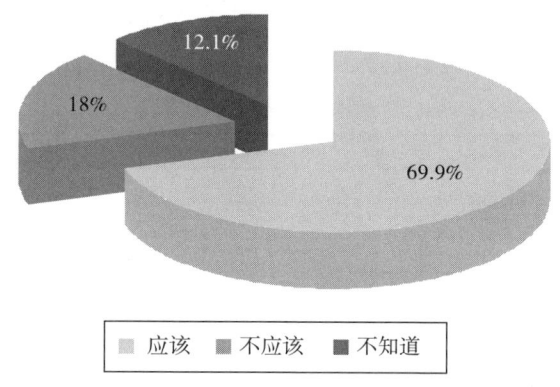

图1 消费者对存款损失政府是否应该赔偿的态度

2. 消费者金融知识水平分析

从消费者金融知识水平看，消费者金融知识整体水平不高，当让消费者对自身的金融知识水平作出主观评价时，37%的消费者认为自己的金融知识水平"非常好"或"比较好"，认为自身金融知识水平"一般""不太好"或"一点也不好"的消费者占比分别为41.8%、14.8%和6.4%。与之相对应，从金融知识客观题的正确率来看，消费者对全部金融知识问题的平均正确率也仅有61.7%。

消费者金融知识水平在城乡间和区域间的不平衡特征较为明显。分城乡看，城镇消费者的金融知识水平要明显高于农村消费者。城镇消费者对于全部金融知识问题的平均正确率为66.4%，农村消费者的平均正确率为50.6%。分区域看，东部消费者的金融知识水平要高于其他地区，东部消费者对于全部金融知识问题的平均正确率为63.4%，而中部、西部和东北地区消费者的平均正确率分别为61.1%、61.7%和60.9%。

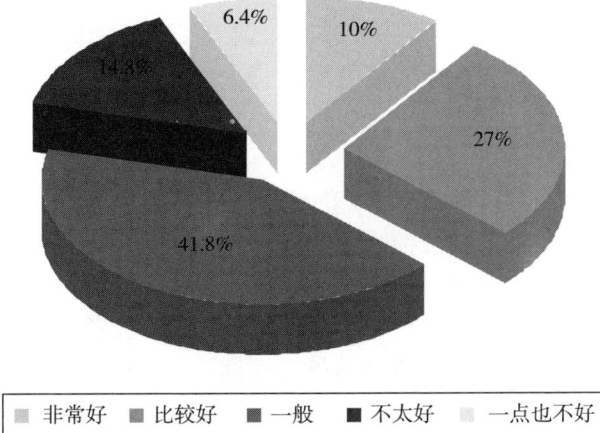

图2 消费者对金融知识水平的主观评价

消费者对各类金融知识的掌握程度存在较大差异。消费者投资知识、贷款知识、信用知识和保险知识较为薄弱,而对银行卡知识、储蓄知识和通胀知识的掌握情况则相对较好。调查显示,消费者在投资知识、贷款知识、信用知识和保险知识问题上的平均正确率分别为50.5%、52.2%、55.1%和57%,而在银行卡知识、储蓄知识和通胀知识问题上的平均正确率分别为74.4%、70.4%和67.5%。

表2	消费者金融知识平均正确率的分类统计情况					单位:%	
项目	全部样本	按城乡分		按区域分			
		城镇	农村	东部	中部	西部	东北
储蓄知识	70.4	74.3	61.6	72.0	70.1	69.4	71.8
通胀知识	67.5	71.5	58.1	69.2	66.9	68	64.9
银行卡知识	74.4	81.0	58.5	76.2	72.6	75.8	71.9
贷款知识	52.2	56.7	41.3	54.2	51.8	51.8	49.9
信用知识	55.1	58.5	47.1	56.0	54.7	54.8	55.7
投资知识	50.5	56.3	36.7	53.5	50.4	50.2	45.6
保险知识	57.0	60.8	47.9	57.3	56.8	57.0	56.8
总体情况	61.7	66.4	50.6	63.4	61.1	61.7	60.9

3. 消费者行为分析

从消费者行为看,消费者贷款申请行为较为合理,使用自动取款机时具有较强的安全意识,对金融知识咨询的渠道有一定的了解,但家庭支出和未来支出的计划性有所欠缺,对信用卡以及金融产品或服务的合同和对账单的使用能力有待提高。

当消费者在金融知识方面存在疑惑时,调查结果有49.7%的消费者选择了"上网找资料"的方式,49.4%的消费者选择了"向相关金融机构的员工咨询"的方式,22.2%的消费者选择了"求助家人朋友"的方式,15.9%的消费者选择了"求助个人财务顾问"的方式,5.9%的消费者选择了"向政府金融监管部门咨询"的方式,另有1.9%和2.4%的消费者选择了"置之不理"和"不知如何寻求帮助"。分城乡看,城镇消费者和农村消费者在金融知识方面存在疑惑时,采取的行动略有不同。城镇消费者最常采用的行动是"上网找资料"。分区域看,当消费者在金融知识方面有疑惑时,各地区消费者最常采用的行动均是"上网找资料"和"向相关金融机构的员工咨询"。

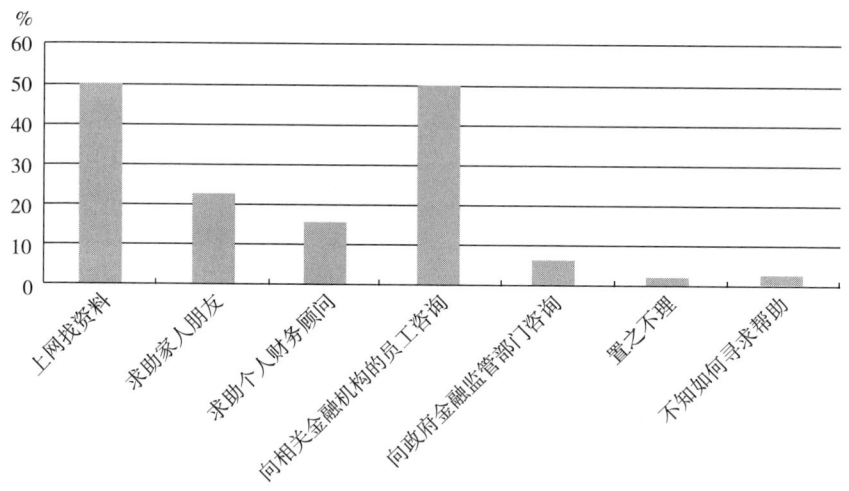

图3 消费者对金融知识的咨询情况

4. 消费者金融技能分析

从消费者金融技能看,消费者具有一定的假币识别和处理能力,但选择金融产品或服务的能力需进一步提高。

当询问消费者选择金融产品或服务时,是否会对同类金融产品或服务作出比较进行调查时,调查结果有60.8%的消费者选择了"对所需的同类金融产品或服务进行了比较",17%的消费者选择了"不知道如何进行比较",16%的消费者选择了"没有足够的信息进行比较",还有6.2%的消费者选择了"没有比较"。分城乡看,城镇消费者中选择"对所需的同类金融产品或服务进行了比较"的占比为65.6%,农村消费者中选择"对所需的同类金融产品或服务进行了比较"的占比为49%。分区域看,东部、中部、西部和东北地区消费者中选择"对所需的同类金融产品或服务进行了比较"的占比分别为62.3%、58.3%、

61.6%和62.5%。

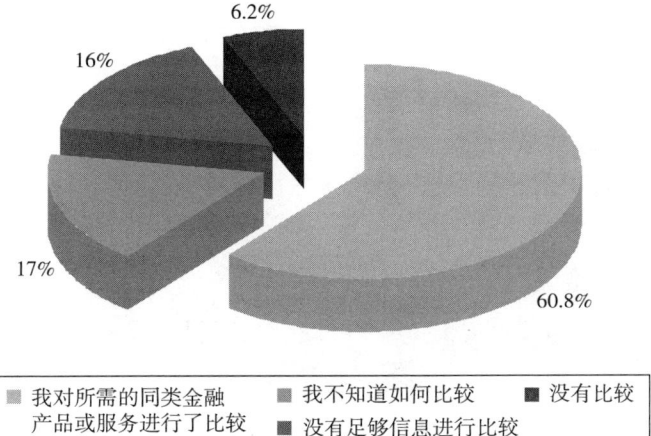

图4 消费者对同类金融产品或服务进行比较的情况

当询问消费者购买金融产品或服务时是否对该产品或服务的风险和收益有清晰的认识时,调查结果有64.9%的消费者选择了"是",14.6%的消费者选择了"否",还有20.5%的消费者选择了"不知道"。分城乡看,城镇消费者中选择"是"的占比为69.8%,农村消费者中选择"是"的占比为53.2%。分区域看,东部、中部、西部和东北地区消费者中选择"是"的占比分别为66.7%、62.9%、66.2%和63.8%。

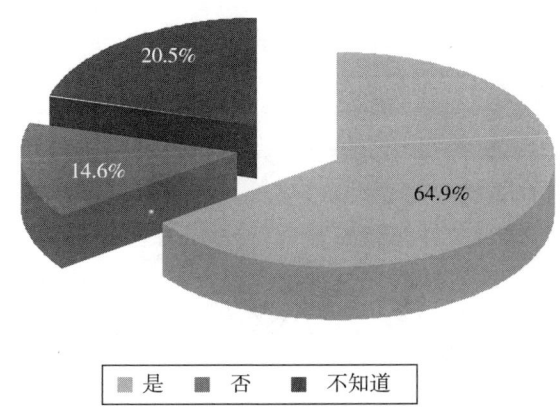

图5 消费者对金融产品或服务的风险和收益的认识情况

当询问消费者阅读完金融产品或服务的合同条款后,是否能理解自身的权利和义务时,调查结果有18.4%的消费者表示完全理解,61.9%的消费者表示大致理解,15.7%的消费者表示不太理解,还有4.0%的消费者表示完全不理解。

分城乡看，城镇消费者中选择"完全理解"的占比为 18.6%，农村消费者中选择"完全理解"的占比为 17.9%。分区域看，东部、中部、西部和东北地区消费者中选择"完全理解"的占比分别为 18.4%、17.4%、18.9% 和 19.8%。

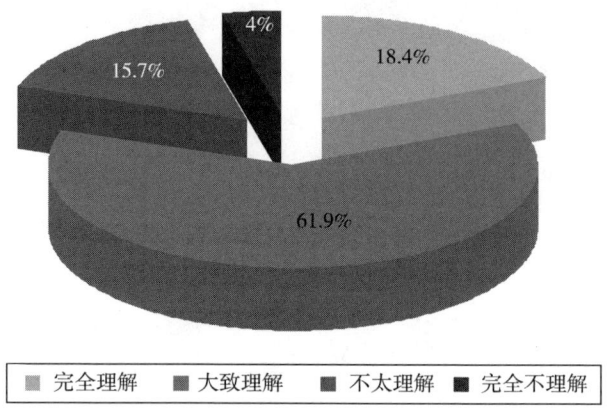

图 6　消费者对金融产品或服务的合同条款中自身权利和义务的理解

5. 消费者金融知识需求分析

当询问消费者对哪些方面的金融知识最感兴趣时，排在前五位的分别是银行卡（借记卡和信用卡）、股票基金投资、住房贷款、银行理财产品和汽车贷款知识，选择上述金融知识的消费者占比分别为 49.3%、36.5%、30.2%、27.4% 和 22.3%。

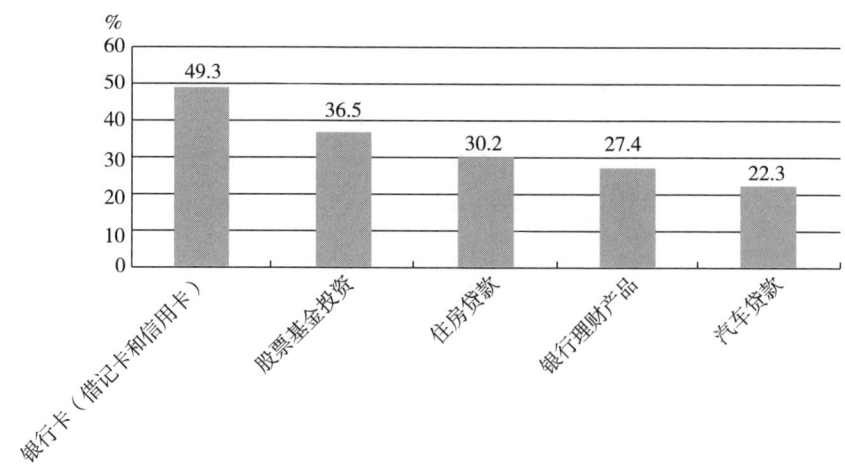

图 7　消费者最感兴趣的金融知识

从消费者对金融知识的需求情况看，消费者对与日常生活息息相关的金融知识更为关注，不同消费者群体均选择银行卡（借记卡和信用卡）作为最感兴趣的金融知识。同时，消费者群体对当前经济金融形势下热门金融产品的相关知识也表现出了较大的兴趣，如股票基金投资对不同消费者群体均有较大的吸引力。

城乡、区域、职业、收入、文化程度上的差异会导致消费者对金融知识的需求存在一定的差异。从趋势上看，随着消费者受教育程度的提高，家庭月收入的增加，消费者对股票基金投资、债券投资、保险产品、预算规划和退休金计划知识的需求逐步增加，而对银行自助终端设备和网上银行、手机银行等电子银行服务使用知识的需求逐步减弱。

四、我国消费者金融素养提升工作开展情况

近年来，中国人民银行、中国银行业监督管理委员会、中国证券监督管理委员会、中国保险监督管理委员会分别设立了金融消费权益保护局、银行业消费者权益保护局、投资者保护局、保险消费者权益保护局等金融消费者保护机构，并根据各自职责范围开展了相关的金融知识普及工作，致力于提高消费者金融素养，收到了良好的效果。

以人民银行为例，近年来金融知识普及工作的开展情况主要包括以下几个方面。

（一）组织编辑出版普及类金融书籍

人民银行编写的《金融知识普及读本》已由中国金融出版社正式出版发行，电子版上传至官方网站供公众自行下载使用。《金融知识普及读本》立足于人民银行各项工作，用通俗易懂的语言，对与公众日常生活联系紧密的金融基础知识进行了普及性的介绍。2015年底，人民银行启动对《金融知识普及读本》的更新，根据经济金融形势的发展和金融消费者的需求，对《金融知识普及读本》的结构和内容进行优化和完善。

人民银行各级分支机构也自行编写了《金融知识进课堂》《金融知识进社区》等金融知识普及教材，并向社会公众免费赠阅部分普及性的金融书籍，让优秀的金融知识普及读物进社区、进学校、进农村，引导社会公众学金融、懂金融、用金融。

（二）组织开展"金融知识普及月"活动

为深入贯彻执行党的群众路线，使金融消费者更好地学习金融、了解金融，更好地享受金融业改革发展的成果，人民银行从2013年开始，选择每年9月统一开展全国性的"金融知识普及月"活动。

活动期间，人民银行总行联合其他监管部门、地方政府、金融机构、新闻媒

体等有关方面,精心组织开展"金融知识进军营、进农村、进高校"等活动,帮助消费者提高金融素养,更好地理解其在金融消费活动中应承担的风险责任。人民银行各级分支机构组织相关金融机构、支付机构,选择校园、农村、社区、机关、军营、工厂、商场、市场等各类场所,开展形式多样有针对性的金融知识普及活动。

(三)积极开展"金融消费者权益日"活动

为进一步提升金融消费者的权责意识和风险意识,构建和谐的金融消费环境,人民银行总行及各级分支机构在每年"3·15"期间积极配合各级政府相关部门、消费者协会组织的"3·15国际消费者权益日"活动,开展以"权利·责任·风险"为主题的教育活动。活动宣传新消法规定的消费者拥有的各项法定权利,告知金融消费者解决金融消费争议的正当渠道和方式。同时,加强对金融消费者的风险意识和责任承担方面的宣传教育,引导金融消费者合理合法、理性有序地维护自身权益。活动由人民银行总行统一筹划,联合多方力量和资源,各级分支机构积极开展活动,金融机构踊跃参与,取得良好的效果。

(四)构建金融知识普及长效机制

人民银行着力构建金融消费教育长效机制,开展广泛、持续的日常性金融知识普及,积极搭建金融消费教育平台,利用12363免费咨询电话、网站、报刊、广播、电视、微信公众号等各种方式向社会公众提供金融知识。人民银行还积极推进金融知识纳入国民教育体系,人民银行太原中心支行选取临汾、运城两市,分别开展金融知识普及教育纳入小学教育试点工作和大学教育试点工作。临汾市教育局与人民银行临汾市中心支行联合下发文件(临教政〔2016〕10号),将《金融与诚信》正式纳入全市小学选修课程。人民银行运城市中心支行与运城学院签订了《中国人民银行运城市中心支行与运城学院合作协议》,在运城学院开设《征信学》和《金融实践操作》两门选修课程。

(五)建立金融消费者素养调查制度

为准确把握消费者金融知识水平及金融消费者教育领域中存在的薄弱环节,进一步做好金融知识普及和金融消费者教育工作,人民银行总行于2013年首次针对消费者金融素养情况进行了抽样性的试点调查,收到了较好的效果。

2013~2015年,与世界银行集团合作,对调查问卷进行修改完善,形成"消费者金融素养调查问卷"。2015年,在全国范围内选定9个具有代表性的省份(直辖市)进行调查,共抽取5400个有效样本。通过对调查问卷进行数据整理和分析,形成调查分析报告。报告得出五个主要结论:第一,消费者金融素养情况调查是一项需长期、定期开展的基础性工作。第二，金融基础知识和社会热点知识是金融知识普及的侧重点。第三，消费者的风险意识和责任承担意识有待提高。第四，应针对不同群体、不同地域消费者的知识缺陷和行为特点设计差异性的金融知识普及方案。第五，要将金融知识普及与金融技能提升并重。

基于前期的良好经验，人民银行于2016年建立了金融消费者素养调查制度，在全国范围内每两年开展一次调查，问卷调查结果有助于把握消费者金融素养水平和变化，基于此进行整体规划的金融知识普及活动，能更为有效地提高消费者金融素养。

五、提升消费者金融素养的政策建议

通过总结国外良好经验与成功实践，结合我国消费者金融素养的调研情况与实际，我们建议应从以下几个方面全面提升和加强我国消费者金融素养。

（一）深入调研，长期、定期开展消费者金融素养调查

消费者的金融素养会随着经济金融的发展发生变化的，一成不变的金融知识普及和教育活动将无法满足消费者的需求，也很难与时俱进地有效提高消费者的金融素养。因此，要长期、定期开展消费者金融素养情况调查，动态掌握消费者金融知识水平和需求，研究和分析金融消费者态度、行为和金融技能的变化，在此基础上设计、开展具有针对性的金融知识普及与教育活动，有效提高消费者金融素养。

（二）针对不同消费者群体设计差异化的金融知识普及方案

我国不同年龄、地域、文化程度、经济能力、职业特征的消费者的金融知识水平参差不齐，且其消费行为特点与所欠缺的金融知识也差异较大。因此，应将不同目标群体的知识水平、需求、兴趣和基本技能考虑在内，设计针对性强的金融知识普及方案。同时，应明确金融知识普及的重点区域和群体，要对小微企业、在校学生、边远地区的贫穷人群、劳务流动人口、妇女、残疾人等金融服务中的弱势群体制定相关倾斜政策，开展有针对性的金融知识普及活动，提升消费者整体金融素养水平。

（三）普及消费者真正需要的金融知识

通过对消费者金融素养的调查，我们发现消费者对银行卡、住房贷款、汽车贷款等金融基础知识和股票基金投资、《存款保险条例》等当时社会热点金融知识的需求最为明显，且在上述两个方面消费者的金融知识水平也最为欠缺。因此，金融知识普及活动要以消费者日常生产生活中所必要的金融基础知识和社会

热点金融知识作为侧重点，满足消费者的实际需要，提高金融知识普及的实用性。

（四）丰富金融知识普及方式和渠道，提高消费者参与度

提升消费者金融素养应注重提高消费者参与度，过分乐观的消费者可能会认为金融知识普及不必要，被排除在主流金融之外的消费者则可能会回避金融知识普及。因此，有必要采用形式多样的金融知识普及方式，调动消费者的积极性，让社会公众积极参与到活动当中来，激发其进一步了解金融知识的兴趣。同时，充分发挥传统媒体和新兴媒体的作用，面向不同的媒体受众，采用多种展现形式，广泛传播金融知识。

（五）要将金融知识普及与金融态度、行为和技能改善并重

即便在消费者掌握一定金融知识的情况下，由于金融态度、行为和技能方面的欠缺，仍有可能作出不正确或不恰当的消费行为。因此，在普及金融知识的同时，要注重培养消费者积极的金融态度，引导、传授消费者正确运用金融知识的技能，改善金融行为，综合提升消费者金融素养。尤其针对消费者金融素养调查中发现的消费者风险责任意识有待提高的现状，应引导消费者进行风险自评，根据自身的风险承受能力和相关产品的风险特征，选择适当的金融产品，加强对消费者的教育，让消费者明白"自享收益"的同时，要"自担风险"。

（六）积极构建金融知识普及长效机制

考虑到我国国民金融素养整体水平不高，除了开展集中的金融知识普及活动，还应努力构建金融知识普及长效机制，注重持续性与集中性相结合，将金融知识普及与社会公众的经济生活紧密联系起来。尤其是鼓励社会各界积极推进金融知识纳入国民教育。学生时期是金融知识的启蒙阶段，对培育正确的金融行为和塑造良好的金融态度具有重要意义。通过将金融知识纳入国民教育可以实现"教育学生、带动家庭、辐射社会"，是提升国民金融素养的根本大计。

参考文献

[1] 陈军，杨玲玲. 金融消费者教育调查实证研究——以云南省为例 [J]. 西部金融，2014（4）.

[2] 史晋，等. 欧美金融与征信知识国民普及教育的经验借鉴及启示 [J]. 甘肃金融，2012（5）.

[3] 孙天琦. 金融消费者保护：市场失灵、政府介入与道德风险的防范 [J]. 经济社会体制比较，2011（2）.

［4］王宇熹，范洁.消费者金融素养影响因素研究——基于上海地区问卷调查数据的实证分析［J］.金融理论与实践，2015（3）.

［5］吴丽霞.金融教育的国际经验与借鉴［J］.长春大学学报（社会科学版），2012（1）.

［6］杨柳.英美金融宣传教育的经验及启示［J］.武汉金融，2012（4）.

［7］尹志超，宋全雨，吴雨.金融知识、投资经验与家庭资产选择［J］.经济研究，2014（4）.

［8］朱涛，钱锐，李苏南.金融素养与教育水平对家庭金融行为影响的实证研究［J］.金融纵横，2015（5）.

［9］MRRC. Financial literacy and retirement planning: New evidence from the RAND American Life Panel, 2007.

［10］National Bureau of Economic Research. The Outlook For Financial Literacy, 2011.

［11］The World Bank: Global Survey on Consumer Protection and Financial Literacy: Oversight Framework and Practices in 114 Economies, Office of the Publisher, The World Bank, 2014.

［12］RAND. Defining and Measuring Financial Literacy, 2014.

基于博弈论和混合策略模型的我国银行业"风险为本"反洗钱研究

中国人民银行上海总部内审部课题组

课题组组长：罗育全
课题组成员：俞义平　成娜（执笔）　陈刚　王起　卢俊峰

摘　要

2016年是《中华人民共和国反洗钱法》颁布十周年，十年来我国银行业反洗钱工作已积累了丰富的经验，建立起以商业银行、反洗钱监测分析中心、人民银行等监管机构为主体的各司其职、多方联动的反洗钱组织体系，反洗钱理念和实践正逐步由"规则为本"向"风险为本"原则转变，反洗钱工作的有效性显著增强。但是一直以来处于反洗钱第一战线的商业银行却因为成本、客户资源、反洗钱能力以及监管要求等各种因素，仍停留在实质上以规则为本的反洗钱初级阶段，从整体上影响我国推行以风险为本的反洗钱国际标准以及在全球化背景下参与反洗钱国际合作的战略大局。

目前国内外反洗钱的相关研究存在一定差异，国外文献的理论研究比较深入，而国内理论研究中较少有实务支撑，实务研究中缺乏理论指导，很多研究结论趋同。此外，非银行金融业、互联网金融以及第三方支付领域的反洗钱逐渐成为近年来的研究热点，但本文认为银行业反洗钱工作一直是我国反洗钱战略的基础和核心，研究银行业反洗钱以风险为本的要求如何贯彻落实，具有十分迫切的现实意义。通过2015年审计调查发现，已推行多年的以风险为本的反洗钱要求在落实时存在较难克服的现实困境，商业银行等反洗钱义务主体长期以规则为本执行反洗钱法规制度，在制度自我强化机制的作用下形成一种路径依赖，陷入路径锁定的状态，对我国全面实施风险为本的反洗钱战略构成了很大挑战。

本文运用博弈论，构建监管方（人民银行）和被监管方（商业银行）的混合策略模型，模型赋予人民银行查处的策略选择概率为p，商业银行风险为本的策略选择概率为q；通过引入固定罚金（奖励）、浮动罚金（奖励）、挤出规模比例、遗漏的洗钱业务规模比例、检查力度和成本率等参数，构造监管双方的收益矩阵；运用极值定理计算最优概率组合（p^*，q^*），最后通过分析参数对最优概率的正负和程度影响得出结论：(1) 现实中为了满足 $0<p^*$, $q^*<1$ 的约束条件，人民银行查处罚金或奖励应高于最低限额。(2) 在商业银行较少采取风险为本策略的阶段，为了引导商业银行主动实施该策略，人民银行需要提高查处概率；但当采取风险为本策略的商业银行达到一定比率时，人民银行可以减少查处的概率。(3) 固定或浮动罚金（奖励）对人民银行最优查处概率 p^* 均为负效应，但浮动罚金（奖励）的负效应强于固定罚金（奖励）。(4) 固定或浮动罚金对商业银行 q^* 产生正效应，而固定或浮动奖金则产生负效应，这与目前国内文献中建议加强奖励激励的结论存在不同的意见。(5) 监管双方合谋博弈下的总体利润大于分开决策下的利润总和。

基于模型结论，本文分别从模型假设、约束条件、人民银行最优查处概率和监管双方最优概率组合四个角度提出六点政策建议：(1) 完善与风险为本原则相配套的法规体系；(2) 畅通反洗钱监管双方信息沟通渠道；(3) 对反洗钱监管策略进行阶段性调整；(4) 强化分类监管；(5) 提高反洗钱现场检查有效性；(6) 完善反洗钱激励约束机制。

2016 年是《中华人民共和国反洗钱法》颁布十周年，回顾十年来我国反洗钱工作取得的重大进展和成绩，我们有充足理由向国际社会重申"中国过去不曾是、现在不是、将来也绝不会是所谓的国际洗钱中心"。但是，近年来中资银行海外机构面临的诉讼和监管措施持续升级，虽然不排除国际政治、经济等因素影响，但主要还是与我国银行业反洗钱工作不能有效落实以风险为本的相关监管要求有关。今年是我国准备应对 FATF[①] 第四轮评估工作的关键之年，以风险为本的反洗钱方法贯穿在国际标准的各项要求中，反洗钱工作的有效性被提到了前所未有的突出位置。中国人民银行副行长郭庆平在 2016 年反洗钱形势通报会上指出，要"将贯彻落实法人监管、风险为本要求和提升工作有效性作为开展反洗钱工作的'三驾马车'"，足见落实风险为本要求的重要性。早在 2008 年人民银行等监管部门就开始积极倡导推行风险为本要求的贯彻落实，但一直以来处于第一战线的商业银行却因为成本、客户资源、反洗钱能力以及监管要求等各种因素，仍停留在实质上以规则为本的反洗钱初级阶段，从整体上影响我国推行风险为本反洗钱国际标准以及在全球化背景下参与反洗钱国际合作的战略大局。所以本文认为，研究银行业反洗钱风险为本要求如何贯彻落实，具有十分迫切的现实意义。

---

① FATF 是"反洗钱金融行动特别工作组"的简称，是国际社会专门致力于打击和防范洗钱和恐怖融资最重要的国际组织。

一、文献综述

（一）国外文献综述。一是从信息不对称的角度，Basel Committee on Banking Supervision（1988）认为，金融机构可能无意间被利用成为犯罪资金的转移或存储中介，洗钱犯罪与金融机构密切相关，由于自身特点，金融机构（尤其是银行）既是洗钱的突破口，又是反洗钱的第一线；Mascianharo Donator（1995）分析指出，由于反洗钱存在信息不对称，所以必须充分发挥中央银行和处于反洗钱一线的银行、保险、证券等金融机构的作用。二是从外部性的角度，Tanzi、Vito（1996）认为，洗钱虽然能带来资本流入、搭便车等短期收益，但资产价格、利率和汇率却因此扭曲，建议采用庇古税来消除这种负外部性；Elod Takats（2006）指出，可疑交易报告制度需要花费金融机构大量的成本，报告费用的存在使银行不得不内部化这些外部效应；Quirk、Peter J（1997）建议，运用公共政策确立金融机构反洗钱职责以消除外部性，但政策会对宏观经济产生负面效应，所以采取这些措施时必须要慎重。三是从监管有效性的角度，John Walker（2000）建立了犯罪经济模型以及衡量洗钱比例的指标，为后续评估反洗钱监管机制的有效性奠定了方法基础。Geiger、Wuensch（2007）将反洗钱监管有效性研究拓展到全球范围，认为尽管银行在反洗钱工作中发挥了重要作用，但为此付出了高额成本，对上游犯罪的影响也并不大；Cohen（2008）详细分析了反洗钱监管中的风险管理理论，Sallie等（2008）说明了如何在实践中运用这一理论。

（二）我国官方文献综述。反洗钱工作部际联席会议成员单位①共同发布的《中国2008~2012年反洗钱战略》（2009），肯定了2003~2008年我国在刑事立法、预防措施、制度安排和国际合作等方面取得的发展和进步；并制定了战略总体目标，其中金融业反洗钱领域"建立覆盖金融业和特定非金融行业的可疑资金交易监测网，创建具有中国特色的'以防为主、打防结合、密切协作、高效务实'的反洗钱机制"。近年来人民银行编写的《中国反洗钱报告》（2012~2015），从完善监管制度设计和监管方法、监管力度、监管连续性、风险评估机制、执法检查等各方面，总结了人民银行在提升反洗钱监管有效性方面的工作成效。中国人民银行副行长郭庆平在2016年反洗钱形势通报会上指出，要不断提高反洗钱工作的有效性，建立健全以风险为本的反洗钱监管制度，加强反洗钱监管的权威性和严肃性。

（三）我国理论文献综述。原永中、张新福（2003）将商业银行和中央银行两者间进行不完全信息动态博弈，找到商业银行的最优努力程度和中央银行的最

---

① 反洗钱工作部际联席会议成员单位有"一行三会""公检法"、国务院办公厅、外交部等23个部门。

优检查频率。苏浩宇（2004）指出反洗钱是一种公共物品，存在明显的外部效应，建议将反洗钱正的外部效应内部化，对商业银行的反洗钱工作采取激励政策。严立新（2006）通过建立银行业反洗钱约束与激励机制的博弈模型，得出约束和激励的最优关系，并在此基础上设计了激励制度。杨胜刚、何靖、曾翼（2007）将委托代理理论作为研究工具，讨论了商业银行在假设的激励机制下如何与监管机构共同开展反洗钱工作。

（四）我国实务文献综述。孙森、韩光林（2011）从风险成本和激励机制两个角度来研究反洗钱问题，一是通过模糊评价法搭建金融机构反洗钱的风险评定机制，二是提出在已存在约束机制的现状下，应大力倡导激励机制并行。彭韶兵、周婧（2013）运用企业风险管理整体框架（ERM）研究银行反洗钱活动的属性，内化银行反洗钱活动动因，构建银行业反洗钱内部控制效率评价指数模型，为风险为本原则下的反洗钱提供信息基础。田爱丽、孙文（2015）从风险为本下商业银行反洗钱工作管理要求入手，结合银行工作实际问题，提出完善反洗钱内控体系和组织架构设计、提高客户风险等级分类能动性和增强反洗钱监测及时性和有效性的三点建议。

综上，国内外反洗钱研究存在一定差异，国外比较侧重运用信息经济学和公共政策等理论指导实践研究，理论引入较为深入，研究领域较为分散；国内文献则因为研究人员角度不同而有所分化，官方文献比较侧重反洗钱战略和体制机制建立，而理论研究和实务研究存在一定的割裂现象，即理论研究中鲜有实务支撑，实务研究中缺乏理论指导，很多研究结论趋同。本文研究的前提是建立在对我国反洗钱现状的充分调查研究的基础之上，2015年组织开展的反洗钱审计调查发现，已推行多年的风险为本反洗钱要求在落实时存在诸多现实困境，这一困境集中在银行业反洗钱领域。所以本文以银行业反洗钱为研究对象，运用博弈论和混合策略模型尝试解决上述实务问题，希望能突破上述国内相关研究中理论和实务相互割裂的局限性。

二、我国银行业反洗钱工作回顾和风险为本原则落地的现实困境

（一）我国银行业反洗钱工作回顾

在洗钱日趋猖獗的国际背景下以及各类经济案件频发的国内背景下，我国于1997年开始将反洗钱工作提上议事日程。本文按照反洗钱立法、体制和机制的不同，将我国反洗钱发展历程大致分为三个阶段。

1. 探索阶段（2003年以前）。1997年我国在《刑法》中增加了"洗钱罪"，但并未建立专门的反洗钱法规制度。这一阶段反洗钱工作主要由公安部牵头，人民银行、外汇局等16个部门依据相应职责开展工作，形成了反洗钱部际联席会

议制度的初期框架，但并未建立专门的反洗钱监管部门。除中国银行等个别银行外，绝大多数金融机构也未建立反洗钱部门和相关内控制度。

2. "规则为本"阶段（2003~2008年）。2003年中国人民银行成立反洗钱局，专门部门的成立是反洗钱工作真正走上法治化之路的关键事件，2004年成立了中国反洗钱监测分析中心，2006年外汇局反洗钱职责归于人民银行，从而实现反洗钱本外币统一管理。随后进入反洗钱法规制度出台的密集期：2006年10月，全国人大通过《中华人民共和国反洗钱法》（以下简称《反洗钱法》），同年人民银行出台《金融机构反洗钱规定》，之后两年陆续颁布了多项反洗钱法规制度，基本形成了覆盖大额和可疑交易报告、客户身份识别、客户交易记录和身份资料保存、反洗钱监督检查等初步完备的反洗钱监管法制体系，"规则为本"的监管理念应运而生。监管部门通过制定各种反洗钱规章，监督检查金融机构执行反洗钱法规的合规性，将处罚不合规行为作为一种日常机制和主要监管方法。据统计，2005~2008年，人民银行对金融机构进行了16948次反洗钱现场检查，处罚金融机构2046家，累计罚款14551万元。金融机构由于监督检查压力被动执行法规制度，上报大量无效交易数据和防卫型可疑交易报告，严重影响了反洗钱工作的有效性。

3. "规则为本"向"风险为本"过渡阶段（2009年至今）。鉴于上述工作有效性的问题，2008年人民银行相继发布了《关于进一步加强金融机构反洗钱工作的通知》《关于进一步严格大额交易和可疑交易报告填报要求的通知》和《关于明确可疑交易报告制度有关执行问题的通知》三个文件，要求金融机构以"风险为本"开展反洗钱工作，将可疑交易监测贯穿于金融业务的各个环节和所有业务，提高大额和可疑交易报告的实效。《中国2008~2012年反洗钱战略》也明确提出"推行以风险为本的反洗钱监管方法，不断完善反洗钱机制"的战略目标，这标志着我国反洗钱工作已进入"规则为本"向"风险为本"的过渡阶段。然而，近年来我国反洗钱工作迟迟不能全面进入"风险为本"阶段，商业银行在具体实施中遇到诸多现实困境。

（二）风险为本原则落地的现实困境

2015年，我们耗时3个多月组织对上海、浙江和福建三地共7家分支机构[①]内设反洗钱部门进行了审计调查，同时向各地金融机构[②]直接发放并收回511份

[①] 人民银行7家分支机构分别是：上海总部、宁波市中心支行、金华市中心支行、衢州市中心支行、厦门市中心支行、泉州市中心支行、三明市中心支行，其中既有外向型经济较为发达的沿海地区，也有以工业为支柱产业的内向型经济地区，具有一定的代表性。

[②] 调查问卷内容主要涵盖检查监督、行政处罚、风险评估、客户识别、考核培训等方面，采用无记名方式，由内审部门直接发放和收回，问卷对象是反洗钱义务主体，其中对银行的发放覆盖面为100%。

调查问卷,重点关注我国银行业反洗钱工作现状。调查发现,商业银行等反洗钱义务主体长期以规则为本执行反洗钱法规制度,在制度自我强化机制的作用下形成一种路径依赖,陷入路径锁定的状态,对我国全面实施以风险为本的反洗钱战略构成了很大挑战。

1. 反洗钱法规制度体系不够完备,未能体现"风险为本"原则。《反洗钱法》颁布和实施以来,作为反洗钱主管机构,人民银行相继建立了一套初步完整的反洗钱规章制度和操作规程,在推动反洗钱工作方面发挥了重要作用。但是,因为洗钱活动连接上下游犯罪,且具有全球流动性,其特点也在不断变化,然而目前一些反洗钱制度未能与时俱进地作出修订。如现行的《金融机构大额交易和可疑交易报告管理办法》(简称"2006 年 2 号令")为十年前制定,其大额和可疑交易报告标准明显与以风险为本的理念脱节,严重影响了反洗钱工作效率和效果。本次审计调查中,被问卷的反洗钱义务主体对修订该办法的呼声很大。此外,客户尽职调查和冻结资产等反洗钱相关规定与人民银行其他法规制度不完全一致,如"2006 年 2 号令"规定,单位客户基本信息包括有效股东身份等要求,而《人民币银行结算账户管理办法》未对此有明确要求;再如反洗钱保密要求银行等义务主体不能向客户透露怀疑其涉嫌洗钱的相关信息,但银行不能以其他合理理由采取主动销户、停止账户支付等措施,否则就会违反金融消费者权益保护的相关规定。上述法规制度的不完备给银行等反洗钱义务主体实施风险为本反洗钱措施造成了很大困难。

2. 现有可疑交易报告制度设计较为固化,反洗钱有效性难有突破性的提升。《中国反洗钱报告》(2009~2015)显示(见表 1),尽管我国商业银行报送的反洗钱可疑交易报告数量逐年下降,由 2009 年的 4293 万笔下降至 2015 年的 1119 万笔,下降幅度为 73.93%;但无论以报案线索或重点可疑交易线索占比(最高不足 0.15‰),还是以最终洗钱案件的起诉与审判占比(最高不足 0.002‰)来看,我国商业银行报送的可疑交易报告有效性仍有很大提升空间。究其原因,我国反洗钱可疑交易报告制度采取的是固化的可疑交易标准,其制度设计反而强化了商业银行的防御性报送,如"2006 年 2 号令"第十一条罗列了十八项商业银行可疑交易报告的硬性标准,既不能有针对性地应对层出不穷的洗钱犯罪新情况,也未给反洗钱义务主体自主甄别带来一定的灵活性,固化的制度设计使商业银行反洗钱工作"重结果轻过程,重报送轻识别",商业银行被动成为大量无效金融情报的"二传手",最终导致金融情报的质量难以出现质的提升。

表1　过渡期（2009~2015）可疑交易报告有效性评价的相关数据

年份	可疑交易报告（万份）	重点可疑交易线索（起）	报案（起）	协助侦查机关破案（起）	洗钱犯罪案件的起诉与审判			
					批准逮捕		提起公诉	
					件	人	件	人
2009	4293.30	10317	654	195	5	9	2	6
2010	6185.20	—	911	—	5	9	6	10
2011	5411.12	8585	595	292	12	20	7	11
2012	2965.75	4800	490	352	5	8	8	16
2013	2453.10	4854	474	225	6	9	6	15
2014	1772.53	4940	866	180	14	17	5	13
2015	1118.60	5893	1540	268	18	23	20	3

注：根据《中国反洗钱报告》（2009~2015）整理，其中2010年报告中缺少重点可疑交易线索和协助侦查机关破案的相关数据。

3. 人民银行现有的现场检查方式强化了商业银行规则为本的路径依赖。本次审计调查发现，纳入人民银行上海总部监管的有134家商业银行，其中接受现场检查的只有5~6家/年，近年更是减少到1~2家/年，很难保证检查的针对性和覆盖面。此外，从反洗钱现场检查内容和流程来看，人民银行重点检查的内容仍然是法规制度执行的合规性，同时注重执法检查和行政处罚的程序性合规，却忽视了对商业银行风险为本反洗钱工作情况的评估和检查。如对商业银行"客户身份识别工作"的检查，主要集中于法律规定的身份信息要素是否收集齐全、留存是否完整等方面，而对商业银行如何采取措施查验客户身份信息真实性、交易目的与背景等风险信息鲜有关注，促使商业银行对客户身份识别义务的履行流于表面。可见，人民银行现有的现场检查从内容到形式本身是以规则为本，与推动商业银行风险为本反洗钱工作的初衷相违背，进一步强化了商业银行规则为本的路径依赖，使其报送可疑交易报告时"宁滥毋缺"。

4. 约束激励机制扭曲或缺失。目前，我国反洗钱监管缺乏完善的约束激励机制，主要依据《反洗钱法》和《行政处罚法》对相关违规机构进行处罚，几乎没有物质奖励，约束激励机制问题已成为制约我国银行业反洗钱工作有效性的"掣肘"。一方面约束机制扭曲，缺乏以风险为本的容错机制。虽然近年来为大力推进以风险为本的反洗钱工作，陆续下发了《金融机构洗钱和恐怖融资风险评估及客户分类管理指引》《关于开展洗钱类型分析工作的通知》等文件，但由于这些文件的法律层次较低，人民银行在行政处罚时仍以法规为纲。本次审计调查发现，部分商业银行在问卷中指出，在开展相关客户分类识别、风险评估等以风险为本的反洗钱工作实践探索时，会因此出现个别违规疏漏的问题，只好接受相应行政处罚,大大打击了其开展风险为本反洗钱的积极性。所以,目前我国在反洗钱监管工作中缺乏对商业银行风险为本实践的容错机制,致使约束机制出现扭曲,易产生负的激励效用。此外,目前我国相关法规对反洗钱违法行为的罚金上限是五百万元人民币①,这与国外发达国家动辄上亿美元的处罚力度相差甚远,导致了商业银行洗钱违规成本较低,所以处罚力度不够也是约束机制扭曲的原因之一。另一方面激励机制缺失,未从激励相容角度考虑反洗钱动力问题。目前我国几乎没有反洗钱物质奖励的措施规定,这主要与反洗钱义务主体定位有关,即反洗钱主管部门强调商业银行反洗钱法定义务较多,而对反洗钱激励政策提及较少,忽视了市场经济下反洗钱义务主体的利益诉求,导致商业银行反洗钱成本和收益不对等,使其没有动力选择成本更高的风险为本反洗钱模式。

综上,本文认为造成银行业风险为本反洗钱现实困境的根源在于,多数监管措施仅从反洗钱法定义务角度出发,很少考虑被监管商业银行的现实利益。所以,本文将尝试从反洗钱监管双方利益角度出发,引入博弈论,并构建兼顾监管双方策略选择的混合策略模型,从而实现监管双方的纳什均衡。

三、博弈论引入和混合策略模型构建

(一) 博弈论

博弈论主要研究公式化了的激励结构间的相互作用,是研究具有竞争性质现象的数学理论和方法。将该理论引入经济行为的主要奠基人是著名经济学家约翰·纳什,其著作《n人博弈的均衡点》(1950),《非合作博弈》(1951)给出了"纳什均衡"概念和均衡存在定理,其中收益矩阵、纳什均衡和混合策略为该理论的基础概念,也是本文的理论基础和模型依据。

1. 收益矩阵。一般来讲,策略互动会简化成双人博弈,如表2的矩阵,假设参与人A和B进行简单博弈,A的策略为"上"或"下",B的策略为"左"或"右",各自不同策略下的收益如表2所示,左边为A的收益,右边为B的收益。该博弈的结果是:不论B如何选择,A选择"下"的收益会好一点;不论A如何选择,B选择"左"的收益会好一点。这种不论其他参与人如何选择,每个参与人都有一个最优策略称为"占优策略",矩阵中的占优策略为A选"下"、B选"左"。

---

① 《反洗钱法》第三十二条中对有严重违规行为的,采取"双罚制",即对机构处二十万元到五十万元的罚款,对相关责任人处一万元到五万元的罚款;对有违规行为但造成洗钱后果的机构处五十万元到五百万元的罚款,对相关责任人处五万元到五十万元的罚款。所以,最高罚款为五百万元人民币,且罚款金额大小主要由行政主体根据违规情节自由裁量,与洗钱规模没有直接关联。

表2　　　　　　　　　　　简单博弈的收益矩阵

		参与人B	
		左	右
参与人A	上	1, 2	0, 1
	下	2, 1*	1, 0

注：*为占优策略。

2. 纳什均衡。表2中存在占优策略，但是"占优策略均衡是一个非常苛刻的要求[①]"，因为其要求参与者"以不变应万变"，参与者"不变"的策略正好都是最优的。而现实的多数情况是，参与者必须"相机决策"，即根据预测的其他参与者的选择而决策，当参与者策略互为最优时形成的一组策略为"纳什均衡"。如表3所示，参与人A在决策时要预测B的选择，如果预测B选"左"，A会选择收益更高的"上"；如果预测B选"右"，A的策略则会变成"下"；同理参与人B在A选择"上"时选"左"，在A选择"下"时选"右"。所以，"上、左"和"下、右"成为两组纳什均衡。

表3　　　　　　　　　　两组纯策略的纳什均衡

		参与人B	
		左	右
参与人A	上	2, 1*	0, 0
	下	0, 0	1, 2*

注：*为纳什均衡的策略。

3. 混合策略。有一些博弈（见表4），参与人A在B选择"左"时选"下"，在B选择"右"时选"上"；而B在A选择"上"时选"左"，在A选择"下"时选"右"；所以不存在上述纳什均衡，准确地说，不存在"纯策略"的纳什均衡。参与者根据其他参与者的选择始终坚持一种策略被称为"纯策略"，然而不存在纯策略的纳什均衡，并非无解。当引入随机化概念时，将赋予参与者每一选择一个概率，此时的策略选择称做"混合策略"，这是本文模型构建的依据。

表4　　　　　　　　　不存在纯策略纳什均衡的博弈

		参与人B	
		左	右
参与人A	上	0, 0	0, -1
	下	1, 0	-1, 3

---

① 哈尔·R. 范里安. 微观经济学：现代观点. 第8版, 上海：格致出版社, 上海三联书店, 上海人民出版社, 2013.

（二）混合策略纳什均衡

现实中，参与人的策略选择往往是"相机决策"，即其决策的依据是对其他参与人策略的预期，而预期往往具有随机性，此时给定其他参与人的策略选择概率，每个参与人都为自己确定了选择每一种策略的最优概率，这样的均衡称做"混合策略纳什均衡"，求证"混合策略纳什均衡总是存在"[1]就是本文建模的过程。

针对表 4 不存在纯策略纳什均衡的情形，当给定 B 选择"左"一个概率（设 q），选择"右"的概率为 $1-q$，则 A 选择"上"（概率设 p）的收益为 0（$q*0+(1-q)*0$），A 选择"下"（概率 $1-p$）的收益为 $2q-1$（$q*1+(1-q)*(-1)$），所以 A 的预期收益为 $p*0+(1-p)(2q-1)$；同理 B 的预期收益为 $q*0+(1-q)(3-4p)$，利用极值定理分别对 A、B 预期收益求偏导，从而计算出 $p=3/4$，$q=1/2$，为参与人的最优概率。

四、银行业反洗钱博弈的混合策略模型构建

为了解决上文中指出的现实困境，鉴于博弈论和模型的适用性，本节将按步骤构建反洗钱混合策略模型。

（一）确定建模目的。模型要解决的主要问题是人民银行如何引导商业银行主动选择风险为本的反洗钱策略。所以模型的前提是，商业银行和人民银行在反洗钱目标上不一致，如上文所述，目前人民银行的目标是贯彻落实风险为本要求，提升反洗钱工作有效性，将洗钱带来的社会损失降至最低；而商业银行的目标是执行反洗钱法规制度，减少洗钱带来的声誉风险，在业务收益和洗钱风险中寻求平衡；当人民银行推行风险为本的措施与商业银行的盈利目标相左时，出现了目标不一致。以此为出发点，模型的基本逻辑是，通过实现商业银行和人民银行的目标一致性，找到解决本文第二部分所述的现实困境的方法。

（二）设立模型假设。在确定建模目的后，应着手筛除无助于问题解决的干扰事项，设立假设条件、简化模型，力求模型情境既能符合实际，又能实现建模目的。

1. 整体假设

（1）一家商业银行和一家监管机构（这里特指人民银行）进行反洗钱策略博弈。商业银行只有"风险为本"和"规则为本"两种策略选择，人民银行只有"查处"和"不查处"两种策略选择。

---

[1] 哈尔·R. 范里安. 微观经济学：现代观点. 第 8 版, 上海：格致出版社, 上海三联书店, 上海人民出版社, 2013.

（2）参与者的策略选择会互相影响，但两者之间信息不对称，故参与者会根据对方策略选择的预期作出决策行为。

（3）参与者对风险为本要求的认知一致。

（4）现行反洗钱法规制度不完备。

2. 商业银行行为假设

（1）无论选择哪种策略，商业银行都严格执行反洗钱现行法规制度，即商业银行不存在没有洗钱后果的违规行为。

（2）如果商业银行选择风险为本策略，能有效抑制洗钱行为，发生的洗钱规模为0；如果选择规则为本策略，将遗漏洗钱行为，遗漏的洗钱规模与业务规模正相关。

（3）商业银行无论选择哪种策略均会耗费成本，耗费的成本与业务规模正相关，实施风险为本的成本大于规则为本的成本。

（4）商业银行选择风险为本的反洗钱策略，强化了对高风险客户和可疑交易的管理，将导致银行业高风险业务的下降，产生"挤出效应"。

3. 人民银行行为假设

（1）人民银行开展的反洗钱现场检查是充分有效的，即接受检查的商业银行一旦发生洗钱，必被查处，而查处必能挽回相应社会损失。

（2）人民银行的检查强度与商业银行业务规模正相关。

（3）洗钱行为对社会造成的损失由人民银行承担，当不存在洗钱时，社会损失为0。

（4）人民银行必须通过实施反洗钱现场检查，才能充分确认商业银行是否实施了风险为本的策略。

（三）确定关键变量和影响系数。在参与人决策的诸多影响因素中，既要选择出于自身成本收益考量的因素，也要选择参与人互相影响的因素；在设定监管措施参数时，既要考虑现行法规制度中的处罚措施，也要考虑其他可能的措施。

1. 商业银行相关参数。设银行业务规模[①]为 y，佣金率为 a；实施规则为本的成本率为 b，因选择规则为本所遗漏的洗钱业务规模比例为 d（$0<d<1$），银行被查处的损失，包括固定罚金[②] X 和与洗钱规模相关的浮动罚金 tdy（t 为浮动罚金比率）；银行实施风险为本的成本率为 k（$b<k<a$），获得的收益，包括固定奖励[③] B 和与业务规模相关的浮动奖励 ny（n 为浮动奖励比率），此时会发生

---

① 由于变量设置较多，本节介绍的业务规模 y 未严格区分存在挤出效应而减少的情况，下节构造收益矩阵时将严格区分。

② 《反洗钱法》第三十二条对商业银行有洗钱后果的违规行为的罚款区间进行了设定。

③ 目前反洗钱法规制度中没有明确规定给予商业银行反洗钱相关物质奖励，此处为了研究，假定存在相关奖励。

挤出效应，挤出规模比例为 e（0 < e < 1）。银行被检查时，会发生相关接待成本 fmy（f 为检查深度和广度，m 为接待成本比率）。

2. 人民银行相关参数。设人民银行的检查成本为 fgy（g 为检查成本比率）。如果商业银行参与了洗钱①，人民银行查处获得的收益，包括固定罚金收入 X 和浮动罚金收入 tdy；当银行参与洗钱时人民银行不查处，人民银行承担的社会损失为 hdy（h 为社会损失比率）。当检查发现银行采取的是风险为本的反洗钱策略时，人民银行对该银行实施的奖励为 B + ny。

（四）构造混合策略的收益矩阵。商业银行与人民银行之间进行博弈的纯策略选择有以下四种组合。

1. 商业银行选择"风险为本"，人民银行选择"不查处"。银行因为选择了该策略，将承担更多的反洗钱费用和挤出成本，但由于人民银行不检查而不能获得奖金，其净收益为（a – k）(1 – e) y；人民银行因为自身和商业银行的选择，其净收益为 0。

2. 商业银行选择"风险为本"，人民银行选择"查处"。银行在第一种组合净收益的基础上，还需支付检查接待成本，以及获得奖金收入，银行净收益为（a – k）(1 – e) y + B + nd (1 – e) y – fm (1 – e) y；人民银行因为选择查处的策略，将增加检查成本和奖励成本，其净收益为：– fg (1 – e) y – [B + nd (1 – e) y]。

3. 商业银行选择"规则为本"，人民银行选择"不查处"。银行净收益为（a – b）y；而人民银行在银行参与洗钱的情况下未履行检查职责，将承担社会损失，其净收益为 – hdy。

4. 商业银行选择"规则为本"，人民银行选择"查处"。银行在第三种组合净收益的基础上，还担负了人民银行检查的接待成本和洗钱罚金，其净收益为（a – b）y – fmy –（X + tdy）；人民银行因为查处获得罚金收益，并承担了检查成本，更重要的是挽回了社会损失，其净收益为（X + tdy）– fgy。

表5　　　　　　　　商业银行和人民银行的混合策略博弈

		人民银行	
		查处（p）	不查处（1 – p）
商业银行	风险为本（q）	(a – k)(1 – e) y + B + nd (1 – e) y – mf (1 – e) y, – gf (1 – e) y – [B + nd (1 – e) y]	(a – k)(1 – e) y, 0
	规则为本（1 – q）	(a – b) y – mfy – (X + tdy), (X + tdy) – gfy	(a – b) y, – hdy

为了寻求该博弈的纳什均衡，赋予人民银行查处的策略选择概率为 p，不查

---

① 根据上述假设，在现行不完备的法规制度下，银行选择"规则为本"策略时存在洗钱。

处的概率为 $1-p$；赋予商业银行风险为本的策略选择概率为 q，规则为本的选择概率为 $1-q$。上述纯策略则转化为混合策略，其博弈收益矩阵如表5所示。

（五）运用极值定理计算最优概率。根据上述收益矩阵计算商业银行和人民银行期望收益，并分别关于概率求偏导，对计算结果进行分析，排除无现实意义的结果，得出均衡概率。

1. 给定人民银行查处概率 p，商业银行的期望收益为

$$\Pi(p,q) = q\{p[(a-k)(1-e)y + B + nd(1-e)y - fm(1-e)y] + (1-p)(a-k)(1-e)y\} + (1-q)\{p[(a-b)y - fmy - (X+tdy)] + (1-p)(a-b)y\}$$

关于 q 求偏导，得

$$\frac{\partial \Pi(p,q)}{\partial q} = p[(a-k)(1-e)y + B + nd(1-e)y - fm(1-e)y] + (1-p)(a-k)(1-e)y - p[(a-b)y - fmy - (X+tdy)] - (1-p)(a-b)y = 0$$

计算得

$$p^* = [(k-b) + (a-k)e]y / [nd(1-e)y + mfey + tdy + B + X]$$

2. 给定商业银行风险为本概率 q，人民银行期望收益为

$$\Pi(p,q) = p\{q^*[-fg(1-e)y - (B + nd(1-e)y)] + (1-q)[(X+tdy) - fgy]\} + (1-p)[q^* 0 + (1-q)(-hdy)]$$

关于 p 求偏导，得

$$\frac{\partial (\Pi(p,q))}{\partial p} = q^*[-fg(1-e)y - (B + nd(1-e)y)] + (1-q)[(X+tdy) - fgy] - q^* 0 - (1-q)(-hdy) = 0$$

计算得

$$q^* = [X + (td + hd - gf)y] / [nd(1-e)y - gfey + hdy + tdy + B + X]$$
$$= 1 - [B + (nd + gf)(1-e)y] / [nd(1-e)y - gfey + hdy + tdy + B + X]$$

3. 混合策略的最优概率组合

（1）最优概率组合的取舍

根据上述参数设定，q^* 满足 $(0,1)$ 的约束条件，而 p^* 则只能判定为正，不能判定其是否小于1。现在分析 p^* 是否为最优概率：当人民银行对商业银行的处罚或激励金额相对银行收益来讲很小甚至可以忽略时，即上述 p^* 的分母中固定奖励 B、固定罚金 X，与洗钱规模相关的浮动奖励比率 n 和浮动罚金 t 均较小时，分子很有可能是大于分母的，即 $p^* > 1$，这不符合概率的约束条件，所以

此时人民银行的最优查处概率①为1,该混合策略的最优概率组合为(1,q*);反之,当人民银行的处罚或激励金额相对较大时,最优概率组合为(p*,q*)。

当最优概率组合是(1,q*)时,无论商业银行采取何种策略,"查处"都是人民银行的最优选择,这是符合本模型只有一家商业银行的情形的。但在现实中,人民银行限于检查资源、检查成本等原因,不可能对所有银行开展全覆盖的反洗钱现场检查,所以这一种组合应被舍弃;而现实中为了满足约束p*<1,查处罚金或相关奖励应高于最低限额。

(2) 最优概率组合的经济学解释

对商业银行而言,如果人民银行查处的概率大于p*,商业银行的最优选择是实施风险为本的反洗钱策略;如果人民银行查处的概率小于p*,商业银行的最优选择是实施规则为本的反洗钱策略。对人民银行而言,如果商业银行实施风险为本的概率小于q*,则人民银行的最优策略是查处;如果商业银行实施风险为本的概率大于q*,则人民银行的最优选择是不查处。可见,在商业银行较少采取风险为本策略的阶段,为了引导商业银行主动实施该策略,人民银行需要提高查处概率;但当采取风险为本策略的商业银行已达到一定比率时,人民银行可以减少查处的概率。

(六) 结论分析。由于参数数据较难在现实中获取,所以较难进行实证分析,计算出(p*,q*)的具体数值,而这不是模型的意义所在,本模型最重要的作用是进行参数分析,从而提出对现实有指导意义的政策建议。

1. 参数对人民银行最优查处概率p*的影响分析

(1) 正负影响

上述公式显示,人民银行最优查处概率p^*与商业银行相关参数a、k呈正方向变动关系,而与人民银行检查强度和处罚力度等相关参数b、m、f、n、B、t、X、d呈反方向变动关系,而无法简单判断e、y与p^*的关系,所以分别通过一阶偏导求得

$$\frac{\partial(p^*)}{\partial e} = \frac{(a-k)y[nd(1-e)y + mfey + tdy + B + X] + (ndy - mfy)[(k-b) + (a-k)e]y}{[nd(1-e)y + mfey + tdy + X + B]^2}$$

$$\frac{\partial(p^*)}{\partial y} = \frac{[(k-b) + (a-k)e](X+B)}{[nd(1-e)y + mfey + tdy + X + B]^2}$$

一般情况下,检查成本系数mf较小,所以$\frac{\partial(p^*)}{\partial e}>0$,而显然$\frac{\partial(p^*)}{\partial y}>0$。

---

① 由于利润函数Π(p,q)是关于p和q的一次函数,保证了其具有单调性,所以当p*>1时,最优概率为边界值1。

(2) 影响程度分析

$$\frac{\partial(p^*)}{\partial t} - \frac{\partial(p^*)}{\partial X} = \frac{1-dy}{[nd(1-e)y+mfey+tdy+X+B]^2}$$

显然分子<0，则

$$\frac{\partial(p^*)}{\partial t} - \frac{\partial(p^*)}{\partial X} < 0，而由于 \frac{\partial(p^*)}{\partial t}、\frac{\partial(p^*)}{\partial X} 均小于0，则$$

$$\left|\frac{\partial(p^*)}{\partial t}\right| > \left|\frac{\partial(p^*)}{\partial X}\right|$$

$$\frac{\partial(p^*)}{\partial n} - \frac{\partial(p^*)}{\partial B} = \frac{1-d(1-e)y}{[nd(1-e)y+mfey+tdy+X+B]^2}$$

同理，则 $\left|\frac{\partial(p^*)}{\partial n}\right| > \left|\frac{\partial(p^*)}{\partial B}\right|$

进一步分析，

$$\left|\frac{\partial(p^*)}{\partial X}\right| = \left|\frac{\partial(p^*)}{\partial B}\right|$$

$$\frac{\partial(p^*)}{\partial t} - \frac{\partial(p^*)}{\partial n} = \frac{-dey}{[nd(1-e)y+mfey+tdy+X+B]^2} < 0,$$

$$\left|\frac{\partial(p^*)}{\partial t}\right| > \left|\frac{\partial(p^*)}{\partial n}\right|$$

可见，尽管固定或浮动罚金（奖励）对人民银行最优查处概率 p^* 均为负效应，但同查处的洗钱规模有关的浮动罚金（奖励）对最优概率的负效应是强于固定罚金（奖励）的；固定罚金和固定奖励的负效应程度一致，但浮动罚金的负效应强于浮动奖励，这与商业银行采取风险为本策略后发生挤出效应有关。

2. 参数对商业银行最优概率 q^* 的影响分析

(1) 正负影响

上述公式显示，商业银行最优概率 q^* 与参数 e、h、t、X 呈正方向变动关系，与人民银行奖励相关参数 B、n 呈反方向变动关系，而无法简单判断 y、d、g、f 与 p^* 的关系，所以分别通过一阶偏导求得

$$\frac{\partial(q^*)}{\partial y} = \frac{(td+hd-gf)B-nd(1-e)X}{[n(1-e)dy-fgey+hdy+tdy+B+X]^2}$$

$$\frac{\partial(q^*)}{\partial d} = \frac{(1-e)[fgy(t+h)+(fgy-X)n]+(t+h)B}{[n(1-e)dy-fgey+hdy+tdy+B+X]^2}$$

$$\frac{\partial(q^*)}{\partial g} = -\frac{fy(1-e)[(t+h)dy+X+B/(1-e)+ndy]}{[n(1-e)dy-fgey+hdy+tdy+B+X]^2}$$

$$\frac{\partial(q^*)}{\partial f} = -\frac{gy(1-e)[(t+h)dy+X+B/(1-e)+ndy]}{[n(1-e)dy-fgey+hdy+tdy+B+X]^2}$$

显然，$\frac{\partial(q^*)}{\partial g}$、$\frac{\partial(q^*)}{\partial f} < 0$，$q^*$ 与参数 g、f 呈反方向；而 $\frac{\partial(q^*)}{\partial y}$、$\frac{\partial(q^*)}{\partial d}$ 的正负与人民银行检查成本和奖惩金额之间的关系有关。如果人民银行固定奖励较大，而固定罚金较小，且检查成本较小，则 y、d 与 q^* 呈正方向关系；反之，y、d 与 q^* 呈反方向关系。

（2）影响程度分析

$$\frac{\partial(q^*)}{\partial t} - \frac{\partial(q^*)}{\partial X} = \frac{[B+(nd+gf)(1-e)y](dy-1)}{[nd(1-e)y - fgey + hdy + tdy + B + X]^2}$$

一般情况下，dy > 1，则

$\frac{\partial(q^*)}{\partial t} - \frac{\partial(q^*)}{\partial X} > 0$，而由于 $\frac{\partial(p^*)}{\partial t}$、$\frac{\partial(p^*)}{\partial X}$ 均大于 0，则

$\left|\frac{\partial(q^*)}{\partial t}\right| > \left|\frac{\partial(q^*)}{\partial X}\right|$，与 t、X 对 p^* 的影响程度相似；

$$\frac{\partial(q^*)}{\partial n} - \frac{\partial(q^*)}{\partial B} = -\frac{[B+(nd+gf)(1-e)y][d(1-e)y-1]}{[nd(1-e)y - fgey + hdy + tdy + B + X]^2}$$

同理，则 $\left|\frac{\partial(q^*)}{\partial n}\right| > \left|\frac{\partial(q^*)}{\partial B}\right|$，与 n、B 对 p^* 的影响程度相似。

由于 $\frac{\partial(q^*)}{\partial n} < 0$，$\frac{\partial(q^*)}{\partial B} < 0$，所以这里没有进一步比较奖励和处罚对于 q^* 的影响程度的必要。

综上，人民银行的查处措施对商业银行选择风险为本策略的最优概率 q^* 的影响方向及程度与上述参数对 p^* 的影响有所不同，一是影响方向，固定或浮动罚金对商业银行 q^* 产生正效应，而固定或浮动奖金则产生负效应，即出于人民银行利益最大化的角度，加大处罚金额可以促进商业银行采取风险为本的反洗钱策略措施，而采取实物奖金的方式则应少用甚至不用；二是影响程度，无论处罚和奖励是否为正效应，浮动措施均比固定措施的效应更强，所以出于人民银行利益角度，减少浮动奖励的措施比减少固定奖励的措施更好，即可以保留一定固定奖励的措施。可见，本文模型得出奖励措施负效应的有关结论，与目前国内文献中建议加强奖励激励的结论存在不同的意见。

（3）信息对称下的模型变化。本模型运用的是混合策略纳什均衡，前提假设是参与博弈的双方信息不对称。近年来，人民银行正通过加大非现场监测、分类监管等措施努力打破信息壁垒，所以本模型可以通过放宽信息不对称的假设探讨合谋下的博弈。为了研究的便利性，假设人民银行查处只有固定罚金和固定奖励，没有检查成本，商业银行实施风险为本反洗钱措施，没有挤出效应，也没有接待成本，将上述收益矩阵进行简化，见表6。

表 6　　　　　　　　　　　合谋博弈下的收益矩阵

		人民银行	
		查处（p）	不查处（1 - p）
商业银行	风险为本（q）	(a-k) y + B, -B	(a-k) y, 0
	规则为本（1 - q）	(a-b) y - X, X	(a-b) y, -hdy

合谋博弈下参与者的决策是以两者收益总和的最大化为目标，即

$$\pi_{合}(p,q) = q\{p[(a-k)y+B] + (1-p)(a-k)y\}$$
$$+ (1-q)\{p[(a-b)y-X] + (1-p)(a-b)y\}$$
$$+ p[q(-B) + (1-q)X] + (1-p)[q^*0 + (1-q)(-hdy)]$$

$$\begin{cases} \dfrac{\partial (\Pi(p,q))}{\partial p} = 0 \\ \dfrac{\partial (\Pi(p,q))}{\partial p} = 0 \end{cases} \Rightarrow \begin{cases} p^* = 1 - \dfrac{k-b}{hd} \\ q^* = 1 \end{cases}$$

代入利润方程，求得 $\pi_{合}(p^*, q^*) = (a-k)y$，并与简化的信息不对称下混合策略参与者最优利润之和 $\pi_1(p^*) + \pi_2(q^*) = (a-k)y - B^*hdy/(hdy + B + X)$ 进行比较，得出：

$$\pi_{合}(p^*, q^*) > \pi_1(p^*) + \pi_2(q^*)$$

可见，合谋博弈下的总体利润大于分开决策下的利润总和，构建通畅的人民银行和商业银行之间反洗钱信息沟通渠道有助于实现社会福利的改进。

五、政策建议

我国反洗钱立法和加入 FATF 已有十年，推行风险为本的反洗钱原则也进入第八年，但仍面临上述商业银行对规则为本路径依赖的现实困境，博弈论和混合策略模型为我们研究解决困境，为切实落实风险为本要求提供了清晰的思路。

（一）从模型假设角度考虑（法规不完备和信息不完全）

1. 完善与风险为本原则相配套的法规体系，降低风险为本反洗钱措施的实施成本。本文模型假设之一是现行法规制度不完备，仍以规则为本固化反洗钱标准，在此设定下，风险为本反洗钱成本率 k 远大于规则为本反洗钱成本率 b，所以根据模型分析，可以通过降低 k，达到提高商业银行实施风险为本概率的目的。本文认为，降低风险为本反洗钱成本率的根本方法是修订并完善现行反洗钱法规制度，使其与风险为本原则相配套：一是加快修订颁布《金融机构大额交易和可疑交易报告管理办法》，将法定可疑交易标准改为商业银行自定义标准，由银行根据自身产品业务，评估所面临的洗钱威胁，制定针对性的异常交易监测

标准。二是通过加强辅导与同业交流，建立风险为本的容错机制，降低银行的试错成本，分批培养风险为本的优秀实践经验，借助同业平台加以推广，最终使 k 降到合意水平。

2. 畅通反洗钱监管双方信息沟通渠道，促进社会福利整体改进。模型进一步分析时，将信息不对称的假设放宽，从而得出合谋利润大于分开决策利润的结论，所以本文建议通过各种方式畅通监管双方信息沟通渠道，减少信息不对称带来的负外部性，从而实现社会整体福利改进的目的。一是提升监管透明度。完善反洗钱考核评价制度体系，明确评估指标，规范评估流程，量化处罚标准，定期通报银行业金融机构风险为本工作推进情况，引导商业银行形成合理预期，提升评估工作的悬剑效应。二是探索建立动态非现场监测系统。探索利用大数据分析、数据挖掘及计算机辅助监测等手段，加强对商业银行业务数据的动态监控，实现对商业银行洗钱风险的"全过程、全天候"监测和预警。三是打造双向沟通渠道。借助互联网与移动通信工具，建立监管部门与商业银行之间信息采集、传输、反馈为一体的信息沟通网络，提升信息传输速度与效率。

（二）从约束条件角度考虑（$0 < p^*$，$q^* < 1$）

对反洗钱监管策略进行阶段性调整，适时制定规划性和前瞻性强的新时期反洗钱战略。按照模型分析，银行业反洗钱混合策略均衡的最优概率组合（p^*，q^*）是不断变化的，在反洗钱探索阶段，法规制度存在很多空白，一些刚颁布的法规需要一段时间消化，监管措施相对单一，主要重在宣传和指导，较少运用较重的处罚或奖励措施，模型显示该阶段人民银行最优查处概率为1，即要实现商业银行利益最大化目标，人民银行的检查需要全覆盖；而到了规则为本以及向风险为本的过渡阶段，反洗钱法规制度已逐渐完善，监管手段逐渐丰富，通过严格执行"双罚制"等行政处罚措施，最优查处概率已由1降至p^*。另外，通过观察模型中决定商业银行最优概率q^*的参数，现阶段以及未来一段时期内，人民银行可通过非现场检测、分类监管以及建立共享数据平台等手段或措施，以提升反洗钱监管水平为目标，降低相关现场检查成本（g）和现场检查力度（f），从而不断提高q^*。可见，没有一成不变的反洗钱策略目标，而是需要根据不同发展阶段不断调整。但是没有远期目标的调整是没有方向的，2009年制定的《中国2008~2012年反洗钱战略》是我国反洗钱第一个五年战略，改变了我国反洗钱战略规划长期缺位的局面，具有里程碑的意义，建议重新审视战略中关于提升监管有效性的具体目标是否"落地"，将制定下一个五年战略提上议事日程，不仅要从顶层设计高度考虑，也要参考反洗钱博弈模型的微观分析，明确反洗钱发展远期战略目标，使阶段性策略目标与之保持方向一致。

(三) 从人民银行最优查处概率角度考虑 (p^*)

强化分类监管，落实风险为本的反洗钱监管要求。根据模型分析，商业银行的业务规模 y、挤出效应比率 e 与人民银行查处概率 p^* 呈正方向变动。其中，y 是区分银行类型的重要标识，大的商业银行由于其分支机构尤其是海外机构多、业务广泛，往往具有洗钱的便利性，一旦缺乏有效监管，容易产生较大规模的洗钱行为，对银行甚至是国家造成巨大的声誉损失。今年年初，工商银行西班牙马德里分行接受当局反洗钱调查就是一个例子，可见对系统性大银行的监管理应成为我国反洗钱监管的重点；而 e 衡量的是，银行实施风险为本的反洗钱措施对高风险客户的挤出效应，往往业务量相对较小的中小银行承受挤出效应的能力较弱。鉴于上述两个参数对人民银行最优查处概率 p^* 的影响，本文建议人民银行应综合考虑被检查银行的业务规模和挤出效应承受能力，进行分类监管。一是对于业务量大、分支机构多的大型银行，应加大现场检查频率；二是对于落实风险为本反洗钱要求产生较大挤出效应的中小银行，应注重日常辅导，帮助其建立健全可行的反洗钱内控制度规范体系和切实可行的反洗钱工作流程。

(四) 从监管双方最优概率组合角度考虑 (p^*, q^*)

1. 提高反洗钱现场检查有效性，做到有的放矢。根据模型分析，现场检查成本比率 g、检查力度 f 与商业银行实行风险为本反洗钱策略的概率 q^* 呈反方向变动，同时 f 还与人民银行最优查处概率 p^* 呈正方向变动，可见降低检查成本和力度可以提升商业银行实施以风险为本的反洗钱的意愿，同时减少人民银行查处频率。所以，为真正落实反洗钱风险为本要求，要明确反洗钱工作的主要资源应投入在情报分析和可疑信息监测上，而非现场检查。本文建议，一是要加大对现阶段洗钱特征的研究，进一步完善和规范银行对大额可疑交易信息的报送，提高有关报送信息的质量；二是要构建完善反洗钱监测信息系统，提高金融领域各行业间交易数据的信息共享，实现对有洗钱特征的交易行为的实时监测和预警，增加获取反洗钱线索的能力；三是以风险为导向，精简现场检查次数，降低无效或低效的检查成本，还可以通过提高现场检查破获洗钱案件的成功率，引导商业银行形成"一旦洗钱就会被查处"的心理预期，增加检查威慑力。

2. 完善反洗钱激励约束机制，实现监管双方目标的一致性。根据模型分析，固定罚金 X、浮动罚金 t、固定奖励 B、浮动奖励 n 均与人民银行最优查处概率 p^* 呈正方向变动；X、t 与商业银行落实最优风险为本概率 q^* 呈正方向变动，而 B、n 却与 q^* 呈反方向变动；从影响程度来看，浮动处罚或奖励（n、t）均优于固定处罚或奖励（X、B），浮动处罚 t 的实施效果优于浮动奖励 n。所以，为了实现商业银行和人民银行利益双赢，本文建议应建立一套合理的奖惩机制。一是加大处罚力度。可提高法规中对违法违规行为的固定罚金金额,同时构建与洗钱规模相关的浮动处罚函数,加大浮动处罚占比,对产生洗钱后果的商业银行从严处理,施以重罚,并可辅以对违法违规商业银行降低信用级别,对其开设分支机构或拓展业务设置准入阻碍等方式,提高银行的违规成本(不仅是经济成本),增加处罚制度的震慑性。二是适度奖励。根据模型分析,适度的物质奖励对监管双方整体来讲有一定的正向激励效果,所以可以通过追缴返还、设立专项基金、间接政策奖励等方式给予商业银行物质奖励。但是,考虑其对商业银行实施风险为本的策略选择存在负效应,且浮动奖励的负效应程度更大,所以本文建议,可以设立专项基金,给予实施风险为本反洗钱的银行以少量的固定金额奖励,或是给予间接的政策奖励,其效果会比浮动奖励,如追缴返还更好。综合来看,加大处罚力度和适度奖励应配合使用,可借鉴美国等国家反洗钱激励机制的先进经验,根据我国反洗钱的阶段性战略目标,适时调整反洗钱激励约束机制的搭配比重。

参考文献

[1] 哈尔·R. 范里安. 微观经济学现代观点[M].8 版. 上海:格致出版社,上海三联书店,上海人民出版社,2013.

[2] 反洗钱部际联席会议. 中国 2008~2012 年反洗钱战略》,2009.

[3] 中国人民银行. 中国反洗钱报告 2009~2015[J]. 金融服务报告,2010~2016.

[4] 彭韶兵,周婧. 银行业反洗钱内部控制效率评价指数研究[J]. 国际金融研究,2013(1).

[5] 苏浩宇. 金融机构反洗钱的收益成本分析[J]. 经济体制改革,2004(10).

[6] 孙森,韩光林. 关于洗钱与反洗钱监管的研究综述[J]. 金融理论与实践,2011(8).

[7] 田爱丽,孙文. 基于风险为本理念的商业银行反洗钱工作研究[J]. 西部金融,2015.

[8] 严立新. 银行业反洗钱机制研究——约束条件下激励机制框架的构建[D]. 中国博士学位论文全文数据库,2006.

[9] 杨胜刚,何靖,曾翼. 反洗钱中监管机构和商业银行的博弈与委托代理问题研究[J]. 金融研究,2007.

[10] 原永中,张新福. 商业银行和中央银行在反洗钱问题上的博弈[N]. 山西财经大学学报,2003.

新常态下反洗钱监测分析方法研究

——以上海市房地产行业和跨境取现业务为例

中国人民银行上海总部反洗钱监测分析中心课题组

课题组组长：褚 伟

课题组成员：方 明 童文俊 曹 群 陈菲菲 石 龙
　　　　　　郑晶晶

摘 要

近期，国内部分城市房地产领域出现了交易量大幅快速增长、房价快速上涨的非理性繁荣，推动大量资金流入房地产行业，房地产调控面临新的挑战，房地产行业的洗钱风险不断加大。同时，伴随着人民币加入特别提款权（SDR）篮子，人民币国际化速度进一步加快，人民币跨境交易也更加便利和频繁，跨境取现业务的洗钱风险也应运而生。

房地产行业资金需求大、流通快、增值保值能力强，对洗钱犯罪具有特别吸引力。根据房地产行业开发、交易等领域的洗钱方式，通过调查上海市相关银行机构反洗钱监测分析工作，建议对上海房地产行业开展反洗钱监测分析试点，建立两个层次模型监控相应的可疑交易。

随着境内主体跨境取现便利和效率的明显提高，跨境取现洗钱风险也相应而生。通过梳理跨境取现洗钱的目的和渠道，现场调研上海市银行、第三方支付、银联等机构跨境取现业务情况，建议在上海试点或在全国探索建立跨境取现专项可疑交易报告制度，并督促和指导金融机构采取相应的反洗钱监测分析模型。

经过认真研究和实地调研，本文对上海市房地产行业和跨境取现业务的洗钱风险进行了全面的梳理和分析，抽样了解了各机构的相关业务开展情况，并对反洗钱监测分析工作给出了具体的建议。

近年来，随着中国经济步入"新常态"，经济由高速增长转为中高速增长，经济基本面保持稳健，增长的机构和质量不断改善，新的增长动力不断涌现，未来增长空间仍然可观。但在当前全球经济复苏乏力、风险上升的背景下，中国经济也面临着较大的下行压力，洗钱和恐怖融资活动也出现了新的趋势，某些行业的洗钱风险也逐步显现。

近期，国内部分城市房地产领域出现了交易量大幅快速增长、房价快速上涨的非理性繁荣，推动大量资金流入房地产行业，房地产调控面临新的挑战，房地产行业的洗钱风险不断加大。同时，伴随着人民币加入特别提款权（SDR）篮子，人民币国际化速度进一步加快，人民币跨境交易也更加便利和频繁，跨境取现业务的洗钱风险也相应而生。

上海是我国的经济和金融中心，经济体量大，金融活跃度高，各种新业态、新模式层出不穷，且金融机构众多，具有较强的代表性。在此背景下，经过认真研究和实地调研，本文对上海市房地产行业和跨境取现业务的洗钱风险进行了全面的梳理和分析，抽样了解了各机构的相关业务开展情况，并对反洗钱监测分析工作给出了具体的建议。

一、房地产行业反洗钱监测分析工作建议

房地产行业资金需求大、流通快、增值保值能力强，对洗钱犯罪具有特别吸引力。根据房地产行业开发、交易等领域的洗钱方式，通过调查上海市相关银行机构反洗钱监测分析工作，建议对上海房地产行业开展反洗钱监测分析试点，建立两个层次模型监控相应的可疑交易。

（一）上海房地产行业反洗钱监测分析工作概况

近年来随着我国经济发展与改革开放的深入推进，房地产行业得到了迅猛发展。上海作为我国的经济金融中心，房地产行业的发展更具代表性。从各类统计数据看，近年来上海房地产行业发展一直呈现高位增长的态势，近期商品房价格涨幅明显扩大且远高于全国。2015年，在市场升温成交火爆的情况下，销供比上升至0.98，为近六年最高。受地价高企、需求旺盛、出清周期连续10个月下降等影响，预计2016年全年商品住宅价格将持续上涨。

根据调查，华夏银行上海分行、交通银行上海市分行等金融机构，其房地产行业反洗钱工作主要集中于银行对房地产行业的信贷领域，但目前均未发现上述领域有涉及洗钱活动的可疑交易。

1. 开发信贷的反洗钱监控。被调查银行机构均按照总行对全行实行的房地产开发企业名单制进行管理，准入房地产企业原则上需符合相关条件。被调研银行机构普遍能够在授信调查环节按照反洗钱规定做好授信客户身份识别工作，在审查审批环节，严格审查授信调查报告中相关反洗钱查询结果，在贷后管理环节落实客户持续识别、重新识别和可疑交易识别等反洗钱管理要求。

2. 交易信贷的反洗钱监控。根据调查反馈，该领域的反洗钱监控主要落实在放款环节，重点在于客户身份信息识别工作。同时，通过审查贸易合同、增值

税发票等资料的方式，开展本条线可疑交易报告的监测分析工作。

（二）房地产行业的洗钱方式

经系统梳理 FATF 及国内外其他有关房地产领域洗钱文献和案例，房地产行业存在以下几类洗钱方式。

1. 房地产开发领域洗钱

（1）建立房地产企业实施洗钱。不法人员自建或利用相关利益者名义建立房地产企业，在房地产企业的日常经营过程中将非法资产注入企业，通过合法的企业经营掩饰犯罪所得，还可通过企业经营获取增值收益。此外，为了将不法资金输入企业，不法分子常常利用第三方机构、空壳公司或利益相关者企业作为中间途径转移资金。具体案例方面，福建凯旋房地产集团的拥有者陈凯长期涉嫌贩毒洗钱，将贩毒非法所得投入房地产进行清洗漂白转移，数额巨大。

（2）通过与房地产企业合作的形式洗钱。一方面，由于开发商缺少资金而不法人员拥有大量急需隐藏、掩饰或清洗的非法资产，洗钱者与受到诱惑的开发商通过合伙、入股或高息借款等形式进行合作，在满足双方不同需求基础上清洗非法资金。另一方面，某些开发商为了获取项目和开发资金，与政府官员或特定机构的工作人员勾结，并以入股、暗股、干股等形式贿赂这些公职人员，同步完成贿赂与洗钱。

2. 房地产交易领域洗钱

（1）房地产交易洗钱。以贪腐人员为代表的洗钱分子通常直接使用非法所得购置房产。一是用大额现金购房。洗钱者倾向以现金的形式，使用非法所得直接购买房产。根据有关报道，在北京、上海、深圳、广州等大城市中，现金交易支付 300 万元以上购房相当普遍，有的甚至一次性支付 1000 万元以上的现金购买豪华别墅。二是操纵交易洗钱。洗钱者通过人为操纵房地产估值或鉴定，以低于市场的价格购买房产，差价使用非法所得私下补足，再以市场价格转售房产，非法所得就变成了名义上的利润。在楼市价格一路攀升的情形下，该方法不仅可将黑钱洗白，还可因房产升值带来收益。

（2）房地产贷款洗钱。洗钱者为了减小因一次性全额付款而被怀疑的风险，会选择部分贷款的方式洗钱。一是贷款购房后把非法所得混入合法资金还贷。此类洗钱方式的特点是清洗时间较长，比大额现金购房隐蔽，操作手法简单。因此多被小规模、非专业洗钱犯罪应用。二是回贷洗钱。根据相关国际案例，回贷即自己向自己贷款，以购房贷款的名义把非法所得投入房产中进行清洗。为隐藏贷款来源和实际上的最终收益人，需要组建由多名企业法人构成的回贷网络。

（3）房地产出租洗钱。一是完全虚拟租赁。洗钱分子虚拟一个租房人，并伪造房屋租赁合同，房屋仍由洗钱分子实际使用，以租金名义洗钱。二是代理人租赁。由代理人出面租赁房屋，签订真实的房屋租赁合同，同样地，房屋仍由洗钱分子实际使用，先期转入代理人名下的非法所得以租金名义得以清洗。三是真实地把房屋租赁给第三方，房屋由承租人使用，实际租金较少，但合同租金略高于市场租金。实际租金和合同租金的差额以非法所得补足，从而实现洗钱目的。

3. 房地产行业其他洗钱方式

（1）房地产抵押贷款欺诈。犯罪分子伙同房地产评估机构，虚高评估房地产价值，或团伙内部以多次买卖房产的手段人为抬高房产价值。然后使用价值虚高的房产作为抵押物向银行申请高额贷款。贷款到账后转做他用。假借无力归还贷款，银行将抵押的房屋当做贷款本息收归已有。这样银行贷款和房产实际价值之间的差额被犯罪分子所得，同时犯罪分子以房地产市场价格波动为由合法占有该差额，达到洗钱目的。

（2）利用拆迁房屋洗钱。旧城改造、城中村或城镇拆迁等活动中，政府或房地产开发企业会对被拆迁人给予一定经济补偿，这也为洗钱分子提供了清洗黑钱的机会。首先使用非法资金从被拆迁人处高价购得房屋，待其拆迁后便可获得拆迁费，这样黑钱就洗成了以"拆迁费"为名的合法收入。至于差价损失部分被看做洗钱费用。

（三）监测分析试点工作建议

对房地产行业洗钱的监测分析应以中国反洗钱监测分析中心的反洗钱系统和房地产行业各义务主体报送的大额和可疑交易报告为基础，根据我国房地产行业洗钱活动的特点建立相应监测分析模型进行监控。

1. 明确监测分析报告要求

（1）报告主体

参与房地产交易过程并能掌握一定交易信息的主体主要包括四大类，一是房地产行政主管部门，二是房地产开发企业，三是中介机构，四是商业银行。

①房地产行政主管部门。房地产行政主管部门主要通过房地产交易中心或信息中心来实现房屋交易的产权登记、抵押登记和监督管理。目前全国尚没有一套统一的房地产登记与信息系统，但各地一般都自行开发了房地产登记信息系统，可以在一定程度上实现对购房交易中的可疑购房活动进行监控。此外，双方直接买卖的二手房交易中的可疑交易监测主体，只能是房地产行政主管部门。

②房地产开发企业。一手房销售由开发企业自行销售，或由中介销售机构代理销售，房地产开发企业可以对购房者的身份进行识别并能提供钱款支付方式的信息。因而，房地产开发企业可以报告在其一手房交易中发现的可疑交易信息。

在大额交易报告方面，由于房地产开发企业主体众多且规模层次不齐，建议参考目前第三方支付机构报送经验，暂不直接报送大额交易报告（非现金部分可由收款银行报送)。

在现金交易方面，在一手房交易中，购房者支付的现金通常由房地产企业集中解付银行，银行对房地产企业解付现金的具体来源并不了解。建议房地产企业在解付现金时，同时向银行提供现金来源的详细清单，由银行报送中国反洗钱监测分析中心。

③中介机构。二手房主要通过中介机构销售或双方直接买卖。在通过中介机构的二手房交易中，无论是由中介机构代为收取房款，还是由买方向卖方直接支付房款，中介机构在其中都起到了重要的居间作用，能够了解并保存交易（特别是付款）的相关证明材料，因此中介机构理应是二手房交易可疑交易报告的当然选择。

在大额交易报告方面，由于中介机构主体众多且规模层次不齐，建议参考目前第三方支付机构报送经验，暂不直接报送大额交易报告。

④商业银行。银行和房地产企业的业务往来较为密切，银行在办理房地产企业资金划转、贷款等金融业务过程中，能够获得较多有关房地产企业的交易信息。目前，银行已实行了大额、可疑交易的报告制度。由于房地产行业属于洗钱高危行业，可以要求银行对房地产行业予以特别关注。银行可以对房地产开发与交易资金来源、运用和贷款异常情况等予以关注，报送与之相关的大额和可疑交易报告。

（2）报告要求

银行等金融机构按照《金融机构大额交易和可疑交易报告管理办法》（如修订稿颁布则按修订后的要求）报告在房地产领域的大额和可疑交易。

对于房地产行政主管部门、房地产开发企业和中介机构等特定非金融机构，暂免报送大额交易。根据目前2号令修改的精神，发挥报告义务主体在可疑交易报告中的主观能动性，在人民银行相应指引或指导意见的基础上，建议在房地产行业采用主观报告标准：特定非金融机构怀疑或有合理理由认为客户资金、资产为犯罪所得或收益，或者客户及其交易涉及洗钱、恐怖融资等犯罪活动，应及时向中国反洗钱监测分析中心提交可疑交易报告。

（3）报告路径

银行等金融机构按照《金融机构大额交易和可疑交易报告管理办法》（如修订稿颁布则按修订后的要求）规定的路径报告在房地产领域的大额和可疑交易。

对于房地产行政主管部门、房地产开发企业和中介机构等特定非金融机构，由于主体众多且规模层次不齐，部分机构总对总报送路径难以实现，建议大型或有条件的机构实行总对总报送，中小型或不具备条件的机构报送当地人民银行反洗钱主管部门，经当地人民银行反洗钱主管部门审查汇总后再报送中国反洗钱监测分析中心。

（4）监测分析试点地区

由于上海房地产行业发展的典型性，建议对上海房地产行业开展反洗钱监测分析试点工作，适时总结经验并推广至全国。

2. 建立两个层次的筛选监控模型

根据房地产行业洗钱活动规律，建议可以分以下两个层次建立相应的筛选监控模型。

建立第一个层次的"可疑交易账户"筛选监控模型。依托中心反洗钱监测分析系统强大的数据库存储能力和高效的分析能力，依照房地产行业洗钱特点总结出的相关条件，对可疑交易账户进行全面筛选。在房地产行业洗钱活动实际运作过程中，资金运行和各种交易所依托的各类账户，表现出区别于正常经济活动规律的体征指标（见表1），据此可初步筛选整理出可疑交易账户。

表1　房地产行业可疑交易特征指标

开发融资方	融资方来自国外（特别是来自避税天堂或反洗钱不合作国家和地区）
	融资方是个人而非公司
	融资方是一家非金融公司
	融资方拥有不记名股东
	融资方相关信息不详，或只有通信地址（例如邮箱地址、公共办公室地址等）
房地产开发商	原始股东或新股东的注册资本来源不明
	房地产开发公司或股东有犯罪背景或公职背景
购房者	购房者来自国外（特别是来自避税天堂或反洗钱不合作国家和地区）
	购房者拥有与自身条件不符的大量房产
	购房者进行了大量与自身条件不符的房产买卖
	购房者拥有不断增大的房地产投资组合
	购房者是代理人
	购房者是一家公司，其公司最终受益人不明确
	购房者是一家有特殊开发项目的公司
	购房者是一家刚成立或面临倒闭的公司
	购房者是一家空壳公司（没有雇员）
	购房者相关信息不详，或只有通信地址（例如邮箱地址、公共办公室地址等）
	交易一方开始和结束时的名字不一样且对名字的变更没有合乎逻辑的解释
	购房者在购房时表现出无法合理解释的行为
中介服务机构	中介服务机构没有制定和实施反洗钱相关制度
	中介服务机构从业人员未进行过反洗钱培训
	对房地产价值的评估结果异常

续表

融资 （抵押 贷款）	与收入水平相比，抵押贷款数额异常	
	与对抵押物的估价相比，抵押贷款数额异常	
	没有进行抵押就贷款	
	抵押贷款中债权人和债务人是同一人	
	贷款方屡次短时间内付清大额贷款，特别是以现金的方式	
	申请抵押贷款所提交材料的有效性存在疑点	
	抵押物存放在国外	
支付工具	使用现金、不记名支票或其他匿名金融工具支付，或者使用被认可的第三方支票支付	
	要求分成多次支付，支付间隔时间短且每次支付数额较小	
	交易由第三方支付，而不是交易中任何一方（信贷机构作为第三方，支付交易所需资金的情况应该排除在外）	

资料来源：根据2007年FATF房地产行业洗钱犯罪类型研究报告及房地产中介机构风险等相关内容整理所得。

建立第二个层次的"特征要素匹配分析"筛选监控模型。在第一层次筛选的基础上，再针对筛选出可疑交易账户的资金运行情况，按照一定的条件进行相关主体类型、交易行为、归属背景等特征要素（见表2）的匹配分析。

表2　　　　　　　　　不同人员洗钱行为特征

类型	方式	洗钱过程	洗钱载体	产权归属
公职人员	投资房地产企业	腐败分子先将非法所得转入自己亲信的账户内，利用已有的房地产公司（利益相关企业）进行秘密合股	股权	亲属、本人
		利用亲信、心腹成立房地产公司，自己幕后操纵，在正当经营的掩护下将不法所得逐步投入清洗	企业	亲属
		离职或退休后，建立房地产企业，将在职获取的非法资产投入"洗白"	企业	本人
	购置房产、商铺	为自己和亲属办理多个身份证，在不同地域（发达城市或境外）全款或按揭（按揭一段时间后提前付清全款）购买多个房产	房产	亲属、本人
	参股房地产企业	违法开发商回报不法公职人员一定比例的地产企业的干股，供其获利	股权	本人
	购置房产、商铺	房产不登记在自己或亲属名下，以低成本"借租"利益相关方的房产、商铺再"出租"获利	房产、租金	利益相关方
		与开发商合谋，"低买高卖"房产洗钱	房产	本人

续表

类型	方式	洗钱过程	洗钱载体	产权归属
非公职人员	投资房地产企业	自建房地产企业，虚报会计报表，将违法资金源源不断地注入清洗	自建企业	本人
		利用其他利益相关企业将不法资产投入自己企业里利用虚假投资清洗	利益、自建企业	利益相关方
		通过地下钱庄将不法资产转化为境外投资直接进入房地产建设各个阶段洗钱	地下钱庄、企业	本人
		利用境内专业机构（民间借贷、高利贷、各类地产融资理财产品、地产信托产品、房地产私募基金）将不法资产投入其房地产领域	专业机构、房产行业	本人
	购置房产、商铺	现金交易比例较高或全额现金交易，身份可疑、频繁购房、购买房屋总价超过购房人的实际能力、购房后在很短的时间内不计成本抛售房屋交易、价格明显异常、赠予行为可疑以及退房行为可疑等	房产、商铺	本人、亲属

资料来源：根据薛耀文、郭佩《房地产行业洗钱行为分析及监测》文中相关内容整理补充修改所得。

针对以上两个层次筛选监控模型查找出来的、具有高可疑度的房地产行业资金交易行为，监测分析人员需要结合当地房地产运行实际情况，进一步全面和深入分析，以判断其是否涉嫌洗钱。

二、跨境取现业务反洗钱监测分析工作建议

近年来，随着境内主体跨境取现便利和效率的明显提高，跨境取现洗钱风险也相应而生。通过梳理跨境取现洗钱的目的和渠道，现场调研上海市银行、第三方支付、银联等机构跨境取现业务情况，建议在上海试点或在全国探索建立跨境取现专项可疑交易报告制度，并督促和指导金融机构采取相应的反洗钱监测分析模型。

（一）从"主体"和"行为"两个维度认识跨境取现洗钱

一是跨境取现洗钱的核心目的是将非法资金转移境外。不按照个人财产对外转移售付汇管理规定和资金汇出流程，通过明显超出购物、旅游、留学等合理需求的境外大额提现，以此洗钱的境内主体，往往是重点领域、敏感行业需要特别关注的可疑交易对象，这为跨境取现反洗钱监测分析提供了主体线索。

二是跨境取现洗钱多采用规避限额管制的渠道和方式。利用多对多分拆购付

汇、虚拟货币境内买境外卖、第三方跨境支付机构虚构跨境交易、境内POS机解码后移机境外刷卡、地下钱庄"对敲"结算等多样化渠道和方式跨境取现洗钱，都是为了规避境内个人每年换汇不超过5万美元，以及境外取现每卡每日不超过等值1万元人民币、每年累计不超过等值10万元人民币的额度限制。多笔频繁和累积大额的跨境取现洗钱表现，为反洗钱监测分析提供了行为线索。

（二）跨境取现抽样调查情况

1. 对上海市银行机构抽样调查情况

鉴于注册地为上海的交通银行在13个境外国家和地区设有分支机构，同时华夏银行近年来重点推销境外汇取款优惠服务，2015年5月前借记卡境外ATM取款每卡每日可免3笔手续费（其后改为免一笔），本次对以上两家银行的上海市分行近三年来的跨境取现情况进行了现场调查。

表3   境内借记卡境外ATM取现总量情况   单位：亿元

银行	2014年	2015年	2016年1~8月
交通银行上海市分行	0.65	3.53	2.05
华夏银行上海分行	16.46	22.8	12.28

据两家银行机构反馈，在未限定每卡年度跨境取现10万元额度之前，单张境内借记卡每天均有额度为1万元人民币左右的境外取现交易发生。据表3统计显示，2015年，交通银行上海市分行单张借记卡最大跨境取现总额为191万元，华夏银行上海分行单张借记卡最大跨境取现总额为253万元，明显异常于留学、境外旅游及消费等正常需求。

这两家银行针对本行跨境取现业务都开展了反洗钱监测分析工作，并上报过可疑交易报告。交通银行上海市分行在2016年1~8月共上报了54份跨境取现可疑交易报告，主要涉及电信诈骗、资金跨境划转等。华夏银行上海分行在2014年共上报751份"疑似境外套现"可疑交易报告并提交了重点可疑交易报告，采取了账户止付及调高客户洗钱风险等级等措施加强风险控制，2015年至今相应的可疑交易报告数量明显降低。

2. 对具有跨境业务资格的第三方支付机构抽样调查情况

本次主要选取注册地在上海的支付宝，针对其系统交易中有关虚拟商品交易境外套现情况进行了调研。据调查，支付宝机构自身会根据商户行业、买家行为等对交易真实性进行分析，一旦发现有违规违法行为就会清退商户。目前，支付宝机构建立的内部反洗钱数据模型有近六十种，对涉众型犯罪的识别率非常高，尤其是对网络赌博、地下钱庄等洗钱识别准确率基本在90%以上，对集资诈骗、传销等也能比较准确地识别。

3. 对银联商务和银联国际调查情况

（1）POS机移机境外及套现情况

银联商务和银联国际均采取了多种技术手段严格管控境外移机风险，主要有拨出号码监控、屏蔽异地漫游功能、终端定位侦测技术等手段。据银联国际反映，有的银行和第三方支付公司对商户和POS机的监控管理比较薄弱，容易发生POS机移机境外套现风险。

根据这两家机构掌握的情况来看，POS机移机境外套现主要发生在中国澳门、云南边境等赌博重灾区。银联商务已上报的可疑交易报告中，涉及2家商户跨境移机情况。据银联国际反映，现在POS机境外套现多采用隐蔽性高的MPOS（手机刷卡器），难以侦测和发现其洗钱行为。

（2）银联国际境内卡跨境取现情况

由于借记卡境外取现的成本低，且不受每人每年5万美元的汇兑限制，近几年来借记卡境外取现量巨大且增速快。图1显示，2015年，借记卡境外取现总量比2014年增长了65.31%。在每卡每年境外限取人民币10万元的情况下，银联国际预计2016年境外取现总量将达到1300亿元左右，与2015年总量相差无几。而贷记卡境外取现量不但逐年下降，且相对于借记卡数量基本上忽略不计。

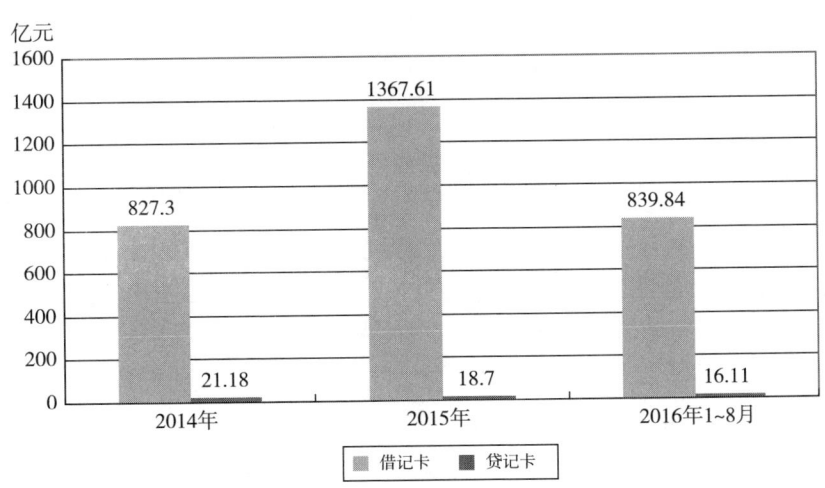

图1　银联国际境内卡境外取现总量

表4　　　　　银联国际境内卡跨境取现交易前十国家/地区　　　　单位：亿元

国家/地区	2014年	2015年	2016年1~8月
中国澳门	204.37	480.63	301.41
中国台湾	183.86	243.46	113.74
日本	91.4	160.47	102.46

续表

国家/地区	2014 年	2015 年	2016 年 1~8 月
中国香港	86.52	116.13	74.78
韩国	65.81	85.51	55.7
泰国	30.24	38.39	26.33
澳大利亚	18.49	39.27	29.01
新加坡	30.14	33.89	20.75
美国	28.91	34.06	20.61
德国	16.24	23.36	14.7

据银联国际反映，表 4 中排名前四的为异常 ATM 提现多发地。

表 5　　银联国际境内单张借记卡跨境取现总额排序前十情况　　单位：笔、元

2014 年			2015 年			2016 年 1~8 月		
发卡行	笔数	取现金额	发卡行	笔数	取现金额	发卡行	笔数	取现金额
中国银行	1043	3432892	中国银行	270	2681039	中原银行	26	114040
中国银行	1030	3390900	中国银行	271	2624570	工商银行	20	113094
中国银行	1026	3369019	中国银行	270	2612930	工商银行	17	112560
中国银行	962	3162164	中国银行	262	2606405	建设银行	51	111428
中国银行	315	3136409	中国银行	261	2590221	工商银行	37	111359
中国银行	952	3123814	工商银行	260	2587454	平顶山银行	24	110979
工商银行	912	3034107	工商银行	260	2587441	工商银行	25	110643
中国银行	311	3017587	中国银行	260	2586658	建设银行	196	109683
中国银行	307	2976282	渣打银行	522	2529298	招商银行	24	109675
民生银行	713	2918922	华夏银行	261	2528264	建设银行	119	109658

注：中原银行注册地在河南郑州市，由 13 家河南省内城商行合并，于 2014 年 12 月正式开业。截至 2015 年末，注册资金为 154.2 亿元，资产总额为 3061.47 亿元。平顶山银行是注册地在河南平顶山市的区域性股份制商业银行，由原城市信用社改制，于 2008 年 6 月挂牌开业。截至 2015 年末，注册资金为 13.36 亿元，资产总额为 563.66 亿元。

据表 5 显示，近年来许多中小银行机构开始以低成本竞争跨境取现业务，在 2016 年银联国际境内单张借记卡跨境取现总额排序前十的发卡行中，出现了中原银行和平顶山银行。据银联国际反映，国外收单银行发现的异常 ATM 提现交易涉及国内近百家银行机构，2015 年以后已经涉及许多诸如城商行、农信社等中小银行机构。跨境取现洗钱分散且资金通过不同的银行机构流向境外，使跨境取现异常交易监测分析工作更为复杂。

2014 年至今，银联国际已向中国反洗钱监测分析中心上报过了多份重点可疑报告。这些重点可疑交易报告涉及的异常 ATM 提现，多发生在中国香港、中

国澳门、中国台湾、日本等地。前两地的异常取现主要与赌博、地下钱庄等交易有关，后两地的异常取现与电信诈骗关联度较高。银联国际在可疑交易监测过程中，与国内外的银行机构能够有效联动。国外收单银行在发现异常提现后，向银联国际报告相关情况，银联国际则在监控到取现异常交易后，将相关信息反馈给国内银行核查并提示相关风险。

（三）监测分析试点工作建议

首先，建议建立跨境取现反洗钱监测分析专项可疑交易报告制度。根据外汇管理局的规定，境内银联人民币卡在境外提取现金每卡每日不得超过等值1万元人民币，每卡每年在境外累计取现不得超过等值10万元人民币。而按照《金融机构大额交易和可疑交易报告管理办法》，对于境内自然人单笔或者当日累计等值1万美元以上的跨境交易、人民币20万元以上或者外币等值1万美元以上的现金支取，金融机构要上报大额交易报告。跨境取现实际可操作的管理规定额度，远小于大额交易报告规定的上报额度，导致反洗钱监测分析工作出现盲区。建议要求金融机构将境内银联人民币卡单笔或者当日累计等值或接近1万元人民币、每年累计等值或接近10万元人民币的境外取现，作为跨境取现专项可疑交易报告内容，以后根据管理规定变化动态调整。

其次，建议从"主体"维度督促和指导金融机构，建立"身份识别模型"，监测和分析异常跨境取现交易。建议加强与国内相关部门合作，进一步核查有关"关注名单"和"黑名单"等涉及主体的境外转移非法资金活动，动态监控和报告其跨境取现行为。为了便于及时准确监测分析同一境内自然人在不同金融机构开户及跨境取现行为，建议建立以身份证号为基点的自然人跨行开户持卡信息联网系统。

最后，建议从"行为"维度督促和指导金融机构，一是建立"团伙识别模型"，重点监测和分析"团伙"（联系人、代理人、联系方式、交易设备等相同，或相互间往来频繁者）使用同一银行境内银行卡频繁发生跨境取现交易，或短期内卡内大额资金异常分拆转出至多个银行卡，且分拆转入银行卡短期内也发生跨境取现交易的异常行为。根据建立的以身份证号为基点的自然人跨行开户持卡信息联网系统，有针对性地监测和分析"团伙"使用跨行银行卡频繁跨境取现行为。二是建立"需求识别模型"，重点督促和指导第三方跨境支付机构监测和分析以下三类异常跨境支付交易：无法保证境外特约商户的真实性和合法性；频繁发生接近于货物贸易单笔交易金额等值1万美元，留学教育、航空机票和酒店项下单笔交易金额等值5万美元交易标准的结售汇；累计跨境消费与其实际财务状况明显不符。三是建立"场景识别模型"，重点监测和分析在有权部门认定的涉嫌贩毒、走私、恐怖、赌博等高风险国家或地区，大量频繁发生的跨境取现或支付行为。

此外，按照多行业多领域反洗钱监测分析调研工作计划，下一步将重点开展有关通过网上境外券商开立证券和资金账户进行跨境交易和取现、利用境内外资银行提供的环球银行现金服务在境外取现、转移比特币至境外交易平台出售变现等调研工作，督促和指导金融机构建立更多有针对性的跨境取现可疑交易监测分析模型。

金融开放篇

金融支持"一带一路"战略：
基于上海国际金融中心建设的视角

中国人民银行上海总部国际部课题组

课题组组长：冯润祥
课题组成员：李良松　陆　屹　郑朝亮　刘　薇

摘　要

"一带一路"战略是中国在新的发展阶段提出的全面改革开放和发展战略，不仅是构建开放型经济新体制的需要，更是中国产业结构调整和转型升级的需要，要在推进"一带一路"战略过程中，构建完整的全球价值链体系。现代服务业，尤其是包含金融在内的生产性服务业，对促进"一带一路"战略和中国经济转型具有重要意义。

"一带一路"沿线65个国家，2015年人口共45亿人，占全球比例为62%；"一带一路"沿线各国经济发展水平相对较低，2015年，名义GDP共计23万亿美元，占全球比例为30%。"一带一路"国家经济金融发展水平总体比较落后且不平衡，与中国的政治经贸联系也存在较大差异，在推动"一带一路"战略过程中，各国意愿不尽相同，中国可采取"重点突破、协同推进"的方针。

在确定"一带一路"建设的重点地区、重点国家、重点项目以后，加大金融支持力度至关重要。上海自贸区一个重要的作用是试验出能够有效支撑未来中国经济发展的金融改革措施。上海可利用其改革开放排头兵和创新发展先行者的地位，充分发挥自贸区金融改革先行先试的制度优势，在金融机构聚集、金融产品和服务创新、金融市场互联互通、金融基础设施建设以及金融人才培养等方面探索新做法、新经验，实现上海国际金融中心建设与"一带一路"两大国家战略的相互促进、联动发展。主要政策建议有五个方面：一是吸引更多"一带一路"国家的金融机构和国际开发性金融机构落户上海。二是利用自贸区金融改革制度优势提升金融产品和服务创新能力。三是构建"五位一体"的国际金融市场格局。四是完善金融基础设施和金融中介体系建设。五是为"一带一路"建设储备国际化人才。

一、"一带一路"战略的背景及意义

2013年9月和10月,中国国家主席习近平在出访哈萨克斯坦和印度尼西亚期间,先后提出共建"丝绸之路经济带"和"21世纪海上丝绸之路"的重大倡议,得到国际社会的高度关注。2013年11月,中国共产党十八届三中全会通过的《中共中央关于全面深化改革若干重大问题的决定》明确指出:"加快同周边国家和区域基础设施互联互通建设,推进丝绸之路经济带、海上丝绸之路建设,形成全方位开放新格局。""一带一路"倡议正式上升为国家战略。

在推进"一带一路"建设过程中,金融支持尤其重要。近年来,中国设立了丝路基金、中非基金等中长期开发性投资基金,并联合相关国家发起成立了亚洲基础设施投资银行(AIIB),将会成为支持"一带一路"建设的重要融资机构。目前国内外有很多重要的智库和学者对金融支持"一带一路"战略提出了很好的建议。如2016年1月,中国社科院发布《"一带一路"沿线国家工业化进程报告》详细剖析了沿线64个国家的工业化进程,分析了中国与沿线64个国家的进出口贸易和产能合作潜力,为金融支持指明了方向。经济学人(EIU)企业网络组织发布《"一带一路":经济版图》系统分析了"一带一路"沿线各国的经济金融状况、主要风险、基础设施开发情况以及主要项目需求等信息。美国布鲁金斯学会(Brookings)2015年刊文指出,未来几年,AIIB每年将会为"一带一路"基础设施建设提供200亿美元的资金;由于AIIB成员国有近60个成员国,中国不可能让AIIB为自身外交战略服务;此外,有人认为AIIB将帮助化解中国过剩产能,这也是不可能的,AIIB的资金规模远远满足不了中国化解产能过剩的需求。《外交学者》(The Diplomat)2015年刊文指出,中国的丝路基金、国开行、进出口银行以及中国银行等商业性金融机构将是为"一带一路"项目提供融资的主要机构,亚洲基础设施银行虽然也会提供融资,但其并不会服务于中国的外交政策需要;中国推动"一带一路"的政治意愿很高,一些金融机构和企业可能不会做严格的尽职调查,从而可能出现工程逾期、超过预算和贷款坏账等风险。

国内一些学者主要分析了金融支持"一带一路"的重要性及主要政策框架。如易诚(2014)指出,中国应加大与"一带一路"国家之间的金融合作,具体包括扩大人民币跨境使用、完善区域金融安全网、推动金融机构走出去、发挥上合融资机制作用以及加强跨境征信合作等方面;当然,中国与"一带一路"国家之间的金融合作,也会受到地缘政治、经济发展水平差异以及已有经济联盟竞争性排斥等方面的影响。蒋志刚(2014)认为,金融支持"一带一路"的总体思路是:以"规划先行、金融先导"为基本原则,以规划整合各方资源,以金融"走出去"统筹带动中国技术、装备、标准等中国因素和企业"走出去"。丁一凡（2015）指出，"一带一路"将创造巨大的金融需求，必须要通过金融创新来满足。赵志刚（2015）认为，金融支持"一带一路"建设是一项系统工程，既要发挥好市场在金融资源配置中的基础性、决定性作用，政府也要做好顶层设计，从体制、机制上推进金融创新，应对好"一带一路"战略实施中的金融需求。张红力（2015）认为，金融支持"一带一路"建设，通过投入先期引导资本，同时坚持商业运作原则，既可以给予沿线国家金融助力，也可以减轻"中国色彩"，打消沿线国家的政治疑虑。朱苏荣（2015）指出，中国与"一带一路"沿线国家之间的国际金融战略合作，主要包括金融政策的沟通协调、金融机构之间的务实合作、金融市场的合作创新以及金融监管合作等方面。胡怀邦（2015）认为，"一带一路"地区基础设施资金需求量大、建设和资金回收期限较长、回报率比较低，商业资金进入意愿不高；而"一带一路"沿线主要是新兴经济体和发展中国家，财政实力普遍较弱，需要发挥开发性金融作用，以中长期投融资推动区域经济发展。巴曙松和王志峰（2015）认为，我们银行业具备服务"一带一路"战略的能力，大型银行应加快国际化步伐，打造成沿途国家的主流银行。

目前国内研究存在的一个不足是，鲜有文献从理论角度分析"一带一路"战略的意义，以及金融支持"一带一路"建设的理论根源。

本文从开放经济条件下经济增长理论和发展经济学角度，探讨了金融支持"一带一路"战略的原因。在此基础上，拟将"一带一路"与上海国际金融中心建设两大战略有机结合，在详细分析"一带一路"沿线国家经济金融状况以及与中国金融合作现状的基础上，提出具体的金融支持举措，并从建设上海国际金融中心的视角，提出上海如何把握契机，实现联动发展。

二、"一带一路"战略的理论分析

（一）基于开放经济条件下经济增长的分析

国际资本市场一体化将有助于资本自由流动，提供资本使用效率，从而促进全球经济增长。以随机增长 AK 模型为例，即使在全球各国无风险利率相同的情况下，资本市场的统一也会带来全球产出的提高。根据 Obsfeld 和 Rogoff（1996），假设存在一个无限寿命的代表性个体，其效用函数是：

$$U_t = E_t \left\{ \sum_{s=t}^{\infty} \beta^{s-t} \times \log C_s \right\} \tag{1}$$

在最简单的情形下，将人口标准化为 1，技术回报率为常数。假设存在两种资本，分别是无风险资产和风险资产，收益率分别为 r 和 $\tilde{r}_{t+1}$，且 $E_t(\tilde{r}_{t+1}) > r$。令 K_t 表示总资本。因此，代表性个体必须要满足的预算约束是：

$$K_{t+1} = [x_t \times (1 + \tilde{r}_t) + (1 - x_t) \times (1 + r)] \times K_t - C_t \tag{2}$$

x_t 为投资风险资产的比例。根据随机优化的一阶条件可以得到：

$$1 = (1 + r) \times \beta \times E_t\left\{\frac{C_t}{C_{t+1}}\right\}$$
$$1 = \beta \times E_t\left\{(1 + \tilde{r}_{t+1}) \times \frac{C_t}{C_{t+1}}\right\} \tag{3}$$

消费为：

$$C_t = (1 - \beta) \times [x_t \times (1 + \tilde{r}_t) + (1 - x_t) \times (1 + r)] \times K_t \tag{4}$$

根据欧拉方程线性化，可得到：

$$E_t(\tilde{r}_{t+1}) - r = (1 + r)\beta \times COV\left\{\frac{C_{t+1}}{C_t} - 1, \tilde{r}_{t+1} - r\right\} \tag{5}$$

根据式（2）、式（4）和式（5），可以得到：

$$\frac{C_{t+1}}{C_t} - 1 = \beta[1 + r + x_t(\tilde{r}_{t+1} - r)] - 1 \tag{6}$$

从而得到投资于风险资产的比例：

$$x_t = \frac{E_t(\tilde{r}_{t+1} - r)}{\beta^2(1 + r)Var_t(\tilde{r}_{t+1} - r)} \tag{7}$$

将式（7）代入式（6）后，得出：

$$E_t\left\{\frac{C_{t+1}}{C_t}\right\} = \frac{[E_t(\tilde{r}_{t+1} - r)]^2}{\beta(1 + r)Var_t(\tilde{r}_{t+1} - r)} + \beta(1 + r) \tag{8}$$

式（8）表明，风险资产的收益率越高，则期望的消费增长率越快；而风险资产收益率方差越大，则期望的消费增长率越慢。

以上只是对一个封闭经济体的分析，现在将其扩展到开放经济环境下，假设 $\tilde{r}_{t+1}^W$ 是全球风险资产的收益率，假设每个国家风险资产的均值相同，则有：

$$E_t(\tilde{r}_{t+1}^W) = E_t(\tilde{r}_{t+1}^i)$$

根据类似推导，则每个国家 i 期望的消费增长率为：

$$E_t\left\{\frac{C_{t+1}^i}{C_t^i}\right\} = \frac{[E_t(\tilde{r}_{t+1}^w - r)]^2}{\beta(1 + r)Var_t(\tilde{r}_{t+1}^W - r)} + \beta(1 + r) \tag{9}$$

在开放经济条件下，风险资产来自于全球的资产组合，虽然期望收益不变，但风险更加分散，即 $Var_t(\tilde{r}_{t+1}^W) < Var_t(\tilde{r}_{t+1}^i)$。因此，每个国家 i 的产出增加将会更快。

该模型证明了金融市场开放，融资效率提升，有助于提升不同国家的经济增长率，这也是金融支持"一带一路"建设，实现沿线国家经济共同成长的一个理论基础。

(二) 基于不同发展阶段经济增长源泉的分析

吴敬琏（2006）系统分析了英美等先行工业化国家经济增长模式，并认为不同发展阶段的驱动因素和依赖的经济增长理论不尽相同。

由表1可知，先行工业化国家的现代经济增长主要不是由物质资本的积累驱动，而是由技术进步和效率提升来驱动的；效率提升的源泉主要依靠三个途径，一是"与科学相关的技术"的广泛应用；二是信息通信技术向国民经济各部门渗透，改造这些部门的生产经营流程，以提升效率；三是服务业迅速发展提升了经济的整体效率。

表1　　先行工业化国家的经济增长阶段和增长理论

时间	增长阶段	主要内容	驱动因素	主导产业	增长理论
1770年以前	"起飞"阶段	开发自然资源	更多的自然资源投入	农业	"马尔萨斯陷阱"
1770~1870年	早期经济增长	大机器工业代替手工劳动	资本积累	重化工业	哈罗德—多马增长模型
1870~1970年	现代经济增长	效率提高	技术进步	与服务业一体化的制造业及农业	索洛的新古典增长模型
1970年以后	信息时代	信息通信技术改造国民经济	信息化	渗透到各个产业的信息通信产业	新增长理论的内生增长模型

服务业能够提高经济效率的一种理论支撑来自制度经济学。制度经济学提出总成本等于制造成本加上交易成本，这能够清楚说明服务业发展对降低成本、提高效率的意义。生产性服务业的首要功能是为市场交易提供基础设施，如交通运输、邮电通信、金融、律师和会计等中介机构，这些都能显著降低交易成本。实际上，在制造业中，人们用"微笑曲线"来描述现代制造业的价值链，在价值链两端的研发、产品设计、品牌营销和金融服务等的附加值和盈利率更高，这也正是现代服务业的价值所在。

通过理论分析可知，"一带一路"战略是中国在新的发展阶段提出的全面改革开放和发展战略，不仅是构建开放型经济新体制的需要，更是中国产业结构调整和转型升级的需要，必须要在推进"一带一路"战略过程中，构建完整的全球价值链体系。现代服务业，尤其是包含金融在内的生产性服务业，对促进"一带一路"建设和中国经济转型具有重要意义。

三、"一带一路"国家的经济金融状况

(一)"一带一路"国家经济社会状况

"一带一路"沿线共有65个国家①,区域分布详见图1和表2。

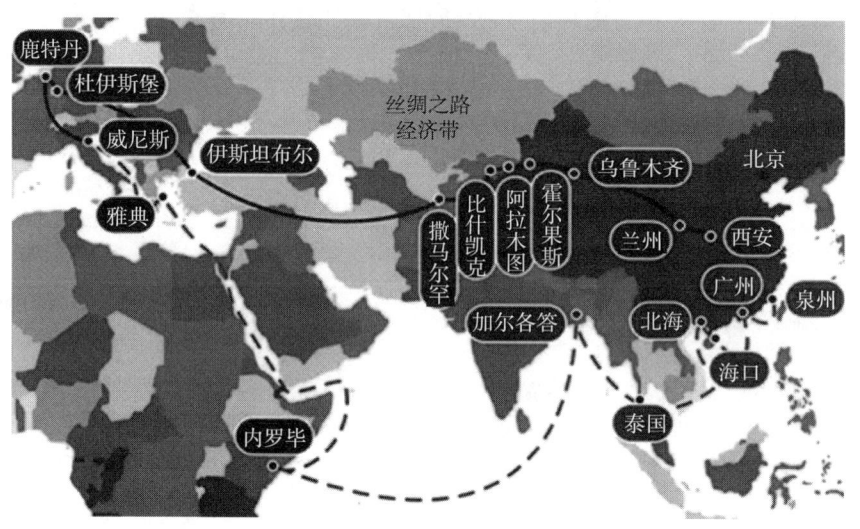

图1 丝绸之路经济带和海上丝绸之路示意图

表2 "一带一路"沿线国家地域分布

东南亚(11)	南亚(8)
菲律宾、柬埔寨、老挝、马来西亚、缅甸、泰国、文莱、新加坡、印度尼西亚、越南、东帝汶	阿富汗、巴基斯坦、不丹、马尔代夫、孟加拉国、尼泊尔、斯里兰卡、印度
东亚(2)	中亚(5)
蒙古、中国	哈萨克斯坦、吉尔吉斯斯坦、塔吉克斯坦、土库曼斯坦、乌兹别克斯坦
俄罗斯(1)	
中东欧(19)	西亚北非(19)
阿尔巴尼亚、爱沙尼亚、白俄罗斯、保加利亚、波黑、波兰、黑山、捷克共和国、克罗地亚、拉脱维亚、立陶宛、罗马尼亚、马其顿、摩尔多瓦、塞尔维亚、斯洛伐克、斯洛文尼亚、乌克兰、匈牙利	阿联酋、阿曼、巴林、卡塔尔、科威特、沙特阿拉伯、土耳其、埃及、伊拉克、伊朗、阿塞拜疆、巴勒斯坦、格鲁吉亚、黎巴嫩、叙利亚、亚美尼亚、也门、以色列、约旦

注:同一地区内的不同国家名称总体上按拼音顺序排列;但为比较方便,若一些国家属于区域性组织,则排列在一起,如东盟十国、海合会六国。

---

① 中国的"一带一路"倡议是开放包容的,不以意识形态、政治制度、发展道路、发展模式、治理方式划线;凡是有意愿的国家、地区和国际组织,不分域内或者域外,都可以参与。目前已经有100多个国家和国际组织愿意共同参与"一带一路"建设。

"一带一路"沿线65个国家,地大物博,2015年人口共45亿人,占全球比例为62%。但是,"一带一路"沿线各国经济发展水平相对较低,2015年,名义GDP共计23万亿美元,占全球比例为30%,其中,中国名义GDP为11万亿美元;人均GDP差距很大,卡塔尔为7.6万美元,而阿富汗人均GDP仅600美元;在同一地区内部,不同国家之间的发展差距也很大,如中东欧19国中,有些国家人均GDP近2万美元,有些国家不足2000美元;这种差距在东南亚、南亚、中亚、西亚和北非地区也同样存在。

根据IMF的预测数据,到2021年,"一带一路"沿线65国名义GDP将达到34万亿美元,占全球比例为35%;其中,中国名义GDP在全球的比例将由15%上升至19%。具体来看,东南亚和南亚在全球经济中的比重将稳步上升,中亚经济的比重将有所下降;中东欧、中东北非经济地位变化不大。

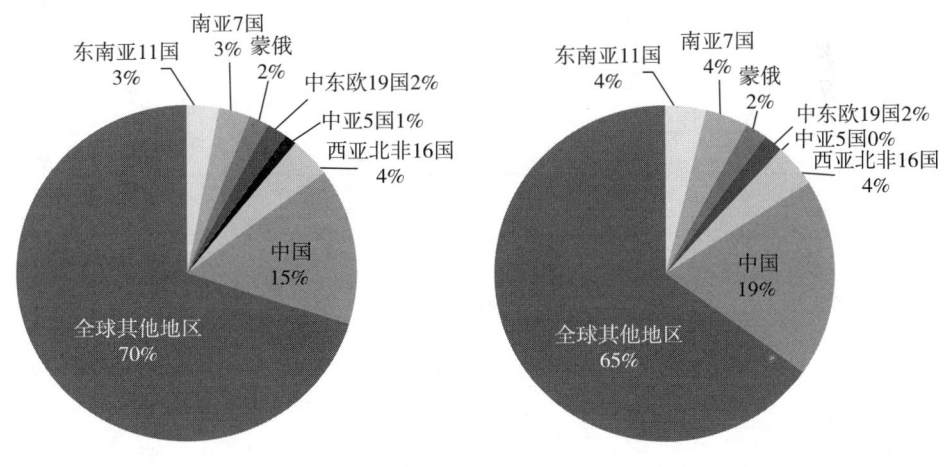

2015年"一带一路"各区域GDP分布　　　　2021年"一带一路"各区域GDP分布

图2　"一带一路"沿线区域经济实力演变

因此,从"一带一路"沿线各地区经济规模和人口比重角度来看,东南亚、南亚以及中东地区占主导地位;俄罗斯地位特殊,不仅经济规模大、人口多,而且对中亚和中东欧部分国家具有很强的影响力,中国在推进"一带一路"战略过程中,需要处理好与俄罗斯的关系。中东欧地区经济规模相对较小,人口也不多,但中东欧国家法律体系相对完备,发展环境相对较好;加强与中东欧国家的合作,不仅有利于推动"一带一路"建设,也有利于中国与欧洲其他国家形成更好良好的互动关系。

(二)"一带一路"国家的宏观经济环境

我们考察了"一带一路"地区各国的商业经营环境,并采用相关指标分析了"一带一路"地区的商业环境和风险状况，见表3。

表3　　　　　2015年"一带一路"国家营商环境和风险状况　　　　单位：%

国家或地区	营商便利指数	总体经济风险	政府债务率	国家或地区	营商便利指数	总体经济风险	政府债务率
菲律宾	103	39	27	阿富汗	177		12
柬埔寨	127	53	30	巴基斯坦	138	55	54
老挝			71	不丹	71		123
马来西亚	18	36	48	马尔代夫	128		120
缅甸	167	62	34	孟加拉国	174	45	34
泰国	49	41	46	尼泊尔	99		29
文莱	84		2	斯里兰卡		49	72
新加坡	1	22	93	印度	130	42	60
印度尼西亚	109	45	31	南亚8国	131	48	63
越南	90	52	69	哈萨克斯坦	41	52	18
东帝汶	173			吉尔吉斯斯坦	67		68
东南亚11国	92	44	45	塔吉克斯坦	132		61
蒙古	56			土库曼斯坦			12
俄罗斯	51	54	20	乌兹别克斯坦	87	64	11
中国	84	40	54	中亚5国	82	58	34
中蒙俄	64	47	37	阿联酋	31	46	16
阿尔巴尼亚	97		52	阿曼	70	38	61
爱沙尼亚	16		7	巴林	64	48	116
白俄罗斯	44		63	卡塔尔	68	32	69
保加利亚	38	39	27	科威特	101	40	31
波黑	79	64	36	沙特阿拉伯	82	39	51
波兰	25	36	50	土耳其	55	49	25
黑山	46		73	埃及	131	60	86
捷克共和国	36	36	40	伊拉克	161	69	69
克罗地亚	40	49	86	伊朗	118	62	16
拉脱维亚			29	阿塞拜疆	63	49	58
立陶宛		36	36	巴勒斯坦			
罗马尼亚	37	45	42	格鲁吉亚	24		32
马其顿	12		44	黎巴嫩		64	162
摩尔多瓦	52		43	叙利亚	175	89	

续表

国家或地区	营商便利指数	总体经济风险	政府债务率	国家或地区	营商便利指数	总体经济风险	政府债务率
塞尔维亚	59	53	66	亚美尼亚	35		49
斯洛伐克	29	29	49	也门	170	78	53
斯洛文尼亚	29	33	87	以色列	53	28	71
乌克兰	83	74	65	约旦	113	55	72
匈牙利	42	47	70	西亚北非 19 国	89	53	61
中东欧 19 国	45	45	51				

注：①营商便利指数是世界银行对各国营商便利程度的排名；总体经济风险是经济学人智库（EIU）编制的主权债务风险、货币风险和银行业部门风险指数的加权平均值；前两个指标均为 2015 年末数据。政府债务率为 IMF 对各国 2021 年的政府债务水平的预测值。

②地区值为该地区各国相关数值的简单平均数。

资料来源：路透 Datastream。

表 3 显示，中东欧地区的营商环境最好，在全球排名相对靠前；东南亚、中东北非地区的营商环境排名相对靠后，但地区内各国差异很大，如新加坡排名第 1，但缅甸和东帝汶排名在 170 左右；南亚和中亚营商环境总体较差，需要审慎开展投资决策。

从总体经济风险角度来看，以 100 分为严重危机，"一带一路"区域内一些国家的经济风险较高，如缅甸、波黑、乌克兰、乌兹别克斯坦、埃及、伊拉克、黎巴嫩、叙利亚、也门等国总体经济风险指数超过 60。分区域看，东南亚和中东欧地区的经济风险相对较小，而中亚、西亚北非地区的经济风险较高。

"一带一路"国家政府债务状况总体稳健，多数国家政府债务占 GDP 比例不超过 60% 的预警线，这与发达经济体形成鲜明对比。部分国家虽然政府债务占比较高，但营商环境很好，总体经济风险也很小，如新加坡、克罗地亚、斯洛文尼亚和以色列。但马尔代夫、埃及、黎巴嫩等国不仅政府债务占比高，而且营商环境也较差，经济风险较高。

综合来看，在三个指标中都表现较好的国家主要来自东南亚和中东欧，如马来西亚、泰国、新加坡、保加利亚、波兰、捷克、罗马尼亚、斯洛伐克。西亚北非地区仅阿联酋、土耳其和以色列表现相对较好；中亚地区虽然哈萨克斯坦营商环境较好，政府债务水平也很低，但总体经济风险较大。

中国在推动"一带一路"战略过程中，可考虑采取"重点突破、协同推进"的原则；具体来说，对于经济规模相对较大，营商环境较好且经济风险相对较低的国家，尤其是与中国贸易投资联系比较紧密的国家，要采取措施，进一步加强双方经贸联系，提升合作的层次和水平，并通过这些国家推动与区域内其他国家的合作；初步来看，推进"一带一路"建设，可考虑重点突破的国家主要有：东南亚地区的新加坡、马来西亚、泰国；蒙古和俄罗斯；中东欧地区的波兰、捷克、罗马尼亚、斯洛伐克；西亚北非地区的阿联酋、土耳其和以色列等；对于中亚国家，虽然外界评估其总体经济风险较大，但一些国家如哈萨克斯坦等，与中国政治经济联系紧密，如果其能确保中国投资安全，也可重点推进一些项目。其他一些地区性大国如印度、沙特阿拉伯等虽然与中国贸易联系比较密切，但由于营商环境较差或总体经济风险较高，有些对外国投资可能比较排斥，短期内，中国投资可能较难进入。

四、中国与"一带一路"国家的经济金融合作现状

（一）贸易和投资状况

近年来，"一带一路"国家已经成为中国重要的外贸市场，双边贸易额由2000年的698亿美元上升至2015年的9200亿美元（2014年曾突破1万亿美元），贸易增速明显快于中国外贸增长的平均水平。中国与"一带一路"的贸易以盈余为主，2015年中国与"一带一路"国家贸易额约占其外贸总额的25%，但实现的贸易盈余却占到中国贸易盈余总额的43%。

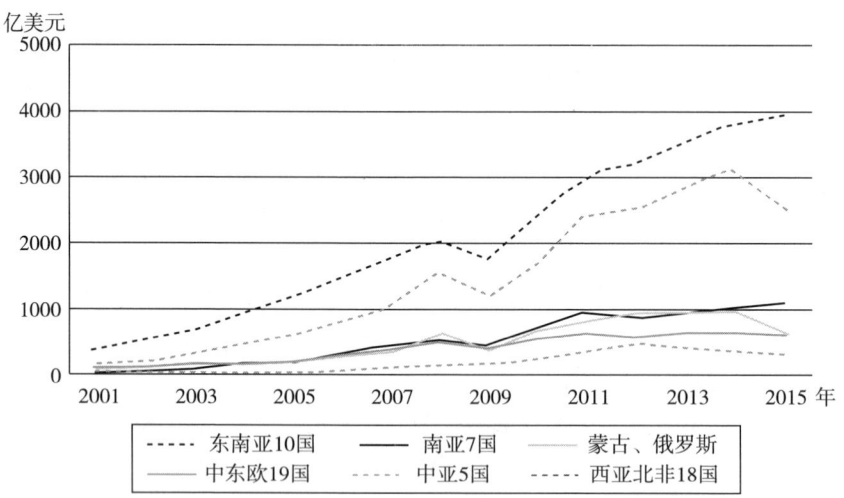

图3　2001年以来中国与"一带一路"沿线各区域的贸易额

在中国与"一带一路"国家贸易中，东南亚一直占据主要地位，2015年贸易额接近4000亿美元。中国与东盟贸易关系历史悠久，经济发展差距相对较小，贸易互补性强，中国—东盟自贸区协定正式生效后，进一步增强了中国与东南亚11国的贸易联系，双边贸易额快速增长。西亚北非与中国贸易额也接近3000亿

美元,且增速较快,这主要是由于中国从该地区进口大量原油等大宗商品。此外,南亚和蒙古、俄罗斯接近 1000 亿美元,中东欧和中亚 5 国贸易额在 500 亿美元左右。

"一带一路"沿线国家对中国投资总量较小,2005~2014 年,"一带一路"沿线国家对中国直接投资占中国全部 FDI 的比例一直保持在 6% 左右,年均增速约 7%,低于中国 FDI 总体增长水平。"一带一路"沿线虽然有很多国家对华投资,但规模很小且分布不均衡,东南亚国家占 90% 以上,新加坡占绝大多数。2012~2014 年,"一带一路"国家对中国 FDI 均值 76 亿美元,其中东南亚国家占 72 亿美元,新加坡为 65 亿美元,马来西亚约 2.5 亿美元。

中国对外投资起步相对较晚,但增速很快。中国 ODI 存量主要集中在亚洲地区,尤其是中国香港地区,约占 60%。中国对"一带一路"国家的 ODI 起步更晚,投资相对较少。在国家出台"一带一路"重大战略以来,对该区域的投资正在快速增长。2015 年,中国企业对沿线国家直接投资 148.2 亿美元,沿线国家对华投资 84.6 亿美元,同比分别增长 18.2% 和 23.8%。中国企业在沿线国家新签对外承包工程项目合同 3987 份,新签合同额 926.4 亿美元,占同期我国对外承包工程新签合同额的 44.1%,同比增长 7.4%。

(二)金融机构和金融监管合作现状

近年来,中资商业银行不断加大"走出去"步伐。截至 2015 年底,共有 22 家中资银行在 59 个国家和地区设立 1298 家分支机构(一级机构 213 家)。其中,9 家中资银行在"一带一路"沿线 24 个国家设立了 56 家一级分支机构。五大行(尤其是中行和工行)是中资银行"走出去"的主力军,在"一带一路"沿线国家的机构布局初具规模。截至 2015 年底,大型商业银行在境外 57 个国家和地区设有一级机构(含代表处)171 家;其中,在"一带一路"沿线 23 个国家设有一级机构 51 家。

截至 2015 年底,共有 15 个国家和地区的银行在华设立了 37 家外商独资银行(下设分行 306 家)、2 家合资银行(下设分行 4 家);26 个国家和地区的 69 家外国银行在华设立了 114 家分行;46 个国家和地区的 153 家银行在华设立了 174 家代表处。其中,来自 20 个"一带一路"国家的 56 家商业银行在华设立了 7 家子行、18 家分行以及 42 家代表处。

为更好地支持中资银行服务"一带一路"建设,中国银监会加大与境外监管机构的交流与合作,截至 2016 年 3 月底,银监会已与 28 个"一带一路"国家和地区的监管当局签署了双边监管谅解备忘录,在此框架下,双方不断加强跨境监管合作和信息交流,积极推动银行业机构之间开展多层次、多领域的合作,维护互设银行机构的稳健发展。

（三）资本市场投资状况

根据2016年上半年IMF公布的数据①，全球主要国家（地区）对华证券投资情况见表4。

表4　　　　　主要地区对中国和全球证券投资情况　　　　单位：亿美元

国家（地区）	排名	中国	全球	国家（地区）	排名	中国	全球
中国香港	1	4035	13828	白俄罗斯	34	0.28	2
美国	2	1542	101683	斯洛伐克	36	0.25	217
新加坡	3	1121	9659	科威特	41	0.15	162
英国	4	510	39091	黎巴嫩	42	0.08	53
卢森堡	5	479	38862	以色列	43	0.08	1165
加拿大	6	271	12315	爱沙尼亚	47	0.03	69
中国澳门	7	244	550	埃及	49	0.03	19
日本	8	216	34335	印度	51	0.02	15
爱尔兰	9	194	23732	波兰	55	0.01	246
韩国	10	161	2305	匈牙利	56	0.01	94
前十合计		8773	276359	土耳其	57	0.01	13
泰国	13	69	425	保加利亚	58	0.00	55
马来西亚	18	17	725	南非	19	15.06	1517
印尼	22	9	129	俄罗斯	37	0.24	617
菲律宾	23	7	98	印度	51	0.02	15
斯洛文尼亚	29	1.07	148	巴西	53	0.02	266
立陶宛	30	1.01	67	金砖合计		15.34	2414
孟加拉	31	0.65	24	欧元区合计		1048*	170010
哈萨克斯坦	32	0.62	720	储备资产和国际机构		未披露	48234
捷克	33	0.53	292	全球总投资		9409	471049

注：*表示西班牙未披露对中国的证券投资规模。

数据来源：IMF证券投资联合调查（CPIS）及作者整理，下同。

---

① 来源于IMF的证券投资联合调查（CPIS）。CPIS是自愿性质的调查，一些国家完全没有参与此类调查，如沙特阿拉伯等；还有一些国家有所保留，如中国披露的对外证券投资规模仅有2868亿美元。

表4显示,截至2015年6月,全球披露的对外证券投资规模为47.1万亿元,其中9409亿美元投资于中国。前十大投资来源地区合计占比93.2%,其中,中国香港占43%、美国占16%、新加坡占12%。

有23个"一带一路"国家对中国进行了证券投资,绝大多数来自东盟国家。新加坡投资1121亿美元,居"一带一路"国家之首;其他"一带一路"国家披露的投资规模总计为107亿美元,而东盟四国(泰国、马来西亚、印尼和菲律宾)就占到了102亿美元。由于IMF证券投资联合调查的自愿性质,可能还有一些国家和地区没有披露相关信息,实际投资规模可能更大。

中国对其他地区和"一带一路"国家的证券投资情况,见表5。

表5　　　　中国对外证券投资主要国家(地区)　　　　单位:亿美元

国家(地区)	排名	规模	国家(地区)	排名	规模
美国	1	1167	新加坡	15	25
中国香港	2	495	印尼	19	21
开曼群岛	3	163	泰国	29	9
英国	4	130	马来西亚	32	5.9
日本	5	124	菲律宾	34	5
英属维京群岛	6	113	越南	61	0.24
澳大利亚	7	65	柬埔寨	103	0.01
法国	8	50	东盟合计		67
德国	9	48	欧元区合计		235
加拿大	10	45	土耳其	28	9.0
前十合计		2400	蒙古	30	8.0
巴西	14	27	波兰	33	5.3
南非	20	19	以色列	37	3.4
俄罗斯	26	9.8	其他26国*		6.6
印度	27	9.1			
金砖合计		64.9	全球总计		2868

注:*表示"一带一路"沿线26个国家。

截至2015年6月,中国披露的对外证券投资规模为2868亿美元,主要投向发达经济体,前十位地区规模共计2400美元;其中,41%投向美国,规模为1167亿美元,8%投向欧元区,2%投向金砖国家,主要投向巴西和南非。中国对 39 个"一带一路"国家进行了证券投资,总规模为 118 亿美元,主要集中在东盟、俄罗斯、印度和土耳其等新兴经济体。其中对东盟 7 国投资 67 亿美元,投向俄罗斯、印度、土耳其和蒙古共计 36 亿美元。

虽然中国未完全披露真实投资状况,但从表 5 来看,中国对外证券投资分布非常广泛,对"一带一路"沿线主要国家均有投资;尽管规模有限,但毕竟已经涉足这些国家的证券市场,在逐渐熟悉这些市场的运作规律以后,有助于进一步加强对外证券投资合作。

（四）货币合作状况

2009 年以来,人民币在跨境贸易和投资中的使用规模和范围迅速扩大,但主要的跨境收付量发生在大中华地区（港澳台地区和新加坡地区）,在"一带一路"国家的规模相对较小。

截至 2015 年末,人民银行共与 9 个国家的中央银行签订了本币结算协定,全部为"一带一路"国家。其中与越南、蒙古、老挝、吉尔吉斯斯坦、朝鲜 5 个国家中央银行签订的为边境贸易本币结算协定,与白俄罗斯、俄罗斯的边贸本币结算协定分别于 2010 年和 2011 年扩展至双边一般贸易；2014 年,中国人民银行将与尼泊尔和哈萨克斯坦的边贸本币结算协定扩大至一般贸易。

截至 2016 年 6 月 30 日,中国人民银行与马来西亚、白俄罗斯、印尼、新加坡等地区货币当局签署了 35 个双边本币互换协议,互换总规模超 3.3 万亿元人民币；其中,涉及"一带一路"20 个国家,规模近 1 万亿元。

为支持离岸人民币业务开展,自 2015 年开始,中国人民银行先后在全球主要经济体建立人民币清算安排,目前在马来西亚、泰国、俄罗斯等"一带一路"国家均已指定人民币业务清算行。随着人民币境外清算机制逐步建立完善,有相当大一部分人民币在境外沉淀,也有回流需求,目前人民币合格境外机构投资者（RQFII）的机制逐渐完善,有 17 个国家（地区）取得 RQFII 资格,其中涉及"一带一路"沿线 6 个国家,RQFII 总额共计 3300 亿元人民币。

中国与"一带一路"国家加强货币合作,还需要注意的一个重要风险是沿线国家货币币值波动很大,而且多数国家实施较为严格的管制汇率制度,容易发生突然贬值的情况。2008 年国际金融危机以来,除中国以外,"一带一路"沿线 64 个国家货币都出现较大幅度贬值,尤以独联体国家为甚。各国货币走势①情况见图 4。

---

① 以 2008 年 1 月 1 日汇率为基准,图中数值为百分数,正数表示贬值,负数表示升值；例如 20 表示,较 2008 年 1 月 1 日,该货币贬值 20%。

金融支持"一带一路"战略：基于上海国际金融中心建设的视角　295

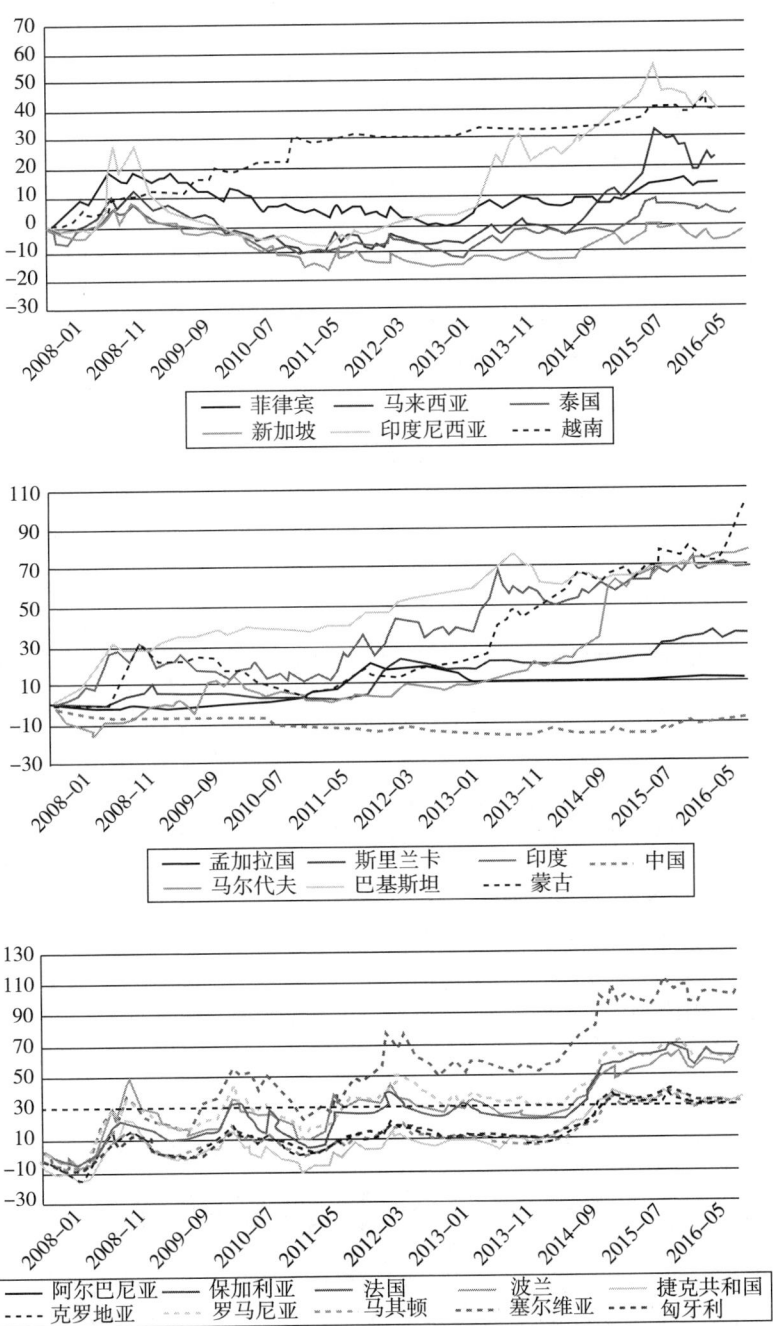

图4　2008年以来"一带一路"国家货币汇率走势

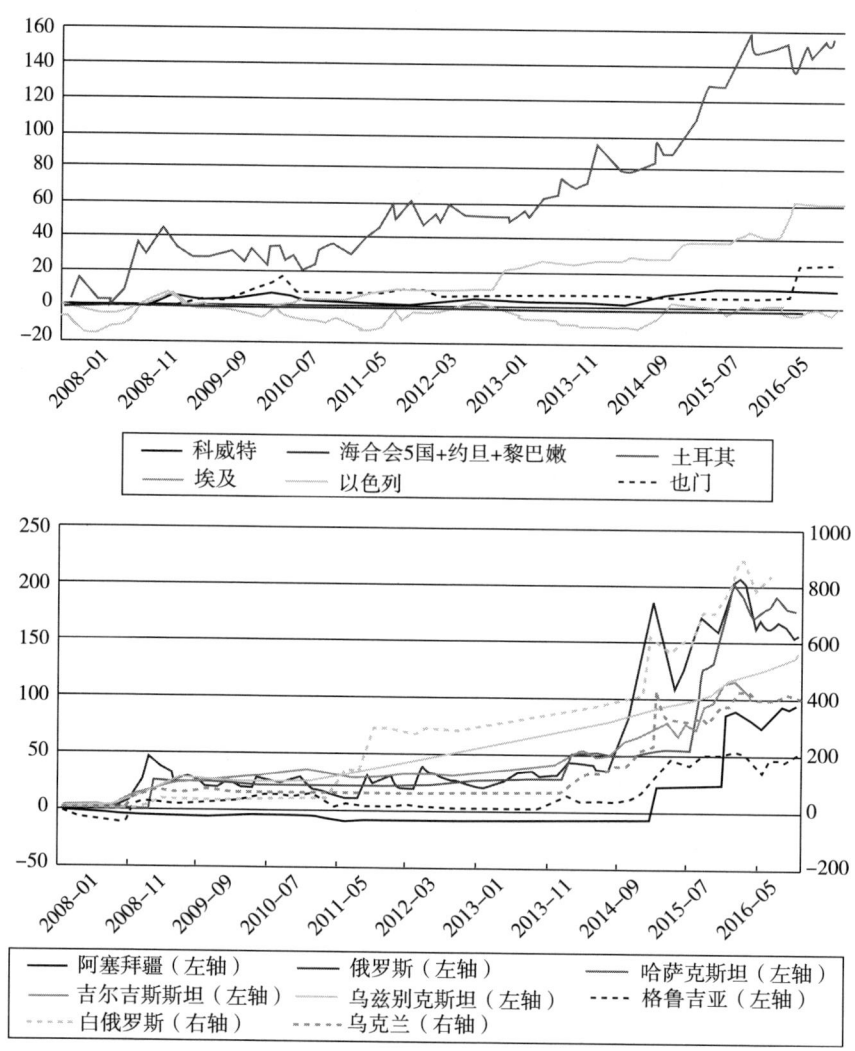

资料来源：路透 Datastream 及作者计算。

图 4　2008 年以来"一带一路"国家货币汇率走势（续图）

五、中国与"一带一路"国家金融合作存在的问题

随着中国与"一带一路"国家经贸合作不断加深，金融合作也在不断深入；在"一带一路"战略提出后，中资金融机构在"一带一路"国家加速布局，但仍然存在一些问题。

（一）金融机构合作存在的问题

一是中资银行网点布局仍然不足且服务能力有限。截至2015年底，中资银行在59个国家和地区设立了分支机构，主要集中在发达经济体，仅有9家中资银行在"一带一路"沿线24个国家设立了56家一级分支机构，多数分支机构集中在东南亚地区；另外，中资银行海外业务的另一个重要短板是产品创新不足，制约了其服务中资企业"走出去"的能力，不利于推动"一带一路"建设。二是中资银行海外业务还有很大提升空间。中资海外业务收入来源比较单一，绝大部分是利差收入；而且海外业务占比空间总体较小。三是部分国家金融业对外开放程度较低。以印度为例，截至2014年1月底，共有43家外资银行在印度设立314个分支机构，其中渣打、汇丰和花旗银行占据2/3，分支机构数量分别为101家、50家和42家，其他多数外资银行仅有1家分支机构。截至2014年1月底，有45家外资银行在印度设立了代表处。

（二）资本市场合作存在的问题

中国与"一带一路"国家之间的证券投资主要存在以下问题：一是投资规模较小。由于经济相对落后，"一带一路"国家对外证券投资的规模偏小，而且金融市场和金融产品有待进一步深化和丰富；二是投资分布相对不均。目前中国对"一带一路"地区的证券投资主要集中在东盟和较大的新兴经济体，而"一带一路"国家中对中国的证券投资也主要来自于东盟国家。三是部分国家金融市场开放度较低。由于经济不发达乃至不开放，一些国家金融市场外资参与度很低，进入壁垒较高。四是融资能力不足。由于金融市场不发达，而相关国家经济发展的融资需求很强，国内金融市场很难支撑经济发展需要。

（三）货币合作存在的问题

中国与"一带一路"国家的货币合作还有很大的提升空间。"一带一路"沿线国家本币在双边贸易和投资中的占比较小，可以进一步推动相关国家签订双边贸易本币结算协定，甚至可考虑扩展到直接投资领域；货币互换实质性启用相对较少，没有广泛运用在企业日常的贸易投资活动当中；部分小币种货币挂牌交易不活跃，价格发现不充分，只能根据主要货币汇率套算等。分析这些问题的根源，主要有以下因素：一是推动货币合作的经济基础不牢。二是推动货币合作的政治意愿不足。"一带一路"地区经济发展水平相对滞后，虽然有发展经济的共同意愿，但货币合作的意愿存在较大差异，如俄罗斯更愿意推动卢布的国际化，在双边贸易本币结算中有强烈意愿推动卢布的使用；而越南以人民币尚未可自由兑换为由，不允许在一般贸易中使用人民币结算，人民币结算仅限于边境贸易；

此外，越南还担心一旦允许人民币广泛用于一般贸易结算，将扩大中国商品进入该国的优势，从而削弱了本国商品的竞争优势。还有其他一些国家则限制本国货币在境外的使用，这也影响了双方货币合作的程度。三是金融基础设施建设存在滞后。诸如本币结算等货币合作涉及本币账户开立，资金汇划、现金调拨和资金回流等一系列安排，相关金融基础设施建设滞后，结算效率不高，必然会影响合作推进。

（四）"一带一路"地区政治和经济风险较大

"一带一路"地区经济发展水平总体较低，经济金融环境相对较差，中资金融机构在该地区布局可能面临较大的宏观、中观和微观层面风险。从宏观层面来看，一是该地区地缘政治风险频发。"一带一路"地区是全球地缘政治风险的主要集中区域，且形式多样。既有外部和地区大国势力角力干预、地区内国家之间的冲突，也有一国内部不同政治势力、宗教派别、族群等严重分歧，还有恐怖主义的现实威胁。二是该地区经济总体风险较高。根据经济学人智库（EIU）的研究，"一带一路"地区的总体经济风险很高，尤其是中亚、中东北非地区；总体经济风险包含主权债务风险、货币风险和银行业风险。2015年，该地区多国货币大幅贬值，汇率风险是金融机构面临的一大风险。从中观层面来看，一是全球金融监管趋严，合规和反洗钱风险加大。中资银行"走出去"经验相对有限，在愈加严格的国际监管环境中，还不能完全适应国际金融监管规则的变化；此外，"一带一路"地区涉及不少敏感融资问题，目前国际上对反恐融资和反洗钱融资要求比较严格；此外，美国等个别国家还对一些国家实施金融制裁，要求其他国家金融机构配合，否则将面临处罚，这也会加大运营风险。二是国际金融市场大幅波动易引发系统性风险。受美联储等发达经济体央行货币政策变动影响，国际资本流动大幅波动，对新兴经济体，尤其是"一带一路"地区比较脆弱国家的金融市场，甚至是实体经济造成不小冲击，也会加大中资金融机构经营风险。从微观层面来看，一是该地区贷款不良率普遍较高。"一带一路"沿线很多国家贷款不良率比较高，目前中资银行海外资产的平均不良率不到1%，未来如果过多投放到"一带一路"国家，控制风险比较关键。二是"一带一路"项目本身的风险相对较大。"一带一路"初期阶段大部分项目以基建为主，这些项目投资大、周期长，必然包含较大的坏账风险、法律风险，甚至地缘政治风险等。

（五）面临来自诸多方面的阻碍和国际同行激烈竞争

除了部分国家金融业开放程度相对较低可能阻碍中资银行开展业务外，一些国家如果对"一带一路"战略存在误解甚至抵制，也会影响中资企业和银行开展业务。部分域外国家，如日本调整了对外战略，推出一系列措施与"一带一路"战略竞争。此外，中资银行在海外，尤其是"一带一路"地区扎根时间较短，还未完全实现本土化经营；而国际大银行如渣打、汇丰、花旗等是老牌国际化银行，以及日本一些主要商业银行在东南亚、南亚等地区经营时间很长，当地业务相对比较熟悉，中资金融机构在当地的经营活动必然会面临来自这些国际主要银行的激烈竞争，必须要把握好竞争优势和策略，审慎经营。

(六) 其他问题

中资金融机构在"一带一路"地区开展业务还存在几个亟待解决的问题。一是人才缺乏问题。虽然中资银行规模扩张很快，但多数银行得益于国内较好的宏观经济环境和银行业市场环境，国际化经验尚有不足；国际人才储备，尤其是高水平复合型的管理人才也比较缺乏，必然会影响中资银行海外业务的开展。二是防止过度扩张风险。当前，一些资产规模较大的中资金融机构发展海外业务的积极性较高，一些中资金融机构通过兼并收购国外金融机构迅速扩张其在海外的业务网络。兼并收购国外金融机构确实能够帮助中资金融机构在海外迅速扩张，但必须要重视其中蕴含的风险，一定要摸清对方真实的资产负债情况、业务经营状况、劳工纠纷以及法律诉讼等重大问题。

六、上海国际金融中心和"一带一路"国家战略的联动

金融支持"一带一路"战略，以及中国与"一带一路"国家金融合作方面有很多问题需要各国金融管理当局之间协调解决；上海可利用其作为改革开放排头兵和创新发展先行者的地位，充分发挥自贸区金融改革先行先试的制度优势，在金融机构聚集、金融产品和服务创新、金融市场互联互通、金融基础设施建设以及人才培养等操作方面探索新的做法，更好地服务于"一带一路"建设，实现上海国际金融中心建设与"一带一路"两大国家战略的相互促进、联动发展。

(一) 加强上海国际金融中心与其他金融中心的合作，吸引更多金融机构聚集

根据前文分析，在推进"一带一路"战略过程，中国可重点推进与东南亚部分国家、中东欧以及西亚部分国家之间的合作，这些区域都有不同发展水平的金融中心对区域内国家具有一定的辐射力，如新加坡和迪拜国际金融中心；上海可与这些金融中心加强合作，加大上海国际金融中心推介力度，吸引更多金融机构聚集。随着中国金融市场开放程度不断加深，上海作为人民币资产交易中心将会给国外投资者提供更多的投资机会；而"一带一路"战略带来的巨大融资需求，也将为金融发展提供更多的动力。

一是吸引更多"一带一路"国家的商业性金融机构落户上海。在遵守中国

金融监管规定的前提下，注重引进"一带一路"国家的金融机构，更好地为沿线国家的企业提供金融服务，进一步拓展双边的投资和贸易合作；同时，加强与国外相关机构合作，为中资金融机构在海外设立分支机构和营运提供便利。

二是吸引国际多边开发机构在沪设立机构。"一带一路"项目建设必将催生巨大的投融资需求，也需要大量开发性资金投入，单靠丝路基金和亚洲基础设施投资银行显然不能满足；还必须要整合世界银行、亚洲开发银行以及欧洲复兴开发银行等开发性机构的资源。此外，国际开发性机构也可能需要在中国金融市场发债融资。因此，这些机构有在中国设立分支机构的潜在需求；上海宜建立明确的国际开发性金融机构落户上海的制度框架，包括办公场所租金减免、税收优惠、签证便利、教育、生活等配套制度。

（二）充分利用制度优势，提升金融产品和服务创新能力

"一带一路"建设涉及大量的工程项目融资，中资金融机构要在完善传统金融产品的基础上，进一步创新融资方式，提高融资效率。一是优化保函、买方信贷、卖方信贷、融资租赁等传统产品。在严格控制风险的基础上，优化各类保函、进出口信贷、融资租赁等金融产品的业务流程，在提高融资效率的同时，也帮助企业有效应对相关金融产品的法律风险；同时，中资金融机构应全面了解企业的相关工程项目，及时掌握工程报价、施工进度、款项拨付等重要财务信息，降低金融机构承担的风险。二是创新项目融资模式。借鉴国际上最新的项目融资经验，利用PPP、发行项目融资债券等创新融资模式，提高融资效率并分担风险。

中资金融机构，尤其是中资银行要采取措施，促进金融资本与产业资本紧密结合，支持"一带一路"沿线国家产业发展，实现金融资本和产业资本的"抱团出海"，在优化国内产业结构的同时，推动区域内国家产业链对接、融合，推动产业升级，提升中国在全球价值链上的位置。针对中资企业不同的产业资本输出模式，提供全方位的金融服务。

中资金融机构要把握国家在上海自贸区推行金融改革试点的制度优势，及时创新金融产品和服务模式，为跨境商业合作提供跨境结算、境外借款、跨境电子商务、外汇和人民币资金池等创新型金融服务。中资金融机构可以充分利用各项金融创新举措，如试点发行绿色债券，多渠道开辟和增加长期低成本资金来源，满足多元化资金需求，加大对"走出去"企业的信贷支持力度。上海作为人民币资产交易中心，要把握"一带一路"战略带来的巨大契机，通过自贸区金融改革试点带来的制度优势，在有效防控风险的前提下，采取措施为金融机构产品和服务创新提供便利。通过自贸区这个创新桥梁，在促进上海国际金融中心建设的同时，服务国家"一带一路"战略。

(三) 构建"五位一体"的国际金融市场格局

"一带一路"国家经贸联系日益紧密,相关项目建设必将催生巨大的融资需求,有利于资本市场发展;此外,"一带一路"国家还是原油等大宗商品的主要出口国和消费国,对大宗商品价格具有重要影响。上海要牢牢把握"一带一路"战略契机,尽快形成熊猫债市场、股票市场国际板、国际大宗商品市场、黄金市场国际板以及外汇市场"五位一体"的国际金融市场格局,并以此来支撑人民币国际化,全面提升中国在国际金融市场的地位。

1. 建设国际化的"熊猫债"市场

"熊猫债"一方面是支持"一带一路"建设的重要融资方式,同时也是人民币国际化的重要载体。"熊猫债"市场的发展不仅为国内投资者提供了分享境外发行主体增长收益的机会,也为进入银行间债券市场的境外机构投资者提供了更多投资品种;同时,"熊猫债"市场的发展,还会带来更多的信用评级、承销、经纪、会计、审计等金融中介服务需求,进一步促进国内金融市场发展。可考虑重点开展以下方面的工作。

一是继续提高银行间债券市场的国际化水平。加大上海国际金融中心推介,吸引更多国外机构投资者参与银行间市场,促使银行间债券市场交易更加活跃,价格发现更加充分,增加"熊猫债"的吸引力。此外,更多的国际投行等金融中介机构参与银行间债券市场,有助于提升该市场的国际化运作水平,形成更加友好的市场环境。

二是完善"熊猫债"管理规定,并允许更多的境外组织和国际机构发行"熊猫债"。2014年10月,人民银行等四部门对国际开发机构发行"熊猫债"的相关规定进行了修订,可考虑制定统一的管理规定。目前"熊猫债"发行主体已经包含国际金融组织、境外金融机构、招商局等境外企业以及境外政府;今后,可适当允许更多的境外主体发行"熊猫债"并减少对发债主体资金运用的限制。

三是考虑给予"一带一路"项目适当便利。"一带一路"沿线国家的政府、金融机构或企业如果发行"熊猫债"募集资金主要用于"一带一路"项目建设,可考虑给予适当便利。例如,支持"一带一路"相关国家共同出资建立增信机构,以提高相关机构的信用评级;鼓励国际开发机构或熟悉当地业务的中资机构与境外主体合作成立融资平台等。

四是上海可为规范发行"熊猫债"探索试点。在国家相关部委支持下,允许境外机构在自贸区发行"熊猫债",制定适用于自贸区的"熊猫债"管理规定,为出台全国统一的管理措施积累经验。

当然,如果"熊猫债"市场规模发展到一定程度,有大量人民币流出境外,对人民币汇率和货币政策产生重大影响时，则需要审慎应对，适当控制发行节奏。因此，在支持人民币"熊猫债"市场发展的同时，必须要做好相关的宏观审慎管理体系。

2. 多途径稳步推进股票市场国际板

近年来，国际上主要交易所掀起合并浪潮，同时对优质上市资源的争夺也愈加激烈，中国必须要把握这一趋势。近年来，由于股票市场容量有限和管理体制等原因，国内一些优质互联网公司纷纷在美国上市，致使国内优质上市资源流失。在新一轮资本市场深化改革的过程中，应考虑把吸引国外优质公司在国内上市作为一个重要内容。

优质上市资源的竞争时不我待，不能因为国内A股市场暂时性的不足而影响此竞争，这关系到我国资本市场的长远健康发展。在目前A股市场尚待完善的情况下，可考虑采取一些循序渐进的措施。

一是允许国外优质企业在国内发行可转换股票存托凭证（CDR），如果A股市场容量有限，可考虑在银行间市场主要面对机构投资者交易，拓展国内投资渠道。

二是在自贸区建设股票国际板。在自由贸易账户管理体系不断成熟以后，可研究探索在自贸区建立股票国际板的可能性，采用更加贴近国际市场的上市标准和监管标准，吸引国内外优质企业上市，并探索国内股票市场进一步深化体制机制改革的制度经验。

三是针对"一带一路"国家的优质公司，可考虑允许其在边境地区的区域性股权交易市场进行交易。边境地区由于与相邻国家交往密切，对这些国家的优质公司也比较熟悉，如果相关公司有融资需求，可考虑建立适当机制允许其在边境省市的区域股权交易市场进行股权和债权交易；待培育到一些程度以后，再考虑允许其在新三板、创业板或主板市场交易。

四是视情况发展，逐步允许国外优质公司在A股市场发行CDR或直接发行股票，可从国外优质大公司开始，逐步扩展到其他公司。

3. 加快形成有国际影响力的国际大宗商品交易市场

中东、俄罗斯以及中亚地区是原油、天然气等资源出口国，而中国、印度和东盟等主要新兴经济体则是重要的进口国，从市场供求决定价格的经济学最基本原理来看，"一带一路"相关国家应该是原油、天然气等商品价格的重要决定者。然而，由于以能源产品为基础资产的金融衍生品极其发达，能源产品的现货价格已经很难主要由市场供求决定，而是显著地受到期货价格的影响，而原油期货市场则主要在欧美发达国家，由国际主要金融机构主导，且原油及其金融衍生品价格使用美元标价，美元币值和美联储货币政策对其也有显著影响，从而将国际货币体系不合理的缺陷进一步放大。

原油期货交易在上海自贸区成立之初，就提上了议事日程。2013 年 11 月，经中国证监会批准，上海期货交易所出资设立了上海国际能源交易中心股份有限公司。国际能源交易中心注册在上海自贸区，是面向全球投资者的国际性交易场所。然而，受国内资本市场波动和国际原油价格大幅波动等诸多因素影响，国内的原油期货合约迟迟未能上线。如果市场条件成熟，应抓紧时机，推出原油期货合约，提升中国以及"一带一路"相关国家在国际原油市场的定价权和话语权。

4. 加快形成有国际影响力的黄金市场

原油期货市场、黄金市场（现货和期货）是国际金融市场的重要组成部分，人民币能否在这两个市场定价中起到一定作用，关系到人民币国际化能否真正成功。目前，黄金市场价格主要由伦敦市场和纽约市场的参与者决定。

2014 年 9 月，黄金交易所国际板正式在上海自贸区上线运行；2015 年 7 月又推出"黄金沪港通"，启动内地与香港两大主要黄金市场的互联互通。截至 2015 年底，"国际板"累计成交黄金 4800 吨，金额 1.13 万亿元，"上海金"初步显现国际影响力。2016 年 4 月，上海黄金交易所发布全球首个以人民币计价的黄金基准价格，未来有望形成与"伦敦金"和"纽约金"三足鼎立的态势。今后，可采取措施引入更多的国际金融机构、增加交易品种、放宽交易限制等，适时研究探索推出黄金期货交易的可行性，提高"上海金"国际影响力。

5. 丰富外汇市场产品交易

"一带一路"国家货币汇率波动大，为帮助企业规避汇率风险，可考虑采取以下措施：一是适当增加人民币对小币种的交易产品。对于交易需求相对较大的小币种，适时考虑在银行柜台挂牌，建立区域性的货币交易平台；待时机成熟时，可考虑在银行间市场挂牌交易。鼓励中外双方对应国家更多有影响力的金融机构参与银行柜台汇率挂牌、区域性货币交易平台或银行间市场交易，这有助于形成更为准确的汇率水平，并提供相对丰富的汇率风险对冲产品，帮助企业对冲风险。二是根据实体经济需要，适度推出品种更加丰富的人民币汇率衍生品。三是适当鼓励金融机构和外汇市场开展更多的外币对外币交易。在调研中资机构外汇风险管理需求的基础上，可支持汇率风险管理能力较强且有意愿的金融机构适当开展"一带一路"国家货币对主要储备货币的外币对外币交易；若条件成熟，可逐步增加外汇市场外币对外币交易品种，并有序扩大外汇市场对外开放程度，提高我国外汇市场的国际吸引力。

（四）完善人民币支付清算系统等基础设施建设

加快人民币跨境支付系统（CIPS）后续建设，丰富和完善 CIPS 功能设计，优化账户管理服务，更好地满足市场主体的支付需求和参与银行的资金管理需求；同时，根据国际经验，尝试对参加行作出一定规模的日内融资安排，进一步提高清算效率。加强宣传，鼓励"一带一路"沿线国家更多的金融机构以适当方式加入CIPS系统，在"一带一路"地区构建完善的人民币清算网络。对比纽约、伦敦等一流国际金融中心，夯实基础、苦练内功，完善中央对手方清算等金融市场基础设施建设，提高金融产品和服务效率；不断提升金融监管水平。此外，作为具有国际影响力的金融中心，上海还应进一步完善法制税收环境，规范并完善金融中介体系，不断改善营商环境，提升上海国际金融中心的市场化、国际化和法治化水平。

（五）为"一带一路"建设储备国际化人才

中资金融机构开展海外业务面临的一个重要问题是复合型金融人才的缺乏，在"一带一路"地区还面临复杂的语言、宗教和文化等方面的制约。因此，加强人才交流培训非常重要。上海在此方面具有一定的优势，可考虑采取以下措施：一是联合重点高校，尽快开设"一带一路"地区重要国家的小语种课程，加强语言培训和金融复合型人才的培养。

二是加大金融机构之间人员交流力度。中资金融机构在相关国家开展业务，可与当地有影响力的金融机构签订战略合作协议，除相互业务代理外，还可包括人员交流和培训；中资金融机构接纳国外金融机构人员在海外机构或中国工作，帮助其熟悉中国金融产品和市场。上海地区金融管理部门可在征询中外金融机构意见的基础上，探索在上海地区有针对性地开展中外资金融机构人员交流、业务培训等试点，尤其是对准备派驻"一带一路"国家中资金融机构的人员，可提前到对应国家驻沪机构短暂交流，在积累业务经验的同时也可逐渐建立与当地的社交联系。

三是积极参与国家针对"一带一路"地区的留学生项目。目前中国已经设立针对"一带一路"地区留学生的专项奖学金，吸引"一带一路"国家的留学生来中国学习，以促进文化互通，人心相通，让这些国家的人民更好地了解和亲近中国文化。上海经济金融发达，国际化程度较高，对海外留学生具有较大吸引力，相关部门可积极争取吸引国外留学生；同时，可与金融机构合作，要求中资金融机构在相关国家开展业务时，在同等条件下，可优先雇用在中国学习的当地留学生；中资金融机构还可以考虑与国内大学签订用人协议，直接招聘这些国家在中国的留学生并鼓励其回本国就业，提高中国奖学金项目的吸引力；同时，这既增加了当地的就业率，也有助于实现中资金融机构在当地经营的本土化。

四是配合国家相关部门加大对"一带一路"地区的技术援助。随着中国经济实力的不断提升，中国政府对外技术援助力度也在扩大，目前已经有很多针对欠发达国家政府官员的培训项目。未来，政府可能会加大对"一带一路"沿线国家政府官员，金融监管机构和商务人士的培训交流力度；上海可考虑争取相关部委在上海建立专门针对"一带一路"国家技术援助项目的机构,或者挂靠上海国家会计学院或亚太财经与发展学院等机构,与现有的技术援助项目相结合,形成工作合力,并提升上海的国际影响力。

参考文献

[1] Kuznets Simon. 各国的经济增长:总产值和生产结构[M]. 常勋等译. 北京:商务印书馆,1999.

[2] North C. Douglass. 制度、制度变迁和经济绩效[M]. 刘守英译. 上海:上海三联书店,1994.

[3] Joshua Aizenman. 人民币国际化、资本市场开放和中国金融改革[J]. 宋晶译. 金融市场研究,2015(4).

[4] 巴曙松,王志峰. "一带一路"沿线经济金融环境与我国银行业的国际化发展战略[N]. 兰州大学学报(社会科学版),2015(5).

[5] 丁一凡. "一带一路"与金融创新[J]. 国际经济评论,2015(4).

[6] 高虎城. 以"一带一路"建设为统领,开创对外开放新局面,中宣部等六部委联合主办的"展望十三五"系列报告会上的发言.

[7] 胡怀邦. 发挥开发性金融作用服务"一带一路"战略[J]. 全球化,2015(5).

[8] 黄群慧. "一带一路"沿线国家工业化进程报告[M]. 北京:社会科学文献出版社,2015.

[9] 蒋志刚. "一带一路"建设中的金融支持主导作用[J]. 国际经济合作,2014(9).

[10] 马骏. 推进跨境双边本币结算——以中韩为例[J]. 中国金融,2015(20).

[11] 温信祥,徐昕. 人民币国际化的全新历史时期——"一带一路"与未来国际金融体系[J]. 学术前沿,2015(8).

[12] 吴敬琏. 中国增长模式抉择(增订版)[M]. 上海:上海远东出版社,2013.

[13] 谢多. 中国债券市场的改革与发展[J]. 中国金融,2013(7).

[14] 闫衍. "一带一路"的金融合作[J]. 中国金融,2015(5).

[15] 易诚. 进一步加强与"一带一路"国家的金融合作[J]. 甘肃金融,2014(4).

[16] 袁佳. 一带一路"基础设施资金需求与投融资模式探究[J]. 国际贸易,2016(5).

[17] 邹嘉龄,等. 中国与"一带一路"沿线国家贸易格局及其经济贡献

［J］. 地理科学进展，2015（5）.

［18］张红力. 中国金融业前瞻：沿着"一带一路"走出去［J］. 学术前沿，2015（5）.

［19］朱苏荣. "一带一路"战略国际金融合作体系的路径分析［J］. 金融发展评论，2015（3）.

［20］经济学人企业网络组织. "一带一路"经济版图［J］. 研究报告，2016（3）.

［21］中国社会科学院. "一带一路"建设发展报告（2016）［M］. 北京：社会科学文献出版社，2016.

［22］中国人民银行网站，中国银行业监督管理委员会网站。

［23］中国银行业监督管理委员会. "一带一路"沿线国家基本信息.

［24］中国人民银行. 人民币国际化报告（2015），中国支付体系发展报告2015.

［25］中国人民银行. 中国人民银行年报（2014），中国人民银行年报（2015）.

［26］中国人民银行. 中国货币政策执行报告，2015～2016年各期.

［27］国家发展改革委，外交部，商务部. 推动共建丝绸之路经济带和21世纪海上丝绸之路的愿景与行动，2015-03-28.

［28］习近平. 在哈萨克斯坦纳扎尔巴耶夫大学发表重要演讲——弘扬人民友谊，共同建设丝绸之路经济带［N］. 人民日报，2013-09-08.

［29］习近平. 中国愿同东盟国家共建21世纪海上丝绸之路［N］. 人民日报，2013-10-03.

［30］习近平. 习近平在推进"一带一路"建设工作座谈会上强调总结经验坚定信心扎实推进让"一带一路"建设造福沿线各国人民［N］. 人民日报，2016-08-18.

［31］David Dollar. China's Rise as a Regional and Global Power, Brookings, 2015-12.

［32］Mercy A. Kuo, Angelica O. Tang, China's One Belt, One Road Initiative: Outlook For OBOR and the US Rebalance, The Diplomat, 2015-12-03.

［33］Obstfeld Maurice and Kenneth Rogoff, 1996, Foundations of International Macroeconomics, the MIT Press, London, England.

A股视角下
跨境资金流动的影响与管理研究

中国人民银行上海总部外汇管理部课题组

课题组组长：王利平
课题组成员：饶庆文　邓君红　廖一榕　范旭东　金怡琛
　　　　　　吴佳佳　杨默晗

摘　要

在发展过程中，我国股票市场逐步对跨境资金流动打开了大门。根据规划，"十三五"期间我国将推进资本市场双向开放，未来跨境资金流动规模趋于上升。国际金融史表明，新兴市场经济体和发达经济国家都不能忽视跨境资金流动对股票市场的冲击。特别是在2015年5月30日我国A股市场大幅波动之后，跨境资金流动对股票市场的影响被从不同角度反复讨论。因而，厘清现有制度安排下跨境资金流动对股票市场的影响具有重要意义。考察不同性质的经济体在股票市场扩大开放过程以及跨境资金流动管理中的经验与教训能够为我国防范风险提供有益借鉴。针对跨境资金流动的性质，建立相应的风险预警指标，确定合适的跨境资金流动风险审慎管理工具以及有效的应对策略是防范跨境资金流动异常冲击的基础要件。

本文的研究主要结论有：一是我国跨境资金流动管理服务实体经济发展，便利化程度不断提高，同时注重防控风险，为抵御外来冲击发挥了重大作用。二是实证检验表明，在目前管理框架下，跨境资金流动对我国股票市场没有显著的影响。从格兰杰因果分析来看，跨境资金流动的变化与我国股票市场涨跌之间不存在显著的因果关系。从2015年1～6月我国股票市场波动案例分析来看，跨境资金流动未对我国股票市场有系统的冲击。三是以波动性较大的跨境资金流动为例，我们探讨了跨境资金流动风险预警指标的构建。四是分析了不同跨境资金流动审慎管理工具的各自特点，建议根据不同情形选择适当的风险管理工具。

本文的主要创新点有：一是立足我国的制度设计与实践基础考察了跨境资金流动对A股市场的影响。二是基于偏最小二乘法构建了跨境资金流动风险预警指标体系。三是结合实践分析比较了不同跨境资金流动审慎管理工具的特点，探讨了不同工具的适用情形。

引　言

我国股票市场建立以来，为提高要素配置效率、优化企业治理结构、深化国企改革作出了巨大贡献。在发展完善过程中，股票市场双向开放程度不断提高。引入了 QFII、QDII 等制度设计，吸收长期机构投资者进入境内市场，优化了投资者结构，增加了境内投资者的配置选择，打开了股票市场跨境资金双向流动通道。此后，沪港通、基金互认以及深港通等一系列制度安排进一步提高了中国 A 股市场的双向开放程度，扩大了 A 股市场跨境资金流动的通道。根据《中华人民共和国国民经济和社会发展第十三个五年规划纲要》，"十三五"期间我国将推进资本市场双向开放，提高股票、债券市场对外开放程度。可以预见，随着改革开放的不断深入，我国股票市场开放程度不断深化，股票市场的跨境资金流动规模将不断扩大。

跨境资金流动对股票市场的影响日益引人重视。在 2015 年 5 月 30 日股票价格大幅波动之后，这一问题被从不同角度反复讨论。世界经济金融演进的历史也表明，无论是新兴市场经济体还是发达经济国家，跨境资金异常流动对股票市场的冲击都不能忽视。日本资产泡沫的破灭、台湾资本市场对外开放后的下跌以及东南亚金融危机等沉重的历史教训殷鉴不远。我国股票市场在开放过程中普遍实施了资金通道封闭管理与额度控制的制度安排，理论上为控制跨境资金流动对股票市场冲击设定了阀门。但跨境资金流动对股票市场的影响包括总体跨境资金流动和股票市场跨境资金流动两个层面，对股票市场的影响机制也不尽相同。因而考察不同层面跨境资金流动对股票市场影响的机制，厘清我国现有跨境资金流通渠道的制度安排，澄清现有制度安排下跨境资金流动对股票市场的影响，对实现进一步扩大资本市场双向开放具有不可忽视的意义。同时也应看到，随着资本市场双向开放程度的不断扩大、外汇管理改革的不断深入以及国际经济金融融合程度的提升，总体跨境资金流动与股票市场跨境资金流动都将趋于上升。因而考察不同性质的经济体在股票市场、资本市场扩大开放过程以及跨境资金流动管理中的经验与教训，能够为我国防范风险提供有益的借鉴。在理论研究与经验分析的基础上，我国应未雨绸缪，结合实际需求与外汇管理实践，建立进一步开放条件下防范跨境资金流动风险的审慎管理机制。

本文研究的基本内容如下。一是结合国内外理论与实证研究分析跨境资金流动对股票市场的影响机制。二是总结评价我国股票市场的跨境资金流动管理现状。三是从计量分析和案例研究两个途径实证检验现有管理框架下跨境资金流动对我国股票市场的影响。四是结合不同国家历史考察股票市场开放的经验与教训。五是为稳妥推进资本市场双向开放，提出跨境资金流动审慎管理的政策建议。

一、跨境资金流动对股票市场影响及管理的机制分析

跨境资金流动可以在宏观流动性和价格压力效应两个层面影响股票市场，此外跨境资金摆布为跨境操纵股票市场提供了空间。完全市场条件下，股票市场是有效的，股票价格是其内在价值的现值，宏观经济流动性能够通过影响预期收益和贴现率影响股票市场。在不同汇率、资本项目与货币政策制度安排下，跨境资金流动会对宏观经济流动性产生不同的影响，进而不同程度地冲击股票的价格。当市场并非完全有效时，价格压力效应使股票市场项下的跨境资金流动直接影响股票需求和价格。此外，境外投资者的惯性行为与羊群效应也可能对股票价格的波动推波助澜。对于新兴市场经济体而言，跨境资金流动的突然停止和逆转可能对资本市场，尤其是股票市场产生很大影响，进一步冲击实体经济。特定条件下，境外投资者也可以借助跨境资金流动操纵股票市场甚至攻击金融体系。因而，伴随着全球经济金融一体化，在资本账户开放程度不断深化的情形下，从维持股票市场稳定和金融安全的视角而言，需要对跨境资金流动进行审慎管理。

（一）跨境资金流动对股票市场的影响机制

1. 货币流动性影响机制。当经济未处于流动性陷阱时，流动性的改变会导致利率的改变，进而影响股票的相对价值。根据不可能三角理论，货币政策独立、固定汇率和资本项目开放三者无法同时实现。存在汇率管制条件下，国内流动性会受到大规模跨境资金流动影响。大规模跨境资金流入时，为维持汇率稳定，中央银行需要对外汇市场干预。不管是冲销式干预或是非冲销式干预，最终都会对流动性或者利率产生影响。Tobin（1969）认为，利率改变会通过资产替代效应和积累效应影响股票价格；当利率下降时，上述效应的作用会导致股票价格上升。Allen 和 Gale（2000）指出，信贷扩张以及关于信贷扩张的预期对当前资产价格存在明显影响。Rajan（2006）认为，利率偏低和流动性充裕会促使基金经理更加偏好流动性较差、信用级别较低、风险较大的项目，导致资产价格泡沫和金融系统波动。Bakes 和 Kramer（1999）针对 G7 的研究表明，美国流动性的扩大会导致日本流动性的扩大。Borja 和 Goyeau（2006）针对美国、欧洲和部分亚洲地区国家的研究表明，美国的流动性过剩影响欧洲的资产价格，而欧洲的流动性过剩也会影响美国的资产价格，但样本中亚洲五个国家的股票价格未受国际流动性过剩的影响。

2. 价格压力效应影响机制。市场有效时，股票的价格等于其内在价值的现值，股票的需求曲线水平，股票市场的流动不会影响其价格。但市场非完全有效时，股票的需求曲线倾斜，跨境资金流入股票市场会增加对股票的需求，导致需

求曲线上移，推高股票的价格。Froot 和 Ramadorai（2008）基于封闭型国家基金数据考察了证券项下跨国资金流动和证券收益率之间的关系，认为价格压力效应存在，基金价格收益率和净值收益率都受到跨境资金流动的正向影响。Jotikasthira、Lundblad 和 Ramadorai（2012）的研究显示，危机时期，新兴市场经济体证券项下跨境资金流动对股票收益率有明显影响。

3. 境外投资者非理性与股票市场稳定。新古典金融学假设投资者理性，从而股票市场有效，股票价格服从鞅过程。而行为金融学研究结果表明，受到认知、决策和行为模式限制，投资者行为很难呈现理性特征。特别是新兴市场经济体投资者由于不成熟、价值投资的机构投资者占比不足等限制，其交易特征具有明显的羊群效应和正反馈模式。为此，新兴市场经济体引入境外机构投资者，希望增加价值投资，提高市场理性。Umutlu、Akdeniza 和 Salih（2010）的研究发现，把股票收益波动性分解以后显示金融自由化程度的提高有助于降低波动性。但 Stiglitz（2010）认为，过早引进外资会暴露股票市场的脆弱性。Bohn 和 Tesar（1996）的研究认为，国际证券资金流动具有持续性特征。Kaminsky、Lyons 和 Schmukler（2001）研究了投资拉丁美洲的 13 只美国共同基金，发现其均存在动量投资行为。Chang（2010）的研究表明，台湾股票市场 QFII 具有"羊群行为"特性，加剧了价格波动和均值回复。可以看出，证券项下跨境资金流动对股票市场的作用不一而论，根据制度安排与具体市场机构会有不同体现。

4. 境外投资者操纵与投机攻击。根据 Allen 和 Gale（1992），市场操纵行为主要分为三类，包括基于行动的操纵、基于信息的操纵和基于交易的操纵。其中基于交易的操纵是通过股票买卖来操纵市场，这种交易模式需要有大规模的资金量作为支撑。Khwaja 和 Mian（2003）的研究表明，在发展中国家市场存在吸引趋势追随者并实现获利的现象。而当国际金融市场上投机者的规模足够大的时候，甚至可以利用股票市场与货币市场的联动效应对一国货币发起攻击，引发股票市场与货币市场的诊断，从中获利。当这种震荡足够严重时，就会导致金融危机或者货币危机。

（二）对跨境资金流动的审慎管理

如上所述，完全放任的跨境资金流动，特别是短期跨境资金流动可能成为股票市场异常波动的重要因素。新兴市场经济体实现维护金融稳定，保障金融服务实体经济的目标需要对跨境资金流动进行必要的审慎管理。审慎管理需要考量跨境资金流动的总体顺周期性与时变特征。Borio（2003）指出，从时间维度看，应针对顺周期性建立逆周期的监管措施。Jeanne 等（2012）认为，审慎资本管制应当根据金融系统脆弱性的变化进行相应的调整。目前一般认为，相比流出端，在流入端对跨境资金的管理更加有效。IMF（2011）认为，资本流入宏观审慎监管工具包括与外汇相关的审慎监管工具和与金融机构直接经营相关的监管工具，必要时可采取临时性资本管制。周小川（2012）指出，实施资本项目可兑换有必要对短期投机性跨境资本流动进行适当的管理。宏观审慎政策工具包括但不限于限制类措施、税收类措施以及准备金要求等（OECD，2015）。

二、我国跨境资金流动管理的现状与评价

改革开放以来，我国逐步发展完善了外向型的市场经济体系，但在较长一段时间内对外汇市场管制比较严格。1994年我国汇率制度进行了重大改革，汇率形成机制并轨，实行结售汇制度，人民币汇率由银行间外汇市场的供求决定。1996年12月1日起，我国接受国际货币基金组织协定第8条的全部义务，人民币经常项目实现了可兑换。此后，随着外汇管理制度改革的不断推进与深入，人民币可兑换程度逐步提高。除了经常项目可兑换外，目前直接投资基本可兑换，证券投资和其他投资实现了部分可兑换，与20世纪80~90年代相比，跨境资金流动的便利化程度有大幅提高。对跨境资金流动管理也适时改进与加强，总体上以真实性交易背景与额度管理为基础，结合价格型工具进行调控。与此同时，对外贸易规模不断扩大，直接投资、外债以及金融市场跨境交易持续发展，跨境资金流动的规模持续增长，跨境资金流动对货币政策独立性、金融稳定、币值稳定和实体经济的影响日益突出。

（一）我国跨境资金流动的管理现状

1. 货物贸易项下跨境资金流动管理。货物贸易项下跨境资金流动管理坚持以真实合法的交易为基础，要求跨境资金流与货物流相匹配。就货物贸易外汇跨境资金流动管理而言，坚持总量匹配原则。外汇管理部门利用国际收支数据、贸易信贷数据、出口存放境外登记数据和海关进出口数据等对货物流和资金流进行动态监测。对于货物流与资金流匹配度较好的企业简化业务流程，提高企业贸易经营便利程度。对于货物流与资金流不匹配且无合理原因的企业动态分类，区别管理，提高其经营成本；对于贸易项下跨境资金流动存在违法违规行为的企业依据相应法规予以处罚。贸易项下跨境人民币资金流动由相应管理部门与税务、财政和商务等部门配合审核发布"出口重点监管企业名单"，对特定企业进行管理。

2. 服务贸易项下跨境资金流动管理。类似贸易项下，服务贸易项下跨境资金流动管理同样要求真实合法的交易背景。对于单笔金额在5万美元以下的服务贸易项下外汇跨境资金流动，原则上可以不审核交易凭证。对于单笔交易金额在5万美元以上服务贸易项下外汇跨境资金流动，需审核单据以及税收备案表等凭证，并对高频、分拆跨境资金流动进行重点监管。利润汇出跨境外汇资金流动需

审核审计报告、验资报告、税务备案表等。对于捐赠项下外汇跨境资金流动要求专户管理，并需要进行单证审核。服务贸易项下人民币跨境资金流动着重关注"出口重点监管企业名单"，名单以外的企业可以凭业务凭证或者"跨境人民币结算收/付款说明"直接办理。利润汇出跨境人民币资金流动需要提供利润处置决议和纳税证明。

3. 直接投资跨境资金流动管理。外国投资者在我国境内设立外商投资企业，应先至商务主管部门办理审批或者备案手续（上海自贸试验区内的商务主管部门为自贸区管委会，设立外商投资企业按照《自贸试验区外商投资准入特别管理措施》区分不同行业实行审批或者备案）。备案完成后凭取得的批准或备案文件直接至银行办理外汇登记、账户开立、资金汇兑手续。外汇资本金实行意愿结汇，结汇所得人民币资金转入结汇待支付账户，根据法规要求按实需原则使用。境内机构开展境外直接投资，应先至主管部门办理核准或备案手续，并凭取得的核准或备案文件直接至银行办理境外投资外汇登记、资金汇兑手续。

4. 融资项下跨境资金流动管理。2016年4月29日，中国人民银行发布《关于在全国范围内实施全口径跨境融资宏观审慎管理的通知》（银发〔2016〕132号，以下简称132号文），明确境内银行、非银行金融机构和企业均可以按照宏观审慎管理模式举借外债。外债宏观审慎管理政策的实施，统一了境内中外资企业、中外资金融机构的外债管理政策，取消了境内中资企业和金融机构举借外债的事前审批，建立全口径外债规模与借债主体的净资产或资本挂钩的自律管理模式。这种管理模式通过融资杠杆率与宏观审慎参数的调整，实现外债资金跨境流动的宏观审慎调控，实现了外债额度动态调整。

5. 股票市场投资跨境资金流动管理。股票市场涉及的跨境资金流动通道主要包括QDII、QFII、RQFII、沪港通、基金互认、股权激励计划、境内公司境外上市等。其中，以股票市场交易投资为目的的制度安排为QDII、QFII、RQFII、沪港通、基金互认等。总体而言，这五种制度安排具有主体资格限定、投资规模限额和资金流动通道封闭的特征。其中，主体资格由证监会、银监会和保监会等主管部门设定，额度与汇兑管理由外汇局确定。在外汇管理改革不断深入和简政放权的背景下，额度管理模式进一步简化和市场化。其中，QDII额度由取得资格的机构向外汇局申请。QFII额度在基础额度内的部分只需进行备案，超过基础额度的部分需要向外汇局申请取得。基金互认设定香港基金净汇出和内地基金净汇入额，初始额度各为3000亿元人民币。沪港通分别设定"沪股通"和"港股通"额度。

（二）对我国跨境资金流动管理的评价

1. 我国跨境资金流动管理注重支持实体经济发展，有效防控风险，为抵御外来冲击发挥了重大作用。首先，长期以来，我国外汇跨境资金流动管理坚持以真实合法交易为基础，限制了热钱跨境流动的空间，防范了短期跨境资金异常波动，支持了实体经济发展。图1显示，2001年以来，随着国家经济实力的增强，波动性较大的跨境资金流动①不超过GDP的4%，总体规模有限。其次，风险较大的债务项下跨境资金流动规模可控。根据人民银行与外汇局发布的数据，截至2014年末，我国外债余额8954.6亿美元，短债余额6833.6亿美元。主要外债风险指标均处于安全范围，其中负债率（外债余额/GDP）为8.64%、债务率（外债余额/外汇收入）为35.19%、偿债率（外债偿还/外汇收入）为1.91%、外汇储备与短期外债的比例为562.43%，优于2010年中等收入国家69%、21%、10%和137%的平均水平②。

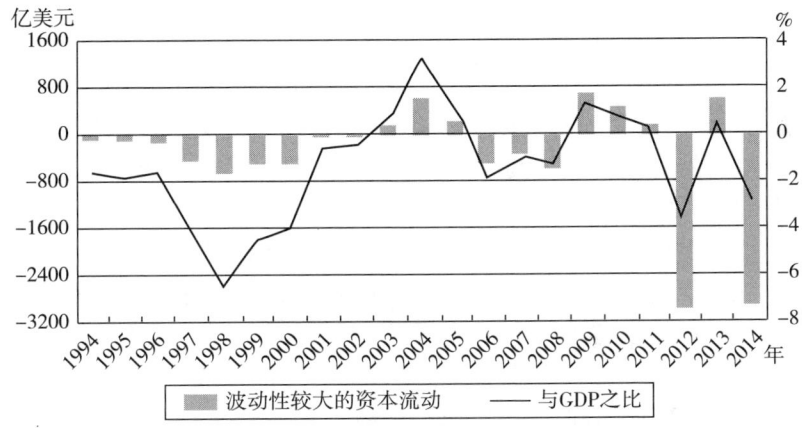

图1　1994~2014年我国波动较大的跨境资金流动净额与GDP之比

2. 跨境资金流动管理以市场化为导向，跨境资金流动便利化程度不断提高。首先，微观主体配置资产的自主性扩大。比如，境外投资等取消了外汇来源审查等条件，目前企业履行了上游监管部门备案或审批程序后，即可去银行办理相应业务，外汇局仅通过资本项目信息系统进行统计监测，采集相关数据并进行事后监管。其次，推进简政放权，优化跨境资金流动管理。比如，QFII额度管理改革为基础额度备案制，超出部分审批制具有操作简单、管理透明的特色；基金互认的额度确定总规模，更具有宏观审慎管理的特征。再次，微观主体跨境摆布资

---

① 根据国家外汇管理局2014年中国跨境资金流动监测报告，把非直接投资资本流动（non-FDI capital flows）视为波动性较大的跨境资金流动，主要包括证券投资和其他投资；同时为增强与外汇储备资产变动的匹配程度，再加入净误差与遗漏。

② 中国人民银行、国家外汇管理局有关负责人就我国全口径外债、外汇储备、黄金储备等情况答记者问。

金的工具选择更多。比如，跨境担保等业务的管理进一步放松，企业可以利用内保外贷、外保内贷等业务组合为跨境资金流动提供时间、空间和信用的不同搭配组合。跨国公司集中管理业务允许参与企业共享外债、境外放款额度，简化了业务办理环节，便利企业进行境内外资金调配。贸易项下业务由逐笔核销改为总量核查，大幅提高了企业的优化跨境资金流动安排的选择。最后，积极创新，先行试点，实施推广，促进市场主体跨境配置资金能力的平等。比如，先后在北京中关村、上海自贸区、江苏张家港、深圳前海试验区试点宏观审慎外债管理，试点比较成熟后推广到全国，实现了中外资企业按照统一规则的跨境融资，避免了外资企业的超国民待遇。

3. 目前跨境资金流动管理模式仍存在一些弊端，不利于政策目标实现。从时间维度看，传统管理模式下涉外交易管理链条较长，外汇管理部门作为最后一环，除承担统计监测之外，还被动充当了为上游监管机构守门的职责。而在国际收支波动趋势增强的情况下，上游机构基于自己政策目标采取的行为可能放大国际收支波动，而外汇部门处于被动地位，缺乏应对跨境资金流动管理的必要工具。从空间维度看，同一交易同时由多个部门管理，容易形成微观主体的不平等性，同时难以实现宏观管理。以外债业务为例，外债管理涉及发展改革委、外汇局、人民银行等多个部门。这样不同主体的跨境融资管理就存在差异，同时跨境资金流动的风险识别管理难度较大。从币种差异看，本外币管理存在一定的区别。货物贸易、服务贸易和直接投资项下管理模式、单证审核各有不同。QFII与RQFII的额度管理、托管人数量、锁定期计算等也存在差异。

4. 现行跨境资金流动管理仍然以行政管理和数量管理为主，缺乏必要的价格型审慎管理工具。我国经常项目已实现可兑换，剩余的部分管制项目中，管理手段主要以行政管理和数量管理为主。在证券类项目中，跨境资金流动管理以不同的模式进行额度管理。跨境融资管理本质上仍然是调整单个主体与总量的额度上限。这种管理方式有助于防范国际风险传播、维持金融稳定经济平稳增长，但也暴露了缺乏预调微调能力的弱点。价格型政策工具相应更具有预调微调的特征，能更为平滑地熨平跨境资金波动，同时给予市场主体更大的决策自主权。

5. 事后监管机制不断建立，但仍然需要进一步完善。外汇管理改革大大减少了事前行政行为，通过加强事后监管实现对跨境资金流动风险的有效管理。为保证审慎管理落到实处，需要建立完善的事后监管机制，确保微观主体能够依法合规地开展外汇业务。一是完善事后监管机制的数据系统。数据系统是事后监管的基础设施，是发现异常资金流动风险的源头。目前，由于管理机制、系统限制等原因，数据系统的完备性、及时性尚待改进。二是明确惩罚机制，能够有效地打击非法行为。外汇管理的简政放权赋予了市场主体更大自主决策权，如果没有相应具体明确的惩罚机制，跨境资金流动审慎管理就无法落到实处。

三、跨境资金流动对 A 股市场影响的实证检验

由理论分析可以看出，跨境资金流动存在影响股票市场的多种机制。这些机制对特定股票市场的影响大小受到具体制度设计的约束。我国目前跨境资金流动主体部分基于实际交易，证券项下跨境资金流动通道封闭，数量受限，因而预计通过价格压力效应对股票市场的总体影响并不显著。并且，基于通道封闭、数量限制以及投资者主体资格要求的制度设计，境外投资者投机性攻击的可能性可以忽略。同时，我国目前依旧保持一定程度的资本项目管制，货币政策的独立性较高，预计跨境资金流动对股票市场的宏观流动性影响机制作用也不明显。本文将基于计量分析和案例分析对跨境资金流动对我国股票市场的影响进行实证检验。

（一）跨境资金流动对我国股票市场的影响——计量分析

1. 跨境资金流动的分类与测算

预期在股票市场走势及分析中起到重要的作用。为了体现预期的一致性，这里参考市场中的常见做法，将流入股票市场的跨境资金分为两个部分。一部分是合法跨境投资资金；另一部分是市场上认为可能流入股票市场的"热钱"，即为了逃避监管等原因，通过一些非正常渠道进入国内的部分境外投机资金。

由于"热钱"的范围不易界定，并且流入的渠道模糊，精确识别热钱的规模非常困难，通常用估算的方法确定其规模。一种估算"热钱"规模的方法为：

$$热钱 = 外汇储备增加量 - 外商直接投资(FDI) - 贸易顺差$$

但这种"热钱"的估计方法存在两个不容忽视的问题。一是外汇储备的变化可能由外汇投资收益或者汇率波动引起；二是这种估算方法忽视了"热钱"借道外商投资和货物贸易通道跨境流动，而理论分析往往认为"热钱"跨境流动可以通过外商直接投资的内部交易或者贸易项下的转移定价来实现。

为此，这里参考刘莉亚（2008）的方法，把"热钱"的具体估算方程设定为：

$$热钱 = 超额贸易顺差 + 超额经常转移 + 错误与遗漏项$$

其中，超额贸易顺差用来估算借道跨境贸易通道的"热钱"，超额经常转移用来估算借道通过个人渠道的"热钱"。具体计算方法以超额贸易顺差为例，设定贸易顺差的移动平均值定为基准，把当前贸易顺差值对基准的偏离估算为通过跨境贸易通道进入国内的"热钱"规模。类似的估算超额经常转移。据此，"热钱"规模的估计步骤如下。

（1）选取国际收支平衡表中 2001 年第一季度至 2016 年第一季度的贸易顺差、经常转移和错误及遗漏项数据。

（2）计算贸易顺差和经常转移 $t-2$ 期，$t-1$ 期，$t+1$ 期和 $t+2$ 期均值。

（3）计算 t 期贸易顺差和经常转移数据与步骤（2）得到的均值的差，记为超额贸易顺差和超额经常转移值。

（4）加总 t 期超额贸易顺差、t 期超额经常转移和 t 期错误与遗漏项求得 t 期流入的"热钱"规模。

基于上述步骤可以估计每期流入的"热钱"规模，同时根据资本和金融账户中的证券投资项可以获得合法跨境投资规模。2000年下半年至2008年第四季度，"热钱"流入规模整体呈现增加态势。2009年第一季度后，"热钱"开始流出。特别是2011年第一季度后，"热钱"呈现持续流出状态。

从趋势上看，合法跨境投资与"热钱"流动总体趋势基本一致，但是"热钱"的流动波动性更大，对经济条件变化可能更加敏感。而合法跨境投资资金流动有一定的滞后性且波动相对较小，其原因可能部分在于对跨境证券投资资金流动的适当管理。

总体来看，2000年底至2004年初，我国跨境资金流动规模不大，流入流出基本均衡。2004年初至2008年底，跨境资金呈现流入态势，流入规模快速增加。2009年初至2014年底，跨境资金流入高位震荡。而2015年初至今，跨境资金呈现流出态势。

2. 跨境资金流动对我国股市影响的格兰杰因果分析

下面将基于格兰杰因果分析考察跨境资金流动与我国股票市场之间的关系。

基于数据的可得性，选择深成指、上证综指、上证180衡量我国股票市场的表现，同时用"热钱"、合法投资流入规模和总体跨境资金流入规模，衡量不同层面的跨境资金流动水平。首先基于ADF检验考察各个时间序列的稳定性。结果如表1所示。

表1　　　　　　　　　　　ADF检验结果

	F统计量	1%临界值	5%临界值	P值（%）
热钱	-0.0551	-2.6054	-1.9458	62.74
△热钱	-5.7430	-2.6060	-1.9459	0.10
合法投资	-0.0551	-2.6054	-1.9458	62.74
△合法投资	-5.7430	-2.6060	-1.9459	0.10
总流入	-0.0551	-2.6054	-1.9458	62.74
△总流入	-5.7430	-2.6060	-1.9459	0.10
深成指	-0.4635	-2.6054	-1.9458	47.81
△深成指	-5.8054	-2.6060	-1.9459	0.10
上证综指	-0.5292	-2.6054	-1.9458	45.41
△上证综指	-6.0595	-2.6060	-1.9459	0.10
上证180	-0.4733	-2.6054	-1.9458	47.45
△上证180	-5.5455	-2.6060	-1.9459	0.10

注：△表示对应变量的一阶差分。

从 ADF 检验的结果可以看出，所有基础数据序列都是非平稳的，但是数据的一阶差分是平稳的。由此，把股票市场指数的变化与跨境资金流动的变化组成三组变量检验其格兰杰因果关系。具体结果见表 2。

表 2　　　　　　　　　　Granger 因果关系检验结果

原假设	样本量	F 值	P 值
△热钱不是△深成指的 Granger 原因	61	2.5686	0.1144
△热钱不是△上证综指的 Granger 原因	61	1.1930	0.2792
△热钱不是△上证 180 的 Granger 原因	61	1.5898	0.2124
原假设	样本量	F 值	P 值
△合法投资不是△深成指的 Granger 原因	61	2.2476	0.1392
△合法投资不是△上证综指的 Granger 原因	61	2.2989	0.1349
△合法投资不是△上证 180 的 Granger 原因	61	2.6585	0.1084
原假设	样本量	F 值	P 值
△总流入不是△深成指的 Granger 原因	61	1.7205	0.1948
△总流入不是△上证综指的 Granger 原因	61	1.5948	0.2117
△总流入不是△上证综指的 Granger 原因	61	1.7382	0.1926

可以看出，格兰杰因果分析的结论不支持跨境资金流动的变化与我国股票市场涨跌之间存在显著的因果关系，并且这个结果是相对稳健的。这表明在现有管理模式下，跨境资金流动不是我国股票市场波动的主要原因。

（二）跨境资金流动对我国股票市场的影响——案例分析

自 2015 年 5 月开始，中国 A 股市场出现了较大幅度的异常波动。部分市场人士认为，这种波动异常的现象可能与大规模境外资金流入相关。基于数据可得性，本文结合上海市跨境资金流动的基本状况，对此进行了案例分析。

2015 年 1~6 月，上海跨境资金流入平稳增长，流出明显加快，净流出、净售汇整体呈现大幅扩大态势，而贸易融资量快速萎缩。QFII（RQFII）、QDII 以及"沪港通"等跨境证券投资业务资金流动增速明显，但由于前期基数较小，总体规模相对 A 股市值依旧较小。直接投资流入总体相对稳定，月度波动降低，外债流入有所下降。

我国针对资本项下交易与汇兑仍然实施不同程度的管制，境外资金通过资本项目途径大规模违规进入 A 股的制度基础不成立，管理中尚未发现此类现象。

资本项目下，目前跨境资金流入的途径主要包括直接投资、外债、QFII、RQFII以及"沪港通"等。从政策上看，根据外汇管理规定直接投资、外债资金在境内使用时，须符合市场主体的经营范围，并且具备真实交易背景，不能直接流入股市；QFII、RQFII 以及"沪港通"等境外投资者的资金流入必须控制在额度范围内，并且遵循相应的交易管理规定。

截至 2015 年 6 月底，QFII、RQFII 和"沪股通"等获批额度仅占 2014 年 12 月 31 日 A 股市值的 2.3%。在国内流动性充裕以及境外证券估值较低的情况下，境内资金通过 QDII 和"港股通"等渠道增持境外证券资产的规模要高于境外资金流入 A 股规模，境内资金总体呈现溢出效应。境外资金对国内 A 股的影响更多地体现在投资者心理层面，媒体对 QFII 和"沪股通"在特定时点流入和流出情况的报道某种程度上夸大了境外资金的影响程度，对境内投资者的投资行为产生一定影响。

基于我国现有的外汇管理框架以及 2015 年上海地区跨境资金流动基本情况，我们初步判断，2015 年 A 股市场大幅波动期间，上海跨境资金流动对国内 A 股市场的冲击效应不明显。

四、跨境资金流动审慎管理的国际经验

在便利贸易、降低资本约束、金融自由化、货币国际化以及外部压力等推动下，许多国家实现了经常项目的可兑换以及不同程度的资本项目可兑换。信息革命以来，金融科技的突飞猛进，金融创新的发展和金融工具的丰富，跨境资金流动渠道日趋多样化，跨境资金流动的便利性不断提高，速度增快，规模迅速扩大。跨境资金流动的发展有利于生产要素在全球优化配置，经济主体进行风险管理和资产配置。但跨境资金流动，特别是资本项下短期跨境资金流动具有波动性大、投机性强的特征。短期跨境资金流动追求高流动性与高收益性，在资本项目开放背景下，股票市场是短期跨境资金的一个重要聚集地。部分新兴市场经济体甚至某些发达经济体的金融开放史表明，大量跨境资金特别是短期跨境资金的涌入能够迅速推高股票市场，但在经济形势改变时，跨境资金的流入会发生停止或者逆转，导致股票市场的迅速大幅下挫。经验表明，股票市场震荡过大影响实体经济的发展。因而考察不同经济体跨境资金流动的开放和管理的教训，借鉴其经验对于建立针对跨境资金流动的审慎管理机制，降低跨境资金流动的风险，提高应对外来冲击的能力具有重要意义。

（一）跨境资金流动便利化伴随着外汇管制开放进程，本质上是市场化过程，是释放微观主体活力、发挥市场机制作用的过程。纵观各国推进外汇管制开放，便利跨境资金流动的进程可以发现，这一进程本质上不断拓展资源配置的时间与空间，增强了微观主体活力，提高要素使用效率。韩国基于人力资源比较优

势，先开放外商直接投资项下跨境资金流入，增加劳动者的选择机会与生产效率；后来逐步开放包括股票市场的资本市场。日本在1980年修改外汇管理法，允许外国投资者投资日本股票，丰富了金融市场的参与主体与产品；允许境内居民购买海外不动产及投资海外证券，增加了境内居民资产配置的渠道。法国、英国、印度、马来西亚、巴西、智利等不同类型经济体外汇管理的改革也普遍具备跨境资金流动日趋便利、市场化不断深入、微观主体活力不断发挥的特点。

（二）股票市场双向开放可控有序实现，跨境资金流动便利化稳步推进。一方面股票市场自身的双向开放可控有序实现。股票市场的模式包括间接开放模式和直接开放模式。间接开放模式下，境外资金不能直接购买投资目的国市场的股票，但可以通过购买投资该国股票市场的投资基金间接进入该国股票市场。直接开放模式包括有限制的直接开放和全面开放两种。直接开放又分为有限制的直接开放和全面直接开放。有限制的直接开放是指境外资金可以直接购买投资目的国市场的股票，但会受到不同程度的限制。全面开放是指境外资金可以自由进出一国证券市场，不受任何限制。不同国家往往根据自己的国情，选择可控有序的方式实现股票市场双向开放和跨境资金流动。比如，英国、美国、日本等发达经济体以及新加坡、韩国和马来西亚等发达经济体采取了有限制的直接开放模式，对境外资金总量和持股比例施加限制，对跨境资金的本金和利润汇兑施加不同的限制，设立特别账户、指定特别机构对股票市场跨境资金流动进行管理。在开放过程中逐步放松管制，扩大开放，便利跨境资金流动。另外，中国台湾地区在市场开放初期也采用了间接开放的模式，通过设立证券信托投资公司、境外发行收益凭证等方式吸引跨境资金进入境内股票市场。另一方面，股票市场跨境资金流动的有序开放必须与资本项目整体的有序开放相配合。OECD（2011）认为，资本项目更普遍的开放顺序应该是直接投资先于证券投资，商业信贷先于金融信贷，股票先于债券，对货币市场保持较长时间的管制，最后开放本国居民在海外非居民机构的存款账户。20世纪60年代，日本允许外商对其进行直接投资，但实行事前审批制；1980年允许借入日元外债，允许居民购买海外不动产以及投资证券；1984年进一步推进资本项目可兑换，内容包括金融资本市场开放、开放欧洲美元市场等。美国、法国、韩国、新加坡、马来西亚、中国台湾等国家和地区在资本项目开放过程中也同样遵循渐进战略，效果总体较好。

（三）股票市场开放扩大，跨境资金流动便利往往蕴含着宏观风险，必须运用各类工具适时对跨境异常资金流动进行审慎管理。中国台湾地区自1991开放资本项目，到2003年证券市场基本完全开放，期间股票市场双向资金流动规模持续扩大。2008年次贷危机发生，台湾股票市场境外投资者抛售大约150亿美元股票，台湾股价大幅下挫接近50%。此前在1997年东南亚金融危机期间，部分国家和地区的股票市场同样经历了类似的风险。当跨境资金流动引发股票市宏观风险出现时，一些国家采用了不同政策工具对跨境资金流动进行审慎管理。特别是在2007年以后，各国丰富了政策工具，明确了响应机制，更加系统化地建立了跨境资金流动审慎管理框架。马来西亚在1998年先是采取临时性资本管制措施，限制了林吉特在岸市场与离岸市场的联系，随后采用撤资税等价格型调控工具管理跨境资金流动。韩国在1980年创设金融稳定债券，冲销跨境资金流入导致的流动性泛滥；在1997年东南亚金融危机后，加强了对银行负债审慎管理，对银行外汇负债根据期限确定了最高杠杆率；2010年以来先后采取限制特定外汇衍生产品头寸限额、对银行的外汇非储蓄债务征收银行税以及对国债利息征收14%的预扣税等措施进行跨境资金流动审慎管理。巴西在1993年为控制跨境资金流入规模过大，对外资固定收益基金和外债资金征收金融交易税，采用价格型工具进行审慎管理。1991年，智利实施无息存款准备金政策，规定特定类型的短期跨境流入资金按照一定比例向中央银行缴纳无息存款准备金，调整资金流入的期限结构与规模。这些政策在不同程度上起到了预期的效果，调整了跨境资金流动的规模和速度，改善了跨境资金流入的结构，降低了跨境资金冲击和金融风险的可能性。

（四）股票市场开放以及跨境资金流动便利化不等于完全放弃对跨境交易的管理，外汇管理改革与限制支付以外的其他管理措施并不矛盾。目前，国际上对反洗钱、反恐融资和防范避税天堂导致的逃税采取的监控措施得到广泛认可。同时，大多数国家即使在宣布资本项目可兑换以后，也会基于国家安全或者特定政策目的的需要，限制对部分资本项目交易。例如，美国是公认跨境资金流动便利化程度最高的国家之一，但仍然以不同方式限制特定资本项下交易，比如以反垄断、国家安全需要借口限制对美国境内企业的并购，限制居民对外直接投资的国别等。同样，日本对外国投资仍然存在一些行会、商会以及政策实施细节的限制。印度仍然对外国投资者投资金融业、债券施加不同的限制，同时在政策实施中，以安全为由限制中国企业参与港口、电信、机场等行业投资。

五、跨境资金流动审慎管理的政策与建议

现有制度框架在一定程度上打开了股票市场跨境资金双向流动的通道，同时稳健的制度设计有效地防范了跨境资金异常波动对股票市场的系统性冲击或操纵。考虑继续推进股票市场双边开放的前景与跨境资金流动规模扩大的趋势，有必要进一步完善跨境资金流动审慎管理机制。这一部分内容将从管理目标与思路、风险预警指标设计、政策工具选择以及实施策略等方面进行探索。

（一）跨境资金流动审慎管理的目标与总体思路

1. 跨境资金流动审慎管理的目标

鉴于我国目前依旧是发展中国家，经济建设是现阶段的中心目标，本文认为跨境资金流动审慎管理的目标是促进国际收支均衡，维护经济金融体系稳定，使跨境资金流动最终服务实体经济发展的需要。在资本项目进一步开放的背景下，要特别防范引起资本市场异常波动或者债务危机的短期跨境资金流动。

2. 跨境资金流动审慎管理的总体思路

（1）进一步扩大跨境资金流动渠道，特别是扩大资本项目开放要稳健有序、风险可控。在开放次序上，先开放风险较小、比较成熟的业务，再开放风险较大或需要较多配套措施的业务。在主体选择上，先对机构开放，再对个人开放。在推进过程中，先试点后推广，先探索后规范，通过试点不断积累经验，调整完善实施方案。在具体操作中，可以同时取消交易限制和汇兑限制，也可以根据国际收支状况或从国家经济安全角度考虑，先取消交易限制，但暂时保留汇兑限制。

（2）跨境资金流动审慎管理应坚持市场化的非歧视原则，对不同性质市场主体平等对待。目前，境内国有、民营、外资以及个人等不同性质的经营主体，它们在市场交易中是平等的民事主体。跨境资金流动审慎管理在取向上对不同性质市场主体应平等对待，降低对市场公平竞争的破坏。应充分尊重经济主体投融资行为、财务决策等自主权，尽量降低对市场的扭曲。

（3）跨境资金流动审慎管理应与其他金融改革、宏观调控政策协调一致。一是跨境资金流动审慎管理需与利率市场化、汇率市场化政策协同推进。在利率、汇率改革尚未完成的条件下，跨境资金流动审慎管理要充分考虑利率、汇率形成机制改革的状态，维持货币政策的独立性，防范投机性资金冲击国内经济。二是跨境资金流动审慎管理应与货币财政等宏观经济政策以及其他宏观管理政策密切配合。跨境资金流动审慎管理主要目的在于防范短期跨境资金流动异常的风险，包括临时性措施与长期性措施。但本质上宏观经济基本面是决定短期跨境资金流动风险的根本因素。因此，资本项目可兑换宏观审慎管理政策应与货币财政等宏观经济政策密切配合，结合宏观经济形势对短期跨境资金流动风险进行预调微调，避免大幅震荡。其他针对金融机构审慎管理政策通常防范金融体系顺周期性与集体非理性所导致的系统性风险，在一定条件下与跨境资金流动相互影响放大，因此跨境资金流动审慎管理也应与金融机构审慎管理密切合作。

（二）跨境资金流动风险预警指标的设计——以波动性较大的跨境资金流动为例

跨境资金流动风险预警指标是预警、识别与处置跨境资金流动风险的信号。建立监测指标体系方法有经验指标法和计量经济模型法。经验指标法根据监管实践，参照别国历史对特定指标进行定性分析，判断经济风险状况。计量经济模型法立足于统计与计量经济学理论，通过建立宏观经济模型选择监测指标。本部分内容以波动性较大的跨境资金流动为例，基于偏最小二乘法（PLS）构建预警指标体系。

偏最小二乘回归是一种新型的多元统计数据分析方法，集主成分分析、典型相关分析和多元线性回归分析三种分析方法的优点于一身，可以避免数据非正态分布、因子结构不确定性（Factor Indeterminacy）和模型不能识别等潜在问题。基于数据条件，本文选择偏最小二乘回归方法确定跨境资金流动的预警指标。

1. 偏最小二乘法基本思想。假设有 k 个因变量 $y_1, y_2, \cdots, y_k$ 和 m 个自变量 $x_1, x_2, \cdots, x_m$。为了研究因变量与自变量的关系，观察了 n 个样本点，由此构成了自变量与因变量的数据表 $X = \{x_1, x_2, \cdots, x_m\}_{n \times m}$ 和 $Y = \{y_1, y_2, \cdots, y_k\}_{n \times k}$。分别在 X 和 Y 中提取成分 a_1 和 b_1，即 a_1 是 $x_1, x_2, \cdots, x_m$ 的线性组合，b_1 是 $y_1, y_2, \cdots, y_k$ 的线性组合。在提取这两个成分时，不仅要求 a_1 和 b_1 尽可能大地携带它们各自数据表中的变异信息，而且从回归分析的角度出发，还要求 a_1 和 b_1 的相关程度最大，即 a_1 和 b_1 应尽可能好地代表原始数据 x 和 y，同时自变量的成分 a_1 对因变量的成分 b_1 具有最强的解释能力。

在第一个 a_1 和 b_1 被提取后，偏最小二乘回归分别实施 X 对 a_1 的回归和 Y 对 a_1 的回归。若此时回归方程已经达到满意精度，则算法停止；否则，将利用 X 被 a_1 解释后的残余信息以及 Y 被 a_1 解释后的残余信息提取第二对成分。如此反复，直到能达到一个较为满意的精度为止。若最终对 x 共提取了 l 个成分 $a_1, a_2, \cdots, a_l$（$l \leq m$），对因变量 $y_1, y_2, \cdots, y_k$ 中任一变量 y_j，（$j = 1, 2, \cdots, k$），偏最小二乘回归将施行 y_j 对 $a_1, a_2, \cdots, a_l$ 的回归，而由于 $a_1, a_2, \cdots, a_l$ 都是 $x_1, x_2, \cdots, x_m$ 的线性组合，最终可以表示成 y_j 对原始自变量 $x_1, x_2, \cdots, x_m$ 的回归方程。

2. 变量选择。20 世纪 90 年代东南亚金融危机之后，货币危机以及风险预警指标体系构建被广泛研究。刘遵义（1995）认为，国际贸易平衡、实际利率、国内外利差、国内外利差变化、实际 GDP 增长率、相对通胀率、国内储蓄率、经常账户差额、外国组合投资与外商投资 10 个指标能够预测金融危机。Abiad 和 Abdul（2003）从宏观经济不平衡、资本流动性以及金融脆弱性三个维度考察了金融危机预警指标体系。这里我们把波动性较大的跨境资金流动变化率作为被解释变量，针对其构建预警指标体系。参照已有实证结论与市场规律，我们选择了包括基本面指标、资金成本指标以及预期收益指标的三类候选指标，具体如表 3 所示。

表3　　　　　　　　　　　　　变量选择

	波动性较大的跨境资金流动变化率
自变量	中国GDP增长率
	美国GDP增长率
	中国一年期短期贷款利率
	美国一年期贷款利率
	人民币对美元汇率
	中国货物和服务差额
	中国通货膨胀率（环比）
	美国通货膨胀率（环比）
	上证指数增长率
	中国M_2增长率
	3个月libor利率（美元）
	中国商业银行坏账率
	中国房地产景气指数

资料来源：国家统计局网站，中国人民银行网站，国家外汇管理局网站，Wind数据库。

3. 数据协整分析。为考察数据的平稳性，本文首先对数据进行协整检验。常用的协整检验方法主要有Engle和Granger（1987）提出的对回归方程的残差进行单位根检验的方法，及Johansen和Juselius（1988；1990）提出的基于回归系数的协整检验。本文采用Johansen检验法进行协整检验。

综合考虑ADF检验和PP（Phillips–Perron）检验结果，发现所有变量均在1%的显著性水平下达到二阶平稳。因此认为，所有变量满足构造协整方程组的必要条件。

4. 波动性较大的跨境资金流动预警指标构建。将波动性较大的跨境资金流动增长率与候选指标进行偏最小二乘回归分析，发现9因子有最优的拟合效果，提取9个主成分较为适宜。

表4　　　　　　　　　　　　主成分因子数量选择

Method	
Cross–validationLeave–one–out	
Components to evaluate	Set
Number of components evaluated	10
Number of components selected	9

表5　偏回归最小二乘拟合方程

Model Selection and Validation for 跨境资金流动（增长率）			
Components	X Variance	Error	R – Sq
1	0.32515	325.403	0.23477
2	0.49565	248.031	0.41672
3	0.65135	239.266	0.43733
4	0.70207	213.305	0.49839
5	0.89542	202.262	0.52435
6	0.93476	156.365	0.63229
7	0.96156	104.413	0.75446
8	0.98756	65.852	0.84514
9	0.99239	0.189	0.99955
10	1.00000	0.000	1.00000

表6　偏回归最小二乘拟合效果检验

Analysis of Variance for 跨境资金流动（增长率）				
Source	DF	SS	MS	P
Regression	10	425.237	42.5237	0.07
Residual Error	0	0.000		
Total	10	425.237		

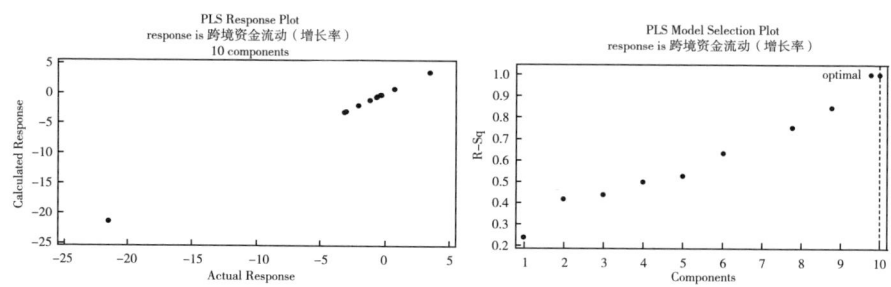

图2　拟合响应图与最优主成分数量选择

图3显示，在13个备选变量中，显著的变量有9个，中国GDP增长率，美国GDP增长率，中国一年期短期贷款利率，美国一年期贷款利率，中国通货膨胀率（环比），美国通货膨胀率（环比），中国M_2增长率，3个月Libor利率（美元）和中国商业银行坏账率对波动性较大的跨境资金流动变化率的影响最为显著。各因素对主要分量的贡献也验证了标准化系数图所示的结果。

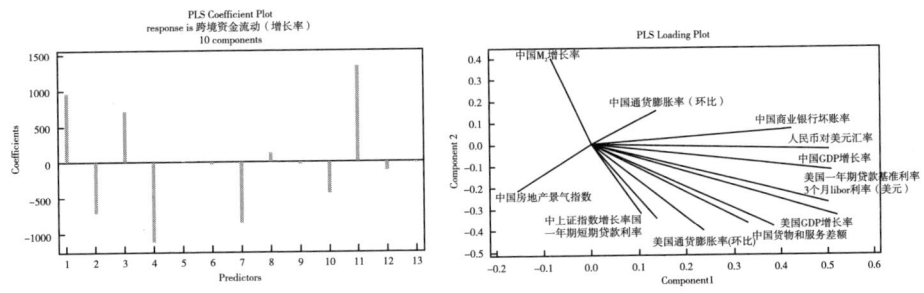

图 3　标准化系数图与各因素对主要分量的贡献

综上我们可得出如下结论：一是偏最小二乘回归的拟合效果较好，说明本文选择的 13 个变量能够基本解释波动性较大的跨境资金流动增长率；二是在选择的 13 个变量中，中国 GDP 增长率，美国 GDP 增长率，中国一年期短期贷款利率，美国一年期贷款利率，中国通货膨胀率（环比），美国通货膨胀率（环比），中国 M_2 增长率，3 个月 libor 利率（美元）和中国商业银行坏账率对波动性较大的跨境资金流动增长率的影响最为显著。

（三）跨境资金流动审慎管理工具分析

跨境资金流动审慎管理的工具主要有价格型工具、数量型工具与限制型工具。现有理论研究和实践经验表明，以上三类管理工具作用机制、效果以及对经济的影响各有不同。其中，价格型工具作为一种市场化的手段通过影响调控对象的相对价格达到调控目的，一般短期内相对有效，长期内对资金流动的规模影响较小，但能改变资金流动的期限结构。数量型工具通过额度手段调控资金流动的规模，作用迅速显著，但对市场自主决策的影响相对较大。限制型工具直接限制特定项目的交易，能够迅速有效地实现政策目标，但影响很大，主要用于跨境资金流动异常的特定时期和对跨境资金流动以及外汇市场影响显著的交易。主要的跨境资金流动审慎管理工具的特点可见表 7。在扩大对外开放过程中为控制风险，可以采用数量型工具管理跨境资金流动。当出现跨境资金流动的预警现象时，可以选择价格型工具或者数量型工具进行调控。当跨境资金流动严重异常时，可以采用限制型工具施加严格的交易管制。而税收类工具由于涉及税法，程序较为复杂，实施过程相对较慢，中央银行和外汇管理部门难以采用并进行适时调整。相比较而言，无息准备金和交易费更加适合中央银行和外汇管理部门作为跨境资金流动审慎管理的工具。

表7　　跨境资金流动审慎管理工具

性质		工具变量	作用机制	优缺点
价格型工具	无息准备金工具类	对银行外汇衍生产品交易征收存款准备金	提高银行衍生产品交易成本	调整灵活，扭曲较小，人民银行、外汇局主动性大
		外汇债务征收存款准备金	改变不同期限外债成本，优化外债规模与结构	调整灵活，扭曲较小，主动性大；但对外债总规模影响力较小
	交易税类	跨境资产交易税	对非居民跨境购买房地产、股票等资产征税，防止资本大量流入推动资产价格过度波动导致系统风险	价格工具，扭曲较小；但受税法限制
		对银行一年以下非存款短期外汇债务征税	增加银行非核心外汇融资成本，防止资本跨境流动波动性过大	价格工具，扭曲较小；但受税法限制
		对外汇衍生产品交易征税	提高外汇衍生产品交易成本	价格工具，扭曲较小；但受税法限制
数量型工具		差别外汇综合头寸	根据银行外汇业务的系统重要性特征，实施差别的外汇综合头寸管理	有效调节远期结售汇业务，但影响市场发育
		外债杠杆	根据宏观经济条件、外债总规模实施调整外债杠杆要求，防范外债风险	有效调控负债杠杆，限制市场主体融资决策
		外债总规模	根据宏观经济条件、偿债风险等实施调整外债总体规模，防范外债风险	有效控制外债规模，但扭曲相对较大
		个人购付汇额度、资本市场额度	根据宏观经济条件、外汇市场条件、资本市场条件等适时调整相关额度	有效控制流出入规模，但扭曲相对较大
		银行外汇衍生产品合约头寸	将银行外汇衍生产品合约头寸限制在银行核心资本的一定比例内	维护外汇市场稳定，扭曲相对较大
		银行短债头寸	将银行短债头寸限制在银行核心资本的一定比例内	控制短债风险
限制型工具		限制银行外汇衍生交易	直接限制相关交易	效果明显，但扭曲最大，主要短期使用
		资本市场交易临时管制	特定时期根据经济金融条件限制特定交易	效果明显，但扭曲最大，主要短期使用

（四）跨境资金流动审慎管理的实施策略

1. 相机抉择和一般规则的权衡。从决策机制看，跨境资金流动审慎管理实施策略通常有一般规则和相机抉择两类。一般规则策略事前设定风险情形和预警指标，当触发风险时根据确定的规则采用政策工具进行干预。一般规则具有透明度高、避免政策争论的优点，但由于经济系统的复杂性会出现不合预期的干预。相机抉择策略同样设定风险情形和预警指标，但触发风险时不自动激活政策工具，而是深入分析深层原因，确定干预选择。相机规则策略更为灵活，但引导预期作用相对较弱，且易引发政策争论。

考虑到新常态时期宏观经济运行的复杂性，我国跨境资金流动审慎管理宜以相机决策为主，对跨境资金流动适时预调微调，为经济增长创造稳定环境；同时保留强力干预手段，防范极端情形发生。同时，应积极提高政策的透明度与简单性，有效引导预期，减少对微观主体决策的干扰，最大限度地发挥宏观审慎管理政策的作用。

2. 跨境资金流动审慎管理与其他政策的配合。跨境资金流动审慎管理政策工具需要与宏观调控工具、金融宏观审慎管理工具相互配合协调，有效调控跨境资金异常流动风险。内外失衡风险、系统性金融风险、短期跨境资金异常流动是现在宏观经济面临的三个重要风险。这三类风险存在差异而又相互联系，当一种风险爆发时能够诱发其他风险爆发扩张（见图4）。

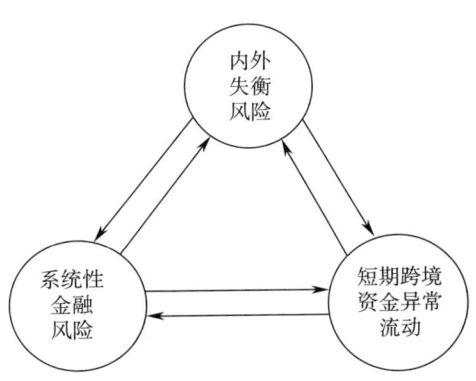

图 4　主要宏观风险的相互影响

考虑到三类风险的相互联系与影响，针对三类风险的政策应各自明确目标，相互配合使用。比如经济过热，资产价格高涨时，应适时使用相对紧缩的财政货币政策抑制通货膨胀；同时采用逆周期的金融宏观审慎管理、防范金融机构积累顺周期系统性风险，发挥无息存款准备金等跨境资金流动审慎管理政策工具的作用，抑制短期资金流入进一步推高资产价高。当经济陷入衰退时，应采用扩张性的宏观政策提高经济增长；通过逆周期的金融宏观审慎管理政策以及危机干预政策保障金融体系功能正常运转；同时利用跨境资金流动审慎管理工具调节跨境资金流动以及外汇市场波动，维持国内流动性与币值稳定。

参考文献

[1] 北京大学中国经济研究中心宏观组. 流动性的度量及其与资产价格的关系 [J]. 金融研究, 2008 (9).

[2] 林曙, 叶海春. 福兮祸之所伏: 发展中国家股票市场开放的增长效应再探究 [J]. 金融研究, 2014 (11).

[3] 刘少波, 杨竹清. 资本市场开放及金融自由化的经济后果研究述评 [J]. 经济学动态, 2012 (5).

[4] 卢新生, 方胜. 世界市场对中国股票市场的传染与证券投资组合资本流动——基于极端负收益率的视角 [J]. 投资研究, 2015 (7).

[5] 屈晶. 我国货币政策对股票市场影响的实证研究 [J]. 经济问题, 2015 (1).

[6] 吴丽华, 傅广敏. 人民币汇率、短期资本与股价互动 [J]. 经济研究, 2014 (11).

[7] 杨海珍, 李苏骁, 史芳芳. 国际证券资金流动对中国股市的影响 [J]. 系统工程理论与实践, 2015 (8).

[8] 姚战琪, 张玉静. 人民币汇率改革、资本项目开放对股票市场发展的影响 [J]. 经济纵横, 2016 (7).

[9] 赵进文, 张敬思. 人民币汇率短期国际资本流动与股票价格——基于汇改后数据的再检验 [J]. 金融研究, 2013 (1).

[10] 姚小义, 吴思娴, 肖帅. 跨境资本流动结构变化对中国股票市场的冲击风险研究 [J]. 财经理论与实践, 2016 (5).

[11] 外汇管理局山东省分局. 推进资本项目可兑换背景下完善资本项目事后监管框架研究 [J]. 外汇管理信息与调研, 2015 (15).

[12] 袁志刚, 解栋栋. 流动性与资产价格波动关系研究评述 [J]. 经济学动态, 2009 (10).

[13] 张学勇, 王丽艳, 张伟强. 货币政策在国际间股票市场的外溢性研究 [J]. 国际金融研究, 2014 (8).

[14] 张春生. IMF的资本流动管理框架 [J]. 国际金融研究, 2016 (4).

[15] 周春生, 杨云红, 王亚平. 中国股票市场交易型的价格操纵研究 [J]. 经济研究, 2005 (10).

[16] 周小川. 人民币资本项目可兑换的前景和路径 [J]. 金融研究, 2012 (1).

[17] IMF. Measures Which are Both Macroprudential and Capital Flow Management Measures: IMF Approach. IMF Report, 2015.

[18] OECD. The OECD's Approach to Capital Folw Management Measures Used With a Macro – Prudential Intent. OECD Report.

货币国际化对汇率形成机制的影响研究

中国人民银行上海总部跨境人民币业务部课题组

课题组组长：施琍娅
课题组成员：田海山　马　琪　左　娜　吴立雪　林　薇
　　　　　　胡　昊

摘　要

近年来，随着人民币国际化的不断推进，人民币资本项目可兑换程度进一步深化，境内外人民币市场汇率的联动关系更加复杂，跨境资金流动规模逐步上升并呈现较大的波动性，人民币汇率形成机制出现了新的变化，也面临新的机遇和挑战。本课题深入分析"人民币国际化—离岸市场—在岸市场"的影响机制，并用数据验证该机制，最后提出了审慎有序推进各项金融改革，加强跨境资金流动宏观审慎管理，建立对"离岸－在岸价差"的迅速反应机制等政策建议。

一、引论

如果从2009年7月试点跨境贸易人民币结算业务开始算起，到2016年，人民币国际化的实践已经走过了7年。近年来，依托我国活跃的进出口贸易和涉外商务投资活动，人民币国际化踏实推进，取得了明显的成果。特别是2015年11月国际货币基金组织批准人民币成为特别提款权篮子中的货币，成为继美元、欧元、英镑和日元之后的第五个国际储备货币，说明人民币已经正式成为国际货币中的一员。

人民币国际化是一个复杂的系统工程，人民币国际化涉及并影响到资本项目可自由兑换、人民币汇率和人民币利率等方方面面，其中一个值得关注的特点是随着人民币国际化的不断深化，人民币流通范围也随之从境内扩大到境外，人民币在境外的流通势必在境外形成离岸的人民币市场。人民币国际化进展最能体现在离岸人民币市场的发展中，离岸市场发展反过来又能推动人民币国际化。离岸市场不是一个孤立的存在，它与在岸市场存在着复杂的相互影响的机制，不但影响到跨境资金的流动，而且影响到两个市场价格的形成，并影响到定价机制的形成。本文并未试图涵盖人民币国际化所涉及的所有宏观因素，而是集中分析人民币国际化、离岸市场发展和人民币汇率形成机制三个关键因素，首先本文简要描述人民币国际化、离岸市场发展和人民币汇率形成机制的现状，然后结合文献综述及人民币国际化过程中的实际情况,深入分析"人民币国际化—离岸市场—在岸市场"的影响机制,并用数据对该机制进行验证,最后提出相关的政策建议。

(一) 什么是货币国际化

目前有若干货币国际化的定义和归纳,这些定义和归纳对货币国际化中的货币职能及货币国际化的发展阶段都有相关的诠释。其中,Chinn Menzie 和 Jeffrey Frankel (2005) 认为货币国际化有记账单位、交易媒介、价值贮藏三个层次,而国家外汇管理局 (2005) 以时间先后为序,将货币国际化细化为五个阶段:一是起步阶段,在功能上是边民互市贸易作为计价结算手段,在空间上是货币发行国与个别邻国之间使用;二是初级阶段,在功能上是扩展到边境贸易中作为计价结算手段,在空间上是货币发行国与多个邻国间使用;三是中级阶段,在功能上是扩展到一般贸易中作为计价结算手段,在空间上扩展到货币发行国与非邻国之间的贸易;四是中高级阶段,在功能上是扩展到作为国际投资和国际借贷的工具,在空间上扩展到非货币发行国之间;五是高级阶段,在功能上是扩展到政府的国际储备手段,在空间上被相当多的国家所接受。综合上述定义来看,货币国际化一般是指一个国家或地区所发行的货币,不仅在该国或地区范围内流通,而且在该国或地区之外也成为具有交易媒介、投资工具和价值储藏功能的货币。

通过如上定义,就可以比较方便地从各个维度来分析人民币国际化的程度了。

(二) 人民币国际化的目前进展

从交易媒介的角度看,人民币在跨境贸易和直接投资中的使用规模稳步上升。2015 年,跨境人民币收付金额合计 12.1 万亿元,同比增长 22%,经常项下跨境人民币收付金额合计 7.23 万亿元,同比增长 10%。其中,货物贸易收付金额 6.39 万亿元,服务贸易及其他经常项下收付金额 8432.2 亿元。资本项下人民币收付金额合计 4.87 万亿元,同比增长 43%。[①] 还有支付结算货币的币种结构值得关注:SWIFT 公布的全球支付结算货币的币种结构。从 2016 年 1 月的数据来看,人民币为世界第五大支付货币,占全部全球支付结算货币价值的比重为 2.45%。而 2012 年 1 月,人民币在世界支付结算货币中的排名仅为 20 名,仅占支付结算货币价值的 0.25%,相比较而言,人民币在过去的 4 年里地位发生了明显的变化。

从投资工具的角度看,人民币国际使用逐步扩大。截至 2014 年末,中国境

---

① 中国货币政策执行报告 (2015 年第四季度),中国人民银行。

内银行的非居民人民币存款余额为22830亿元,主要离岸市场人民币存款余额约19867亿元。人民币国际债券未偿余额5351.1亿元。

从价值储藏的角度看,据不完全统计,截至2015年4月末,境外中央银行或货币当局持有人民币资产余额约6667亿元。也可以通过国际储备的币种结构大致衡量货币的国际化水平,如IMF汇集了1995年以来146个国家(经济体)中央银行的外汇储备币种结构(Composition of Official Foreign Exchange Reserves,COFER),按照该统计方法,2015年第四季度,美元、欧元、日元与英镑的外汇储备全球占比分别为64%、20%、4%和5%,在一定程度上反映了主要货币的国际化水平。[①] 特别值得提出的是,IMF称将在2016年10月开始,在COFER中将人民币作为主要外汇储备货币单列出来。

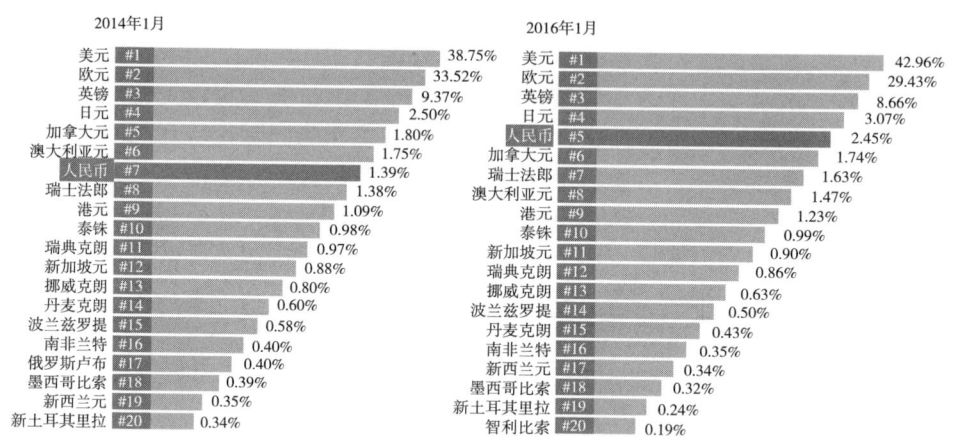

数据来源:SWIFT。

图1 SWIFT公布的全球货币结算量占比

目前,也有不少机构和学者试图寻找一种综合性的指标来衡量货币国际化,其中中国人民银行参照现有人民币国际化相关指标和指数的编制情况、国际化货币的内涵变化以及数据的可得性,结合人民币跨境结算发展情况,开发了人民币国际化动态指数。人民币国际化动态指数包含三个二级指标,反映跨境人民币结算、交易和货币储备等功能。以2010年12月为基期(取值100),2016年2月的取值为1766。

(三)货币国际化下人民币离岸市场的发展情况

随着中国第一贸易大国地位的确立,众多国际企业开始将人民币纳入其资金

---

① http://data.imf.org/?sk=E6A5F467-C14B-4AA8-9F6D-5A09EC4E62A4&ss=1408202905739。

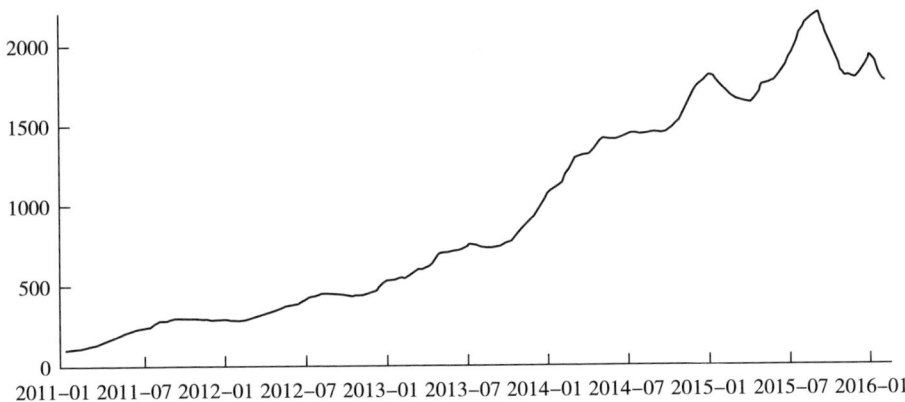

数据来源：中国人民银行。

图2 人民币国际化动态指数

负债管理与风险管理体系。尤其是在人民币币值长期稳定与中国经济持续增长的预期下，离岸人民币投融资需求规模迅猛增长。与中国经贸关系密切的国家主动构建和发展人民币离岸市场，中国政府也对此予以积极支持和配合，如指定人民币清算银行，优化人民币离岸市场的全球布局等。目前，继港澳台地区和新加坡建立人民币清算行之后，悉尼、伦敦、法兰克福、首尔、巴黎、卢森堡、多伦多等地也建立了人民币业务清算行。通过境外人民币清算行的制度安排，中国构建了覆盖全球的人民币清算网络，人民币的国际流动性和交易便利性由此获得了强有力的技术保障，人民币离岸市场的健康发展有了坚实的基础。

此外，人民币跨境支付系统（简称 CIPS）落户上海，该系统连接境内外所有直接参与者，处理人民币贸易类、投资类等跨境支付业务，覆盖全球主要时区的人民币结算需求，将为人民币国际化提供坚实的硬件支持。

1. 中国香港地区人民币市场的情况

在人民币离岸市场发展的进程中，香港扮演着主要的角色。2004 年 2 月，香港以试点形式推出个人人民币业务；2006 年以后，香港正式开展人民币业务，各种人民币金融产品不断增加。2010 年 7 月 19 日，中国人民银行与香港金融管理局签署了修订后的《香港人民币业务清算协议》。2010 年 8 月 16 日，中国人民银行发布公告，允许符合条件的境外金融机构，以人民币投资中国银行间债券市场。尽管跨境资本流动仍受到限制，但此举仍意义重大，这标志着香港人民币离岸市场（CNH 市场：The Offshore CNY Market in HongKong）的建立，香港市场上的人民币存量规模迅速增加。自建立跨境贸易人民币结算试点至今，虽然经历一些市场起伏，香港银行业的人民币存量从不足 560 亿元到 2016 年 2 月底达到 8039 亿元，其主要来源是与境内企业跨境贸易结算的人民币资金。目前在香港的人民币存款已占全部香港银行存款的10%以上，成为仅次于港元和美元的第三大货币。目前，香港已经初步形成了人民币离岸的金融运行体系，并已初步形成对人民币产品的市场供给和需求，是一个运行相对稳定的人民币离岸市场。

目前，香港离岸人民币市场拥有较为齐全的人民币金融产品种类。

（1）即期交易（CNH SPOT）：CNH SPOT市场每日交易量较大，无价格波动幅度限制，其波幅往往大于在岸即期交易的波幅。

（2）可交割远期（CNH DF）：CNH DF在产品特性上与境内远期结售汇基本一致，USD/CNH期限可达五年，三年之内流动性良好。

（3）无本金交割远期（CNY NDF）：CNY NDF日均交易量小于CNH SPOT，与CNH DF之间有相互替代关系，在中央银行扩大人民币汇率波幅后其保值效果有限。

（4）货币掉期（CNH SWAP）：CNH SWAP为目前香港银行间主要的资金调剂手段，目前每日交易量在50亿~100亿美元。掉期点的高低也反映了离岸市场美元和人民币的资金成本变化。

（5）利率掉期（CNH IRS）：伴随离岸市场人民币贷款业务增长，CNH IRS逐步发展，香港财资公会于2013年6月24日推出同业人民币拆息定价机制（CNH HIBOR）后，更有利于促进离岸市场人民币贷款及衍生产品的深化发展。

（6）货币利率掉期（CNH CCS）：CNH CCS目前日均交易量为5亿~10亿美元，其发展主要受益于近年来离岸人民币债券的蓬勃发展，发行人或投资者可以利用CNH CCS对冲汇率风险，降低筹资成本或增加投资收益。

2. 中国台湾地区人民币市场的情况

与香港相比，台湾的人民币离岸市场起步较晚，但发展较快，截至2016年2月，台湾已积累人民币存款3298多亿元，从人民币计价金融产品来看，2013年3月中国信托银行发行台湾第一只人民币债券，此后台湾人民币债券市场开始飞速发展，原先台湾民众可直接用人民币投资的产品只有宝岛债，现在人民币计价ETF也已上市。随着人民币国际地位的不断提升，台湾"金管局"表示将以多元发展人民币产品作为努力方向，并积极与香港及伦敦洽谈合作扩大人民币产品线。目前RQFII（人民币合格境外机构投资者）机制尚未涵盖台湾，如果该机制适用于台湾，将为台湾离岸人民币提供更多回流渠道。

3. 新加坡人民币市场的情况

新加坡人民币离岸中心具有的地缘优势主要体现在两个方面。第一，中国与东盟紧密的经贸联系。新加坡虽然是一个小国，但它是东盟十国中最重要的成员之一。第二，新加坡金融中心具有强大的辐射力，其影响力不仅仅局限在东盟区域内部，而且广泛地辐射到南亚、西亚、澳大利亚、新西兰甚至东非和北非。

跨境人民币业务刚刚启动时，新加坡便积极参与到离岸人民币市场的发展中，从 2011 年开始，汇丰银行（新加坡）、大华银行、华侨银行、星展银行等新加坡银行陆续接受人民币存款，提供人民币理财产品。2013 年，中国工商银行新加坡分行正式启动离岸人民币清算业务，汇丰控股和渣打银行在新加坡发行首批人民币离岸债券，标志着新加坡人民币离岸中心的建设有了历史性的进展。相比过去，新加坡的人民币存款已有较明显的增长，截至 2016 年第一季度末，新加坡的人民币存款余额为 1640 亿元。作为一个主要的区域性资金中心，新加坡为亚洲市场提供流动性服务历史悠久，完全有能力配合中国持续推动人民币的跨境使用。2013 年 3 月 7 日，中国人民银行和新加坡金管局签署新一轮货币互换协议，将货币互换规模从原来的 1500 亿元人民币增至 3000 亿元人民币。目前，中国/新加坡双边货币互换规模仅仅次于中国—中国香港、中国—韩国的双边互换规模，新的货币互换协议允许新加坡金管局向新加坡的银行提供人民币流动性。这个机制安排将进一步增强市场对新加坡作为人民币离岸中心的信心，更多的金融机构、企业和投资者将参与到新加坡离岸人民币市场中，促进新加坡人民币离岸中心的发展。

目前，新加坡的人民币公司业务主要集中于跨境贸易结算、信用证、贴现等跨境贸易相关领域，个人业务主要为人民币存款和汇款业务。由于新加坡离岸货币市场具有显著的市场优势，它将有效地使离岸人民币市场与既有的亚洲美元市场进行对接，不断开发人民币离岸金融产品，壮大人民币离岸货币市场。人民币离岸货币产品的创新和发展将为企业在离岸市场上调配人民币资金提供多样化的方式并满足多种投资需求。

新加坡的金融业在离岸债券市场具有独特的优势和专业性。许多亚洲新兴市场国家的外汇团队都把基地设立在新加坡。新加坡能够针对不同发行人的特点，为亚洲市场参与者提供个性化的人民币离岸债券产品，促进人民币离岸债券市场的发展。

4. 伦敦人民币市场的情况

伦敦是全球最重要的国际金融中心，也是人民币在欧洲最重要的离岸中心，2012 年，中国人民银行与英格兰银行签署了规模为 2000 亿元人民币/200 亿英镑的中英双边本币互换协议，表明伦敦向成为人民币离岸交易中心的目标又前进一步，2015 年中国人民银行与英格兰银行续签中英双边本币互换协议，规模扩大为 3500 亿元人民币/350 亿英镑。

在外汇交易方面，伦敦在人民币即期、人民币远期、外汇掉期、外汇期权等方面都占据重要地位，伦敦凭借其在全球外汇交易领域的独特优势积极推进人民币外汇业务。在贸易融资方面，伦敦市场在人民币信用证业务发展迅猛，这反映了伦敦人民币离岸市场的流动性不断增加，企业选择使用人民币的意愿也不断增强。在债券发行方面，2016 年 5 月，中国政府在伦敦成功发行了 30 亿元离岸人民币国债,获得投资者的踊跃认购,这更加确定伦敦作为离岸人民币中心的重要地位,伦敦离岸人民币中心的发展不仅可以为境外人民币持有者提供更多元的投融资渠道,增强人民币市场的流动性,也将为人民币离岸市场打开全新的局面。

(四)汇率形成机制的定义

汇率形成机制也称汇率制度,又称汇率安排(Exchange Rate Arrangement),是指各国或国际社会对于确定、维持、调整与管理汇率的原则、方法、方式和机构等所作出的系统规定。传统上,按照汇率变动的幅度,汇率制度被分为两大类型:固定汇率制和浮动汇率制。

在布雷顿森林体系时代,IMF把汇率制度简单地分为钉住汇率制度和其他,而在布雷顿森林体系崩溃以后,IMF则不断地细化汇率制度分类。IMF原来对各成员国汇率制度的分类,主要依据的是各成员国公开宣称的汇率制度,但纯粹依赖各成员国所宣称的汇率制度的分类,具有事实做法和官方宣称经常不符的局限性。IMF(2006)对此做了一次修订,它的分类体系是基于各成员国真实的、事实上的安排,而不同于各成员国官方宣称的安排。这一分类方案的基础是汇率弹性(Flexibility)的程度,以及各种正式的与非正式的对汇率变化路径的承诺。IMF(2006)分类如下:

(1)无独立法定货币的汇率安排,主要有美元化汇率和货币联盟汇率。
(2)货币局安排汇率。
(3)其他传统的固定钉住安排。
(4)水平带内钉住汇率。
(5)爬行钉住汇率。
(6)爬行带内浮动汇率。
(7)不事先公布干预方式的管理浮动制。
(8)独立浮动汇率。

(五)人民币汇率形成机制的历史回顾

新中国成立以来,人民币汇率制度可划分为四个阶段。

第一阶段是1949~1979年计划经济时期,采取高估配给的固定汇率制。从1953年起人民币汇率与英镑挂钩,基本固定在1英镑兑6.893元人民币,对美元保持在1美元兑2.4618元人民币。1973年布雷顿森林体系崩溃后,西方各国普遍实行浮动汇率制,为适应新的国际汇率制度环境,我国采用了钉住一篮子货币来调节汇率的新方法,其指导思想是人民币适度高估。在1973~1980年,人民币对美元汇率从1971年的1美元兑换2.4618元逐步调至1980年7月的1.4525元。

第二阶段是 1980~1993 年经济转轨阶段，实行双重汇率制。为适应改革开放后的物价改革，人民币汇率制度改革也逐步进行。通过实行外汇留成制度和建立全国外汇调剂中心，逐步形成官方价格与市场调剂价格并存的双重汇率制度。在该阶段，人民币在波动中大幅贬值，1994 年 1 月，1 美元兑换人民币 8.70 元。在这一阶段，我国仍然实行严格的外汇管制。

第三阶段是 1994~2005 年，实行单一的浮动汇率制。1994 年 1 月，人民币官方汇率与市场汇率并轨，实行以外汇市场供求为基础的单一的、有管理的浮动汇率制。随后，全国统一的银行间外汇市场建立，人民币汇率不再由官方直接制定，而由外汇市场形成。人民币逐步实现经常项目下完全可兑换、资本项目下部分可兑换。1997 年亚洲金融危机后，人民币实行刚性盯住美元，外汇管制逐步放宽。

第四阶段是 2005~2015 年，实行以市场供求为基础、参考一篮子货币进行调节、有管理的浮动汇率制度。2005 年 7 月 21 日，中国人民银行发布《关于完善人民币汇率形成机制改革的公告》，宣布人民币汇率不再盯住单一美元，而是选择若干种货币组成一个货币篮子，参考篮子货币汇率变动，适时调整人民币汇率浮动区间，保持人民币汇率在合理、均衡水平上的基本稳定。此次改革释放了持续外贸顺差带来的人民币升值压力。从 2005 年 8 月 1 日的 1 美元兑 8.11 元人民币，到 2015 年 8 月 11 日的 1 美元兑 6.12 元人民币。

（六）人民币汇率形成机制的现状

2015 年 8 月 11 日 9 时 25 分，中国人民银行宣布完善人民币兑美元汇率中间价报价。自当日开始，做市商在每日银行间外汇市场开盘前，参考上日银行间外汇市场收盘汇率，综合考虑外汇供求情况以及国际主要货币汇率变化向中国外汇交易中心提供中间价报价。"8·11" 汇改最大的意义在于让人民币兑美元的中间价更好地参考收盘价，这有助于增强人民币汇率形成机制的市场化程度，从而为人民币资本项目可兑换和人民币国际化提供重要的配套制度。

"8·11" 汇改的成效是非常显著的，人民币汇率形成机制进一步完善，在岸中间价与在岸即期价之间的价差逐渐抹平，汇改头三天，人民币汇率中间价和即期汇率贬值接近 5%。但与此同时，离岸人民币汇率（CNH）波幅明显增加，并与在岸人民币汇率（CNY）产生巨大偏离。市场一度怀疑人民币进入贬值通道。为了熨平动荡和稳定人民币汇率，人民银行及时响应，在离岸和在岸市场上进行大规模的外汇干预。同时，为了增加套利成本、压缩套利空间，中央银行还加强了资本流动管理，并对远期售汇征收 20% 的准备金。

二、文献综述

(一) 货币国际化的文献

张志文、白钦先（2013）研究了澳元国际化的进程后认为，第一，在推动本币国际化的进程中，增加汇率的弹性是重要的，但是汇率波动性过大将不利于本币国际化。汇率波动性过大的货币将可能更多地成为外汇市场上的"投资货币"，甚至成为"投机货币"，而其在贸易结算和外汇储备中的份额可能会非常小。中央银行维持汇率的相对稳定仍然是重要的，也是必要的。第二，近年来，国内流行着一种观点认为，本币国际化存在一种由"结算货币"向"投资货币"再向"储备货币"发展演进的规律，建议人民币国际化也走这样一条路径。现有研究表明，澳大利亚元在全球的贸易结算和储备货币中的占比非常小，但是在外汇市场上的交易量占比却相对较大，其国际使用主要以"投资货币"的形态存在，而此特征的形成并没有经过"结算货币"阶段的充分发展。如果其汇率波动性继续增大，将来也很难说会成为重要的储备货币，总之，本币国际化进程不一定存在上述发展规律。

陈平、王雪（2012）反思了日元的经验，认为与目前人民币国际化的条件相比，日本当时已是第二经济大国，与今日的中国相仿，但以人均收入为代表指标的经济产业发达程度是中国不可同日而语的；日本已于1980年基本取消外汇管制，更于1986年仿照美国的"国际银行便利"（IBF）建立和大力发展东京离岸金融中心，在境内推出品种丰富的离岸日元产品，作为境外日元持有者的投资平台，这些也是目前人民币国际化所无法比拟的优越条件。但日元的国际化仍历经曲折，效果至今差强人意。究其原因，日本货币政策和汇率政策的不稳定应是症结的关键之处。在美元主导东亚贸易和外汇市场的情况下，日本在推进日元国际化进程中出现了汇率大幅波动，严重影响了日元在贸易交易中的使用，加大了东亚企业和个人管理日元资产汇率风险的难度，降低了日元资产的吸引力，同时也影响了日元外汇市场的活跃。

李稻葵、刘霖林（2008）认为，并不是所有国家都在谋求其货币的国际化影响。比如，欧洲中央银行在各种场合明确指出，不希望欧元成为国际货币。此前的联邦德国中央银行、现在的美联储对于本国货币国际化的态度也都比较保守。人民币成为国际货币时，中国政府或多或少将承担一部分平抑世界经济波动的责任。设想未来中国的主要贸易伙伴出现较大的经济衰退，那么中国货币当局在制定货币政策时，就不可避免地要考虑其他国家情况，比如，通过提高人民币利息，或紧缩人民币发行，使邻国货币贬值，从而帮助邻国走出经济衰退。这也是世界各主要中央银行出于自己狭隘的业务难度考虑，一般对本国货币国际化并不积极的原因。

(二) 汇率形成机制的文献

如果论及汇率形成机制，则不能不提到三元悖论（The Impossible Trinity）。三元悖论也称三难选择，它是由美国经济学家保罗·克鲁格曼就开放经济下的政策选择问题所提出的，其含义是：在开放经济条件下，本国货币政策的独立性，汇率的稳定性，资本的完全流动性不能同时实现，最多只能同时满足两个目标，而放弃另外一个目标来实现调控的目的。

Maurice Obstfeld（2013）修正了原先的"三元悖论"的传统观点，认为浮动汇率制度并非灵丹妙药，即使是采用了浮动汇率制度，也未必能够保证货币政策的完全自主。

韩骏、朱淑珍（2014）认为，人民币汇率离市场化汇率与国际社会的要求存在较大的差距，汇率制度改革作为影响人民币国际化的重要因素，无疑可以跟随人民币国际化的进程，加快改革速度，向纵深推进，最终实现市场化汇率制度的终极改革目标。

(三) 实证方法上的文献

研究金融市场的波动率情况，则不可不提 GARCH 模型，GARCH 模型称为广义 ARCH 模型，是 ARCH 模型的拓展，由 Bollerslev（1986）发展起来的。它是 ARCH 模型的推广。但是该模型存在不能研究不同金融市场的相关性的问题。

为了解决相关性问题，Bollerslev（1990）提出的常数条件相关模型（Constant Conditional Correlation，CCC），但是设定了相关系数为常数，与实际情况不符合。

在之前工作的基础上，Engle Robert 提出了动态条件相关模型（Dynamic Conditional Correlation，DCC），Engle、Sheppard（2001）将 DCC 的估计简化成两个步骤：第一步利用单变量的 GARCH 模型估计出多个市场的条件变异数，第二步则是利用标准化后的残差估计动态条件相关系数模型的参数。该模型的优势在于可以有效计算大规模变量之间的时变相关系数矩阵，从而发现变量间的波动性关系。

(四) 政策建议方面的文献

在政策建议方面，吴念鲁、杨海平（2016）认为，应站在战略高度完善人民币汇率形成机制改革思路，从中间价的报价机制方面提出如下有新意的建议：一是尝试降低中间价的报价频次，即逐步改变每日公布中间价的做法，尝试 3 天或一个星期报价一次，直至完全取消；二是放宽汇率波动幅度，设置几个阈值，选择适当的时机放宽，直至完全取消；三是逐步减少对做市商报价的干预；四是逐步使做市商报价和最终公布的中间价之间的数量关系和关联关系透明化。

三、理论研究

（一）人民币国际化—离岸市场—汇率形成的影响机制

1. 人民币国际化与离岸市场之间的关系

回顾人民币国际化的进程，总体来看就是人民币资金跨境流动分渠道不断拓宽的过程，随着跨境流动渠道的不断拓宽，离岸人民币的数量不断增加，以至于目前形成了一个完备的离岸人民币市场。

按人民币资金跨境流动的渠道不断拓宽的先后顺序看，2009年是贸易结算启动年，2010年范围扩大到了整个经常项目，2012年的重要突破是资本金融项下的长期内容——直接投资，而2013年以来的进展主要是以本外币一体化、跨境资金流动宏观审慎管理为主要特征的上海自贸区金融改革，以及上海自贸区金融改革先行先试的成果推广至全国而得的跨境人民币双向资金池和外债宏观审慎管理。从国际收支平衡表的框架来看，目前已获准的人民币跨境流动渠道可以总结为以下几个方面。

（1）经常项目下。2009年7月2日，国务院六部委发布跨境人民币结算试点管理办法，中国跨境贸易人民币试点正式启动。2010年6月22日，国务院六部委发布了《关于扩大跨境贸易人民币结算试点有关问题的通知》，将试点业务范围扩展到整个经常项目结算。实际上，目前人民币已经实现了在经常项目下的自由可兑换。截至2015年，人民币跨境贸易结算金额已经突破了6万亿元。

（2）资本与金融项下的直接投资方面。2011年1月人民银行发布《境外直接投资人民币结算试点管理办法》，开启了人民币对外直接投资的渠道。而2011年9月和10月，商务部和人民银行分别发布的《关于跨境人民币直接投资有关问题的通知》《外商直接投资人民币结算业务管理办法》则打开了人民币FDI的渠道。

（3）资本与金融项下的证券投资。人民币的流出渠道有三种情况：第一，境外机构在境内发行人民币债券，即熊猫债券。自2005年以来，亚洲开发银行、世界银行等机构在中国发行了熊猫债券，目前随着上海自贸区债券投资平台的建立，这一通道将继续拓宽。第二，人民币QDII，即人民币境内合格投资者，但是此类业务开展较少。第三，沪港通，即沪港证券市场互联互通，沪港通的特点是总额度和日额度管理，沪港双边证券登记结算机构轧差清算，通过这两种措施使跨境资金流动风险降到最小，目前沪港通业务运行平稳有序，已经成为跨境资本流动的风向指标。

（4）资本与金融项下的货币互换。境内人民币通过中央银行流入离岸市场的主要渠道为人民银行与其他国家或地区的中央银行或货币当局间（以下简称境外中央银行）的双边货币互换协议。人民银行通过与境外中央银行签署货币互换协议确定互换的额度和期限，境外中央银行启用额度后，相应的人民币资金将从人民银行账户转移至境外中央银行在人民银行开立的账户，进而境外中央银行可以将互换获得的人民币资金向其本国商业银行卖出或融出，以提供流动性支持。截至2015年底，人民银行已与35家境外中央银行签署货币互换协议，总额度超过3.4万亿元人民币，但实际动用的较少。

境外人民币回流渠道有以下几种情况。

（1）境内机构在香港发行点心债券（Dimsum Bond），并使人民币回流。实际上境外机构也可以在香港发行点心债，而且在获取人民币后也可存放在境外。不过从发行主体来看，香港点心债券发行者中主要来自内地，所以发行债券所得融资也有大量是回流内地的。点心债市场是离岸人民币市场的重要组成部分，而点心债的发行是依靠离岸人民币市场的流动性情况的，2015年以前，离岸市场的流动性比较充足，所以点心债发行也相对顺利，而近期离岸人民币市场的流动性波动较大。

（2）境外机构投资于境内证券市场，包括债券、股票、基金等。从2011年初开始，人民银行先后批准13家境外机构可以投资境内银行债券市场，主要集中于央票、政策性金融债以及国债。2012年初，人民银行发布了《基金管理公司、证券公司人民币合格境外机构投资者境内证券投资试点办法》，批准了人民币QFII可以投资境内的银行间债券市场、股票、基金等领域。

（3）跨境人民币贷款。根据《中国（上海）自由贸易试验区分账核算业务境外融资与跨境资金流动宏观审慎管理实施细则》的相关规定，试验区分账核算单元可办理境外融入资金的业务，以及试验区内企业和非银行金融机构通过自由贸易账户从境外融入资金的业务，人民银行通过设定一系列宏观审慎参数（如期限风险转换因子、币种风险转换因子和类别风险转换因子）来控制外债风险。随后，中国人民银行将该项政策推向全国。

如今，人民币跨境循环渠道日益顺畅，各类跨境人民币业务所产生的人民币跨境收付基本平衡，保障了离岸人民币市场的平稳健康发展。总体来看，人民币跨境使用规模的扩大支持了离岸人民币市场的健康发展，也支持了人民币在境外的循环使用。

2. 离岸市场与汇率之间的关系

离岸市场的存在使汇率的形成变得更加复杂了。这可以从两方面来分析，第一方面，离岸和在岸在汇率定价上存在诸多差异，第二方面，离岸汇率和在岸汇率存在着相互影响的机制。首先看第一方面，即离岸汇率同在岸汇率的定价差异：

一是离岸和在岸对人民币汇价的定价基础不同。汇率本身是资产的价格，以一国经济基本面为主要依据，与一国同其他国家进出口贸易状态及通货膨胀和利率水平有关。以人民币汇率为例，在岸市场比离岸市场更能真实反映基本面和货币供需状况。相比较而言，离岸市场比在岸市场更能反映海外对人民币的升值或贬值预期同全球金融市场的波动情况。

二是在岸和离岸人民币市场不同的市场结构也是造成价差产生的重要因素。目前，在岸市场上资本项目尚未完全开放，外汇交易需遵从贸易实际需要等结构性因素，同时在岸市场的复杂程度有限，外汇市场的参与者主要是银行类机构，需要接受人民银行的窗口指导。而离岸人民币市场高度市场化，对国内和国际市场变化反应更迅速、更敏捷。

三是当局对在岸和离岸市场的调控和干预对价差也会产生一定影响。中央银行对离岸人民币汇率调控的方式主要包括：直接干预，中央银行通过中资银行在海外的分行抛售美元买入人民币来提振人民币；影响离岸人民币流动性从而影响离岸人民币的拆借成本，进而通过掉期点数对离岸人民币汇率进行调控；通过对无风险套利活动的态度来影响价差，中央银行一旦收紧在岸购汇的背景审核，调控人民币双向波动，增加市场波动性，都一定程度上打压套利活动，从而使趋于均衡的价差被打破。

然后再分析离岸汇率和在岸汇率存在着相互影响的机制，目前，在岸和离岸人民币汇率主要通过三个渠道相互影响。

一是通过跨境进出口企业贸易结算，以离岸人民币比在岸人民币弱的情况举例。跨境出口企业会倾向于在离岸市场上交易，因为同样的美元收入在离岸市场可换得更多的人民币收入。出口企业在离岸市场上卖出美元、买入人民币又会使离岸人民币升值。而跨境进口企业则倾向于在在岸市场上交易，因为同样数额的美元进口支出在在岸市场可用较少的人民币购买即可。进口企业在在岸市场上出售人民币、买入美元的行为又会使在岸人民币贬值。这些套利交易的结果使在岸和离岸人民币汇率价差缩小。

二是通过无本金交割远期外汇交易（NDF）市场。在岸金融机构不允许在离岸人民币市场上交易，离岸金融机构也不允许在在岸人民币市场上进行任何活动，因此它们不能直接在离岸和在岸人民币市场之间进行套汇交易。然而，它们都可以在无本金交割远期外汇交易（NDF）市场上进行操作。在岸金融机构可以通过在岸人民币远期市场和NDF市场进行套汇，离岸金融机构可以通过离岸人民币远期市场和NDF市场进行套汇。二者的套汇行为都会使在岸和离岸人民币汇率趋同。

三是信息或信心渠道也会导致两地汇率趋同。信息与信心渠道的一个例子是，在周边国家经济前景恶化的情况下，离岸投资者对内地经济增长的信心也可能下降（因为周边国家是中国的重要出口目的地）。这样离岸人民币汇率可能贬值，这又会影响在岸市场对人民币的信心，从而带动在岸人民币汇率同向变化。

所以总体来看，随着离岸市场规模的逐渐扩大和流动性的提高，我国在岸市场和离岸市场之间的联系更深，正常时期内两个市场的相互影响关系从过去单向传导的机制逐渐转变为双向的交互影响。

（二）变量选取与数据来源

通过上述理论分析，可以看到离岸市场与在岸市场存在相互影响的机制，但是没有针对不同的情况具体分析。

下面可以假设三种情况：第一，如果离岸市场和在岸市场的相似程度很高，两者相互开放且不存在交易摩擦，那么当一个信息出现时，它会同时传递到离岸市场和在岸市场，使信息对两个市场的影响高度一致。因此它们之间的联动效果会非常明显且稳定。

第二，如果在岸市场是受政府管制较强的市场，而且两个市场之间有一定的分割，难以做到完全的自由流动，但是在岸市场的规模远远大于离岸市场，那么在岸市场对离岸市场也会有稳定的影响。

第三，如果在岸市场是受政府管制较强的市场，而且两个市场之间有一定的分割，难以做到完全的自由流动，与此同时离岸市场也较大，离岸市场与在岸市场有双向影响的机制，那么离岸市场与在岸市场之间的关系将呈现波动较大的形态。

一般来说，我国香港离岸市场的市场化程度较高，可看做是有效市场。在岸市场由于诸多因素限制，当前市场化程度还不高，可以看做是弱势有效市场。基于上文的分析，可以通过研究香港离岸市场与国内在岸市场的联动关系来判断国内在岸市场的市场化程度。即如果两者间的联动关系明显，则说明国内离岸市场的市场化程度较高，反之则较低。

为了验证上文的理论分析，本文需要选择若干变量进行检验，课题选取了2012年10月至2016年4月底每个工作日的人民币在岸中间价（CNY）、离岸收盘价（CNH）和一年期的无本金交割远期外汇交易价格（NDF），因节假日因素会产生有时离岸市场交易而在岸市场闭市的情况，在建模时去掉这样的数据点，仅保留同一工作日三个市场均开盘的情况，经过预处理，共有871个数据点。下面将具体解释各个变量。

1. 在岸中间价

人民币汇率中间价是即期银行间外汇交易市场和银行挂牌汇价的最重要参考指标。人民币汇率中间价是交易中心根据中国人民银行授权，每日计算和发布人民币对美元等主要外汇币种汇率中间价。

人民币对美元汇率中间价的形成方式为：交易中心于每日银行间外汇市场开盘前向外汇市场做市商询价。外汇市场做市商参考上日银行间外汇市场收盘汇率，综合考虑外汇供求情况以及国际主要货币汇率变化进行报价。交易中心将全部做市商报价作为人民币对美元汇率中间价的计算样本，去掉最高和最低报价后，将剩余做市商报价加权平均，得到当日人民币对美元汇率中间价，权重由交易中心根据报价方在银行间外汇市场的交易量及报价情况等指标综合确定。

人民币对港元和加拿大元汇率中间价由交易中心分别根据当日人民币对美元汇率中间价与9时国际外汇市场港元和加拿大元对美元汇率套算确定。

人民币对欧元、日元、英镑、澳大利亚元、新西兰元、新加坡元、瑞士法郎、林吉特和俄罗斯卢布汇率中间价形成方式为：交易中心于每日银行间外汇市场开盘前向银行间外汇市场相应币种的做市商询价，将做市商报价平均，得到当日人民币对欧元、日元、英镑、澳大利亚元、新西兰元、新加坡元、瑞士法郎、林吉特和俄罗斯卢布汇率中间价。

文中采用的是中国外汇交易中心按日提供的人民币对美元汇率中间价数据。

2. 离岸 NDF 价

人民币离岸 NDF 市场是一个境外不受监管、交易活跃的人民币远期市场，NDF 的交易实际反映了境外人民币汇兑的供求状况和预期。它的定价完全取决于市场供求双方对未来人民币汇率的看法，是比较客观的远期汇率，因此研究目前人民币离岸 NDF 汇率与境内人民币汇率的关系，对我国汇率市场的发展具有重要的理论和现实意义。

NDF 市场主要以新加坡为主。NDF 市场的参与者主要是境外银行，它们的客户主要是在中国设有分公司的跨国公司、中资银行的境外分行、境外中资企业，另外还有一些对冲基金和零售银行客户等。主要的做市商是一些大商业银行，它们参与 NDF 市场的主要目的是规避人民币汇率风险。跨国公司在中国从事直接投资，那么就对它们在我国境内的投资有了保值需求，需要工具来规避人民币的外汇风险，由于中国的资本限制比较严格，资本流动受限制，所以跨国公司纷纷参与国外的 NDF 市场，以此来降低人民币风险，NDF 市场是无本金交割市场，在远期合约到期日，根据合约规定的远期汇率与到期同实际汇率之间的差额，计算买卖双方的盈亏额，只用人民币计算汇差，无须对人民币本身进行交割，以美元作为结算货币，得到了跨国公司的喜爱。NDF 的交易品种和 CNH 市场是一样的，如1月、3月、6月、9月和12月的品种，超过一年的合约一般交易量不够活跃。它的定价机制主要依赖于对中国政府政策的预期，同时兼顾考虑其他影响汇率的经济因素。由于不受国内货币当局的管制，尤其是受到一些市场信息和市场压力的影响下，NDF 汇率一般相对于国内的远期汇率市场的波动幅度更大一些，这种强烈波动也会通过一定的传导机制对国内的远期市场产生一定的影响，但总体来说，这个市场表达了境外市场对于受限制货币未来走势的预期。

一般来说，参与 NDF 市场的投资者的主要目的是套期保值、投机和套利。

（1）套期保值，举例来说，一个跨国公司在未来将有一笔人民币收入，但是担心未来人民币兑美元汇率会有贬值的风险，那么可以在 NDF 市场卖出一份人民币合约，那么无论未来人民币是升值还是贬值，跨国公司美元价值都已锁定了，这是利用 NDF 市场进行套期保值的操作方式。

（2）投机，NDF 市场反映的是境外市场对于人民币汇率未来的预期，由于 NDF 市场的灵敏度比较高，所以通常来说波动性也要高于在岸市场，在人民币长期升值的大背景下，投机者一般长期都在进行单向市场操作，在较低的市场价格时买入人民币兑美元合约。

（3）利用外汇市场和 NDF 市场套利，例如前些年国内的存贷款利率差额较大，而人民币的升值预期远远大于美元的贷款利率收益，所以套利者可以在美元市场上借入美元，通过外汇市场兑换成人民币，在中国境内获得资本收益，这样套利者就可以获得本外币之间的贷款利差，一般来说，套利者为了对冲期末美元的升值风险，会在 NDF 市场进行对冲，卖出一笔人民币对美元远期外汇合约，成功获取了本外币之间的贷款利差。

一般来说，NDF 和 CNY 的走势基本一致，当国内外出现一些市场信息时，NDF 的波动幅度要大于即期市场的波动幅度，这也说明了完全自由的市场对于市场信息反应的灵敏性，包含的信息更为广泛，不仅包含历史信息，NDF 市场的价格也反映了中国和国际市场的公开信息。

本文采用的是一年期的 NDF 价格，数据来源为路透，采用一年期的 NDF 价格的原因是根据实践，一年期的 NDF 价格能更好地反映对未来汇率的预期情况。

3. 离岸即期价

CNH 即期汇率有两种价格，一种是即期价，另一种是定盘价，前者是实际交易产生的价格，而后者是以每周一至周五，香港时间 11 点美元兑人民币的香港市场汇率为基准，同时香港财资市场公会已指定 15 家活跃于离岸人民币市场的银行，为计算定盘价提供报价。

本文 CNH 即期汇率采取路透社公布的较为权威的日度即期收盘价，主要原因是定盘价代表了 11 点一个时点的价格，目的是指引全天的交易方向，而即期收盘价是市场各主体在一天博弈之后的最终结果，包含了一天内的信息含量，所以更适合于本文的分析。

四、实证研究

(一) DCC – GARCH 模型的数学结构

为了分析在岸中间价、NDF 和离岸即期价时间序列之间的动态相关性的变化情况。本文拟采用动态条件相关性模型（Dynamic Conditional Correlation Model，DCC）。

DCC 模型适合分析相关性呈现变化的多个时间序列。对于每一个时间点，DCC 模型可以给出一个用以预测下一时刻时间序列之间相关性的相关系数。

DCC 模型的参数估计分为两步。第一步对单变量进行 GARCH 模型处理，得到 0 均值的残差，第二步进行极大似然估计，得到 DCC 模型的参数值。

Engle（2002）和 Kearney（2003）的文章详细介绍了 DCC – GARCH 模型。具体如下：

$$r_t \mid I_{t-1} \sim N(0, H_t) \quad (1)$$

其中，r_t 是根据 $t-1$ 之前时刻的信息得到的 $k \times 1$ 阶滞后向量，它表示 $t-1$ 之前时刻的信息对 t 时刻的影响，假定 r_t 是符合条件多元正太分布 $N(0, H_t)$ 的（称其为条件分布是因为其受到 $t-1$ 时刻的影响）。

H_t 是条件协方差矩阵，定义为

$$H_t = D_t R_t D_t \quad (2)$$

其中，R_t 是 $k \times k$ 阶的动态相关系数矩阵，D_t 是对角矩阵，并且满足 $D_t = \text{diag}(\sqrt{h_{it}})$，$h_{it}$ 代表的是方差矩阵 H_t 对角线上的第 i 个元素，通过单变量 GARCH 形式分析可以得到 h_{it}。将 DCC – GARCH 模型与 CCC – GARCH 模型区别开来的重要一点便在于 R_t，它是随时间变化的动态相关系数矩阵。Engle 指出，在进行极大似然估计时，DCC 模型的估计量可以表示为

$$L = -0.5 \sum_{t=1}^{T} (k \cdot \log(2\pi) + 2 \cdot \log(|D_t|) + \log(|R_t|) + \epsilon_t' R_t^{-1} \epsilon_t) \quad (3)$$

可以看出，在似然函数中，有两部分可以改变。第一部分是包括 D_t 的波动性部分，第二部分是包括 R_t 的相关性部分。由此也可以看出，DCC 模型的参数估计应该分为两步进行。

第一步中，我们仅使包括 D_t 的波动性部分最大化。计算时，可以使用 $k \times k$ 阶的单位矩阵来代替 R_t。这样做实质上是将对数似然估计值减少为单变量 GARCH 模型对数似然估计值的和。

第二步是根据估计出的 D_t 来最大化包括 R_t 的相关性部分，这其中涉及 DCC 模型的参数 α 和 β。

$$R_t = (1 - \alpha - \beta)\bar{R} + \alpha \epsilon_{t-1} \epsilon_{t-1}' + \beta R_{t-1} \quad (4)$$

如果 $\alpha = \beta = 0$，则 $R_t = \bar{R}$，此时采用 CCC – GARCH 模型即可。Engel 和 Sheppard（2001）的文章中对此参数估计过程有较为详细的介绍。

（二）回归结果

首先对三个市场的数据进行处理，得到在岸离岸市场新的汇率对数收益率 lr_t，设 p_t 为某一市场上的价格，则

$$lr_t = [\log(p_t) - \log(p_{t-1})] \times 100\% \qquad (5)$$

对于得到的三个市场对数收益率，其均值分别为 CNY（0.000050），CNH（0.000050），NDF（0.000067），可见其收益率均值都几乎接近于0，这符合 DCC – GARCH 模型的要求。接着我们对 CNY – CNH 市场和 CNY – NDF 市场考察其动态相关性，应用 DCC – GARCH（1,1）模型。

CNY – CNH 的动态相关性统计量如下：

表1　　　　　　　　　　CNH 和 CNY 市场价格的动态统计量

Parameter	Estimate	Standard Error	T – value	
Mean（CNY）	– 7.85E – 05	6.69E – 05	– 1.17374	
Mean（CNH）	– 5.32E – 05	9.13E – 05	– 0.58225	
C（CNY）	1.06E – 06	1.67E – 07	6.36376	***
C（CNH）	5.09E – 07	9.08E – 08	5.60617	***
A（CNY）	0.2384	0.0357	6.66938	***
A（CNH）	0.0637	0.0112	5.69267	***
B（CNY）	0.552	0.0555	9.95357	***
B（CNH）	0.8763	0.019	46.00616	***
α	0.0807	0.0169	4.76387	***
β	0.7212	0.0528	13.65067	***

从表1中可以看出 DCC 模型的参数 α 和 β 均具有统计显著性，且 $\alpha + \beta = 0.8019$ 接近于1，这表明 CNH 和 CNY 市场价格波动具有显著的持续性。

其动态相关系数如图3所示，2014年以前，CNH 和 CNY 市场价格波动尚保持在小幅范围之内，但2014年以后，价格波动呈不断增加的趋势，根据之前的分析可以得知，2014年以前，离岸市场人民币存量尚处于上升阶段，在岸市场对离岸市场有着绝对的影响力，但是这种趋势在2014年之后开始有所逆转，随着离岸人民币市场达到一定规模，离岸市场和在岸市场之间的关系呈现一种不稳定的状态，在岸市场无法完全决定离岸市场，而离岸市场对在岸市场也逐渐有了

影响力,这种情况显示在动态相关性上就是波动增加。

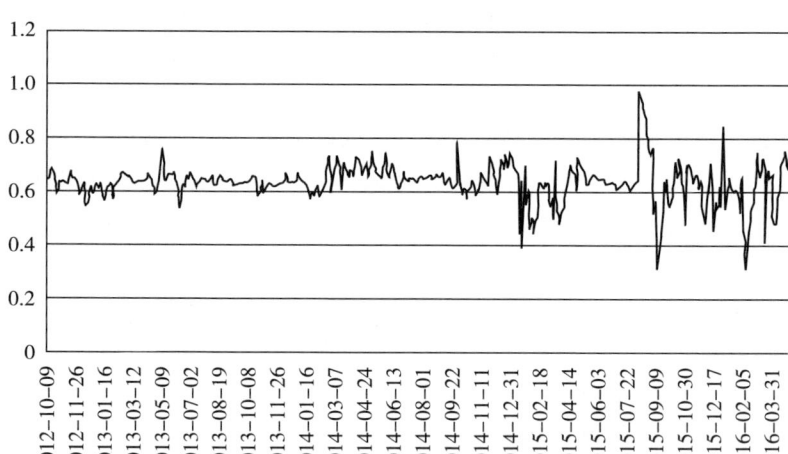

图3　CNH 和 CNY 市场价格的动态相关性

对于 CNY 和 NDF 市场的外汇价格,同样应用 DCC – GARCH(1,1) 模型,有:

表2　　　　　　　　CNH 和 CNY 市场价格的动态统计量

Parameter	Estimate	Standard Error	T – Stat	
Mean（CNY）	– 7.59E – 05	6.03E – 05	– 1.25915	
Mean（NDF）	– 7.40E – 05	9.05E – 05	– 0.81747	
C（CNY）	1.06E – 06	1.69E – 07	6.25957	***
C（NDF）	3.13E – 07	7.41E – 08	4.21694	***
A（CNY）	0.2408	0.0443	5.43506	***
A（NDF）	0.1164	0.0193	6.04775	***
B（CNY）	0.5741	0.0549	10.45128	***
B（NDF）	0.8875	0.0128	69.22922	***
α	0.0202	0.0112	1.81216	*
β	0.799	0.1199	6.66288	***

从表2中可以看出,DCC 模型的参数 α 和 β 均具有统计显著性,且 $\alpha + \beta = 0.8192$ 接近于1,这表明 CNY 和 NDF 市场价格波动具有显著的持续性。

其动态相关系数如图4所示,与 CNH 和 CNY 市场价格的动态相关性图不同的是,CNY 和 NDF 市场价格相关性波动一直保持在小幅范围之内,仅仅是在人民币中间价大幅调整期间,相关性的波动会比较明显,这说明虽然离岸市场的规模在不断增大,但是 NDF 的交易依然较小,导致 NDF 市场的价格难以影响到在岸市场,而在岸市场能够一直主导 NDF 市场。

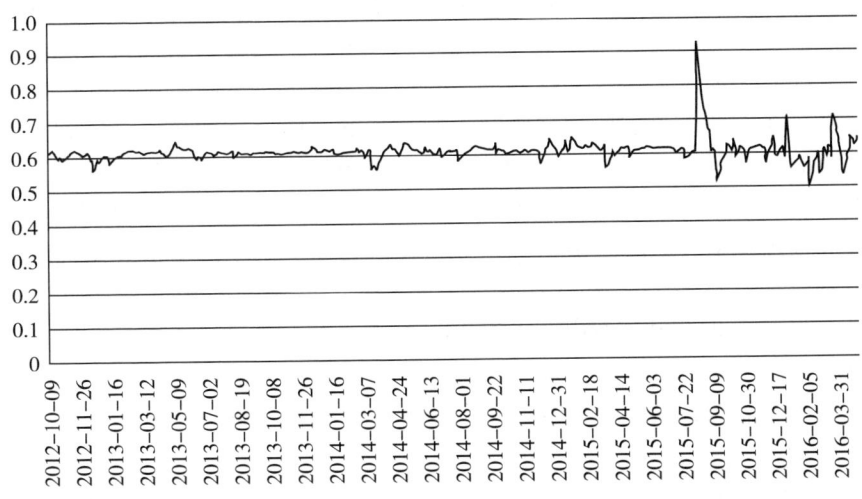

图 4　CNY 和 NDF 市场价格的动态相关性

从回归的结果来看,随着人民币国际化的不断推进,离岸市场不断扩大,离岸市场在人民币汇率形成过程中的重要性也随之不断增加,曾经在岸市场即期汇率对离岸市场即期汇率有决定性的作用,如今离岸市场即期汇率与在岸市场即期汇率之间的动态相关性发生了明显的扰动,由于 NDF 市场规模较小,所以难以影响到在岸市场,这也从侧面印证了市场规模和影响力之间的关系。

五、政策建议

关于人民币国际化下汇率形成机制的未来发展路径,目前最需要在改革过程中存在的风险和波动、国际化程度提升后承担更多的风险与责任、未来金融市场波动性等。目前来看,离岸市场影响力上升,汇率波动加剧,人民币容易成为炒作对象,跨境资金无序流动将干扰宏观经济稳定,宏观调控难度也会增大。

首先,需要注意的是要审慎有序地推进各项金融改革,降低国际资本冲击。目前来看,人民币国际化、汇率形成机制改革和资本项目开放三者之间需要协调有序开展,在资本项目尚未开放之前,不能急于推进汇率机制改革,否则会形成离岸市场和在岸市场之间的差价并导致离岸市场汇率波动溢出至在岸市场,并导致出现人民币汇率"超调"风险,与此同时,人民币国际化与资本项目开放需要齐头并进,没有资本项目开放的人民币国际化就是为境外投资者提供炒作人民币汇率的弹药,没有人民币国际化的资本项目开放则是浪费了人民币国际化的大好机遇。

其次，加强跨境资金流动宏观审慎管理，建立对"离岸－在岸价差"的迅速反应机制，在必要的时候紧缩离岸市场的人民币流动性。人民币离岸市场的发展是人民币国际化改革的一个必然产物。人民币国际化不能走回头路，离岸市场也不可能关掉它。但是，人民币国际化并不代表我国要主动放弃对海外人民币的控制权。在离岸人民币市场被用做冲击我国汇率稳定工具的时候，我国更应作出应对。在一定条件下，需要适当收紧离岸市场的人民币供给，推高其利率，投机者加杠杆的成本就会大大增加，其杠杆规模也会相应下降。在各离岸市场，都有人民银行指定的人民币清算行，也有我国金融机构大量存在。这些机构可以将人民银行的意图传递到对应离岸市场中，从而有效降低离岸市场给人民币汇率稳定带来的压力。

目前，创新"离岸－在岸价差"的迅速反应机制有以下几种途径。

第一，对离岸市场汇率与在岸市场汇率之间的点差进行干预，当离岸市场汇率与在岸市场汇率之间的点差达到一定程度时，则需要中央银行通过窗口指导等方式进行干预，以达到缩小点差的目的。

第二，对汇率波动率进行干预，目前很多国家试图设定一个汇率的波动区间，当汇率升值或贬值到一定幅度时则入市干预，这是对汇率本身进行干预，但是这种干预往往证明是无效的，因为一旦汇率升值或贬值到一定幅度，有可能引发投资者怀疑中央银行干预能力的负面预期，从而使汇率更快地突破中央银行设定的波动区间。这就体现出汇率波动性干预的优势了。

理论上汇率波动率的波动率分为两类，一类是已实现波动率（Realized Volatility），另一类是隐含波动率（Implied Volatility），前者是指历史上价格波动的方差，具有滞后性，一般用于理论计算，后者是通过衍生品价格经定价公式（如布莱克—斯科尔斯公式）倒推出来的波动率，时效性更强，并能较好地反映市场的情绪和预期，如果波动率越大，则说明外汇市场可能存在恐慌性情绪，外汇市场会出现非理性的异常波动。中央银行对波动率进行干预是指对汇率的隐含波动率进行干预，即无论是升值或贬值的原因导致货币汇率隐含波动率达到一定的数值，中央银行则需通过窗口指导或公开市场操作等方法进行干预。

以2016年以来的3月期平价人民币兑换美元汇率隐含波动率数据为例，在1月和2月，人民币兑换美元中间价处在一轮贬值波段中，而正在此时，隐含波动率有大幅的上升，这说明隐含波动率对美元汇率的异常波动有比较好的指示作用，是一个良好的干预指标。

第三，人民银行需要改变调控汇率的策略，通过增加中央银行政策透明度的方式，主动引领而非被动迎合市场预期。我国庞大的外汇储备以及健康的国际收支状况给人民银行充足能力来稳定人民币汇率。但有能力是一回事，把能力发挥出来则是另外一回事。当市场猜不透人民银行要做什么，担心人民银行的汇率底

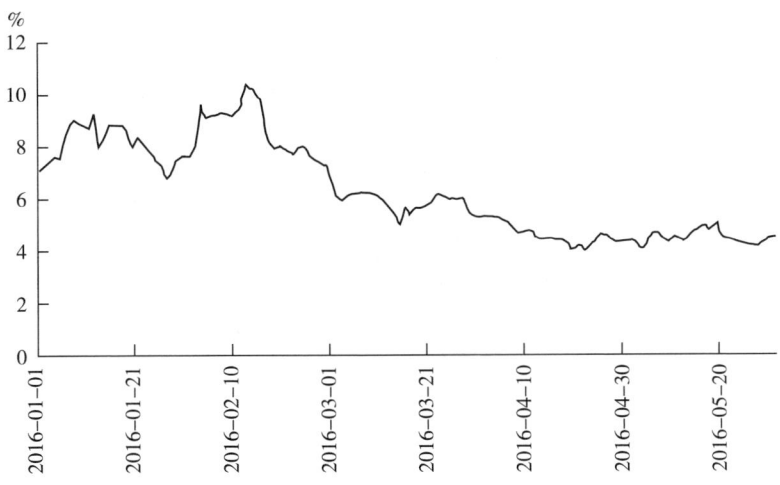

数据来源：路透。

图 5　CNH 隐含波动率

线会一降再降的时候，我国庞大外储的震慑作用就发挥不出来，难以起到稳定市场的作用。调控汇率就像调控其他资产价格一样，引导预期最为关键。如果人民银行被市场认为且战且退，市场自然会在人民币贬值上下重注。这样，人民银行储备花得越多，越会让市场担心它是否还坚持得下去，反而会加大贬值预期。人民银行应当主动出击，积极沟通，至少阶段性地带动人民币汇率升值，方能有效打消市场中的贬值预期。

第四，加强对货币篮子权重的管理。目前的汇率指数参考 CFETS 货币篮子，其中包括中国外汇交易中心挂牌的各人民币对外汇交易币种，权重采用考虑转口贸易因素的贸易权重法计算而得。因为一篮子货币是基于贸易权重的，所以美元的权重仅仅为 26.4%，但是在现实中，美元在全球金融交易中占据绝对主导地位，所以在篮子权重设定中，美元依然存在一定的提升空间。

第五，在合适时间点改革中间价形成机制。目前已经初步形成了"收盘汇率 + 一篮子货币汇率变化"的人民币兑美元汇率中间价形成机制。但是长期来看，这依然是权宜之计，未来可以考虑逐步增加波动幅度和减少中间价指导频率的政策组合，在不放弃人民银行的政策主导权的同时，给予市场更多的定价空间。

第六，加强对跨境人民币资金流动和离岸人民币市场的监测。尽管离岸人民币市场自身的存款创造并不会直接影响境内的货币总量，但人民币资金频繁的跨境流动仍然会增加货币政策调控的复杂性。因此，建议继续密切关注离岸人民币市场的发展，进一步完善人民币跨境流动监测体系，强化对跨境及境外人民币业务的统计与分析，提高离岸人民币市场的信息透明度，以便及时、准确地把握离岸人民币市场对货币供应量的影响。

参考文献

[1] 曹彤，赵然. 从多核心货币区视角看人民币国际化进程 [J]. 金融研究，2014（8）：47-63.

[2] 林楠. 国际货币体系多元化、美元估值效应与人民币汇率政策 [J]. 金融评论，2013（1）：91-104.

[3] 林楠. 国际货币体系多元化与人民币汇率动态：文献综述 [J]. 金融评论，2014（2）：110-112.

[4] 周幼曼. 汇率制度改革应注意的若干问题——基于人民币国际化视角 [J]. 当代经济管理，2013（5）：78-82.

[5] 韩龙. 美元崛起历程及对人民币国际化的启示 [J]. 国际金融研究，2011（8）：37-46.

[6] 张明. 人民币国际化：基于在岸与离岸的两种视角 [J]. 金融与经济，2009（9）：4-10.

[7] 李稻葵，刘霖林. 人民币国际化：计量研究及政策分析 [J]. 国际经贸探索，2008（11）：1-16.

[8] 高海红，余永定. 人民币国际化的含义与条件 [J]. 国际经济评论，2010（1）：46-64.

[9] 李婧. 人民币汇率制度与人民币国际化 [N]. 上海财经大学学报，2009（2）：76-83.

[10] 罗纳德·麦金农，冈瑟·施纳布尔. 中国汇率、金融抑制与人民币国际化的冲突 [J]. 经济社会体制比较，2014（3）：43-62.